U0802612

普通高等教育“十二五”规划教材·经济管理类核心课系列

组织行为学

主　编　肖兴政　杨晓宇
副主编　周健华　龙承春
　　　　徐　琳　吕政宝

科学出版社
北　京

内 容 简 介

本书从个体行为、群体行为和组织系统等角度阐述在复杂多变的管理环境中人的行为规律，为管理者更好地分析、预测、控制、引导和协调组织中人的行为，为提高管理活动的有效性提供思想、理论和方法的指导。全书共分为导论、人性理论、个体行为、群体行为、领导行为、组织行为和激励七章，全面反映了组织行为学发展的最新理论成果和实践经验。本书结构合理、体例新颖，设有导读、正文、小结、思考题和案例，有助于读者准确把握学习重点和章节的逻辑结构，并能结合管理实际进行思考和分析。

本书既可作为高等院校本科各专业组织行为学课程的教材，也可作为硕士研究生组织行为学及相关课程的教学参考书，还可作为广大管理工作者的阅读资料和学习读物，以及供对组织行为学有兴趣的学者参考。

图书在版编目(CIP)数据

组织行为学/肖兴政，杨晓宇主编．—北京：科学出版社，2015.9
普通高等教育“十二五”规划教材·经济管理类核心课系列
ISBN 978-7-03-044760-9

Ⅰ.①组… Ⅱ.①肖…②杨… Ⅲ.①组织行为学-高等学校-教材
Ⅳ.①C936

中国版本图书馆CIP数据核字（2015）第124328号

责任编辑：方小丽 / 责任校对：马显杰
责任印制：徐晓晨 / 封面设计：蓝正设计

科学出版社 出版
北京东黄城根北街16号
邮政编码：100717
http://www.sciencep.com
北京教图印刷有限公司 印刷
科学出版社发行 各地新华书店经销
*
2015年9月第 一 版 开本：787×1092 1/16
2015年9月第一次印刷 印张：18.375
字数：426 000

定价：39.80元

（如有印装质量问题，我社负责调换）

前　言

组织行为学就其产生发展来看，还是一门年轻的学科，迄今还不到100年。组织行为学的产生是学科发展的必然结果，它是一门交叉学科，是管理学、心理学的新发展，特别是管理学中的组织管理学和人事管理学及管理心理学的（managerial psychology）新发展，也是心理学、社会学等的原理在管理中的具体应用。组织行为学是在第二次世界大战以后，随着行为科学学派的出现而产生的。它是行为科学在组织管理领域的应用，与管理心理学有很近的亲缘关系，管理心理学侧重探讨人的心理，而组织行为学则侧重探讨人的行为，也可以说组织行为学是在管理心理学的基础上发展起来的。第一本组织行为学的教科书是于1945年问世的。在20世纪50年代末，美国就建立了专门的研究机构——美国心理学协会第十四分会——工业心理学分会的一批人独立出来专门从事组织行为学的课题研究。组织行为学的形成与其他学科有着千丝万缕的联系，如心理学、社会学、管理学、社会心理学、人类学、政治学、经济学、历史学等。

组织行为学是人类智慧的结晶，它是一门以一定组织中人的心理活动和行为反应的规律性为研究对象的学科，为人们更好地分析、预测、控制、引导和协调组织中人的行为，从而为不断提高管理活动的有效性提供了思想、理论和方法的指导。组织行为学虽然从西方传到中国不过30多年，但是在中国学者和实践工作者的共同努力下，已经逐步形成了具有中国特色且符合中国实际的理论体系，在中国市场经济运行中起到了应有的作用。作为生产力中最活跃、最积极的因素——人，其既是管理过程中的主体，又是管理过程中的客体。以培养管理者为目标的管理教育就是提高各级管理者和领导者对人的行为的预测、协调、控制和引导，从而改变人们的工作能力、激发人们的工作热情，最大限度地发挥人的工作潜能，更有效地实现组织目标，这就是组织行为学的终极目的。

本书在介绍组织行为学产生、发展的基本过程的基础上，系统地阐述了组织行为学的基本原理，以及这些原理对管理者的启示，并通过典型案例的分析，进一步加深管理者对基本原理的理解和应用。因此，本书具有以下几个特点。其一，可读性。本书收集了比较翔实的资料，可供读者进行研读。其二，前沿性。本书不仅继承了广大学者的研究成果，而且在理论方面有一定的发展，提出了“旁邻效应”“婆媳效应”“领导替代”等新观点。其三，实践性。本书在参考已有文献资料的基础上，提出了一些符合中国国情的可操作的基本观点和案例。

本书由长期从事组织行为学教学和科学研究的教师共同编写而成。既可作为高等院校本科各专业（工商管理、市场营销、行政管理、人力资源管理、劳动与社会保障、会计学、旅游管理、酒店管理等）组织行为学课程的教材，也可作为硕士研究生组织行为学及相关课程的教学参考书，还可作为广大管理工作者的阅读资料和学习读物，以及供对组织行为学有兴趣的学者参考。

本书共有七章，具体分工为：肖兴政编写第一章导论；陈云妮编写第二章人性理论；龙承春编写第三章个体行为；曾霁编写第四章群体行为；杨晓宇编写第五章领导行为；徐琳编写第六章组织行为；周健华编写第七章激励；吕政宝参与全书大纲编写讨论。

本书由肖兴政、杨晓宇担任主编，周健华、龙承春、徐琳、吕政宝担任副主编。

本书在编写过程中，参考和引用了国内外一些学者的研究成果，在此向他们表示真诚感谢和深深敬意！本书的出版得到了科学出版社的大力支持，在此一并表示感谢！书中不当之处为编者水平所致，敬请各位专家和读者给予批评指正。

编　者

2015 年 6 月于盐都

目 录

第一章　导　　论

本章导读：本章分为七节，介绍了组织行为学产生的学科渊源、组织行为学的发展阶段及流派、组织行为学的研究对象与研究方法、组织行为学的学科性质及目标、组织行为学面临的挑战与机遇。学习本章应该了解组织行为学产生的理论基础、学科性质、研究对象与方法，掌握组织行为学的基本内涵，知晓组织行为学所面临的挑战与机遇。能够根据组织行为学产生的理论基础，知道其他相关学科对组织行为学产生和发展做出的贡献。

第一节　组织行为学产生的学科渊源

组织行为学产生的时间不长，迄今还不到100年。组织行为学是一门交叉学科，它是管理学、心理学的新发展，特别是管理学中的组织管理学和人事管理学及管理心理学的新发展，也是心理学、社会学等的原理在管理中的具体应用。组织行为学是在第二次世界大战以后，随着行为科学学派的出现而产生的。它是行为科学（behavioral sciences）在组织管理领域的应用，与管理心理学有很近的亲缘关系，管理心理学侧重探讨人的心理，而组织行为学则侧重探讨人的行为，也可以说组织行为学是在管理心理学的基础上发展起来的。第一本组织行为学的教科书是于1945年问世的。在20世纪50年代末，美国就建立了专门的研究机构——美国心理学协会第十四分会——工业心理学分会的一批人独立出来专门研究从事组织行为学课题的研究。组织行为学的形成与其他学科有着千丝万缕的联系，如心理学、社会学、管理学、社会心理学、人类学、政治学、经济学、历史学等。

心理学主要从个体研究人的心理与行为，如人的感觉、知觉、记忆、思维和想象等，进而探讨人的生活、学习、工作等情况；社会学主要从群体研究人的群体行为，如组织、沟通、工作团队、组织文化等；社会心理学主要研究人的行为变化、态度变化、群体决策与群体过程等；人类学主要研究人的价值观、组织文化、组织环境等；政治学主要研究政治权力、决策等；历史学主要研究人类的历史与人的行为等。

这些研究的主要内容，不论是从个体、群体还是从组织系统方面出发，都涉及组织与行为，这就是组织行为学的理论基础对组织行为的贡献。

组织行为学的系统化体系形成经历了一个理论准备和知识积累的过程。在这一过程中，有不少学者和专门机构也为之进行了不懈的探索，发表了许多卓有见地的论著，为组织行为学理论的创立做出了突出贡献。组织行为学的产生和发展经历了一个漫长的理论准备和实际应用的演变过程，其演变过程可以简单表示为图1-1。

心理学 ——→ 工业心理学 ——→ 管理心理学 ——→ 组织行为学

图1-1　演变过程

作为管理学的分支，人事管理学、组织管理学的研究成果也是组织行为学产生的基础。当然，生物学、生理学、工程学等自然科学对组织行为学的形成也有一定的贡献。

其中，工业心理学（industrial psychology）的结构如图 1-2 所示。

工业心理学
- 人事心理学：人与事的关系
- 组织心理学：人与人的关系
- 消费心理学：生产者与消费者的关系
- 工程心理学：人与机器的关系

图 1-2 工业心理学的结构

本节着重说明如何从管理学进一步发展到组织行为学；从心理学进一步发展到组织行为学；从行为科学进一步发展到组织行为学；从管理心理学进一步发展到组织行为学，并从这四个侧面分析了组织行为学的产生与发展的演变过程。

一、管理学与组织行为学

组织行为学的产生与管理学是分不开的。组织行为学是在管理学特别是组织管理学与人事管理学的基础上产生和发展而来的，它既是管理学的重要组成部分，又是管理学的新发展。

管理活动自人类社会产生时就开始了，其可以追溯到原始社会后期，人们对狩猎活动的具体分工及对其他活动的安排，如种植等，都具有了管理的雏形。它是协调、控制和指挥共同劳动的人们，为达到预期的目标，取得尽可能好的结果的过程。但是，其成为一门独立的学科，还是在 19 世纪末 20 世纪初。1911 年，泰勒《科学管理原理》一书的公开发表，是管理学独立成为一门学科的标志。随着科学技术的进步和生产的发展，管理学也在不断地发展，组织行为学正是管理学发展的必然结果。

（一）组织管理学的发展与组织行为学的产生

由于不同历史时期科学技术的发展和生产发展的程度不同，管理学家们在如何协调、控制和指挥一定组织中人们的协同劳动问题上所强调的着重点不同，因此，组织管理学可以分为几个阶段和几种学派。美国管理学家托马斯·彼得斯（Thomas J. Peters）和小罗伯特·沃特曼（Robert H. Waterman）在 1982 年出版的《追求卓越》一书中指出，组织管理学的发展经历了四个阶段，其有四种类型及代表人物，如表 1-1 所示。

表 1-1 组织管理学发展的四个阶段及其代表人物

阶段	第一阶段 20 世纪初至 30 年代	第二阶段 20 世纪 30～60 年代	第三阶段 20 世纪 60～70 年代	第四阶段 20 世纪 70 年代至今
代表人物	韦伯、泰勒	梅奥、麦格雷戈、巴纳德	劳伦斯、洛希	维克、马克

资料来源：彼得斯 T，沃特曼 R. 追求卓越[M]．北京天下风经济研究所译．北京：中央编译出版社，2003：91-103

第一阶段是 20 世纪初至 20 世纪 30 年代，以韦伯（Max Weber，1864～1920 年）和泰勒（F. W. Taylor，1856～1915 年）为代表。他们把组织看做一个封闭的理性模式，把组织中的人看做理性的人，一切均按事先规定的规章制度、原理原则来办事。当时由于工业革命以后机械化生产普遍推广，市场逐渐扩大，产品供不应求，生产的产品总是能推销出去，因此他们根本不考虑企业组织外部的环境、竞争、市场等状况，把组织看做一个封闭的系统，把管理的重点放在组织内部，研究如何有效地利用已有资源，提高生产效率，生产出更多的产品，获取更大的利润。

第二阶段是 20 世纪 30～60 年代，泰勒的“理性人”的观点受到非议，以梅奥(G. E. Mayo，1880～1949 年)、麦格雷戈、巴纳德为代表，他们把组织看做一个封闭的社会性的模式。梅奥通过著名的霍桑实验证实只有把人当做“社会人”来看待，而不是当做完全理性的机器来看待，才能创造出高效率，这是组织管理学迈向重视人的因素、重视人的社会心理需要，以及重视企业组织内部人与人关系的改善对提高工作效率的影响的标志。

第三阶段是 20 世纪 60～70 年代，代表人物有劳伦斯和洛希，他们把组织看做开放的理性模式，也有人叫做管理科学，他们把组织管理归结为简单明了、用数量表示的工作目标和工作成果。这时候他们已经开始认识到组织外部环境对组织内部结构和管理起着决定性的作用。他们提出组织结构和管理方式要服从总体战略目标的论断。

第四阶段是从 20 世纪 70 年代至今，代表人物是维克和马克，他们把组织看做一个开放的社会性的模式。这种组织模式主要强调组织的生存价值、社会作用和性格特征，强调人是企业组织的中心，认为不能单纯用理性的利润指标来衡量企业经营的好坏，而且还要考虑到人的需要情感能否得到满足。在工作中，职工之间的关系、班组之间的关系、领导和被领导之间关系的好坏，都可以引起感情的变化，产生新的要求。一个组织上下左右经常交换意见，沟通思想，误解也就会减少，工作上就会有共同的认识。组织内要创造一种有原则的、和谐的、相互了解信赖和支持的气氛，同时要使每个人感受到他的存在、他的价值，感受到他被尊重和信任，并被人关心；要使他知道他的努力受到社会的承认，受到组织和群体的承认，受人重视；在他有困难时会得到帮助和支持、在他犯错误时会受到公平的对待；等等。这会使人产生一种归属感、向心力，产生维护群体和组织荣誉的力量，形成群体意识和群体动力，就能更好地克服困难，完成任务。这个阶段的理论对外部环境的影响也有明确的认识，所以这个阶段实际上是综合了前面三个阶段、三种学派，即科学管理学派（又称职能学派)、行为学派和管理科学学派（又称数学学派）各自的优点，而成为一种综合的学派。

在组织管理学的发展过程中，除了逐步趋向综合之外，同时还具有以下三种趋势：①由原来的基层管理为主发展到以高层管理为主；②由日常业务性管理为主发展到以经营战略性管理为主；③由原来以物为中心的管理发展到以人为中心的管理。

（二）人事管理与组织行为学

早期的管理学家大部分只注意到物的管理而忽视人的管理，但是也有少数的管理学家已经注意到，要完成物质产品的生产或提供其他的劳务，必须重视对人的研究和对人的管理，称这种对人的管理叫做人事管理。

1. 传统人事管理方法①

1）福利的方法

福利的方法主要是通过解决人的困难，给予关心和必要的福利待遇，使他们能够更好地完成组织的任务。在这方面最先做出示范的有以下两个人。

其一是 19 世纪初最成功的企业家，也就是空想社会主义的创始人之一欧文（Robert Owen)。他于 1800～1828 年在英国苏格兰经营一批纺织厂，做了一次关心人的福利大实验。当时正是产业革命早期，工人被看成呆板的机器和工具；而在欧文所办的工厂里改善了工作条件，提高了童工的最低年龄，缩短了劳动时间，并为工人提供饭食，设立商店，按产品的

① Drucker P F. Management：Tasks，Responsibilities，Practices[M]. New York：Harper & Row，1974：23.

成本向工人出售生活必需品，并为工人们修建房舍和道路。所做的这一切，对工人均有很大吸引力，因而工厂的生产任务完成得很好。这些事实给欧文很大的启示，他在给他的工厂总管的信中写道："你们对无生命的机器给予良好的保养，能够产生有利的结果，那么要是对构造奇妙的有生命的机器——人给予同样关心的话，那么有什么不能指望的呢?"

其二是19世纪中叶德国的克鲁伯（Crumb）。克鲁伯并不是一位很有本事的工程师，他在产品的开发和制造上也没有什么了不起的成就，而他所办的公司之所以能够得到极大的发展，是因为他从手下的工人那里得到了强有力的支持。工人之所以支持他，是因为他对工人采用了福利的办法。他为当时被地主剥夺了土地的农民，以及在他工厂里做工的工人提供了工作、房屋、子女教育、医疗保健、训练和低利贷等"福利"。所以，工人们就忠心耿耿地为克鲁伯工作。

以上两个例子充分说明，当人确实有困难，确实需要帮助时，用福利的办法对人进行管理确实是一种很有效的办法。但是，要知道单纯地依靠福利的办法来对人进行管理，对提高工作效率也有一定的限度。因为福利办法是以人存在困难为前提的，当人们的困难基本上解决后，福利的作用就会减退。北欧福利主义的破产，就是鲜明的实例，单纯搞福利容易造成人们对福利的要求越来越高，从而导致利润减少，难以更快地发展，甚至到无法支撑的地步。

上述两个采取福利办法的例子，虽然在当时取得了一定的效果，但是最后也都失败了。失败的原因主要是这两种办法的着眼点是解决人的困难，而不是着眼于如何充分发挥人的潜力。因此，它只能作为一项辅助性的办法。

2）选培方法

选培方法也称为"泰勒法"，其是被称为"科学管理之父"的泰勒通过实验形成的，该方法的核心内容是对人员进行招聘、挑选、录用、培训和合理配备。

早在1898年，泰勒进入伯利恒钢铁公司后，他在人员招聘、录用、培训及合理配备方面做了很多实验。其中有为不同的工作岗位挑选不同的人员，对人员进行必要的培训、提高人员的效率、降低劳动成本。搬运铁矿石就是如此，当时伯利恒钢铁公司用火车运送铁矿石，但装车却完全依靠人工搬运，每个工人原来一天平均装运12.5吨铁矿石。泰勒认为，凡是体力消耗大的工作，都必须安排体力恢复的时间，因此他选了一个工人做实验，并给他安排了搬运的操作程序和方法，规定了工作时间和休息时间。实验结果是这个工人一天只用了原来搬运时间的43%，但却搬运了47.5吨铁矿石。接着泰勒用同样的方法培训搬运工人中的其他人，渐渐地使他们也从原来每天搬运12.5吨铁矿石提高到47.5吨，后来又提高到59吨，劳动率提高了3～4倍，结果是只用了原来工人人数的八分之一就完成了该任务；其余的工人调到公司其他部门担任更适合他们特点的工作。泰勒的实验充分证明了每种工作岗位上所需配备的工人应当进行科学的挑选和训练。于是泰勒委托普莱姆、普雷斯在1910年建立了一个人事部门，接着大资本家福特，在1914年也建立了一个人事研究室。第一次世界大战以后，在人事管理中挑选录用、培训人的职能逐步普遍采用，直到现在还在继续采用。

3）薪酬办法

我们知道，在19世纪末20世纪初，西方普遍采用的是计时工资，当时不少管理学家已经认识到这种工资形式存在不能充分发挥工作者的积极性和主动性的缺点。因此，他们各自提出了不同的工资形式。

在1891年，美国的哈尔西（又译为海尔赛）发表了一篇关于工资报酬制的文章——《劳动报酬的奖金方案》，介绍和评价了当时普遍采用的三种工资报酬制度。第一种是计时工资制，按实际工作的小时数来计酬。这种制度的问题是，工人的报酬与工作的绩效不挂钩，因此不能鼓励工人提高效率，增加生产。第二种是计件工资制，按照完成工作量的多少给予报酬。这种制度的问题是，资本家不愿意让工人所得报酬过多，总是在一定的时候降低每件产品的工资单价，因此工人们也就不愿意再多干，以免失业。第三种是“分红制”，或者称为收益分配制，根据利润的多少除了资本家的以外平均分给工人。这种制度的问题是，超额完成所得利润主要归资本家所有，工人所得还补偿不了工人超额劳动的支出，而且工人所得部分的分配是不分好坏的平均分摊，因而也不利于鼓励工人多干。

哈尔西在对上述三种工资形式分析的基础上，提出了一种工资奖金制度，也就是在支付给工人每小时的基本工资之外，把因工人提前完成任务（如4小时完成8小时的任务）而节约下来的4小时的工资额的三分之一，作为奖金奖励给工人，而工人又可在另外4小时做其他的工作，从而又可以取得额外的工资。哈尔西认为这种工资奖金制有下列优点：①不管工人工作成果怎样，总能保证得到计时基本工资，不致使生活没有保证；②由于工人所得奖金只是所节约工资的三分之一，所以不致使工人报酬过高；③这项制度能鼓励工人多干活。

泰勒也提出了差别计件工资制，其内容包括：①通过时间和动作研究来制定有科学依据的工作定额。②实行差别计件工资制来鼓励工人完成或超额完成工作定额。所谓差别计件工资制，是指计件工资率随完成定额的程度而上下浮动，如果工人完成或超额完成定额，则定额内的部分连同超额部分都按比正常单价高25％计酬；如果工人完不成定额，则按比正常单价低20％计酬。③工资支付的对象是工人而不是职位，即根据工人的实际工作表现而不是根据工作类别来支付工资。后来甘特又修正了泰勒的差别计件工资制，提出了工作奖金制等，把工人看做只有经济的需要。

2. 传统人事管理的新发展

通过以上对传统人事管理所采用的几种方法的分析，我们可以看到它的局限性在于：只着眼于静止地、死板地、制度化地挑选人、配备人、培训人、报酬人（发工资和奖金），以及给予一定的福利等这一类事务性的工作；他们只是静止地在人头数目上做文章，而且把人看做只有经济需要，而没有动态地从人的心理和社会需要方面来研究人的行为，调动他们的积极性，挖掘他们的内在潜力，使一个人能顶几个人来用。因此，这种传统的人事管理还不能说是真正的“以人为中心”的管理。所以，迫切需要建立和发展一种真正的以人为中心的管理，这也是组织行为学产生的前提。而真正的以人为中心的管理，应满足下列几个要求。

第一，要由静态发展到动态，即要由单纯研究人事管理的一般业务工作发展到研究人的心理和行为；由研究人事的各种死的规章制度和人的经济需要发展到研究人的心理和社会的各种需要。

第二，要由消极等待人的某种行为而发展到积极地预测、引导、控制人的行为。

第三，要由单纯追求工作效率发展到使工人和职员感到满意。

实现上述要求的过程就是由传统人事管理向现代人事管理，即向以人为中心的组织行为学转变和发展的过程。

二、心理学与组织行为学

不仅管理学家一直在努力探讨管理的核心要素，心理学家也在思考这些问题。在泰勒等研究管理学的同时，有许多心理学家认为，要管好人首先得了解人，摸清人的心理活动的规律，才能做到预测、引导和控制人的行为，而组织行为学又称为管理心理学，正是心理学原理在管理工作中应用的基础上产生和发展起来的。从分析管理领域中人员对象的层次来看，一般经历了分析管理领域中个体（人）→群体（人）→组织（人）的这种不断扩大的发展演变过程；从把心理学原理应用于不同的领域来分析，其是经历了从普通心理学（又称个体心理学或理论心理学）到工业心理学，工业心理学再进一步发展到组织行为学，如图 1-3 所示。

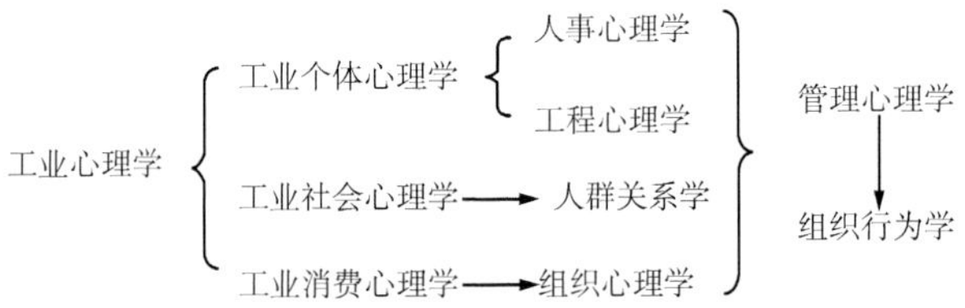

图 1-3　工业心理学到组织行为学

（一）普通心理学

从 1879 年由德国的冯特（Wilhelm Wundt）在莱比锡创建第一个心理实验室开始，心理学正式从哲学中分离出来成为一门独立学科，至今也只不过 130 多年。

心理学是以人的心理现象规律为研究对象的科学。所谓心理现象就是指人的感觉、知觉、记忆、思维、情感（或叫情绪）、意志、想象，以及动机、兴趣、能力和性格等。这些都是我们日常所最熟悉的心理现象，它们是错综复杂的，而且是不断变化的。心理学为组织行为学提供了理论基础。

（二）工业心理学

冯特的学生孟斯特伯格（Hugo Munsterberg），最先把心理学的原理应用到工业领域中，并挑选不同能力和素质的人员配备到相应的工作岗位上。1912 年他公开出版了《心理学与经济生活》一书，1913 年被译为《心理学与工业效率》为工业心理学开辟了广泛的研究领域。由于《心理学与工业效率》把心理学原理应用到管理中，组织行为学（管理心理学）起到了划时代的作用，因此，很多人认为孟斯特伯格是工业心理学的创始人。

随着心理学在工业领域的运用不断深入，逐步明确了工业心理学的研究对象和范围。工业心理学是一门用心理学原理与方法来分析工业生产、分配、交换和消费整个领域中人的心理和行为的规律的科学。其研究范围包括工业个体心理学，即解决个体人与事的配合的人事心理学；解决个体人与机器的配合的工程心理学；工业社会心理学，即解决人与人相配合的人群关系学或组织心理学（organizational psychology）；解决生产者与消费者相配合的关系的工业消费心理学。

1. 人事心理学

所谓人事心理学是心理学与人事管理的结合，是解决人事（工作职务）的合理配合问题。其主要研究和探讨关于人的各种心理特性及分析各种“事”（工作职务）的要求，目的在于使人与事之间恰当配合，并调整“人”与“事”之间的相互关系，真正做到人尽其才，才尽其用，也就是说人事心理学是研究工业企业中人力资源的充分利用和合理开发的问题。孟斯特伯格所创导的早期工业心理学实际上就是人事心理学。这种人事心理学所分析研究的中心还只限于个体人与事的如何合理配合问题，并未涉及人与人关系的配合问题。

2. 工程心理学

研究机器如何与操作机器的人相互配合，即研究人机关系，属于工程心理学研究的范畴。工程心理学也称为人的因素学或人类工程学或工效学。这门学科是工程学和心理学、生物学、生理学知识相融合的结果。

工程心理学的正式出现是在1947年，这门学科的特点是使机器来适合人的要求。因此工程心理学的定义是：研究如何设计机器设备和厂房设施便于供人使用，以及如何使人用正确的行为去恰当地使用机器和设备的一门科学。

工程心理学家主要通过各种心理测验，为工程师提供操作各种复杂机器和设备的能力和限度，作为工程师设计机器设备时的参数，也就是要使设计的机器设备适合人的操作。所以，工程心理学的主要研究对象是人机关系，其目的就是使人和机器达到最佳配合，达到最好的工作效率。

3. 工业社会心理学（组织心理学）

工业心理学从工业个体心理学开始。随着生产进一步的发展与扩大，要使工作达到高效率，不仅要解决好人与事的配合、人与机的配合，还要解决好人与人的配合关系。这种解决人与人配合关系的心理学就是工业社会心理学，也就是19世纪30年代初，梅奥通过霍桑实验提出的“人群关系学”。他于1933年出版了《工业文明中人的问题》一书，提出了影响人们工作效率的新因素。

其一，人们的工作效率不仅受物质的、生理的因素影响，而且还在很大程度上受心理的、群体的、社会的因素影响。

其二，生产率的高低主要取决于群体内的气氛、成员的工作情绪和人与人之间的相互关系的和谐与否。

其三，除正式组织外，还有非正式组织的存在，它对组织中每个群体和组织成员的行为都有影响。

其四，企业的各级领导要注意倾听职工的意见，及时和他们进行沟通，要尊重和依靠他们，要学会巧妙地运用非正式组织的作用，融洽领导和被领导之间的关系等。

在管理学和心理学的研究基础上，梅奥的霍桑实验，第一次把工业中的人与人的关系问题提到首位，所以人们把这一学派叫做人群关系学派。这实际上是组织管理心理学或组织行为学的前身或先驱。

4. 工业消费心理学

工业消费心理学主要解决工业生产者与消费者的关系问题，也就是研究生产者与消费者相互关系中的心理和行为的规律性问题。一个公司或工厂生产的产品质量再好，但在市场上人们不了解，就卖不出去，工业生产就不能再循环下去，工厂就会倒闭。因此，工业企业之间不仅是产品的“质量之战”，也是一场“消费者心理研究之战”。

最早把心理学应用于工业销售中的研究是斯科特（Scott）于1901年发表的《广告心理学》一文。随着工业生产和销售的发展，消费心理学对工业的发展至关重要。

（三）管理心理学

从广义上来说，管理心理学的内容包括上述工业心理学所包括的所有内容。正如我国工业心理学家陈立教授所言：“管理心理学，它的内容也很广泛，既有人事心理学的内容，包括人员的选择与训练，职业教育（包括职业辅导、职业分析、就业安排），又要研究经营管理与组织，工作动机和态度，协作分工，工作环境与安全，领导品质及组织发展等，以及与经济管理有关的还有消费心理学等。”所以，工业心理学的产生与发展，也就意味着管理心理学和组织行为学的产生与发展。

三、行为科学与组织行为学

（一）行为科学的诞生

虽然梅奥等的霍桑实验开创了运用心理学、社会学的知识来综合研究人的因素的新方向，并把霍桑实验称为研究组织内部人的行为的里程碑。但是，由于霍桑实验得到的结论带有一定的推测和联想性，缺乏充分的客观依据，因而受到一些人的批评，人们开始寻求另外的管理理论。

正值20世纪40年代系统论和控制论的提出和运用，其也进一步促使各学科的学者聚集在一起共同探讨人的行为产生的因果关系。1949年在美国芝加哥大学的一次跨学科的科学讨论会上，有人提出了如何运用现有的学科知识来研究人的行为产生的规律性。会上有人提议，把这种综合各学科知识系统研究人的行为的科学叫做行为科学，接着1952年又成立了行为科学高级研究中心。1953年美国福特基金会邀请了一批著名学者，经慎重讨论后，才把研究人的行为的科学定名为行为科学，1956年正式发行《行为科学月刊》。

（二）行为科学与组织行为学的关系

按照《美国管理百科全书》对行为科学所下的定义：“行为科学是运用研究自然科学那样的实验和观察的方法，来研究在一定物质和社会环境中的人的行为和动物（除人这种高级动物以外的其他动物）的行为的科学。已经确认研究行为所运用的学科包括心理学、社会学、社会人类学和与研究行为有关的其他的学科。”

由此可知，行为科学运用的范围极广，把行为科学运用到教育方面就构成教育行为学，如运用行为改造（behavior mortification）的方法来改造人的消极的不良行为；把行为科学运用到医学领域构成医疗行为学，如运用行为治疗方法治疗精神病；把行为科学运用于政治领域就构成政治行为学，如美国统治集团用行为科学的知识来处理政治集团内部、处理国家之间的冲突和矛盾，以及用来缓和国内的阶级矛盾等；把行为科学的知识和原理运用于各种组织的管理中，就构成了组织行为学。

四、管理心理学与组织行为学

组织行为学是由管理心理学直接发展而来的。首次用管理心理学名称的是美国女管理学家莉莲·吉尔布雷斯（Lillian Moller Gilbreth），她是随泰勒一起研究科学管理的同行者弗兰克·吉尔布雷斯（Frank Gilbreth）的妻子。20纪初泰勒和弗兰克·吉尔布雷斯集中力量通过动作研究和时间研究来提高工作效率，而莉莲·吉尔布雷斯却认为不能单纯从工作的专业化、方法的标准化、操作的程序化来提高效率，还应该注意研究工人的心理。她发现，由于管理人员不关心工人而引起的不满情绪也会影响工作效率。因此，她在1914年出版了一本名为《管理心理学》（*Psychology of Management*）的著作，她力图把早期心理学的概念应用到科学管理的实践中去。但是这本著作在当时并没有引起人们的足够重视。美国在第二次世界大战前，心理学用于工业一直被称做工业心理学。当时，工业心理学的主要含义是指对工作中个体差异的测定，它以个体为研究对象。自20世纪20年代起，霍桑实验已经发现了工作群体的重要性，但建立在群体理论之上的社会心理学研究的真正起步还是在20世纪

50 年代。那时候，人们清楚地认识到，作为以群体特别是小群体为研究对象的社会心理学，对职工工作绩效的影响作用变得越来越大了。因此，美国斯坦福大学的莱维特（Levitt）教授在 1958 年起正式开始用管理心理学这个名称代替原来沿用的工业心理学，使其成为一门独立学科。据莱维特教授说，他用“管理”这个词来替换“工业”这个词的原意是想引导人们去考虑如何领导、管理和组织一大批人去完成特定的任务。

随后出现的组织心理学这个名词，是 20 世纪 60 年代初在莱维特为《心理学年鉴》所写的一篇文章的标题中首先采用的，写这篇文章的目的也是要强调社会心理学，尤其是群体心理学在企业界日趋显著的作用。

不久，美国心理学协会第十四分会——工业心理学分会改名为工业和组织心理学分会，其目的也是要承担比个体差异测定更广泛的组织问题的研究。随着这一学科从个体到群体的研究，再到组织的研究的演变，其研究和实验的机构也发生了变化，它从各个大学的心理系转入管理学院，特别是这些学院的研究生部。到了 20 世纪 50 年代末期，这些学院在教师队伍中又吸收了社会心理学家、社会学家和人类学家。从这批人中产生出来的研究项目，开始取名为组织行为学。这一名称进一步强调了“组织”这一概念，同时又明确了它不是任何单独哪一门学科的产物，从此以后，组织行为学这一名称就被沿用至今。现在美国的管理院校中，几乎所有的研究行为的小组都取名为“组织行为学”小组。

从管理心理学、组织心理学到现在的组织行为学，反映了这个研究领域的发展过程。从莉莲·吉尔布雷斯的管理心理学到莱维特的管理心理学，又到薛恩的组织心理学，它虽已显示出了对组织的更多的关注，但主要还是属于心理学范畴。到卢桑提出了更加偏重于社会学和心理学的观点时，组织行为学已被认为是合适的概念了。由此而形成的组织行为学是最为广泛的范畴，一般它包含了组织心理学和管理心理学。

综上，组织行为学的系统化体系形成经历了一个理论准备和知识积累的过程。在这一过程中，有不少的学者和专门的机构也为之进行了不懈的探索，发表了许多卓有见地的论著，为组织行为学理论的创立做出了突出贡献。

莫里诺（J. L. Moreno）在 20 世纪 30 年代创立了社会测量学。此理论中的测量技术通过问卷让被调查者根据好感或反感对伙伴进行选择，通过适当处理对群体中的人际关系进行分析。社会测量学为组织行为学研究群体行为提供了科学的方法和技术手段。

勒温（Kurt Lewin）独创性地提出关于人的行为的“场论”，进而形成“群体动力学”。勒温认为，人的心理和行为取决于内在需要和周围环境的相互作用，进而形成社会秩序。群体动力学对群体行为的研究贡献很大。

马斯洛（A. Maslow）在 1943 年发表了《人类激励理论》一文，首次论述了作为人的动机基础的需要层次理论。马斯洛认为，人的需要从低级到高级依次可分为五类，即生理、安全、交往、尊重和自我实现。马斯洛的需要层次理论对组织行为学的激励理论的发展有很大影响。

1945 年美国俄亥俄州立大学工商企业研究所根据企业领导行为的两维因素，即“抓组织”和“关心人”研究得出领导行为四分图理论，为研究组织中的领导行为指出了一条新的途径。

菲德勒（F. E. Fiedler）于 1958 年提出有效领导的权变模式，他认为任何领导形式均可能有效，关键在于要与环境情景相适应。这一模式为 20 世纪 70～80 年代的领导问题研究开辟了一条新的途径，即对领导理论的动态研究。

弗隆姆（Victor H. Vroom）于 1964 年在《工作与激励》一书中提出了工作激励的期望理论，经过后人的发展和补充成为西方所普遍接受的激励模式之一。

劳伦斯（Paul R. Lawrence）和洛希（Jay W. Lorsch）在 1967 年发表的《组织和环境》等文章中分类研究了外界环境如何影响组织结构的问题，这在组织结构与外部环境关系的研究方面是标志性的进展。

明茨伯格（H. Mintzberg）在 1973 年所著的《管理工作的性质》一书中着重研究了管理者应能分辨应该做的事和工作特点。

普菲尔（J. Pfeffer）和萨兰西克（G. Salaneik）在 1978 年合著的《组织的外部控制》一书中建立了资源-依赖性模型，阐明部门之间由于资源-依赖性关系而决定的权力关系。

威廉·大内（William Ouchi）在 1981 年所著的《Z 理论——美国企业如何迎接日本的挑战》一书中，对价值观和管理效率的影响做了国际比较。

哈默（M. Hammer）和钱皮（J. Champy）在 1993 年所著的《企业再造》一书中，对在信息化和全球化条件下企业组织的系统变革进行了研究。

第二节 组织行为学的发展阶段及流派

组织行为学的产生和发展有它的理论基础和实践基础，表现在管理思想发展的各个重要阶段。

一、科学管理阶段

这一阶段（19 世纪末到 20 世纪 30 年代）的代表理论是科学管理理论和古典组织理论。

（一）泰勒和他的《科学管理原理》

泰勒所处的年代正值美国南北战争结束后不久的资本主义蓬勃发展时期。这一时期，美国企业资金积累迅速增加，新技术不断引进，企业规模不断扩大，此外，工厂管理还是靠传统经验办事，工人怠工、合谋对抗现象普遍存在，生产效率低下，企业生产要素的潜力得不到发挥。据文献记载，当时美国只有少数企业的产量能达到实际生产能力的 60%，在这种情况下，要提高劳动生产率就必须寻求合理的生产组织方式，提高管理水平。为此，一批工程师、企业家进行了积极的探索与研究，并发表了许多见解，泰勒是他们之中最有成就的一个。泰勒根据他的实践经验和研究成果，于 1911 年出版了《科学管理原理》一书，科学管理的中心问题是提高劳动生产率，其主要内容可以用泰勒本人所归纳的管理部门的四项职能（或称工作原则）来说明。

第一，为工人工作的各组成部分研究出一套科学的方法以代替过去凭经验的方法。

第二，科学地挑选工人，然后进行培训、指导，使之提高业务水平，而在过去是由工人自己选择工作并尽其所能来训练自己。

第三，诚心诚意地与工人合作，以保证一切工作都能按照已制定的科学程序进行。

第四，在管理部门和工人之间大致平等地进行分工，并承担相应的责任，管理部门应把一切由他们自己做比由工人做更为合适的工作都担负起来，而在过去几乎所有工作都落在工人身上。

科学管理原理（又称泰勒制）的影响是广泛和深远的，无论是在它的发源地美国，还是在其他工业化国家。据美国 1971 年出版的《工业工程手册》介绍，美国在 20 世纪 70 年代，仍有 83%的公司和工厂在应用泰勒所倡导的某些科学管理方法。而日本在第二次世界大战后和 70 代后期曾两度兴起推广运用泰勒制的热潮，这一热潮大大促进了日本工业在第二次世界大战后的迅速振兴和发展。苏联从 1935 年开始实施第二个五年计划时便运用泰勒制原理开展劳动竞赛；到了 60 年代，苏联又重新研究泰勒制原理并在工业生产中推广运用。1984 年，美国通用汽车公司与日本丰田汽车公司在美国弗里蒙特合资兴建了汽车公司，该公司从运转之初便运用泰勒制的动作时间研究和合理挑选工人等管理原则，30 多年来他们创造了世界一流的劳动生产率和产品质量。由日本丰田公司创造的号称世界级制造系统（world class manufacturing，WCM）的准时生产制（just in time，JIT），其基本思想也是来源于科学管理原理。由此可见，泰勒无愧于刻在他在费城的墓碑上的“科学管理之父”的称号。

后来，也有不少学者对泰勒制提出了批评，他们主要指责泰勒把经济上的需要看做工人的唯一需要。不过孔茨等则认为，在当时的生产力水平条件下，贯穿在泰勒著作中的主旋律却是强烈的人道主义。他认为，要精心选人用人并加以培训，让他们能够把工作干得最好。泰勒最大的贡献在于他把管理的制度化思想带到管理实践中来，正如他在《科学管理原理》一书的导言中所说的：“过去，人是第一要素，将来体制则是第一要素。这绝不是说不需要伟大人物。相反，任何一种好的制度的首要目标必须是造就和发展第一流人才。”

与泰勒同时期，对科学管理理论有过贡献的还有吉尔布雷斯夫妇、甘特（H. L. Ganti）、亨利·福特（Henry Ford）等。其中，福特在自己的汽车制造企业中推广泰勒制的技术成果，创建了世界上第一条流水生产线，成为泰勒制的重大实践成果之一。

（二）古典组织理论

与科学管理原理相辅相成的是古典组织理论。古典组织理论侧重于研究组织中行政管理方面的问题，其代表人物是法约尔和韦伯。

1. 法约尔

亨利·法约尔（H. Fayol，1841～1925 年）出生于法国，1860 年从圣艾蒂安国立矿业学院毕业后进入康门塔里-福尔香堡（Comentry-Fourchambault）采矿冶金公司，成为科芒特里矿井组的采矿工程师，1888 年出任该公司总经理。1916 年法国矿业协会的年报公开发表了他的著作《工业管理和一般管理》，其理论贡献主要体现在他对管理职能的划分和组织管理原则的归纳上。他第一个阐明了关于管理和协调的一系列组织原则，因而被称为“现代经营管理之父”。与泰勒着重研究工人个体不同，法约尔着重研究高层管理问题。在 1908 年的采矿工协会 50 周年年会上，他提出了组织管理的 14 项原则。

（1）劳动分工。这一条是有关实行劳动专业化的古典概念。同泰勒一样，法约尔认为，劳动分工不仅仅限于技术工作，而且也适用于管理工作，更适用于职能的专业化和权限的划分。

（2）权力与责任。权力是指指挥和要求别人服从的权力和力量。法约尔把管理人员的正式权力和个人权力区别开来。前者是由于管理人员的职位而产生的，后者则是由管理人员的智慧、经验、道德品质、领导能力及以往的功绩等构成的。一个好的管理人员会以他的个人权力来补充他的正式权力。需要指出的是，权力与责任是互为因果的，有权力必定有责任。

（3）纪律。纪律实质上是以企业同其雇员之间的协定为依据的服从、勤勉、积极、规矩和尊重的表示，纪律是行政管理所绝对必需的。法约尔指出，纪律是以尊重而不是以恐惧为基础的。纪律松弛必然是管理不善的结果，而严明的纪律则来自于良好的领导，以及管理当局同工人之间关于规则的明确协议和赏罚的审慎应用。

(4) 统一指挥。这是指组织中每个人只能服从一个直接上级的指挥。法约尔指出，如果两个领导同时对一个人或一件事行使权力，就会出现混乱。

(5) 统一领导。统一领导和统一指挥有所不同，是指一个集团（不是指个人）为了同样目的的所有行动只能有一个领导和一项计划，统一领导来自健全的组织。

(6) 局部利益服从整体利益。这意味着，在一个组织里，一个人或一个部门的利益不能置于整个组织利益之上。为了实现这个原则，就要克服愚昧、野心、自私、懒惰、软弱和一切企图把个人或小集团利益置于组织的整体利益之上而导致冲突的个人情绪。

(7) 报酬。法约尔是在把职员看做“经济人”的基础上来阐述这个原则的。报酬和支付方法应当是公平的，并为雇员和雇主提供最大可能的满足。他在讨论了日工资、任务工资、计件工资、资金、分红、实物津贴、福利和授予荣誉等方式以后，认为付酬方式取决于多种因素，而其目的则是使职工更有价值，并激发起他们的热情。

(8) 集中。法约尔指出，集中是组织发展的自然结果，就像劳动分工一样。实行集中的目的是尽可能地发挥所有人员的才能，是实行集中还是分散，应根据组织的性质、业务的性质和工作人员的能力而定。

(9) 权力等级链。这是从企业最高领导到最基层的上下级系列，它显示出命令执行的路线和信息传递的渠道。法约尔指出，如果在不必要的情况下违背等级原则，那是一个错误，但是，由于遵循等级原则而造成对企业的损害，那是一个更大的错误。因此，应该把尊重等级原则和保持行动迅速结合起来，这可以通过建立平级之间的联系制度来实现。在贯彻等级制度原则中，为了使组织既能坚持统一指挥原则，又能缩短信息联系的路线，法约尔提出可以在需要进行沟通的两个部门之间建立联系的渠道，即法约尔桥(图 1-4)。通过法约尔桥就可以使需要进行联系的两个部门取得联系，从而缩短两个部门之间信息沟通的时间，有利于企业迅速决策，但其不利因素是会造成“多头指挥”的局面。

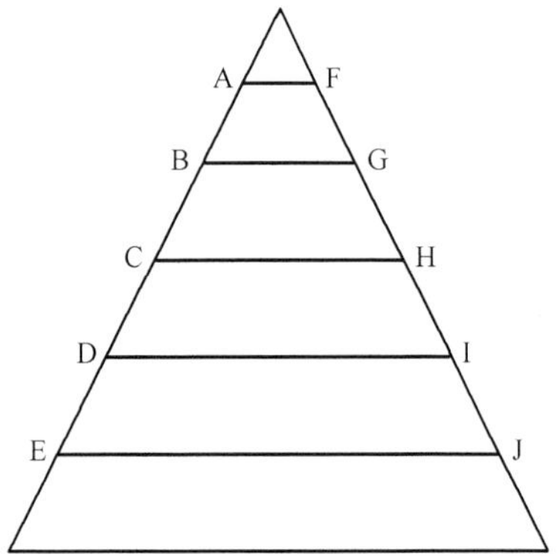

图 1-4　法约尔桥示意图

(10) 秩序。这要求每件东西和每个人都有一个位置，并且都在恰当的位置上。法约尔指出，建立秩序是为了避免物资的损失和时间的浪费。良好的社会秩序必须以胜利地完成两项最艰巨的管理工作为前提，即建立良好的组织和进行认真的选拔工作。要确定企业顺利发展所必需的职位并为这些职位选拔称职的人，使每个人都在能够发挥出自己最大能力的岗位上任职。

(11) 公平。公平是由善意和公道产生的。当主管人员对他的下属仁厚和公正时，则他的下属必将对他忠诚和尽力，这是善意的效力。公道是指实现已订立的协定，由于已订协定不能预测到所有的事物，对于变化的内容要经常加以阐明和补充。

(12) 人员的稳定。这是指有计划地安排人员和补充人力资源。法约尔指出，一个人要适应他的新职位并很好地完成他的工作，需要一定的时间。不必要的流动是管理绩效不佳的原因，频繁的流动也是一种人力资源的浪费。

(13) 首创精神。首创精神表现在拟订并执行一个计划的自主性上。由于它是“一个有才智的人可以体验的最渴望的满足之一”，法约尔劝告主管人员要“牺牲个人的虚荣心”，而让下属人员去发挥首创精神。

(14) 团结精神。其是指要在企业内部建立起和谐与团结协作的气氛。实现团结精神需要强调集体协作的必要性和信息沟通的重要性。

在以上的 14 条原则中，决定法约尔管理理论的核心是统一指挥和权力等级链。1916 年，法约尔写了《工业管理和一般管理》一书，书中指出管理的五大职能是计划、组织、指挥、协调和控制。另外，法约尔还把管理与经营的概念区分开来，他认为管理只是经营的六种职能活动之一，他将一个工业企业的各种活动划分为六类：①技术活动（生产）；②商业活动（采购、销售和交换）；③财务活动（资金的筹措和有效使用）；④安全活动（财产和人身的保护）；⑤会计活动（包括统计）；⑥管理活动（计划、组织、指挥、协调和控制）。他指出，这些活动都存在于各种不同规模的企业里。

2. 马克斯·韦伯

马克斯·韦伯是德国著名的社会学家。韦伯 1864 年出生于德国爱尔福特的一个中产阶级家庭，1882 年进入海德堡大学法律系就读，后就读于柏林大学，毕业后留校任教。他在管理理论方面的主要贡献是提出了“理想的行政组织体系”，并因此被称为“组织管理之父”。他的主要著作有《社会组织和经济组织理论》《新教伦理与资本主义精神》《政治作为一种职业》《经济和社会》等。

行政组织体系（bureaucracy）一词的德文原文可译为官僚政治、官僚体制，其并不带有贬义的含义，其实质是一种“层峰结构”。所谓理想的行政组织体系是指不凭家族世袭地位、人事关系、个人感情等来构造组织，而是按照严密的行政组织、严格的规章制度来组成管理机构。当时德国正在从封建社会向资本主义社会过渡，韦伯的理想行政组织体系的理论，正好反映了工业化的要求，即冲破封建家族的世袭式管理，走向新式的职业式管理。韦伯的组织理论观点主要有以下方面。

(1) 设计了理想的行政组织体系。其要点是：①组织内的各种职务和岗位要按照职权等级来组织，形成一个逐层分级指挥系统，各人的责权要明文规定。②组织成员的任用，应通过正式考试或培训，使人员胜任职务的要求，而不是凭世袭地位或人事关系。③组织内的每个人都必须严格遵守规章和纪律，没有例外。

(2) 行政组织体系的基础是合法规定的权力。任何组织都必须有某种形式的权力作为基础，才能保证组织的秩序和达到组织的目标。韦伯指出，有三种类型的权力：①理性和法定的权力。其是指经过合理挑选，依法任命，并赋予行政命令的权力。②传统式的权力。这种权力来源于传统习惯。在封建社会中的传统习惯就是家族世袭，其权力代代相传。③个人崇拜式的权力。它来自对某个人的特殊性和超凡的神圣、英雄主义或模范品质的崇拜，或对这个人所表现出的标准模式的崇拜。韦伯认为，理想的行政组织体系必须建立在第一种权力，即理性和法定的权力的基础之上。因为只有这种权力才具有合法性，在任命时经过理性的考虑和挑选能保证管理的连续性。

(3) 行政组织体系的结构。韦伯理想的行政组织体系的结构，可用图 1-5 来表示。

从图 1-5 可以看出，理想的行政组织体系的结构分为三层，其中的最高领导层，相当于目前许多组织的高级管理阶层；行政官员层，相当于中级管理阶层；一般工作人员层，相当于基层管理阶层。韦伯的组织理论对后世的影响是很深远的。

泰勒、法约尔和韦伯的理论分别代表了那个时代管理理论的三个重要方面，即“科学管理”理论、“计划管理”理论和“行政组织”理论。尽管这三种理论研究的侧重面各不相同，

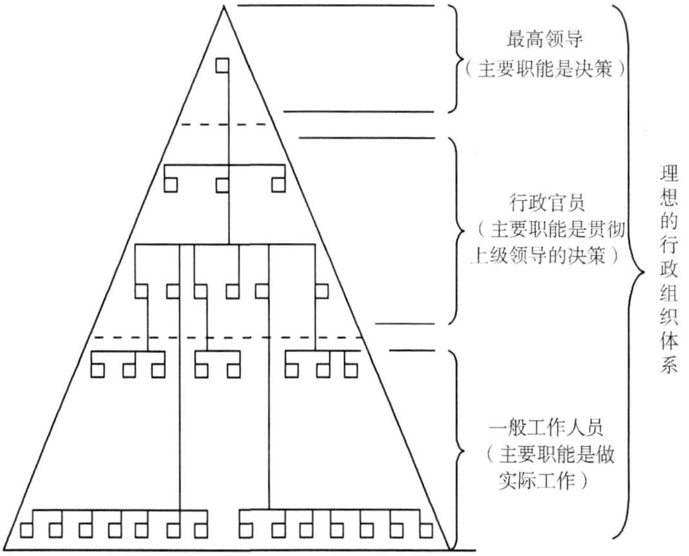

图 1-5　韦伯理想的行政组织体系的结构

但它们有着共同的特点，那就是试图通过建立严格的管理制度、周密的计划和刚性的组织结构来解决当时企业中出现的问题，以达到提高生产率的目的，而轻视或忽视组织中人的思想、情感和主观能动性问题。

二、行为科学阶段

早期的行为科学在 20 世纪 30～40 年代被称做“人际关系”学说，此间还出现了社会系统学派，这一阶段大致在 30～50 年代。

（一）人际关系学说

20 世纪 20 年代末 30 年代初，美国爆发了经济危机进而出现经济大萧条，国民生产总值从 1929 年的 2 030 亿美元降至 1933 年的 1 400 亿美元；失业人口达到 1 300 万人，大批企业倒闭。在此背景下，罗斯福总统推行新政，先后颁布了“国家劳动关系条例”和“公平劳动标准条例”，工会势力上升。在这种情况下，科学管理的缺陷越来越明显。就在这一时期，出现了著名的霍桑实验，其成为人际关系学说的催化剂。

霍桑实验由美国科学院全国学术研究委员会与西屋电器公司联合，在该公司所属的芝加哥霍桑电话机工厂进行。实验始于 1924 年，于 1932 年结束，研究的着重点是工作群体的社会态度和相互关系对工作绩效的影响。实验由哈佛大学著名心理学家梅奥为首的一批学者主持。1933 年，梅奥就实验结果进行了总结，并于同年出版了《工业文明中人的问题》。以梅奥为中心的一些经济学家、管理学家、心理学家和社会学者发展了霍桑实验的结论，逐渐形成了人际关系学派。

人际关系学派的许多新的管理观念体现在《工业文明中人的问题》一书中：以前的管理把人假设为“经济人”，认为金钱是刺激人的积极性的唯一动力。霍桑实验证明人是“社会人”，社会和心理因素也会影响人的生产积极性。

以前的管理认为生产效率主要受工作方法和工作条件的制约。霍桑实验则证明生产效率主要取决于职工的积极性、“士气”，而积极性、“士气”则取决于职工的家庭和社会生活及企业中人与人的关系。

以前的管理只注意组织机构、职权划分、规章制度等"正式群体"的问题。霍桑实验发现除正式群体外，职工中还存在着非正式群体。这种非正式的群体有它特殊的感情和倾向，影响着成员的行为。

新型领导者应能提高职工的满足感，善于倾听和沟通职工的意见，使职工在正式群体中的经济需要与非正式群体中的社会需要之间取得平衡。

拓展阅读

霍桑实验

霍桑实验是1924～1932年在芝加哥西屋电器公司的霍桑电话机工厂进行的一系列研究，此实验开创了人际关系学的先河。最早，此项研究是由西屋电器公司的管理者们发起的，后来由哈佛大学的教授埃尔顿·梅奥继续进行了深入调研。

照明试验（1924年11月至1927年4月）。当时关于生产效率的理论占统治地位的是劳动医学的观点，这一观点认为影响工人生产效率的是疲劳和单调感等，于是当时的实验假设便是"提高照明度有助于减少疲劳，使生产效率提高"。可是经过两年多的实验发现，照明度的改变对生产效率并无影响。具体结果是：当实验组照明度增大时，实验组和控制组都增产；当实验组照明度减弱时，两组依然都增产，甚至实验组的照明度减至0.06烛光时，其产量亦无明显下降；直至照明减至如月光一般、实在看不清时，产量才急剧降下来。研究人员面对此结果感到茫然，失去了信心。

群体试验。梅奥选择14名男工人在单独的房间里从事绕线、焊接和检验工作，对这个班组实行特殊的工人计件工资制度。实验者原来设想，实行这套奖励办法会使工人更加努力工作，以便得到更多的报酬。但观察的结果发现，产量只保持在中等水平上，每个工人的日产量平均都差不多。深入调查后发现，这个班组为了维护他们的群体利益，自发地形成了一些规范。他们约定，谁也不能干得太多，突出自己；谁也不能干得太少，影响全组的产量；并且约法三章，不准向管理当局告密，如有人违反这些规定，轻则挖苦谩骂，重则拳打脚踢。进一步调查发现，工人们之所以维持中等水平的产量，是担心产量提高后，管理当局会改变现行的奖励制度，或裁减人员，使部分工人失业，或者会使干得慢的伙伴受到惩罚。

这一试验表明，为了维护班组内部的团结，他们可以放弃物质利益的引诱。由此实验者提出"非正式群体"的概念，认为在正式的组织中存在着自发形成的非正式群体，这种群体有自己特殊的行为规范，对人的行为起着调节和控制作用，但同时也加强了内部的协作关系。

谈话试验。既然实验表明管理方式与职工的士气和劳动生产率有密切的关系，那么就应该了解职工对现有的管理方式有什么意见，为改进管理方式提供依据。于是梅奥等制订了一个征询职工意见的访谈计划，在1928年9月到1930年5月不到两年的时间内，研究人员与工厂中的两万名左右的职工进行了访谈。在访谈计划的执行过程中，研究人员对工人在交谈中的怨言进行分析，发现引起他们不满的事实与他们所埋怨的事实并不是一回事，工人所表述的自己的不满与隐藏在内心深处的不满情绪并不一致。例如，有位工人表现出对计件工资率过低不满意，但深入了解后发现，这位工人是在为支付妻子的医药费而担心。

根据这些分析，研究人员认识到，工人由于关心自己的个人问题会影响到工作的效率。所以管理人员应该了解工人的这些问题，为此，需要对管理人员，特别是要对基层管理人员进行训练，使他们成为能够倾听并理解工人的访谈者，能够重视人的因素，在与工人相处时更为热情、更为关心他们，这样能够促进人际关系的改善和职工士气的提高。

福利试验（1927 年 4 月至 1929 年 6 月）。实验目的总的来说是查明福利待遇的变换与生产效率的关系。梅奥选出六名女工在单独的房间里从事装配继电器的工作。在实验过程中逐步增加一些福利措施，如缩短工作日、延长休息时间、免费供应茶点等。实验者原来设想，这些福利措施会刺激女工们的生产积极性，一旦撤销这些福利措施，生产一定会下降，因此在实验进行了两个多月之后取消了各种福利措施。结果仍与实验者的设想相反，产量不仅没有下降，而是继续上升，但经过两年多的实验发现，不管福利待遇如何改变（包括工资支付办法的改变、优惠措施的增减、休息时间的增减等），都不影响产量的持续上升，甚至工人自己对生产效率提高的原因也说不清楚。经过深入了解后发现，这依然是融洽的人际关系在起作用。在调动积极性、提高产量方面，人际关系因素是比福利措施更为重要的因素。

后经进一步的分析发现，导致生产效率上升的主要原因如下：①参加实验的光荣感。实验开始时六名参加实验的女工曾被召进部长办公室谈话，她们认为这是莫大的荣誉。这说明被重视的自豪感对人的积极性有明显的促进作用。②成员间良好的相互关系。

霍桑实验对于如何理解群体行为，尤其是群体规范在决定个体工作行为时所起到的重要作用方面，做出了很大的贡献。

（二）社会系统学派

社会系统学派的代表人物是巴纳德（C. I. Bamard，1886～1961 年）。巴纳德用社会学的观点来研究管理理论，他在继承古典组织学派理论的基础上，就组织理论提出了许多新的观点，集中反映其在 1938 年出版的代表作《经理人员的职能》一书中，该书是组织理论的经典著作之一。巴纳德组织理论的主要观点有以下几方面。

1. 组织的定义

巴纳德给组织下的定义是："两个或两个以上的人的有意识协调和活动的合作系统。"巴纳德是从人与人相互合作的角度解释组织的第一个人，从而把组织结构特性与人类行为特性结合起来分析组织问题。巴纳德的组织定义包括以下几层含义：①组织是由人的活动，即人的行为构成的系统。它所关注的组织实质上是人的行为。②组织之所以是一个系统，是指按一定的方法进行调整的人的活动和行为的相互关系。③组织是动态和发展的。它随系统中的一部分变化或同其他部分关系的变化而变化。④组织作为一个协作系统，信息联系是决定组织效率的重要因素。

2. "诱因与贡献平衡"论

"诱因"是组织为满足个人的动机而提供的报酬，它可以是物质的，也可以是精神的，是诱发个人对组织做出贡献的因素。“贡献”是有助于实现组织目标的个人活动。由于个人目标和组织目标可能存在不一致，巴纳德提出了“效能”和“效率”的概念，效能是指组织向成员提供诱因，使其满足的程度，个人效率是协作效率的基础，个人目标是否得到满足，直接影响组织绩效。诱因与贡献取得某种平衡，才能使组织中的成员产生必要的合作愿望，组织目标才能实现。诱因和贡献的平衡是相对的、动态的，组织管理部门应根据个人需要的变化及时在诱因方面做出相应的变化，以求得新的平衡。

3. 权威接受论

支配下属的命令是否为下属所接受，是决定管理人员权威的关键。权威的建立不能仅仅依靠命令，还依赖于个人作为组织成员对命令的理解和对管理者的信任，认为它同组织目标和个人利益是一致的，并在精神上和智力上能够遵守命令。

4. 注重信息沟通

构成组织的基本要求是共同的目标、协作的愿望和信息沟通，信息沟通是实现前两个要求的条件和基础。在强调管理部门必须建立、强化信息沟通职能的同时，还突出了“非正式组织”作为信息沟通又一渠道的重要性。非正式组织既能加强成员之间的感情联系，又能在一定程度上保护成员的利益。

5. 经理人员的职能

经理人员作为信息系统的中心和组织成员协作努力的协调人，应具有三项主要职能：一是维持组织的信息联系系统；二是管理、培训、激励组织成员；三是规定组织目标。此外还有决策和授权职能。

6. 非正式组织的职能

巴纳德称非正式组织是不属于正式组织的个人联系和互相作用的集团，产生于同工作有关系的广泛联系之中。这种集团，虽然并不一定具有明确的共同目标，但有共同的利益、观点、习惯、语言或准则。

非正式组织可能对正式组织产生消极影响，但它至少在以下三方面对正式组织有积极作用。其一，一些不便在正式组织中解决的问题，在非正式组织中却易于解决；其二，有助于维持正式组织的团结；其三，维护个人品德、自尊心，并抵制正式组织的不利影响，以维持个人人格的独立。

因而非正式组织是企业组织不可缺少的部分，其存在能使组织更有效率和效能。

7. 协作系统三要素

巴纳德认为，构成组织的协作系统的三个要素是共同的目标、协作的意愿及信息的交流。对一个组织来说，如果没有共同的目标，组织的成员就不知道要求他们应该怎样努力，以及从协作的结果中他们能得到一些什么样的满足。一个组织的目标，只有被其成员所接受，才能使成员协作活动。个人的协作意愿意味着个人自我克制、交出对个人行为的控制权和个性化，其结果是与个人的努力结合在一起的。对个人来说，接受组织目标和产生协作意愿似乎是同时发生的。

组织的三要素中，要使前两个要素发挥作用，信息的交流是基础，因为信息的交流是连接组织目标与个人协作意愿的桥梁。巴纳德是第一个把信息的交流作为组织要素的人，他还制定了组织中信息交流的几条原则。

第一，信息的交流渠道要被所有的组织成员明确了解，并明确规定每个人的权力与责任，公开宣布每个人所处的地位；第二，每个成员都要有一个正式的信息联系渠道，每个人只能有一个直接的顶头上司；第三，信息联系的渠道要尽可能地直接而短捷，并要经常进行信息交流，以避免产生矛盾和误解；第四，经理人员是信息联系的中心，必须称职，必要时，可由经理人员、辅助人员和参谋人员共同组成信息联系中心；第五，当组织在执行职能时，信息的联系线路不能中断；第六，信息链的每一个连接点都必须是权威的；第七，必须经常运用完整的信息联系线路，以加强沟通和增进了解。这要求从一个组织的最高层到基层的信息联系应该通过信息链的每一个层次。

以上分析的协作系统的三个基本要素，可用图 1-6 来表示。

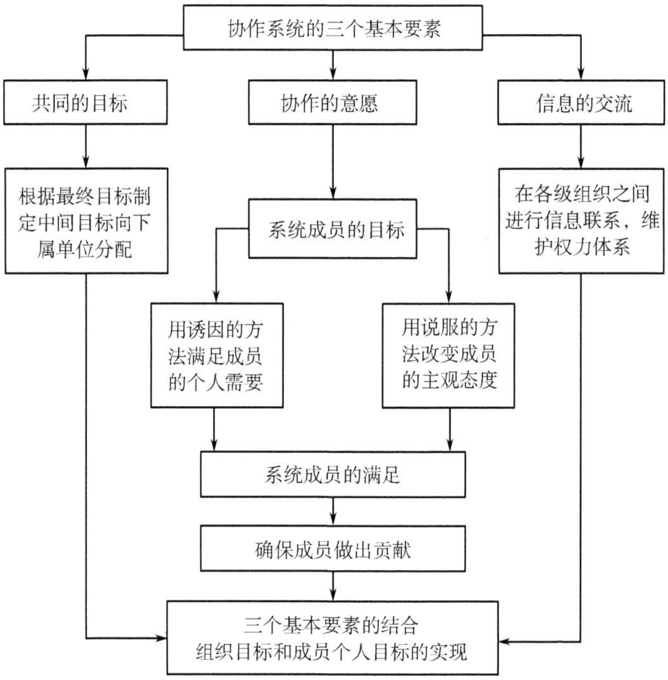

图 1-6　巴纳德的协作系统

（三）行为科学学派

行为科学正式出现于 20 世纪 40 年代末至 50 年代初。1949 年在美国芝加哥大学召开的一次跨学科的讨论会上，首次把这门综合性极强的学科命名为行为科学（behavioral sciences），行为科学不仅因此而得名，而且取代了人际关系学说。

关于行为科学的定义，在国内外的文献中有不同的解释。1980 年英国出版的《国际管理词典》中的解释为，行为科学主要是对有关工作环境中个人和群体的行为进行分析和解释的心理学和社会学学说，其应用包括信息交流、创新、变革、管理风格、培训和评价等领域。它强调的是试图创造出一种最优环境，以便每个人既能为实现公司目标做出贡献，又能为实现个人目标有所作为。

中国的行为科学研究者将行为科学定义为："是由心理学、社会学、社会心理学、人类学及一切与研究行为有关的学科组成的学科群，它研究人的行为规律，借以控制并预测行为，并为实现政治的、经济的和文化的目的服务。"从众多的行为科学的定义中可以看出，该学科有以下三个方面的特点。

其一，行为科学是一个学科群。行为科学的理论基础主要是心理学、社会学、人类学和社会心理学。其中，心理学在行为科学中占有重要地位。现代西方心理学家往往把心理学定义为研究人的行为规律的科学。因为，人的心理与人的行为有着密切的关系，人的心理是在内外环境的影响下，在人的行为活动中形成和发展的。同时，人的心理对人的行为起着引导、调节和维持的作用；社会学是用科学的方法研究社会行为的学科，研究的重点是各种社团、组织、机构的社会行为；人类学包括体质人类学和文化人类学，其中文化人类学研究的是在一定的文化影响下的人的行为；社会心理学是介于心理学与社会学之间的一门学科，它从与社会环境相联系的角度研究个体行为。由以上的分析可以看出，行为科学是以上述四门学科为核心，并吸收其他有关行为研究的知识而形成的一个学科群。

其二，行为科学主要是研究人的行为规律。尽管行为科学也研究动物行为，但它的主要研究对象是人的行为。其研究并掌握人的行为规律，就可以控制人的行为，预测人的行为。所谓控制人的行为，就是纠正人们不符合社会需要和社会规范的行为，使人的行为向合乎社会规范的方向发展；所谓预测人的行为，是指根据已掌握的行为规律，预见一个人在某种环境下如何行事，并且这种预测是建立在系统的、科学的方法基础之上的。

其三，行为科学的应用领域比较广泛。行为科学广泛应用于政治、经济和文化等各个领域，可以说，凡是涉及人和人的行为的领域都需要行为科学的知识。行为科学应用于政治领域，形成政治行为学；应用于医学领域，称之为医学行为学；应用于管理领域，就形成了组织行为学。由于行为科学应用较为广泛，并为西方发达国家提供了解决因社会生产力发展而出现的人的行为方面的问题的钥匙，所以，美国出版的《国际社会科学全书》称行为科学是“20 世纪重要的智慧和文化的创造”。

三、系统科学阶段

把伯塔朗菲（L. V. Bertallanffy）的一般系统理论应用于工商企业管理的研究，使管理理论的发展进入系统理论阶段（20 世纪 60 年代至今）。

（一）系统管理学派

系统管理学派的代表人物主要有卡斯特（F. E. Kast）和罗森茨韦克（J. E. Rosenzwig）等。由约翰逊（R. A. Johnson）、卡斯特和罗森茨韦克三人于 1963 年合著的《系统理论和管理》一书，从系统概念出发，建立了企业管理的系统模式，成为系统管理学派的代表作。他们在组织理论方面的主要观点有以下两方面。

其一，组织是一个人造的开放系统。组织为了求得生存和发展，必然要同外界环境相互影响。也就是说，它必定要消耗来自环境的人力、物力、财力、信息等资源，同时又向环境输出各种产品、服务等资源。同时，组织又具有内部的和外部的信息反馈网络，能够不断自我调节，以适应环境的变化。

其二，组织本身是由各个子系统组成的一个有机的系统。组织的优化要强调整个系统的优化，而不仅仅是各个子系统的优化。按照不同的标准，组织内的子系统有不同的划分方法，但主要的划分方法有以下两种。

第一，按各子系统在组织中所起的作用可划分为：①传感子系统，用来度量和传感企业内部的变化。②信息处理子系统，如会计系统和电子数据处理系统等。③决策子系统，它接受输入的信息，做出决策并传达下去。④加工子系统，它利用信息、物资、能量和人工来完成一定的任务。⑤控制子系统，它保证加工过程按照原定的计划进行，一般都有反馈控制。⑥记忆或存储子系统，可采用记录手册、工艺规程、电子计算机程序等形式。

第二，按各子系统的性质可划分为：①目标和价值子系统，组织的许多价值观是从外界的社会文化环境中取得的，有些则是根据组织自身的需要而塑造的。企业的目标体现了价值观的要求，它包括企业的战略目标、各部门的策略目标和职工的个人目标。②技术子系统，包括为实现目标和任务所需的技术和知识。③社会心理子系统，包括组织成员的行为和动机、地位和角色的关系、群体动力、影响力等。④结构子系统，包括职能结构、岗位结构、部门结构、职权结构和协调规则等。⑤管理子系统，包括计划、组织、领导、控制等管理职能。管理子系统在上述五个子系统中处于中心地位，它负责指导和协调其他各个子系统的活动。另外，在复杂组织的管理等级制度中还有战略子系统、协调子系统和作业子系统等重要的子系统，并分别承担着不同的管理任务。

（二）权变理论学派

权变理论学派是在20世纪70年代形成的。其基本观点是，没有一成不变的、普遍适用的、“最好的”管理原则和方法，一切管理活动都要根据企业所处的外部环境和内部条件而权宜应变。权变理论学派是按权变观念来考察问题的。系统观念为我们了解和分析组织提供了较广泛的、概括性的一般观点；权变观念则更着重于具体组织的特殊性。权变学派十分注重从大量的实际事例中概括、归纳出几种基本模式，并致力于寻求造成这些模式差异的影响因素及相应的管理方法。

权变理论学派的代表人物较多，在组织理论方面主要有汤姆·伯恩斯（Tom Bums）、伍德沃德（Joan Woodward，1916～1971年）、劳伦斯和洛希等。他们在组织理论方面有如下观点。

第一，权变学派强调组织的多变量性，即与每一组织有关的条件的多样性和环境的特殊性。

第二，强调外部环境对组织结构设计的影响。权变学派认为企业的组织设计应当是开放式的，要求企业的组织结构不仅要有稳定性，而且要有对环境的适应性，要对环境的变化具有足够的敏感性，才能保证企业的生存与发展。

第三，试图通过对企业的分类，对环境因素的分析，对不同类型的企业所适用的组织结构模式得出一些结论。

（三）企业再造思潮

20世纪90年代以来，美国企业开始了管理上的重大变革。这次变革的中心思想是“企业再造”（reengineering the corporation）。企业再造是以系统动力学原理为指导，对企业组织进行整体层次的变革。按照迈克·哈默与詹姆斯·钱皮的定义，企业再造是指为了迅速改善成本、质量、服务、效率等重大问题，在强调以顾客为导向和服务至上的前提下，对企业的整个运作流程进行根本性的重新思考和彻底改革，以期在产品成本、质量、服务及企业对市场反应速度上获得较大的改善。美国麻省理工学院的弗雷斯特（Jay Forrester）早在1965年发表的论文《企业的新设计》中就曾对企业再造思潮做过预言。1993年哈默和钱皮合著的《企业再造》则是企业再造思潮的代表作；而彼得·圣吉（Peter Senge）在1990年出版的《第五项修炼——学习型组织的艺术与实务》则是企业再造实务的重要指导书。

企业再造思潮在变革策略上有以下几个方面的内容。

第一，重新整合业务流程，即运用现代信息技术重新分析不同业务流程及同一业务流程的各个阶段的内在关系，进行优化组合，以提高服务质量。

第二，组建自我管理小组。用自我管理小组取代或削减专职管理别人的管理幕僚，并赋予管理小组更大的决策权，以改变过去组织体系中过多的管理层次及决策与执行分开的局面。

第三，建立新型的学习型组织。这种新型的学习型组织是一种充分发挥人的主观能动性、充分运用高新技术和先进的信息技术的扁平型（层次少）、灵活应变并保持集体（或组织）不断学习的组织。

第四，重新设计组织的系统边界。企业要按照业务流程的性质和与外部环境的互动关系，超越原有“法定”组织的界限，制定工作规程。企业再造工程的支持性理论比较多，现在还没有形成成熟的理论体系。

第三节 组织行为学的研究对象

一、组织行为学的概念

组织行为学是运用系统分析的方法，研究各类组织中人的心理和行为的规律，从而提高管理人员预测、引导和控制人的行为的能力，增强组织的适应能力，以实现组织目标的科学。

在组织行为学的发展过程中，曾有不少学者从不同的角度对该学科下过定义。美国学者杜布林（A. J. Dubrin）的定义是：“组织行为学是系统研究组织环境中所有成员的行为的一门学科，以成员个人、群体、整个组织以及外部环境的相互作用所形成的行为作为研究的对象。”而凯利（Jee Kelly）的定义是：“组织行为学是对组织的性质进行系统的研究：组织是怎样产生、成长和发展的，它们怎样对各个成员、对组成这些组织的群体、对其他组织以及对更大些的机构发生作用。”从以上定义中，我们可以知道组织行为学的研究内容。

二、组织行为学的研究内涵

（一）研究对象

组织行为学既研究人的心理活动的规律，也研究人的行为活动的规律，是把这两者作为一个统一体来研究的。因为人的行为与心理活动是密不可分的，心理活动是行为的内在基础，行为是心理活动的外在表现。

（二）研究范围

组织行为学不是研究人的一般行为规律，也不是研究一切人类的心理和行为规律，而是研究各种工作组织中人的心理与行为规律。这种工作组织主要是工商企业，也包括政府机关、学校、军队、医院等。所研究的不仅是单个人的心理与行为，还研究在一定组织环境中的人的心理与行为。

（三）研究方法

组织行为学不是孤立地研究一个组织中的个体、群体和组织的心理和行为，而是用系统分析的方法，按照系统理论的观点，将个体的人作为一个系统，并把它放在群体这个较大的系统中来研究，个体就是群体的子系统，而很多的群体又构成一个组织，因此，群体又是组织这个大系统的子系统。它们均自成系统却又相互密切联系不可分割。同时，它们又都处在社会环境这个更大的系统之中相互作用，因此它们又都是社会环境的子系统。

（四）研究的目的

我们从组织行为学的概念就可以知道其研究的目的，就是在掌握一定组织中人的心理和行为规律性的基础上，提高管理人员预测、引导、控制人的行为的能力，增强组织的适应能力，以实现组织的既定目标。

三、组织行为学的分类与研究内容

20 世纪 80 年代以来，在美国，已将组织行为学划分为宏观组织行为学与微观组织行为学。宏观组织行为学主要以社会学、经济学和文化人类学的理论为基础，着重研究组织结构、组织设计以及在一定社会经济背景下的组织行为。微观组织行为学则以心理学的理论和原理为基础，着重研究个体的态度和行为，个体和群体与组织系统的相互作用和影响。因此，具体地说，组织行为学主要研究以下三个方面的问题：一是研究个体心理与行为，即研究工作组织对其成员心理和工作行为的影响，包括在价值观、工作态度和行为方式方面的影响；二是研究群体心理与行为，即研究工作组织成员的行为方式及其绩效对整个组织的效率和绩效的影响；三是研究组织心理与行为，即研究在一定的外部环境下组织对环境的适应性行为和持续发展问题。组织行为学使抽象的管理理论具体化和实用化了。组织行为学研究的具体内容，可用图 1-7 来表示。

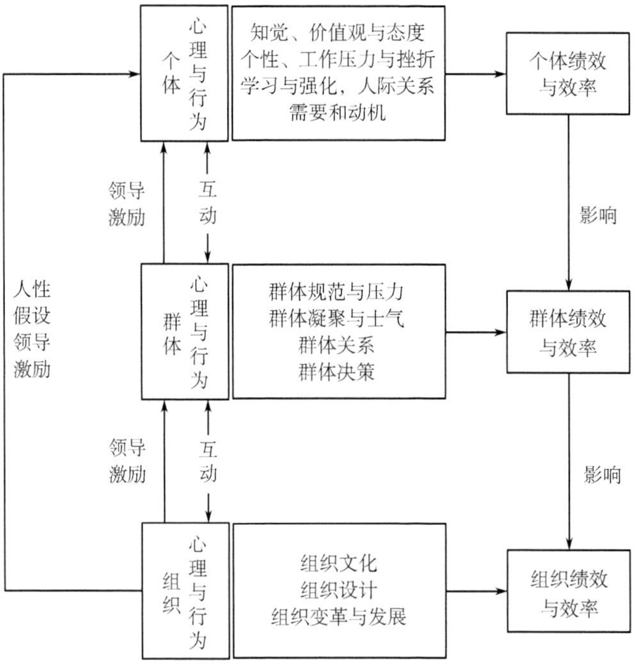

图 1-7　组织行为学的研究内容

第四节　组织行为学的研究方法

研究方法是揭示研究对象的手段。任何一门以某种客观规律性为研究对象的学科，都有其与之相适应的一套合乎科学的研究方法。没有科学的研究方法，就无法揭示这种客观规律性。组织行为学与其他学科一样，也具有作为揭示客观规律性手段的科学方法。

一、研究方法的主要特征

组织行为学的科学研究方法和其他的学科一样，都具有以下几个主要特征。

（一）收集资料的客观性

如实观察和实验这是任何科学的研究方法的最基本的要求和最主要的特点之一。研究人员只能从收集和占有的客观资料和数据的分析中才能得出正确的结论。决不能在调查之前就带着主观偏见去搜集证据，因为那不能反映客观实际，因而也是不可靠的。

（二）观察和实验条件的可控性

观察和实验必须控制在一定的条件之下，并在观察和实验前预先确定，只有这样才能使研究者知道可能影响被试反应的各种因素。例如，我们要研究工人班组的气氛和士气对工人生产效率和思想情绪的影响，实验的条件就必须排除班组之间在生产技术要求、操作方法和劳动强度等方面的差别对生产率的影响，应控制在只剩下两个相对比的班组的气氛和士气不同这个因素。只有这样，我们才能在其他条件相同的情况下在对比中找出气氛和士气对工作效率的影响程度。假如，把一个工人从一个士气不高的班组调到士气高的班组去工作，其工作效率比在原班组工作确有提高，提高的程度直接体现了士气对工人生产效率的影响程度。

（三）分析方法的系统性

鉴于影响人的心理和行为的因素是多方面的，所以，一方面必须把每个因素都置入整个大系统中去研究分析，决不可只从个别的因素和个别方面孤立地研究分析；另一方面，由于新的知识又是在过去已有知识的基础上产生的，它是整个知识的一部分，因此，还必须把该学科过去和现在的全部知识加以系统化、条理化，只有这样，才能形成一个科学的研究方法。

（四）所得结论的再现性

如果我们所采用的研究方法是符合客观事物发展规律的，只要在原先那种可控制的条件下，继续重复同样的实验，就能不断重复得到原来实验的结论。反过来说也是一样，只有不断地重复得到同样的结论，才能证明这种研究方法是科学的研究方法。

（五）对未来的预见性

如果收集的资料和数据是客观的，分析方法是系统的，那么，所得出的结论就会符合客观规律。这种符合客观规律性的结论，就有预测人的未来的心理和行为的可能性，从而也就有可能事先采取有效的措施来防止消极行为的产生，引导积极行为的产生。

二、研究的过程与步骤

组织行为学具有一个分为四个步骤的系统过程。这个研究方法的系统过程如图 1-8 所示。

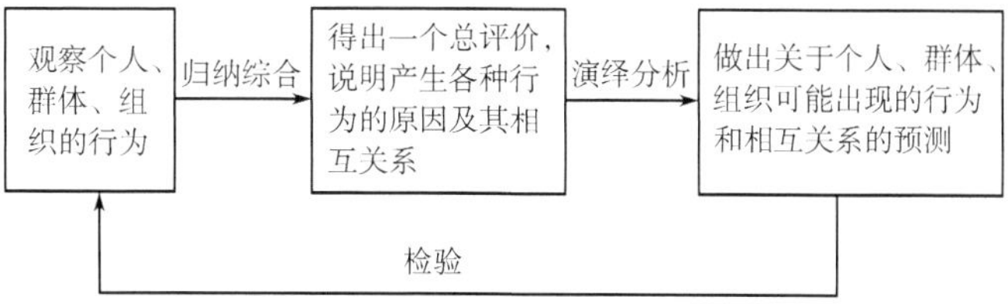

图 1-8　研究方法的系统过程

从图 1-8 可以清楚地看到，这个系统过程分为如下四个步骤。

第一步，观察有关个人、群体、组织的行为的情况，如实地记录各种数据和资料。

第二步，分析说明个人、群体、组织的行为情况产生的原因，以及相互关系。

第三步，做出关于个人、群体、组织可能出现的行为及其相互关系的预测。

第四步，通过系统和控制性的研究来检验所做出的预测。

为了更形象、更具体地证明上述具有的四个步骤的系统过程的这种科学研究方法，特举某公司办公室主任考核评价一位新调到办公室工作的职员的工作能力的实例。这位办公室主任运用上述这种研究方法的情况如下。

第一步，首先观察这位新来职员的行为，主要包括下列内容：①看他与同事和上、下级打交道的效果如何；②除了在日常办公室里经常性工作中观察外，还要观察他怎样主持和掌握会议，怎样给上级领导打报告，怎样代表公司出席外边的各种会议；③仔细地研究这位新职员送审的所有报告，看其是否全面，观点是否正确，文字是否通顺，所提出的措施是否合适，交卷是否及时；等等。

第二步，把上述观察过程中所记录的客观数据和资料与该公司招聘职员的标准进行对比衡量，看其是否符合公司的标准，看这位职员的表现及其工作成效是否符合要求，看他的工作表现比办公室原有的职员的表现是好还是差等。经过上述客观衡量对比之后，对这位职员的行为表现和工作能力就可以有一个总评价，根据五级量表得出结论，看他究竟属于优秀、较好，还是属于一般、较差和很差。

第三步，根据上述的对比和衡量，预测这位新职员将来的表现和工作能力及其成就，并根据这些情况恰当地安排他在办公室里的具体工作岗位，根据对他的总评价来确定给他的工作是比较重要的，还是一般的，或是简单的。

第四步，在以后的实际工作中再进一步检验办公室主任对这位新职员所做出的预测和观察是否符合实际。如果发现对新职员的岗位安排得不合适，还可以再根据检验的结果进行适当的调整，使这位新职员的工作更恰如其分。

三、研究方法的分类与具体内容

常用的科学研究方法可以从应用广度、研究目标和研究可控性这三个方面进行分类，如图 1-9 所示。

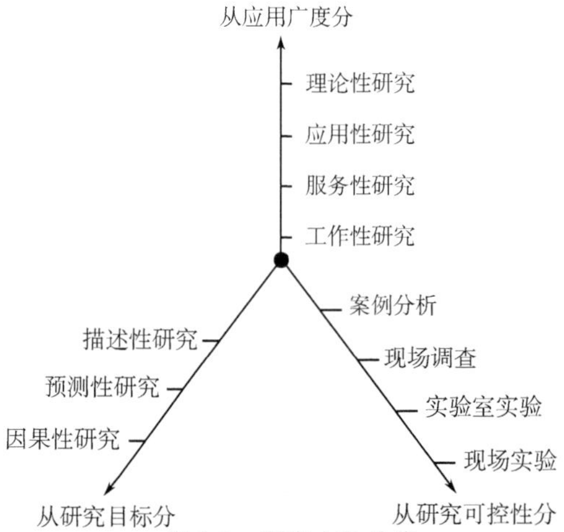

图 1-9　研究方法分类

（一）以应用广度分类的研究方法

从应用广度分类的研究方法有理论性研究（pure research）、应用性研究（applied research）、服务性研究（service research）和工作性研究（action research）四类。

1. 理论性研究

理论性研究主要是为增加知识而进行的研究，这种方法侧重于从理论上阐明某种心理或行为现象，而不着重研究成果是否能应用于实践和怎样应用于实践的问题。

2. 应用性研究

应用性研究主要侧重于对观察结果的证明，以及如何把这种新发现的研究成果用来改进现状。所以，它对实践工作较为有价值。

3. 服务性研究

服务性研究是针对咨询人员的研究，如一位科学家被某公司聘请来当咨询人员或顾问，这位科学家的研究就叫服务性研究。

4. 工作性研究

工作性研究是对某种情况所进行的研究性调查，通过这种调查，人们能够认清问题所在，从而采取一定的策略减少和消除存在的问题。这种研究方法侧重于如何做出变革。这种变革可以在组织结构、人员、技术或环境等方面，也可以把这些因素综合起来进行变革。工作性研究要求研究人员提出有效的变革措施，并形成文件，提供给有关管理人员。

所有这些研究方法都有一定的使用价值，在特定的情况下，究竟应采用哪种研究方法最为适宜，这是由研究人员和管理者根据他们所要达到的目标来选定的。

（二）以研究目标分类的研究方法

以研究目标分类的研究方法主要分为描述性研究（descriptive research）、预测性研究（predictive research）和结果性研究（causal research）三种。

1. 描述性研究

使用描述性研究的研究人员的主要目标在于说明客观状况究竟是怎样的。

2. 预测性研究

预测性研究是实际管理人员提前考虑今后可能发生情况的方法，如经理要对他所主管的人员的行为、工作成效及整个组织总目标的完成情况做出预测。这位经理如果当年已经采用科学的方法考核过每个职工的工作绩效，那么他就可以较为准确地预测出下一年每个职工的工作绩效。这种预测性研究对有计划地控制人的行为和绩效是具有重要意义的。

3. 因果性研究

因果性研究要求弄清楚各个变量之间的相互关系的发展趋势。一个人对工作的满意感与他所做出的工作绩效这两个变量的因果关系，就有三种可能趋势。

第一，由于一个人把工作做出了较好的绩效，所以他对现任的工作岗位比较满意。

公式：工作绩效⟶工作满意感。

第二，一个人对他所做的工作比较满意，所以他就做出很好的绩效。

公式：工作满意⟶工作绩效。

第三，一个人的工作绩效与他的工作满意感是互为因果关系。

公式：工作绩效⟷工作满意感。

（三）以研究可控性分类的研究方法

以研究可控性分类的研究方法主要有案例分析、现场调查、实验室实验和现场实验这四种，如图 1-10 所示。

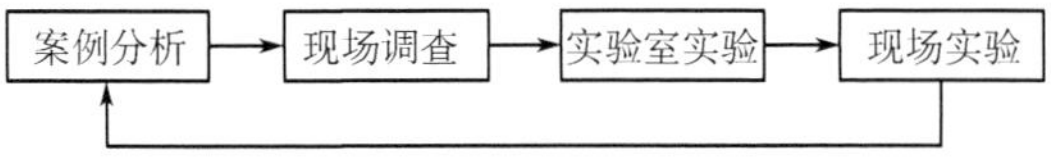

图 1-10　四种可控性研究方法

1. 案例分析

案例分析是指研究人员在查阅各种原始记录后，将通过访问、发调查表和实地观察所收集到的有关某一个人或某个群体的各种情况用文字如实地写下来，并写出分析意见。案例分析方法对缺乏实践经验的课堂教学的管理学院的大学生和研究生来说，是一种较为有效的方法，可让学生自己进行分析，找出主要问题并提出解决问题的方法。这种方法的缺点是各人说法不一，没有统一的明确的答案。

2. 现场调查

现场调查就是对某些个人或群体进行访问并发给其调查表，收集所需要的各种资料和数据。现场调查有普查和抽样调查两种，抽样调查方法，一般所用的人、财、物和时间都比较少，因而被广为采用。现场调查的目的是收集情报资料和数据，而不是去改变或影响被调查者的行为。

3. 实验室实验

这种方法比案例分析和现场调查能更好地控制自变量和因变量的条件，使之更明确地反映两种变量之间的因果关系。例如，在实验室里观察疲劳度或灯光对人的单位时间内工作效率的影响。在实验室里可以尽量排除其他自变量，使之只有在某一个自变量的变动下，对工作效率这个因变量所产生的影响。

4. 现场实验

现场实验就是把实验室的方法应用到不断发展变化的现实生活中去，这比实验室实验更接近现实生活。但是，现场实验不如实验室实验那样容易控制自变量与因变量相互间的因果关系。因为现实生活中影响工作效率这个因变量的自变量太多，所以不太容易确切地说明它们之间的因果关系。例如，影响一个班组工作效率的因素，可能是改善了人与人的相互关系，也可能是改进了工作方法，或是改善了领导作风等。

以上四种研究方法都是常用的方法，各种方法都有其利与弊，应综合使用。

四、研究的技术方法

在实际研究过程中常用的技术方法有如下几种。

（一）访谈法

研究者通过面对面的谈话，以口头信息沟通的途径直接了解他人的心理状态和行为特征的方法称为访谈法。

根据访谈过程结构模式的不同，可以把访谈法分为两大类，即有组织的访谈和无组织的访谈。有组织的访谈结构严密、层次分明，具有固定的谈话模式。研究者根据预先拟定的提纲提出问题，被研究者依次对问题进行回答。这些问题一般涉及的范围较小，整个谈话过程中犹如被研究者做了一份口头问卷。例如，招聘中的第一次谈话，了解年龄、学历、工作经历等就属于有组织的谈话。无组织的访谈结构松散、层次交错、气氛活跃，没有固定的模式。研究者提出的问题涉及范围很广，被研究者可以根据自己的想法主动地、无拘束地回答。通过这种谈话，双方不仅交换了意见，也交流了感情。

有效的访谈式研究必须遵循下列原则：第一，有明确的目的；第二，挑选能提供信息的对象；第三，访谈过程中要建立开诚布公和合作的气氛；第四，访问者要具有启发引导、随机应变和控制不着边际的谈话的技巧。

（二）问卷法

问卷法（调查表法）是设计出一种调查表来研究一个组织内工作者的心理和行为的规律性。这是一项比较艰巨的任务，是一门学问，也是一种艺术。一般调查表可分为下列两种。

1. 客观型调查表

客观型调查表可向被调查者提供有关某个问题的几种可供选择的答案，让被调查者挑选他们认为最接近的那个答案。

2. 描述型调查表

描述型调查表也要向被调查者列出许多问题，但要让被调查者用自己的话来回答。

以上两种调查表怎么用，采用哪个更合适，要根据被调查对象的文化背景、喜爱来选定。

（三）观察法

在日常生活条件下，观察者直接通过感官观察他人的行为，并把观察结果按一定条件做系统记录的研究方法，称为观察法。在现代研究中，观察往往借助于各种视听辅助手段，如录像、录音、摄影等。观察法按被观察者所处的实际情境特点，可分为自然观察与控制观察两种。

自然观察是在完全自然的条件下所进行的观察，被观察者一般并不知道自己正处于被观察状态。例如，要了解员工成就动机的强度，可以观察他们在上班、娱乐、文化考试等各种不同场合的行为。控制观察是在限定条件下进行的观察，被观察者可能知道，也可能不知道自己正处于被观察的状态。例如，为了进行时间动作分析，观察者就要系统地观察工人的操作方式。

观察法目的明确、使用方便、所得材料比较系统，已在组织行为学中得到广泛应用。但运用这种方法，只能了解大量的表面现象，很难了解复杂现象的本质特征，对“为什么”难以做出回答。因此，最好能与其他方法结合使用，以取得较好的效果。

（四）自陈法

运用内容明确、表达恰当的问卷，让被研究对象根据个人情况自行选择答案的研究方法称为自陈法。

常用的自陈法有问卷法和量表法。其中问卷法是由研究者拟定问题，交给研究对象回答。莫雷诺的群体成员关系分析法就是典型的问卷法。他制定了一种表式，分为“吸引”、“排斥”和“不关心”三类，由群体内个人对其他成员自行填报。量表法还包括是非选择、多项选择和等级排列三种。例如，我们熟悉的利克特（R. Likert）的五点量表，这种量表在每一陈述语后引出五种不同的答案，分别为“极不满意”“不满意”“一般”“满意”“非常满意”，让被试根据个人判断选择其一。

自陈法的优点是可以在较短的时间内取得广泛的材料，并使结果达到数量化，但自陈法所取得的材料很难进行质量分析，因而无法把所得结论与被研究者的实际行为进行比较。

（五）测验法

采用标准化的心理测验量表或精密的测量仪器测量被研究者的有关行为特征和心理品质的研究方法称为测验法。例如，智力测验、机械能力测验、个性测验、手指灵巧度测验等。在组织行为学的研究中，测验法往往为人员选拔、安置和提升等提供依据。采用标准化的测验工具，需要特别注意检验其信度和效度。

（六）个案法

对某一个体、某一群体或某一组织在较长时间里连续进行调查，从而研究其行为发展变化的全过程，这种研究方法称为个案法。例如，对某先进集体进行较长时间的调查研究，了解集体的人员状况、生产状况、群体内人际关系、智力结构、集体风气、关键事件等主要因素，并在此基础上进行深入分析，整理出能反映该先进集体特点的详细材料。这样的一份材料就是个案，个案产生的全过程就是个案研究过程。

（七）实验法

参见本章“研究方法的分类”中的简单介绍。

（八）定量法

目前组织行为学的研究已开始由定性的分析逐步深入定量的分析，更多地采用数学手段。通过建立数学模型、借助数学上的分析手段，有助于弥补定性研究的不足。

以上几种方法都有一定的应用价值，但也都有一定的局限性，在实际应用中宜几种方法配合使用。

此外，还有一些其他的方法，如投射法等，所有这些方法都应该互相配合使用。

第五节　组织行为学的学科性质及目标

世界万物都具有其特殊的个性，组织行为学作为一门独立的学科，其具有独特的学科性质。

一、组织行为学的学科性质

（一）边缘性学科

组织行为学是一门多学科、多层次相交叉的边缘性学科。

1. 多学科性

组织行为学是把管理学、心理学、社会学、人类学、生物学、生理学等学科知识，综合应用于管理工作的实践的一门学科。

心理学是研究心理现象，揭示其规律的科学，把心理学的原理应用到组织管理工作的实践中也就是组织行为学。因此，心理学是组织行为学的理论基础，心理学所揭示的心理现象的规律或行为的规律，也是组织行为学的重要研究课题。

社会学是一门综合性较强的学科，它把社会作为一个整体，综合研究社会现象各方面的关系及其发展变化的规律性。其研究范围很广，包括家庭、婚姻、人口、宗教、风俗习惯、文化传统、城乡生活和种属关系及社会阶层。与组织行为学有关的社会学知识主要有：研究个人在社会分工中所处的社会地位，群体的动力、结构、交往、权力和冲突，人与人之间的相互关系，文化传统生活习惯对人的行为和管理方式的影响等。社会学所探索的这些原理与方法，也是形成组织行为学原理和方法的理论武器之一。

社会心理学是心理学和社会学相结合的产物，它是研究人与社会的相互关系中所产生的心理现象的规律，其中特别是人与人相互交往中的心理现象的规律性。而在组织管理活动中，人们之间有广泛的联系与交往，因此研究组织行为学必然要运用社会心理学的基本内容。

人类学是研究人体结构、人体发展和人的行为的科学。它包括两部分：一部分是研究人类化石、种属、机体构造等有关体质人类学问题；另一部分是研究人的社会结构、经济结构、政治体系、社会控制和文化传统，研究人类群体的演化过程和不同群体之间的文化差异等，总之，是以人类的社会与文化现象为研究对象。后一部分叫做社会人类学或文化人类学。前后两部分都是研究组织行为学中所不可缺少的，特别是文化人类学与组织行为学的关系更为密切。

此外，生物学、生理学，甚至医学的知识也应用到了管理心理学中。现在组织行为学已开始研究工作压力对个体、群体、组织的行为和工作绩效的影响。其中还要分析当人们承受工作压力时，躯体所做出的生理反应，以及引起躯体生物结构的变化和如何防治等。

2. 多层次性

组织行为学不仅具有多学科性，还具有多层次性。这种多层次性主要表现为它是综合研究组织中人的个体、群体、组织和领导的心理与行为的发展规律，以及与社会环境的关系。在研究上述各层次人的心理与行为规律时均要综合运用各学科的知识。

第一层是个体。这是组织行为学研究的基础和出发点。马克思研究整个资本主义社会，是从资本主义社会最基本的商品细胞开始的，通过层层分析，揭示了资本主义必然灭亡的规律性。而组织行为学，要研究整个组织的行为规律，也必须从组织中最基本的个体细胞的心理与行为开始分析。这部分主要研究个体的心理特点是如何影响其行为与工作作风和工作绩效的。重点是了解个体的心理因素与其所担负的工作任务之间的关系，其包括一个人会把个体的哪些特征带入组织中去，有哪些因素影响个体的态度、价值观、积极性高低，以及工作的满意程度，个体的个性如何影响其行为和工作绩效等。

第二层是群体。组织行为学在研究个体的同时，还要研究群体和群体结构、形成群体的过程、群体的发展和群体的内聚力，以及正式群体和非正式群体等。

第三层是组织和领导的心理与行为的发展规律。所有的组织，不论其规模、类型和行为怎样，都是由个人群体组成的。因而各种组织在很大程度上与个体、群体一样，都具有各自的特征，所以在研究个体和群体的同时，还要研究组织，即把组织作为一个整体来研究，研究它的文化、结构、设计、变革等（包括组织的心理与行为的规律性），以及外部环境对组织行为的影响，根据各种组织所具有的特征可以对它们加以比较。例如，考察一个组织规模的特征，可以通过人员数、产品产量或生产能力等指标来说明组织规模的大小。

第四层是社会环境。任何一个组织都要受其所处社会环境的影响，为了把组织行为的规律研究清楚，还必须对社会环境进行研究。

事实证明，上述四个层次不是互相排斥的，而是互相补充的。因此，应该把这四个方面协调地加以研究，而把这四个层次结合起来协调地加以研究，正是组织行为学的贡献。

（二）两重性学科

组织行为学也是一门具有两重性的学科，这种两重性来自于以下三个方面。

一是来自多学科性。组织行为学既包括普通心理学、生物学、生理学等自然科学性质，也包括社会学、社会心理学等社会科学性质。

二是来自组织行为学的研究对象“人”。人是具有两重性的，无论是个体的人还是群体的人，把人作为劳动力和作为人与人的关系是具有不同性质的两个问题。一方面把个体和群体作为生产力的一个要素，即作为劳动者来研究，是没有阶级性的，也就是说通过劳动者的劳动不断创造出物质产品，发展了社会生产力。另一方面，不管是个体的人或群体的人决不能孤立存在，总是在一定社会环境的相互联系、相互影响中存在的，因此人还不仅仅是一种生产力最活跃的要素这一自然属性，而且还是一种人与人关系中的社会人的属性。调整这种人与人的关系乃是属于调整和完善生产关系的问题。鉴于不同社会制度下的生产关系的性质不同，所以组织行为学所研究的人又具有社会性（阶级性）。正如马克思所说：“人是一切社会关系的总和。”

三是来自管理的两重性。一方面管理作为对人们共同劳动的协调和指挥是管理的一般性和共性，其反映了社会化大生产的共同规律及人类生产实践中形成的共同文明成果。这种管理的共性方面，不受社会制度的制约，不管是资本主义还是社会主义的社会化大生产都需要通过协调和指挥来进行管理。另一方面管理又是一种监督劳动，这种监督劳动是一种社会属性的职能，不同的社会制度是不一样的。在阶级社会和有阶级的社会中，管理又是统治阶级意志的反映，其是具有明显的阶级性的。鉴于不同社会制度下有不同的统治阶级，所以管理的阶级性也根本不同。在资本主义制度下，正如列宁所揭示的那样：“资本家所关心的是怎样为掠夺而管理，怎样借管理来掠夺。”在社会主义制度下，因为人民当家做了主人，上升为统治阶级，所以在这里是为民富国强而管理，借管理来富国强民。这种管理的两重性，也就决定了专门研究管理领域内人的心理与行为规律的组织行为学也具有两重性。

根据上述两重性的分析，可以清楚地知晓组织行为学除了不同的社会制度下具有不同的阶级性外，还具有一切社会具有的共同的科学性，而后者也是可以吸收和借鉴的。

二、组织行为学的目标

组织行为学主要关注的是人的心理和行为，但组织行为学的确切目标是什么？我们从组织行为学的概念中可以知道，其确切目标是帮助管理者解释、预测和控制人（员工）的行为。

（一）解释

当我们被问及一个人或一个群体为什么会做某些事情时，我们会客观地寻求解释。它似乎是组织行为学三个目标中最不重要的一个，因为从管理的角度来看，解释通常出现在事实之后。然而，如果我们要去理解一种现象，必须从一开始就试着解释它，然后我们可以通过这种理解找出原因。例如，一个很有能力的员工辞职了，我们毫无疑问地想知道原因，目的是防止类似事件的发生。很显然，员工辞去工作的原因很多，如较高的辞职率是由于不合适的工资水平或工作令人感到厌烦，管理者通常会在此后采取必要的措施避免类似事件的发生。

（二）预测

预测是对未来事件而言的。如果希望在将来出现某种结果，那么从现在开始应该采取什么样的行动。一家公司的管理者试图知道员工对公司改革的反应，这就是一种预测行为。在掌握组织行为学知识的基础上，管理者就能对由于某种变化引起的行为反应，做出一定程度的预测。当然，实现某种变化的途径是多种多样的，所以管理者希望评价员工对不同变化所做出的不同反应。这样，管理者就可以预测哪种措施引起员工的抵触行为最小，进而做出决策。

（三）控制

组织行为学中最具争议的目标，就是运用组织行为学的知识去控制员工的行为。例如，一位管理者想知道通过何种方法才能使员工对工作付出更多的努力，这就是一个控制问题。控制目标为什么会引起争议？因为我们绝大多数人都生活在民主社会，而民主社会则是建立在个人自由理念基础上的。当某个人试图使他人按照自己的意愿行事时，尽管这种控制在主观上是无意识的，但却使他人的行为受到控制，在一些组织中，这被认为是不道德的和令人厌恶的。然而组织行为学所提供的用于对人们进行控制的技术则是事实。这种技术是否应该在组织中运用，已成为一个道德问题。然而我们必须意识到，组织行为学中的控制目标却被管理者视为对其工作效果最有贡献价值的理论。

第六节 组织行为学面临的挑战与机遇

世界环境的变化既给组织行为学的发展带来了机会，也提出了挑战。在新的形势下，管理者了解和应用组织行为学比以往任何时候都更重要。我们只要看一下目前组织中发生的巨大变化，就更容易接受这个观点。例如，员工正在逐渐变老，越来越多的女性参加工作；公司重组和削减成本，使一些员工下岗，严重削弱了忠诚度的纽带，而在历史上，它曾把雇主和员工紧密地联结在一起；全球性的竞争要求雇员变得更加灵活，学会适应迅速变革和不断革新的环境。

今天多元化的组织变革，不仅为组织行为学的研究提出了挑战和改革的机遇，而且为管理者提出了大量的挑战和机遇。

一、质量的改善和生产率的提高

面对全球的激烈竞争，一个组织为了生存，不得不提高生产率，改善质量。而任何提高生产率和改善质量的努力要想成功，都离不开员工的参与。员工将不再只是执行变革的主要力量，而是会越来越主动地参与变革计划的制订过程。

我们先来看一简单的案例：威廉·弗仑奇（William French）经营着一桩艰难的生意，他管理着通用电气公司在伊利诺马顿的一家灯泡厂，他的主要竞争对手是来自美国、欧洲、日本及中国的生产厂商。为了生存，他不得不削减开支，提高生产率，改善质量，最终他成功了。在最近五年里，该厂劳动生产率的年平均增长率约为8%。通过持续不断地改善、简化生产过程，降低成本，通用电气公司在伊利诺马顿的灯泡厂成为充满活力、利润可观的工厂。

越来越多的管理者面临着与威廉·弗仑奇同样的挑战。他们不得不提高本企业的劳动生产率和产品及服务的质量。为了提高质量和劳动生产率，管理者推行了全面质量管理和企业再造，而这些方案要求员工广泛参与。

全面质量管理是通过不断改善所有的组织流程来持续获得顾客满意。全面质量管理对于组织行为学意义重大，因为它要求员工重新思考他们所从事的工作，要更积极主动地参与工作决策。

在迅速而激烈的变革时代，人们必须从这样的角度出发来改善质量和提高生产率。如果我们正在起跑线上，那么我们该如何来做好现在正从事的工作呢？实质上，这正是企业再造工程的思路。它要求管理者重新思考这样一个问题：如果是重新开始的话，工作应该如何做？组织结构应该如何设计？为了更好地理解再造工程（reengineering）的概念，我们来考察一下滑轮冰鞋制造商的例子。滑轮冰鞋制造商的产品基本上就是带轮子的鞋，典型的滑轮冰鞋是把有鞋带的皮帮固定在一块钢板上，钢板上有四个木制的轮子。如果制造商能采纳一种不断革新和改善的思路，他就会通过改进产品来寻求不断的增值。例如，他可能会考虑在皮帮的上部增加挂钩，以提高系带的速度；或者改变所用皮革的质量，提高舒适度；或者采用滚珠轴承，使轮子更平滑。现在我们都熟悉这种“一线”冰鞋，它代表了滑轮冰鞋改革的方向，其目的是生产一种滑冰工具，提高滑冰的速度、灵活性及可控性。滚珠片通过一种完全不同的鞋样实现了这一目标。这种鞋的上部用处理过的塑料制成，鞋带用容易操作的夹子代替，四个轮子，原来做成两个一对，现在用四个或六个排成一线的塑料轮子取代，这种冰鞋使滑冰更为流畅。实施再造工程后的产品，看起来不像传统的滑轮冰鞋，但却在全世界受到广泛欢迎。当然，以前的产品已成为历史，一线冰鞋是滑轮冰鞋业的一场革命。

今天的管理者应该明白：任何提高劳动生产率和改善质量的努力要想获得成功，都离不开员工的参与。员工将不仅是执行变革的重要力量，而且他们会越来越积极主动地参与变革计划的制订过程。组织行为学将为管理者处理这些变革提供重要的启示。

拓展阅读

全面质量管理

全面质量管理，是指一个组织以质量为中心，以全员参与为基础，目的在于通过顾客满意和本组织所有成员及社会受益而达到长期成功的管理途径。在全面质量管理中，质量这个概念和全部管理目标的实现有关。

20 世纪 50 年代末，美国通用电气公司的费根堡姆和质量管理专家朱兰提出了全面质量管理的概念，他们认为，“全面质量管理是为了能够在最经济的水平上，并考虑到充分满足客户要求的条件下进行生产和提供服务，把企业各部门在研制质量、维持质量和提高质量的活动中构成为一体的一种有效体系”。60 年代初，美国一些企业根据行为管理科学的理论，在企业的质量管理中开展了依靠职工“自我控制”的“无缺陷运动”(zero defects)，日本在工业企业中开展质量管理小组（Q. C. circle/quality control circle）活动，使全面质量管理活动迅速开展起来。

全面质量管理的基本方法可以概括为四句话十八个字，即一个过程、四个阶段、八个步骤、数理统计方法。

一个过程，即企业管理是一个过程。企业在不同时间内，应完成不同的工作任务。企业的每项生产经营活动，都有一个产生、形成、实施和验证的过程。

四个阶段，根据管理是一个过程的理念，美国的戴明博士把它运用到质量管理中来，总结出“计划（plan）—执行（do）—检查（check）—处理（act）”四阶段的回圈方式，简称 PDCA 回圈，又称“戴明回圈”。

八个步骤，即为了解决和改进质量问题，PDCA 回圈中的四个阶段还可以具体划分为八个步骤。第一，计划阶段：分析现状，找出存在的质量问题；分析产生质量问题的各种原因或影响因素；找出影响质量的主要因素；针对影响质量的主要因素，提出计划，制定措施。第二，执行阶段：执行计划，落实措施。第三，检查阶段：检查计划的实施情况。第四，处理阶段：总结经验，巩固成绩，工作结果标准化；提出尚未解决的问题，转入下一个回圈。

在应用 PDCA 回圈四个阶段、八个步骤来解决质量问题的同时，需要收集和整理大量的书籍资料，并用科学的方法进行系统的分析。最常用的七种统计方法是排列图、因果图、直方图、分层法、相关图、控制图及比方分析表。这套方法是以数理统计为理论基础，不仅科学可靠，而且比较直观。

全面质量管理的特点包括以下五个方面。

全面性，是指全面质量管理的对象，是企业生产经营的全过程。

全员性，是指全面质量管理要依靠全体职工。

预防性，是指全面质量管理应具有高度的预防性。

服务性，主要表现在企业以自己的产品或劳务满足用户的需要，为用户服务。

科学性，质量管理必须科学化，必须更加自觉地利用现代科学技术和先进的科学管理方法。

全面质量管理的缺点是宣传、培训、管理成本较高。

全面质量管理的意义是提高产品质量、改善产品设计、加速生产流程、鼓舞员工士气和增强质量意识、改进产品售后服务、提高市场接受程度、降低经营质量成本、减少经营亏损、降低现场维修成本、减少责任事故。

全面质量管理的核心有以下五个方面。

(1) 密切关注顾客。顾客不仅包括购买企业产品和服务的外部消费者，还包括与企业有内部联系和为他人提供服务的内部消费者，如发送人员和回收账款的人员等。

(2) 持续提高。全面质量管理就是永不满足，“非常好”是不够的，质量的提高是永无止境的。

(3) 企业要做到所有质量都提高。全面质量管理使用广义的质量定义，它不仅与最终产品有关，还与组织如何处理商品配送，如何迅速对顾客抱怨做出反应，如何有礼貌地回答电话等事务有关。

(4) 准确计量。全面质量管理运用统计方法计量企业运营过程中出现的每一个重要的绩效变化。这些绩效变化经常被用来与标准和最低线进行比较，以找出问题，并追查问题的根源，进行根除。

(5) 雇员权力的授予。全面质量管理还包括在岗人员技术的提高。全面质量管理方案广泛运用团队，还授予其权力以找出存在的问题并解决问题。

二、人际交往能力的改善

梅奥的霍桑实验表明了人际交往能力对管理有效性的重要影响。组织行为学的目的之一，就是为了帮助目前的及潜在的管理者提高与开发人际交往的能力，实施以人为本的管理，把管理工作做好。

随着管理者对本书的阅读，管理者会慢慢地知道一些具体的人际交往能力的概念和理论，帮助管理者解释、预测工作中人的行为。同时，管理者也会获得一些具体的人际交往能力的真知灼见，并应用于管理者的工作中。例如，管理者将会学到如何激发员工工作热情的很多方法，学到如何成为一名良好的沟通者及如何组织一支行之有效的团队的基本方法。

三、劳动力多元化管理

经济全球化的直接结果必然导致组织劳动力的多元化（work force diversity），跨国公司的成员来自不同的国家和民族。不同的人在组织中多多少少地会被自动同化，但是，员工在工作时不会把自己的文化价值观和生活方式偏好放在一边。因此，组织所面临的挑战是通过包容不同的生活方式、家庭需要和工作风格来使自己适应各种各样的人群。我们可以使用“熔化锅”这一词来描述组织，该词承认和重视人与人之间的差异。劳动力多元化对管理实践的意义重大，管理人员需要改变他们的经营哲学，从把员工作为相同的人来对待，转变为承认差异，并以能够保证员工稳定和提高生产率的方式对差异做出反应，同时，不要有任何歧视。如果管理得当，劳动力多元化会提高组织的创造性和革新精神，通过鼓励不同的观点来改善决策质量。如果管理不当，就可能会出现流动率高、沟通困难和更多的人际冲突等问题。

因此，劳动力多元化管理，也称为跨文化管理。劳动力多元化是指组织在性别、种族、国籍方面的构成正在变得越来越多样化。这个概念包括了各种各样的人，除了越来越明显的群体以外，如妇女、韩国人、日本人、美国人、俄罗斯人等，还包括有生理缺陷的人、艾滋病者和老年人。

一个企业中经常会有各种不同的群体存在，特别是外资企业、合资企业。虽然他们只是很小的一部分，但我们没有理由忽视他们，反而应该更多地关注他们。而且我们原来一直认为这些少数人会努力参与到大多数人中并被同化。在过去，大部分的劳动力为男性，他们全职工作，以养活没有工作的妻子和正在上学的孩子。而如今这样的雇员已成为绝对的少数。现在，女性参与生产劳动的比例不断增加，如美国的劳动力中女性占46%，少数民族和移民则占到了23%。惠普公司就是一个很好的例子，它的雇员中，少数民族为19%，女性为40%。数码设备公司在波士顿市的分厂为我们提供了未来的部分情景，工厂的350名员工来自44个国家，说19种语言，当公司管理层发布文件时，必须同时使用英语、汉语、法语、西班牙语、拉丁语、葡萄牙语、越南语和海地语等不同语言。

劳动力多元化对管理有重大的实践意义。管理者需要改变他们的经营哲学，把不同群体、不同文化的员工作为相同的人来对待，承认差异，并以能够保证员工稳定和提高生产率的方式对差异做出反应。同时，管理者不能带有任何歧视。如果对多样化管理得当，就能够提高员工的创造性和革新精神，通过鼓励提出不同的观点来改善决策质量；如果管理不当，会出现较为频繁的人员调整、沟通困难和更多的人际冲突等问题，进而影响管理的质量和组织目标的实现。

四、面向全球化

世界变化的大融合，使管理不再受国家边界的限制了。汉堡王归英国公司所有；麦当劳在莫斯科销售汉堡包；埃克森——一家所谓的美国公司，其收入的75%来自美国以外的国家和地区；丰田在肯塔基生产汽车；通用汽车在巴西生产汽车；福特为了帮助马自达管理生产过程，将其总经理从底特律派到了日本。以上事例说明世界变成了地球村。相应地，管理者必须变得能够与来自不同文化的人一起工作。

全球化至少在两方面影响了管理者的人际交往能力。一方面，如果你是一位管理者，你越来越有可能发现你要承担国外的工作任务，你的雇主会把你调到他在其他国家的分公司或合资公司去工作。在那里，你会管理一群新的员工，他们在需要、愿望和态度等方面与你在国内管理的员工完全不同。另一方面，即使是在本国，你也会发现你的雇主、同级和下属是在不同年代中出生和成长起来的人，能够激励你的激励因素对他们不一定有效，你的沟通方式可能是直截了当的和开放式的，而他们可能会觉得这种方式不舒服，甚至是一种威胁，你们之间存在“代沟”。为了能和这些人共同工作，你需要了解他们的文化背景，这些文化背景是如何塑造他们的，如何使自己的管理方式适合他们，这需要你了解不同国家的文化背景和行为方式。

五、做好授权，避免“婆媳效应”

随便翻看任何一本当今流行的商业杂志，你都会读到有关调整或重新塑造管理者与被管理者关系的文章。你会发现，管理者经常被称做教练员、建议者、倡议者或促进者。在多数企业中，雇员变成了副手或助理，管理者与工人的角色界限变得模糊不清。决策的职能已被下放到了执行层和操作层。在这里，工人可以自由选择工作日程和程序，解决与工作有关的问题。20世纪80年代，管理者鼓励员工参与工作决策过程。今天，管理者更为宽松，他们允许员工完全控制自己的工作，没有上司直接参与，基本上由工人操作的自我管理团队已成为一种时尚。

所发生的这一切表明，管理者给予了员工更大的工作自由空间，实际上就是给员工授权。他们把员工完成工作的责任交给员工自己承担。这样一来，管理者需要学会如何放弃权力，员工需要学会如何对自己所做的工作承担责任并如何恰当决策。在以后的章节中，我们将说明授权是如何改变领导风格、权力关系、工作方式的设计及企业的构成方式的。

在授权过程中要注意避免“婆媳效应”。所谓“婆媳效应”，是指行为人双方在行为过程中虽然出发点和归宿一致，但在实现目标任务的过程中因双方是在各自的心理支配下进行，呈现出所使用的方法和对结果的感觉不一致的现象，这种现象也称为“行为不重合”或“互不信任”，这实际上是一个授权不到位的问题。就如婆媳之间的矛盾一样，婆媳矛盾主要来源于婆婆对儿子、媳妇对丈夫爱的不同方式及婆媳都想管好这个家，产生互不信任心理。在管理工作中，这种现象很普遍，管理者对员工的关心、员工对组织的关心，其目的都是完成组织的目标，为了这个“家”好，但由于感觉的问题，或用人而疑、授权不到位，缺乏必要的沟通，员工没有感觉到管理者的关心与支持，甚至觉得管理者根本不关心自己，导致互不信任。

六、鼓励创新和变革

究竟发生了什么使 W. T. 格兰特、Woolworth's、金伯利、太阳神和东方航空这些巨人公司倒下了？为什么其他的“巨人”像西尔斯公司、波音公司及电子设备公司推行大规模的削减成本计划和裁员？其这样做的目的是为了避免公司倒闭。

当今成功的组织必须鼓励创新，掌握变革的艺术，否则，它们将成为下一个破产者。胜利将属于这样的组织，即保持灵活性，不断改善质量，通过持续不断地革新产品和服务来赢得市场上的竞争优势。由于管理人员错误地认为只要坚持原来的做法就能维持企业经营，结果导致多米诺比萨饼连锁店把几千家营业厅拱手让给了别人；而亚马逊网站争取到了许多独立的书店成为其合作伙伴并以此证明，每个人都可以通过因特网成功售书；福克斯电视台则坚持不断地革新，它们通过像《辛普森一家》和《百沃利山脉》这样的创新节目，成功地从实力雄厚的电视网络竞争对手那里，争取到 25 岁以下的大部分观众。

一个组织的员工可能是创新和变革的推动力，也可能成为绊脚石。管理的任务是刺激员工的创造性和增强其对变革的容忍性。组织行为学可以为我们提供丰富的观点和技术，帮助我们实现这些目标。

七、接纳“临时性”，避免“旁邻效应”

不断变化的环境使管理发生了很大的变化。以前的管理是长期稳定伴随着短期的变革，而今天的情形正好相反，长期的变革伴随着短期的稳定。管理者和员工所面临的世界是一个永久的“临时性”世界，工人所从事的实际工作处在永久的变化中。以前员工被分配到一个特定的群体中，这种分配几乎是永久的，工人们日复一日地与一群同样的人共事，安全感很强。现在不同了，稳定的群体被临时群体取代了，团队成员来自不同的部门，成员总是在变化。通过让员工轮换工作来适应不断变化的工作任务要求。最后，组织本身也处于不断变化的状态，组织不断地重组它们的部门，卖掉经营不善的业务，缩短作业流程，用临时工（也称为“编外人员”）代替长期工。这一切都要求组织成员学会应对和接纳临时性工作，学会在充满灵活性、自发性和不可预测性的环境中生活。

管理者一直关注着变革，所不同的是实施变革的时间间隔。过去的做法是每十年引进一两次主要的变革项目就可以了。现在不同了，变革成为管理者经常性的活动，持续改善的概念意味着不断地变革。

今天的管理者和员工都必须学会应付临时性，避免“旁邻效应”。所谓“旁邻效应”，是指人们在感觉上，总是觉得自己旁边或邻近的变化（拥有的）比自己的快或比自己的好。例如，堵车时、排队时，总感觉别人那边更快；分东西时，总觉得别人的比自己的多或好。因此，不管作为管理者还是员工，对变化都要有一个正确的认识，不能总是在羡慕别人中浪费时间和错过机遇，必须学会在充满灵活性、自发性和不可预测性的环境中生活。组织行为学的研究能够为我们提供重要的真知灼见，帮助我们理解不断变革中的工作环境，懂得如何克服变革的阻力，如何更好地创造一种组织文化，在变革中求得繁荣。

八、员工忠诚度减弱

随着经常体制改革的推进、市场经济的深入发展，“铁饭碗”被打掉了，减员增效使一部分人随时面临下岗的命运。这些变化导致员工的忠诚性急速下降。这是因为，过去公司的员工相信他们的雇主会通过工作的保障、丰厚的福利、增加的薪水来报答他们对组织的忠诚。但是，从20世纪80年代中期开始，为了适应全球性的竞争、恶意接管、收购、兼并等，公司开始摒弃传统的工作稳定性、资历和报酬政策。它们通过关闭工厂、把生产转移到劳动力成本低廉的国家、卖掉或关闭不盈利的企业、减少管理层次、用临时工代替长期工来适应竞争的环境，从而变得“刻薄而吝啬”了。更重要的是，这不仅仅是个别现象，这种现象正在弥漫开来。例如，英国最大的银行巴克雷银行裁减了20%的员工；很多德国公司也裁减了它们的员工和管理层次；做电子工程的德国西门子集团公司曾经在一年内裁减了3 000多个工作岗位；炼钢“巨人”克拉普—霍斯把自己的管理层次从5级减少到3级；奔驰把管理层次从7级减为5级。员工们认为他们的雇主不像以前那样对他们负责了，结果，员工们的反应是对公司的忠诚度也降低了。

组织行为学所面临的一个重要挑战就是为管理者设计出既能调动忠诚度不高的员工的积极性的方法，同时又能维持组织在全球竞争中的优势。

九、道德缺失行为

在以削减成本、期望提高工人的生产率和市场竞争激烈为特征的组织世界中，许多员工在浮躁心理的指使下，被迫“抄近路走捷径”，行为越轨或卷入其他不正当的活动的现象屡见不鲜。

组织成员越来越发现自己面临着道德困境。所谓道德困境是指他们需要明白什么是正确的和错误的行为。例如，如果他们发现组织中出现了违法活动时是否应该揭发；他们是否应该遵从自己不情愿的命令；如果他们知道绩效评估的结果能够保障同事的工作的话，他们是否应该凭空吹捧自己喜欢的员工；如果有助于自己在组织中晋升的话，他们是否应该允许自己玩弄政治手腕。

对于什么是符合道德的行为，以前并没有给出明确的定义。近年来，在利益的驱使下，区分正确的和错误的界限变得越来越模糊不清了。员工们亲眼目睹了身边的人卷入了不道德的活动——公众选出的政府官员编造他们的费用账单或行贿受贿；高水平的律师最了解法律，可他们帮助自己服务的公司和家庭成员逃避社会保险税收；成功的高级经营人员利用公司内部的信息为自己谋利；其他公司的员工参与大规模的“地下”商品交易；为了提高牛奶中的蛋白质含量而往里面加入对人体有害的化学物质“三聚氰胺”；等等。当被起诉时，这些人总会为自己找借口：“大家都这样做”“当今社会中你必须抓住每一个有利的机会”“我从没想到会被起诉”。

管理者和他们的组织从以下几个方面对此做出回应。他们撰写和发布道德行为规则，以指导员工摆脱道德困境；他们提供研讨会、培训班和其他类似的培训项目，以改善道德行为；他们提供内部导师，并且在很多情况下是匿名的，让员工从导师那里寻求处理道德问题的帮助；他们也设计保护机制，防止员工暴露组织内部秘密的不道德行为。

今天的管理者需要为员工创造一种道德而健康的气氛，在这样的气氛中，员工可以高效工作，全力从事自己的工作，尽量减少碰到涉及有关对错误行为的模棱两可的机会。

第七节　本章小结

本章共分为七节，主要介绍了组织行为学产生的学科渊源、组织行为学的发展阶段及流派、组织行为学的研究对象与研究方法、组织行为学的学科性质及目标，以及组织行为学面临的挑战与机遇。

组织行为学是运用系统分析的方法，研究各类组织中人的心理和行为的规律，从而提高管理人员预测、引导和控制人的行为的能力，增强组织的适应能力，以实现组织的目标的科学；组织行为学是管理学、心理学的新发展，特别是组织管理学、管理心理学和人事管理学的新发展，其也是心理学、社会学等原理在管理中的具体应用。

组织行为学的发展经历了三个阶段，即科学管理阶段、行为科学阶段和系统科学阶段。

组织行为学不是研究人的一般行为规律，也不是研究一切人类的心理和行为规律，而是研究各种工作组织中人的心理和行为规律。其目的是在掌握一定组织中人的心理和行为规律性的基础上，提高管理者预测、引导、控制人的行为的能力，以实现组织的既定目标。

组织行为学是一门多学科、多层次相交叉的边缘性学科。

思考题

1. 组织行为学是怎样产生、发展的？
2. 组织行为学的研究主要有哪些理论流派？
3. 组织行为学的研究对象、内容和基本方法。
4. 简述组织行为学的学科性质。
5. 结合实际，谈谈组织行为学研究所面临的机遇与挑战。
6. 结合实际说明霍桑实验对管理者的启示。

案例 1：挑战性课程

当参与者来学习“绳索”课程时，他们会遇到韦德·伯比和他的训练团队。人们围成一个圈，接下来的 15～20 分钟，伯比会叙述每个人都必须遵守的安全措施的要点。他概要描述了在一天 8 个小时的课程中每个人都将会遇到的一些挑战，并强调如果某人不想参与某活动，小组并不会强迫他去参与。课程被分为四个系列部分：破冰船，通过这个活动人们将学会友好相处；创制权，这是个独特的问题，是为促进参与者之间的沟通而设计的；低级原理，在这项课程中群体进行沟通，并解决问题；高级原理，该课程是通过测试对危险情境的反应来挑战参与者。16 项活动，包括从离地 6 英寸（1 英寸＝0.025 4 米）高的圆木上走过，从 25 英尺（1 英尺＝0.304 8 米）高的电话杆上跳离，以及爬上 15 英尺高的墙，都与这四个部分有关。

第一项活动是为铸造信任而设计的。把一根 32 英尺长的圆木悬挂着，圆木离地 6 英寸高，两端用绳索系在附近的树上，每次一个人努力从圆木一端走到另一端去。伯比迅速跳上圆木，在助手们的帮助下走过圆木，他的助手们必要时抱住他以防他从圆木上掉下来。没有别人的帮助想要走过圆木是不可能的，因为圆木会摇荡。当他完成时，他会向帮助者致谢。参与者迅速排队来参与走圆木，当所有人都完成时，群体开始讨论任务的目的，那就是依靠他人有助于提高个人的成绩。

电话杆活动要求每个参与者借助梯子与木棍爬上渐尖的木杆，木杆大约有25英尺高。该项活动的具体操作如下：爬上杆子，停在一个旋转的与菜盘差不多大的木制盘上，向后转，朝大约12英尺远的击铃粗绳跳去，并击响钟铃。伯比的一名员工演示完该活动后，一名参与者迅速带上一个类似马具的装置，这个装置把绳索和头上的绳索牢牢地系在一起，同时也系在缆绳上。人跳离之后，不管是抓住还是没抓住击铃粗绳，别的群体成员都会紧紧地拉住绳索，慢慢地把他放下来，当这个人下来时，参与者欢呼鼓掌。一旦安全着陆，同伴会去拥抱该人并表示祝贺。

问题：

1. 结合本案例内容，怎样理解这一案例所说的情况？
2. 请问该活动是对员工进行什么样的训练？

案例2：主席的米饭布丁

有一位高级经理被委派去检查公司总部所有的运作和过程，她组织了一支任务组去帮忙审查。组织的最高执行官们有他们自己的厨房和餐厅，虽然在任务组的优先考察列表中，这份额外补贴不是很重要，但任务组还是找时间看了看执行官的厨房和餐厅的运作情况。

任务组发现每天中午12：15厨师会做两份米饭布丁，然后在下午2：45再把它们倒掉，神秘的是，米饭布丁并未列入菜单之中。当主厨被问及此事时，他承认就他所知，餐厅里没有一个赞助人吃过这两份米饭布丁，他也不知道为何要制作这两份米饭布丁，8年前，他加入该组织时，情况就是如此，他只是继续例行做公事而已。

出于好奇，任务组决定进一步调查这个古怪的例行公事的起源。他们发现，17年前，那时组织的主席某一天闲逛进了厨房，在同主厨交谈中，他提到很喜欢米饭布丁，主厨就指挥厨师们准备两份米饭布丁，但不列入菜单中，当该主席来吃午饭时，服务员就给他提供一份米饭布丁，第二份米饭布丁做出来用于满足主席午餐会中有其他人也想要一份的需求。

那位偶尔吃一份米饭布丁的主席4年后退休了，在退休以后的13年里，厨房炊事员一直制作米饭布丁。但是，直到现在，他们之中没有人知道为什么要这么做，餐厅里也没有一个赞助人知道可以得到米饭布丁。

问题：

1. 请说明本案例所要表明的中心思想。
2. 本案例中的现象是否正常，为什么？

第二章 人性理论

本章导读： 荷米公司是一家非常与众不同的企业，它的管理者德普瑞认为，他的雇员们不是牛马，而是有着情感、理智和才能的有血有肉的人。他下决心了解每位雇员的性格、潜质和才干。他还宣称，管理层不是一个特殊阶层，管理是企业内部的每一个人都应该参与并作贡献的企业的根本职能。因此，荷米公司是世界上第一批提供雇员股份并采用分红激励计划的公司之一，这种方式激发了员工的参与积极性，公司还努力保持贯通整个组织的开放的沟通渠道。因此，荷米公司虽然也经历了20世纪80年代的计算机销售大滑坡，但是公司并没有因此而裁员，员工也同公司共渡难关。公司从困境中解脱出来后，发展得比以前更加强大了。

在众多管理要素中，由于人的特殊性，对人的管理是最为重要和关键的。特别是社会发展到今天，人的自身素质得到了空前的提高，人们比以往任何时候都更加关注自身的价值和自身存在的意义。对组织中的“人”采取何种管理措施和方法来提高组织效率离不开对人的认识。古今中外，对人性的探讨和理解一直没有停止过，这些对人性的深入分析所形成的人性理论，成为组织有效管理的基础。从时间跨度和中西方文化因素考虑，可以将人性理论划分为中国古代人性理论、西方人性理论和当代人性理论的新进展。

人性，即人类天生具备的基本精神属性，是受所处社会环境影响的，并非“人之初，性本善”。对于人性的定义，很多学者从不同的角度出发进行研究，最终给出的定义也是不同的。有人认为人性是指区别于动物，人所特有的，是人通过自己的活动所获得的全部属性的综合，是现实生活中的人所具有的全部规定性。周敦耀认为，一切人普遍具有的各种属性的总和即为人性。而郭念锋在长达十几年的研究中，认定只有从“人的本质属性”，即“人性”出发，才能正确阐明人的心理活动和个性及其发展等问题。但由于人是处在一定历史条件和社会环境中的，所以，人性可理解为“在一定的社会制度和历史条件下形成的人的品性”；而人性从心理学角度来看，可以理解为“人所具有的正常的感情和理智”，如人们经常所说的“不通人性”。

第一节 中国古代人性理论

在中国古代思想家的著作中，人性是指人的本性，侧重于人生而具有的特性。人的行为是人先天与生俱来的生理特点与后天的社会环境共同作用的产物。在我国古代的文化思想中，有关人性的研究比较广泛，其内容也十分丰富，且诸家说法不一，但《淮南子·卷十九·修务训》中说“人性各有所修短，若鱼之跃，若鹊之驳，此自然者，不可损益”[①]，正是古人对人性的概括。而在中国古代人性理论中，以儒家的人性论最具代表性，人性论也是儒家管理思想的理论依据。但即使都归属于儒家，不同的人对人性的看法也不尽相同。

---

① 刘向．淮南子[M]．开封：河南大学出版社，2010：631.

一、性善论

“性善”即人性本善，主张性善者，多属儒家学派，持“性善论”观点的代表为孟子。孟子作为儒家先贤，继承并发扬了孔子的性善思想。

拓展阅读

孟子与告子有一段讨论人性的对话，被后人认为是最能反映孟子性善论观点的。

告子曰：“性犹湍水也，决诸东方则东流，决诸西方则西流。人性之无分于善不善也，犹水之无分于东西也。”

孟子曰：“水信无分于东西，无分于上下乎？人性之善也，犹水之就下也。人无有不善，水无有不下。今夫水，搏而跃之，可使过颡；激而行之，可使在山。是岂水之性哉？其势则然也。人之可使为不善，其性亦犹是也。”（《孟子·告子上》）

告子认为人性本身没有善恶的属性，是受环境的决定作用。在发大水的时候，东边的岸决了口则水向东流；西边的堤破了，水则冲向西边。孟子则是高他一筹，指出水为什么要向岸外流呢？这是由于水本身的特性是向下流，没有这个特点，它也不会向东或向西流了，因为堤岸外边地势更低，水总是流向低处，同时指出人性趋向善良，正如同水向低处流。如果利用其他的力量，如拍打、堵挡，也可以使水跳起来，或是从山下流到山上。但这只是改变了水的“行为”，并没有改变水的“本性”。告子的论证只是涉及水的“行为”表现，而未能说明水的“本性的趋向”。

孟子认为，人生来就有一种最基本的共性，即“恻隐之心”、“羞恶之心”、“辞让之心”和“是非之心”，这四种“心”就构成了人性的善或道德良质。孟子说：“恻隐之心，仁之端也”。据此，他断定，“仁义礼智，非由外铄我也，我固有之也”，若无此“四心”即“非人也”。他又认为，尽管人皆固有“四心”，但这并非就是道德完善之人，只有将“四心”发展成仁、义、礼、智“四德”，才能成为尧舜式的“圣人”。同时，人的各种恶习都是由后天环境造成的，是外界条件压制了“四心”向“四德”发展的结果。因此，“问学之道无它，求其放心而已”。

资料来源：万丽华，蓝旭．孟子[M]．北京：中华书局，2012：177

从本质上讲，孟子的“性善”论只不过是对封建地主阶级的行为方式进行的道德抽象和美化而已。之后，“性善论”又被朱、程理学等正统思想所继承并发挥，并对中国的历代封建统治及整个华夏文化产生过极其深远的影响。孟子性善论的内容如下。

人性生来是善的。人性向善是天生的，至于人的行为表现能否体现其本性则取决于外界环境的作用。性善所指为何物？这在儒家学说中是很明确的，那就是仁、义、礼、智。孟子认为人性中具有仁、义、礼、智四种善端，它们是人性中所固有的。

阅读资料

孟子曰：“乃若其情，则可以为善矣，乃所谓善也。若夫为不善，非才之罪也。恻隐之心，人皆有之；羞恶之心，人皆有之；恭敬之心，人皆有之；是非之心，人仁义礼智，非皆有之。恻隐之心，仁也；羞恶之心，义也；恭敬之心，礼也；是非之心，智也。仁义礼智，非由外铄我也，我固有之也，弗思耳矣。故曰‘求则得之，舍则失之’。或相倍蓰而无算者，不能尽其才者也。《诗》曰，‘天生蒸民，有物有则。民之秉彝，好是懿德’。孔子曰：‘为此诗者，其知道乎！故有物必有则；民之秉彝也，故好是懿德’。”（《孟子·告子上》）孟子在这段论述中指出了他的基本论点：人性是善的，如果按照人性去做，就可以成为善人。做坏事的人并不是因为本性不善，而是因为其没有按本性去行事。

资料来源：万丽华，蓝旭．孟子[M]．北京：中华书局，2010：181

孟子还讨论了性善与人的身体功能的关系，可以说是探索性善的“机制”问题，认为人的性善与否和人的认知特点有关。

阅读资料

公都子问曰：“钧是人也，或为大人，或为小人，何也？”

孟子曰：“从其大体为大人，从其小体为小人。”

（公都子）曰：“钧是人也，或从其大体，或从其小体，何也？”

（孟子）曰：“耳目之官不思，而蔽于物。物交物，则引之而已矣，心之官则思，思则得之，不思则不得也。此天之所与我者。先拉乎其大者，则其小者不能夺也。此为大人而已矣。”（《孟子·告子上（第十五章）》）

这段话中孟子“心之官则思”弘扬思考对于人类的重要性，只要心灵会思考，人就不容易为外物所蒙蔽。孟子的这个观点体现了唯物论的思想。

资料来源：万丽华，蓝旭．孟子[M]．北京：中华书局，2010：190

另外，孟子很重视教育和环境对人的影响，“人皆可以为尧舜”，关键在于后天的教育和引导。他认为应该办学对人进行教育，就像“孟母三迁”一样，阻止后天环境对人有不好的影响。

阅读资料

曹交问曰：“人皆可以为尧舜，有诸？”

孟子曰：“然。”

（曹交曰：）“交闻文王十尺，汤九尺，今交九尺四寸以长，食粟而已，如何则可？”

（孟子）曰：“奚有于是？亦为之而已矣。有人于此，力不能胜一匹雏，则为无力人矣；今日举百钧，则为有力人矣。然则举乌获之任，是亦为乌获而已矣。夫人岂以不胜为患哉？弗为耳。徐行后长者谓之弟，疾行先长者谓之不弟。夫徐行者，岂人所不能哉？所不为也。尧舜之道，孝弟而已矣。子服尧之服，诵尧之言，行尧之行，是尧而已矣。子服桀之服，诵桀之言，行禁之行，是桀而已矣。”

（曹交）曰：“交得见于邹君，可以假馆，愿留而受业于门。”

（孟子）曰：“夫道若大路然，岂难知哉？人病不求耳。子归而求之，有余师。”

“人皆可以为尧舜”是根植于“性善论”而鼓励人们向善，并且人应该自尊自贵，不应妄自菲薄、自惭形秽。人人都应该树立起立志向善的信心，从自己力所能及的事情做起，不断完善自己，最终成为一个有所作为的人。

资料来源：万丽华，蓝旭．孟子[M]．北京：中华书局，2010：196

中国古代思想家中持“性善”观点的人是很多的，这里只以孟子作为代表对性善论进行说明。值得注意的是，孟子不只提出了性善的理论，而且把他的理论用于管理人、治理国家。他认为各国诸侯要想治理好国家有三件大事，即土地、人民、政事。要做到这三方面的治理则首先要行仁政，而仁政之根本在于“养心”。孟子提出：“尽其心者，知其性也；知其性，则知天矣。存其心，养其性，所以事天也。”① 孟子还说过，“国之本在家，家之本在身”②。这些思想都是以性善为立论的起点，进而扩大到齐家、治国、平天下。

孟子的性善论在对如何在现实生活中把人性向善的方面引导有着重要作用，他强调道德修养的平等性、主动性和社会性。为了促进社会安定，人们生活和谐，孟子做了深刻而又有益的探讨，并提出了很多有价值的教化方法，在中国思想史上产生了重大及深远的影响，这些有益的探讨对今天的组织和社会管理仍然具有重要的积极意义。

孟子的“性善论”正好与西方学者对人性的“Y 假设”一致。

二、性恶论

性恶论的代表，一般都以荀子为例，荀子对人性的看法恰好与孟子相反。他认为：人之初，性本恶。

阅读资料

荀子与孟子是同时代的思想家，吸收儒、法等各家思想，在人性问题上，也有其自己的观点。一般说来，他在管理国家大事方面的主张，强调法制，似近于法家、刑名家。但他讲法制并不排斥礼治，还是强调礼义教化在改造人的方面的作用，用法治与礼治两手来解决问题更为有效。思想教育做好了，不用动刑罚而能使民众服从王法。所以他提出，“赏不用而民劝，罚不用而民服”。

资料来源：荀子．荀子[M]．孙安邦，马银华译注．太原：山西古籍出版社，2003：140-141

荀子认为人性是恶的，其原因在于人生而具有的欲望，或是说根本的需要使人性趋恶。大多数人“饥而欲食，寒而欲暖，劳而欲息，好利而恶害，是人之所生而有也”，还认为“人之性恶，其善者伪也”。在这里荀子十分明确地提出自己的性恶观点，他认为求饮食，讲温暖，想休息，这些都是人的本性，如果人的这些基本需要得不到满足，便会有争夺，所以人的本性是恶的。如果充分调动人力，努力生产，丰衣足食之后，人们的需要得到满足，天下也就太平了。

虽然荀子主张性恶，但不是说注定要天下大乱，他提出了一系列的措施，用于治理天下。因此，荀子崇尚治国要严，立法要严，执法更要严的依法治国理念。他针对“性恶”提出了两个措施：一个是“礼”，另一个是“刑”。“礼”是以教育为主，使人们自觉地服从于他所处的社会地位，地位高者可以多得些好处，地位低者少得些好处，要自觉地承认贵贱之分、尊卑之位。“刑”则是指依法制裁，如果不服从这种社会阶层的约束而要多得多占，就要加以刑罚，这样就能保证社会的稳定。

① 万丽华，蓝旭．孟子[M]．北京：中华书局，2012：212-213.

② 万丽华，蓝旭．孟子[M]．北京：中华书局，2012：110.

阅读资料

荀子在谈到社会分配时，也注意到人的差别除了地位贵贱之分以外，还有智力高低、努力程度之别，这也应在分配时加以考虑。他说："制礼义以分之，使有贵贱之等，长幼之差，知愚，能不能之分，皆使人载其事而各得其宜，然后使禄多少厚薄之称。"荀子在这里清楚地指出了分配上要考虑的诸因素，如社会地位、资历年龄、智力高低、能力大小等，只有这样全面地考核人，才能使合适的人做适宜的工作。

荀子的性恶说，与孟子的性善说有相同的一面，也有相反的一面。相同的是二人都把性善或性恶理解为天生的，相反的是一个承认天生是恶的本性，一个认为天生是善的本性。此外，二人都认为本性会受后天影响进而在行为表现上不同。但孟子更多考虑的是环境对人的影响，而荀子则更加重视实践中改善自己的行为。荀子是从生产的角度、分配的角度，去分析人性的。

荀子的性恶论与西方学者有关人性的"X 假设"正好一致。

三、性三等论

正如有人赞同人性本善，有人赞同人性本恶，有人既不完全赞同人性本善也不完全赞同人性本恶一样，汉代的董仲舒提出了自己的看法。他认为，人出生时并未确定人性，或者说人性中有善的一面，也有恶的一面，人性的根源是善，但不能说人性先天为善，所以，他赞成以德治国，教化为主，刑法为辅。并且，董仲舒把人性分为上、中、下三等，并提出人性有上、中、下之别的观点。董仲舒的性三等论是韩愈性三品论的雏形。

阅读资料

受到孔子"唯上智与下愚不移"的影响，董仲舒把人划为三类。他说："圣人之性不可以名性，斗筲之性又不可以名性，名性者，中民之性。"（董仲舒《春秋繁露》）即把人划分为圣人、斗筲之人和中民三类。圣人在传统儒家思想中是道德至善的化身，而且在历史上曾经存在过，一般是指五帝三王、周文武王和一些古贤臣。这些人具有先验的善，所以董仲舒认为，"圣人之性不可以名性"。斗筲之人作为圣人的对立面具有先验的恶，已经失去了向善的可能，因此，"斗筲之性又不可以名性"。关于中民，东汉的王符在《潜夫论·德化篇》说："上智与下愚之民少，而中庸之民多。中民之生世也，犹铄金之在铁也，从范变化，惟冶所为，方圆厚薄，随镕制耳。是故世之善否，俗之厚薄，皆在与君。"（王符《潜夫论笺校正》）王符对中民的解释十分切合董仲舒的原意，中民之性只有经过后天的王道教化才能成善。

四、性三品论

在董仲舒之后，唐代的韩愈明确提出"性情三品"说，把性与情分为上、中、下三品。他认为人性是指儒家的"仁、义、礼、智、信"，是人生而有之的，而情包括"喜、怒、哀、惧、爱、恶、欲"，是后天才有的。因此，人性可以分为三品：上品只有善，下品只有恶，中品为性不确定，向上则可以变为以善为主，向下则可以变为以恶为主。他并强调，上品与下品之间不可移，对于人性为上品的人，以教化为主；对于人性为下品的人，以法治为主。

阅读资料

董仲舒明确提出“性三品”的概念，韩愈讲得更细一些。唐代的韩愈明确提出“性情三品”说，把性与情分为上、中、下三品。他说：“性之品有三，……上焉者，善焉而已矣；中焉者，可导而上下也；下焉者，恶焉而已矣。”“与生俱”的性包括仁、义、礼、智、信五种道德品质，在三品中的比重各不相同，上品之性具有仁而行于其余四者；下品之性反于仁而违背其余四者；中品之性仁有不足，其余四者也杂而不纯。“接于物而生”的情，包括喜、怒、哀、惧、爱、恶、欲。强调上品与下品之间不可移，同时认为“上者可教而下者可制”，通过后天的道德修养与“先王之教”，“上之性就学而愈明，下之性畏威而寡罪”，并以此反对佛教的灭情以见性之说。这一人性论至宋而息，但遗迹犹存，北宋李觏说：“今观退之之辨诚为得也，孟子岂能专之！”（《礼论》第六）

韩愈的“性三品”论和董仲舒的“性三等论”一样都是对封建等级关系在理论上的反映。

资料来源：任东杰．韩愈性三品论思想浅析[J]．传奇·传记文学选刊，2010，(12)：69

从以上中国古代思想家关于人性的不同观点可以看出，人性的假设是管理组织、群体和个体的理论基础，是设计组织内部规章制度的基石，对人性的看法不同，组织管理的理念也就不同，甚至对一个国家的治国方略也就不同。

除了孟子、荀子这样的性善论、性恶论的代表性人物之外，中国古代的思想家中也不乏走中间路线的代表，如扬雄的“善恶混合”论、王安石的“性无善恶”论等。他们主张人性无所谓善恶，所谓的善、恶是由于受了后天习惯的影响，如王安石指出“性”是七情未发于外而存于心，即人的行为的根源，人的行为不同，所以人性也无所谓善恶。

中国古代的思想家对人性的认识不只是限于从理论上探讨，而是提出一整套的相应的具体贯彻解决实际问题的策略和方法，这是十分可贵的文化遗产，值得我们认真地分析、继承，并结合当前的实际加以应用和发展。中国的儒家哲学不仅在中国有其深远的影响，传入东亚和西方后对其组织管理和社会文化也有着较为深远的影响。以日本为例，它吸收了中国古代思想家的一些重要启示，结合生产技术发展的需要，走出了一条有别于英美等传统西方管理模式的新路子。反过来，那些传统的资本主义管理模式下的管理者也正在吸收日本式的管理经验。

第二节　西方人性理论

在经济学教科书里，人被抽象为劳动力，并被作为与资本、土地等具有同等地位的生产要素，毫无活力可言。在组织中，人是最有活力的资源，人与组织管理之间的关系极为密切，特别是在管理中对人性的假设不同，也会从不同的出发点对组织中的人进行管理，管理方式和管理手段也各不相同。

一、“工具人”

“工具人”是西方最早的人性假设理论，其产生于古代中世纪奴隶社会的管理实践之中。在奴隶社会，奴隶主把奴隶看做会说话的工具和他们的私人财产。在以大机器生产为特征的资本主义初级阶段，资本家则把雇佣工人看做活的机器或是机器的一个组成部分。总之这些劳动者就像工具一样，任由管理者使唤，自身价值根本不可能得到体现，他们是在暴力、强迫之下劳动的。

阅读资料

"工具人"假设产生于管理学尚未正式形成的时期。"工具人"假设认为，人在生产活动中所起的作用和机械的作用没有多大区别。管理的任务，就在于使作为管理对象的人像机械一样地去动作，对劳动者支付报酬就像给机器加油、给牲畜加草添料一样，使被管理者成了被动的生产工具。"工具人"假设的一个突出特点，就是将作为管理者的人和作为被管理者的人完全对立起来，其实质在于取消作为管理对象的人的人格，不顾劳动者生存以外的需要，认为他们的存在和作用，只是成为管理者实现其目的的手段，对劳动者实施皮鞭加大棒式的管理。

实际上"工具人"假设在奴隶社会时期就已经产生了，这种人性观虽然落后甚至还带有野蛮性，但它却被许多管理者奉行过。尤其是在经济比较落后的情况下，管理者往往会把工人视为会做活的血肉机器，付给的报酬仅够工人维持机体生存，却不管工人的精神需要及其他的社会需要。目前，"工具人"假设在一些经济不发达国家的一些落后工厂里还有一定的市场。

资料来源：高建国．人性经济学[M]．郑州：河南大学出版社，2008：53

"工具人"假设盛行于资本主义社会初期。当时，资本主义生产力还不发达，资产阶级与无产阶级矛盾冲突尖锐，资本主义赋予了每个人人身自由，对工人来说，这种自由便是出卖自己的劳动力。资本家在劳动力市场上雇佣劳动者，是其明白劳动者在与生产资料结合的劳动中能创造出比自身劳动力价格更高的价值。因此，在资本主义社会初期的工厂里，工人不过是受雇于资本家的人，是会说话的工具。为了攫取更多的剩余价值，资本家主要是使用残酷的手段来管束工人，以强制的手段增加劳动强度，如皮鞭惩罚、采取饥饿政策，而且资本家也不改善工人的劳动环境，还要延长劳动时间，尽量少给工资，实施严苛的惩罚手段。在这一时期，劳动者特别是新兴无产阶级的力量还比较微弱，他们没有任何政治地位和经济地位。他们在管理过程中只有服从、听命于资本家，没有丝毫的权力。在当时的管理者或工厂老板眼里，这些受雇的工人全是好吃懒做、游手好闲、好逸恶劳，没有责任心，在工作中不积极主动的人。如果这些人受雇于工厂而不严加管理，不给予一定的惩罚，不多加看管的话，就会不听指挥、偷懒，甚至破坏、闹事。因此，当时企业里所制定的许多管理条文和规章制度，在今天看来都是十分不人道的。

"工具人"假设不符合人的本质，是与人的社会性相冲突的。依据该假设对人进行管理使人作为管理对象的人像机器一样不带任何情感工作，不可避免地使管理者与被管理者对立起来，劳动者的积极性和创造性被完全压抑，其管理效率之低就可想而知。因此，"工具人"假设实质上忽视了工人的所有需要及对利益的追求，否定了工人工作的积极性和主动性，劳资关系紧张，劳资矛盾突出。

二、"经济人"

（一）内容

19 世纪末 20 世纪初，随着科学管理理论的诞生，关于工人是"经济人"的假设开始被企业界所接受，管理者开始意识到工人的生产积极性对生产效率的影响。"经济人"又称"理性-经济人"、"实利人"或"唯利人"，这种假设认为人的行为动机根源于经济诱因，人都要争取最大的经济利益，工作就是为了取得经济报酬。为此，需要用金钱与权力、组织机构的操纵和控制，使员工服从并为此效力。“经济人”假设的提出是对被管理者认识的深化，这一假设的被接受带动了管理的一场革命。

在亚当·斯密的《国富论》中，他虽然没有明确使用“经济人”的概念，但该书就是以“经济人”假设为前提的。后来由于经济学的发展，很多经济学家对“经济人”假设争论不断，虽然他们的立足点各不相同，但对“经济人”主要特征的看法是一致的。总结起来，“经济人”假设主要包含以下三方面的内容。

1. 人是自私自利的

追求自身利益的满足是“经济人”一切活动（包括经济活动和其他活动）的根本出发点，并且在追求自身利益的同时最大化满足自身偏好。因此，泰勒认为，工厂主、管理者和工人在管理中都是为了获取自身最大限度的经济利益，如果在能够判定工人的劳动生产率比以往能提高多少的前提下，给予工人一定量的工资激励，就能促使工人积极性的提高，引导工人努力工作，服从指挥和管理，其结果是工人的工资增加，工厂主和管理者不仅增加了收入，同时也方便了管理。

2. “经济人”是理性的

这种理性表现在以最小的个人牺牲获取最大利益，实现个人利益最大化。在获取利益的过程中，人总是能根据所处环境、市场情况等平衡各种利益关系。因此，泰勒认为，应该制定一个合理的工作标准，选拔符合要求的工人并对其进行培训，同时制定一套奖励措施，也就是用经济手段调动工人的生产积极性，使其服从管理，以提高生产效率。

3. “经济人”追求个人利益

在经济活动中，“经济人”追求的是个人利益而非社会利益，并且在一定条件下，“经济人”的理性行为有助于社会总体福利的增加。“经济人”的理性行为可能对社会有利，也可能对社会有害。为了促进社会和谐发展并增加经济福利，社会契约、制度和法律应运而生，用来规范人们的行为。因此，良好的法律和社会制度可以保证“经济人”在追求个人利益最大化的过程中无意识却有效地增加社会福利。

阅读资料

当然，我们没必要争论人性本善还是本恶，也不需要分析“经济人”理论是不是资本主义社会的产物，只要看看我们身边就知道了，每个人在做任何事情的时候基本上都是追求效用最大化的：有人做事是为了求名；有人是为了求利；有人为了感受帮助他人的兴奋和喜悦；有人只是追求一种崇高……但无论怎样，都是寻求自我满足最大化。

如果你依然试图否认这个假设，那么让我们来看看志愿者的行为。这里，我们假设有两类人，一种是为了某种利益而做志愿者的人，另一种是不为什么表层的目的而做志愿者的人。

关于第一种人，我们通过一个实际案例来分析。国家实行西部大开发战略，为了鼓励人才到西部去，出台的政策中有这么一条：对于在西部进行志愿行动的大学毕业生，其报考研究生的条件将降低，享受降分优惠和同等条件下的优先录取优惠，同时工资待遇比照经济发达地区公务员工资标准发放。于是，很多大学毕业生便在无法通过正常途径顺利考上研究生或者在发达地区难以找到工作的情况下成为志愿者的一分子。这种能够将暂时利益的损失和将来巨大利益的获得相比较做出选择的行为很清楚地说明了第一种人是很理性的。

第二种人，我们假设一下：有这样一个人，是一个在经济上很富足、家庭的社会地位也很高的个体，其在毕业后的工作机会也有很多，但是他依然决定去做一个社会志愿者，那么这个时候他还是一个理性人吗？回答是肯定的。根据人的五个需要层次理论，这个人在家庭经济环境宽松的情况下做出如此选择，很明显，他是想得到社会的更大承认，满足其心理上的需要。如果说他在艰苦地区的生活会给他带来负的效用享受（$-Y$，$Y>0$），那么他在提供支援服务时就肯定会得到别人的赞许和社会的承认，从而得到正的效用的补偿（X，$X>0$），再加上其自身在志愿行动中的充实感觉和良心上的发现带来的满足（效用为Z，$Z>0$），于是总的效用为$-Y+X+Z$，可以说$Z>X-Y$，在Z的效用享受趋向正无穷时一定成立，因而$-Y+X+Z>0$。所以，第二种人的行为依旧是经济的、理性的。

我们以上所做的分析只是为了说明，在现实生活中，人都有自私自利的一面，经济学也是以人的自私自利性为基础的。人的自私性也决定了每个人都有为自身利益考虑的倾向和冲动，否则人也就没有了前进的动力。所谓素质的提高，其实也就是如何克服自身自私的人性而已。在市场经济环境中，如果你不承认“经济人”假设，就无法面对市场经济建设过程中出现的各种弊端，如果承认这一点，就能采取有效措施加以解决。

不过，在现实生活中，满足“自利”特点的“经济人”随处可见，满足“理性”特点的“经济人”却比较罕见。确实，完全理性的人是很难见到的，因为人们做出的每个决定都会受到来自社会方方面面的影响，这样就很难做出一个可以称得上“理性”的决定。

资料来源：李问渠．超给力的经济学：改变你生活和工作的经济学笔记（电子版）[EB/OL]. http://yuedu.163.com/book_reader/nb_000BOOfW_00011101_4/nb_6f8526e88ef147c887f2171cb7626da74，2011-10-01

（二）“经济人”假设下的管理措施

在“经济人”假设下，企业可以采取以下管理措施。

（1）采取任务管理。管理工作的重点是如何提高劳动生产率，重视任务完成而不是考虑人的感情需要。

（2）少数人从事管理。工人的主要任务是听从管理者指挥。

（3）采取恰当的激励措施。企业主要以高工资为手段刺激工人的工作积极性，对于消极怠工者采取严厉的惩罚措施。

（三）对“经济人”假设的评价

1. 理论上的创新

与“工具人”假设将工人看做“会说话的工具”相比，“经济人”假设显得更符合人的特性，在该假设下的管理方式也确实是一大创新。它开创了对人的管理从其内存动机出发而不是一味的压迫、规制的方式的先河。

2. 促进科学管理

“经济人”假设曾风行于19世纪末到20世纪初的欧美企业管理界。这种理论改变了当时放任自流、单靠经验的管理状态，满足了社会上对提高生产效率的追求，促进了科学管理。对理性“经济人”的物质刺激促使了企业工资制度的改革。

3. 管理方式较为机械

对工人采取工资刺激手段提高工资，并非管理者良心发现，而是管理者认为人们只有靠金钱才能激励所采取的机械的管理方式。该假设下的管理方式忽略了管理中的非经济因素，如人的情感和社会需要，否认了人的自觉性、主动性、创造性和责任心。反对工人参与管理，使管理者和工人对立起来。

阅读资料

传统的“经济人”假设在现实中正受到挑战，在西方经济学看来，该假设至少存在以下问题。

(1) 经济利益是否是人的第一需要和唯一需要。行为科学家对此早已提出了不同看法。20 世纪 20 年代以来，行为科学提出了许多关于人的各种假说，这些假说都体现了人性的复杂，而且从行为科学的研究来看，经济利益并非人的唯一追求，这给“经济人”假设带来了极大冲击。

事实上，在现实生活中，由于每个人的经济条件不同，道德价值观不同，人的理性行为并非都是唯利是图、自私自利的。人们也可能为了追求尊重、自身价值而抛弃对经济利益的追求。人的动机多种多样，不仅要追求物质上的富足，而且要追求精神上的富足，而在追求精神满足的同时有可能减少个人利益，但这并不妨碍人们放弃物质利益而从事一些不盈利的活动，如慈善捐赠等。当然在市场经济条件下，对物质利益的追求依然是首要的。

(2) 以利益最大化为选择的首要条件是否存在。在现实生活中，要做到在决策中选择利益最大化方案是比较困难的，其原因如下。

第一，市场是不完全竞争的。例如，交易地理位置受局限、资产专用性、交易成功的不确定性、有限的可交易数量等，这都会导致不同形式、不同意义上的地域垄断、行业垄断、行政垄断等，而垄断的结果往往意味着决策结果的利益非最大化。

第二，信息不完全、不对称。随着分工和专业化的发展，信息越来越分布于不同专业，这种信息不对称使人们很难全面掌握所有经济抉择必需的经济信息，而这将直接决定行为的最大化。

第三，决策中只能找到满意解。西蒙（H. Simon）认为由于环境的不确定性和复杂性、信息的不完全性，以及人们认知能力的有限性，人们不可能把所有备选方案及其实施后果都了解清楚，并从中做出最优决策。因此，在决策过程中人们寻求的并非是最优解而是满意解。

(3) 个体利益最大化并不一定导致社会福利最大化。这里有个外部效应的问题，外部效应分为正效应和负效应。从社会福利角度来看，“经济人”追求自身利益的活动大致可分为两大类：第一类是追求生产性利润的活动，如投资，这些活动是生产性的、增进社会福利的活动，具有外部正效应。如果没有这样的利润追求，国民经济就不可能增长。第二类活动是寻租或非生产性寻租，如谋求特权与优惠的权钱交易、偷漏税金、走私及其他贪污腐败行为。这类活动是非生产性的，它们本身没有生产出任何商品和劳务，反而会消耗社会经济资源，不利于经济增长，存在外部负效应，而这种外部负效应即意味着个人利益最大化并不一定导致社会利益最大化。

资料来源：孙守卫，知霖．打破“经济人”神话[M]．北京：中国财政经济出版社，2003

三、"社会人"

(一) 内容

到了20世纪30年代，梅奥等的霍桑实验，使他们观察到了人性的另一个重要侧面——人不仅仅是关心自己个人的物质利益，还会追求人与人之间的友情、安全感和集体归属感。霍桑实验纠正了管理者们对员工"不过是一个经济动物"的偏见，证实了工资、劳动条件和生产效率之间没有直接相关关系，认为员工不仅是"经济人"，也是"社会人"，并由此提出了一系列针对"社会人"的管理方式方法，引发了对人管理的新革命。"社会人"假设的提出是管理学的重要转折点，开创了行为科学学派。对于"社会人"，梅奥认为：第一，对于"社会人"来说，重要的是人与人之间的合作，而不是人们在无组织的人群中互相竞争。第二，所有的个人主要是为保护自己在集团中的地位而不是为自我的利益而行动。第三，从霍桑实验的结果可以发现，人的思想和行动更多的是由感情而不是由逻辑来引导的。人们在长期的社会活动中发现，只有在顾全群体利益时，个人利益才能得到保障。"社会人"假设的内容有以下四个方面。

第一，从根本上说，人是由社会需要而引起工作的动机的，并且通过同事关系而获得认同感。

第二，工业革命与工业合理化的结果，使工作本身失去了意义，因此能从工作中的社会关系去寻求意义。

第三，员工对同事们的社会影响力，比对管理者所给予的经济诱因控制更为重视。

第四，员工的工作效率随着上司能满足他们社会需要的程度而改变。

阅读资料

澳裔美籍行为科学家、哈佛商学院教授、行为科学理论的创始人之一梅奥与美国学者罗特利斯伯格（Frita J. Roethlisberger，1898～1974年）于1924～1932年在美国芝加哥的西屋电器公司霍桑工厂进行了长达九年的"霍桑实验"，发现了人的社会性。梅奥批评了大卫·李嘉图关于人的"群氓假设"，提出了"社会人"的假设。按照"社会人"的认识，企业中的工人就不再是单纯追求工资和奖金的经济动物，不再是为了获取最大经济利益而被动地按上级指令行事的机器或机器的附属物。企业中良好的人际关系的形成有利于工人心理的满足，而这种满足能提高生产效率，即管理当局通过社会的、心理的手段使工人的需要得到满足，而工人通过提高生产效率给予回报，其逻辑是"满意的工人才是有效率的工人，令人满意的组织才是有效率的组织"。"社会人"注意到了员工的精神方面的需要，使人性在管理中第一次得到较大的尊重。在此假设指导下的管理实践成为最早的"人本管理"的实践。

梅奥认为，人是有思想、有感情、有人格的活生生的"社会人"，人不是机器和动物。作为一个复杂的社会成员，金钱和物质虽然对其积极性的产生具有重要影响，但是起决定因素的不是物质报酬，而是职工在工作中发展起来的人际关系，之后又经英国塔维斯托克学院煤矿研究所再度验证。后者发现，煤矿在采用长壁开采法先进技术后，生产率理应提高，但由于破坏了原来的工人之间的社会组合，生产率反而下降了，后者吸收了社会科学知识，重新调整了生产组织，生产率就上升了。这两项研究的共同结论是，人除了物质需要外，还有社会需要，人们要从社会关系中寻找乐趣。

资料来源：侯玉莲．行为科学奠基人——乔治·埃尔顿·梅奥[M]．保定：河北大学出版社，2005：150-154

（二）“社会人”假设下的管理措施

“社会人”假设从管理学、行为科学的角度将人性假设演绎到人的中心价值实现和个人感应表现，进而激发人的内在动力。按照“社会人”假设，在社会上活动的工人都不是各自孤立存在的，而是作为某一组织的一员的“社会人”。“社会人”不仅要在社会上寻求较好的收入以改善经济和生活条件，还要得到友情、安全感和集体归属感。这种“社会人”，是作为组织的一员行动的，这些人不仅有经济需要，也有更为重要的、解决其积极性的社会需要。如果能满足工人的这些需要，使他们获得在组织工作方面的满足感，那么他们的情绪（劳动态度）就会高涨，情绪越高，积极性就越高，劳动生产率也就越高。在此思路下，“社会人”假设也提出了新的对人管理的方案：第一，让职工参与决策；第二，管理人员要有处理人际关系的技能；第三，面谈制度；第四，提案制度；第五，变个人奖励为集体奖励。

（三）对“社会人”假设的评价

1. 重新认识“人性”的问题

“社会人”假设及其管理方案的提出是企业对人价值的重新评估，从“经济人”到“社会人”，对人的看法更接近人的本来面目。随着社会生产力发展、企业间竞争加剧和劳资关系的紧张，管理者开始重新认识“人性”的问题。当管理者认识到工人是“社会人”时，管理也开始从以工作任务为中心向以职工为中心转变；管理者认识到只有提高工人的情绪才能提高工人的满意度，使当时的劳资矛盾得到一定程度的缓解。在该假设下，管理思想和管理方法都较以往取得一些进步。

2. 强调人际关系的重要性

“社会人”假设认为人与人之间的关系对于激发员工工作动机、调动员工积极性比物质激励更为重要。因此，组织中融洽的人际关系氛围有利于提高员工和组织的绩效，这对企业制定奖励制度有一定的参考意义。

3. 过分强调非正式组织的作用

在“社会人”假设下，组织研究过于偏重非正式组织的作用，对正式组织有放松研究的趋向。这是一种依赖性的人性假设，对人的积极主动性及其动机研究还缺乏深度。

4. 有一定的局限性

“社会人”假设下提出的管理方案目标功利性依然很强，方案本身依然是为工厂主和管理者们设计的，也就是说方案的出发点依然是工厂主和管理者们。

阅读资料

“社会人”假设中“以人为中心”进行管理的观点认为生产效率的高低主要取决于员工在家庭、企业及社会生活中的人际关系是否协调一致，而非工作方法和条件。MS公司一直创造着知识经济的奇迹，被称为“迄今为止世界上致力于PC软件开发的最大最富有的公司”。在当今这个“跳槽”普遍盛行的时代，为什么MS公司能够“生产”数以千计的百万富翁，且对公司忠心耿耿？MS公司无疑是世界上聪明人云集的地方，管理者究竟是靠什么对这些员工进行有效的管理呢？答案是：人性化管理，特别是其中无等级的安排得到其他许多公司员工的欣赏。

在人性化管理理念中，企业文化的原则是人的价值高于物的价值。在日常管理中，管理者要了解职工的需要，还要让职工了解公司的经营目标。某国内知名体育用品公司认为只有良好的沟通，才能确保员工的认同感并使其忠诚于公司，让员工感受到自己是公司的一员，感受到自己对公司的责任，而不是依令行事的雇工，这样才能发挥员工的积极性和自主意识。

某跨国日用品公司的人性化管理则体现在公司董事长写给每一位员工的“家书”中。每月的五号以前，公司的董事长就会专门给所有的员工发出当月的“家书”，和大家说说公司上个月发生的一些事情，谈谈下个月公司的计划和部署，和大家交流又有哪些分公司获得了什么荣誉，近来公司的策略、动态及期望等。

鉴于上述企业的成功实例，企业管理者在管理中重视员工的社会需要，注重与员工的良好沟通，为员工创造了一个轻松和谐的工作环境，才能调动员工的工作积极性，才能提高生产效率，进而实现企业的目标。“社会人”假设承认人是社会实体，认为在看到人的自然需要的同时，更要重视人的社会需要，而且主张从满足人的社会需要入手去调动人的积极性，改善管理者与员工之间的关系，可以收到比单纯的物质刺激更好的效果，促进管理水平的提高和生产的发展。

资料来源：叶子．“社会人”假设在管理实践中的体现——以人为本的人本化管理[EB/OL]．http://home.51.com/longnv326/diary/item/10007531.html，2007-03-17

四、“自我实现人”

（一）内容

“自我实现人”是美国心理家马斯洛提出的，是对人的价值的新看法。这一假设很大程度上依赖于马斯洛的需要层次理论——人的最高层次的需要即是自我实现的需要。所谓自我实现是指：人都需要发挥自己的潜力，表现自己的才能，只有人的潜力充分发挥出来，人的才能充分表现出来，人才会感到最大的满足。也就是说，人们除了上述的社会需求之外，还有一种想充分运用自己的各种能力，发挥自己自身潜力的欲望。具有这种强烈的自我实现需要的人，就叫“自我实现人”。该假设的主要内容有以下方面。

第一，要求工作是人的本能，多数人天生勤奋，会快乐自然地工作。

第二，多数人具有自我管理、自我控制的能力，人们对组织目标的参与程度，同获得的报酬直接相关。

第三，多数人会主动承担、寻求责任。

第四，多数人都是富有想象力、智慧和创造力的，相当多的潜能没有发挥出来。

第五，人有追求满足欲望的需要，员工的自我实现倾向与组织所要求的行为之间并没有矛盾，只要管理适当，人们会把个人目标与组织目标结合起来。

第六，人们并非一定会对组织目标产生抵触和采取消极的态度，造成这种情况的主要原因是不适当的组织压力。

（二）“自我实现人”假设下的管理措施

既然将企业中的人看做“自我实现人”，那么就要提出与之前人性假设所不同的管理体系，为员工制定充分发挥潜能的制度保障，必要时为员工提供帮助并减少和消除员工在自我实现时遇到的困难。

1. 改变管理重点

对“经济人”的管理重视物质因素和工作任务的完成，轻视人的作用和人际关系。对“社会人”管理的重点是承认人的作用和人际关系，而把物质因素放在次要地位。对“自我实现人”管理的重点从人身上转移到工作环境上，创造一种适宜的工作环境、工作条件，使人们能在这种环境下充分挖掘自己的潜力，充分发挥自己的才能，充分地自我实现。

2. 转变管理人员的职能

从“自我实现人”的假设出发，管理者的主要职能既不是生产的指导者，也不是人际关系的调节者，他们的主要任务在于如何为员工发挥潜能创造适宜的条件，减少和消除员工自我实现过程中所遇到的障碍。

3. 改变激励方式

“经济人”主要依靠物质刺激调动员工的积极性，“社会人”主要依靠搞好人际关系来调动员工的积极性，这都是外部激励。而对“自我实现人”的激励不仅要考虑工资、人际关系等外部需要，更重要的是使员工在工作中能得到内在奖励，如在工作中获得知识、增长才干、发挥潜能。只有内在激励才能使员工获得自尊、满足自我实现的需要，从而极大地调动起员工的积极性。

4. 改变管理制度

改变管理制度以保证员工能充分地发挥自己的才能，取得自己所希望的成就。适当分权，给予员工更大的自由发挥的空间，仅把目标作为基本约束，员工在达成目标的过程中，可自主选择目标达成方式。

拓展阅读

当代管理理论大师克瑞斯·阿吉里斯（Chris Argyris）在一个工厂里进行了“自我实现人”假设下管理制度改革的实验，该实验的被试验者是该厂的一个从事收音机装配工作的班组。改革之前，组内的12名女工按照工业工程师的设计，有明确的分工，如领班、包装、检验等。实验开始时让这些女工按照她们自己的想法组织生产，产量下降就扣工资；产量提高则增加工资。实验开始后第1个月，产量下降70%，6个星期后情况更糟，但8个星期后产量开始回升，15个星期后超过实验前的产量，而且成本下降，质量提高，用户对质量的批评信件比实验前减少96%。这说明在管理中给员工更大的自由发挥的空间是必要的。应当指出的是，阿吉里斯的实验结果是否有普遍意义是值得怀疑的，但这个实验至少说明了从“自我实现人”的假设出发进行管理制度改革的趋势和必要性。

（三）对“自我实现人”的评价

尽管“自我实现人”是对人价值的最新看法，对组织管理提出了新要求，在不违背集体利益的原则下为职工和技术人员创造较为适当的客观条件，以利于充分发挥个人的才能，“自我实现人”假设是资本主义高度发展的产物。在机械化生产条件下，过细的劳动分工会把工人束缚在机器上，工人只是重复简单、单调的动作，看不到自己的工作与整个组织任务的联系，工作的“士气”很低，这会严重影响产量和质量的提高。正是在这种情况下，才提出了“自我实现人”假设，并采取了相应的管理措施，如工作扩大化、工作丰富化等。此外，人的发展也不完全是自然成熟的过程，其会受到实际环境的束缚和限制，因此，人不总是能完全满足自我实现的需要。

案例

很多企业都在学习“海底捞”，为什么只学到了皮毛，如给你装手机的袋子或者一根橡皮筋。学到后面不了了之，其关键是企业经营者并非基于对基层员工的自我尊严的体现和自我价值的实现去构建自己的管理模式，所以只是学到了“海底捞”的最表层的东西。有人曾和成都多家火锅店的服务员沟通过，服务员抱怨说：“老板都想我们做好服务，多干活，但又抠得很，不想多付钱，还都是扣钱，你说我们咋个微笑服务，主动服务嘛。”同样都是来自农村的孩子，在不同企业的管理模式下其心态、个人发展却迥然不同。成都有一家美发连锁企业，员工多是“80后”、“90后”的年轻人。这家公司的老板吴总是美发助理出身，经营该美发企业10多年到现在拥有70多家连锁店，基于对美发行业最基层员工的心态和人性的把握，吴总尤为重视对员工的教育和自我实现。正如有人所说“管理的本质是教育”一样，吴总专门成立了培训中心，对员工分层分级进行不同的培训，培训内容不仅仅是技术的培训，更重要的是心态、价值观的引导，同时每天的店面晨会由员工轮流主持，每人每天轮流分享工作和生活的感受，让员工充分参与到店面管理中。这家店无论从前台主管还是洗发工或美发师，每个人都把自己所在的店当成自己所开的店一样去经营，说到公司都十分自豪。吴总没有把这些员工当成雇佣工人，而是把他们当成合作伙伴，每个专业系列都有其发展晋升通道，最终成为真正的合作伙伴（股东）。员工在这里看到了希望，每个人都是潜在的合伙人，所以他们以最高的工作热情和专业态度对待所有顾客。因为他们在一个在世人看来很低端的行业里找到了做人的价值和通过自己的劳动可以自我实现的机会，而这一切都源自于企业的经营者基于人性正面假设的管理模式的构建，而这个假设更源于吴总自身从美发助理到企业经营者的自我成长历程的深度思考和对人性假设在企业管理中的深度探索。

资料来源：何晓岸．基于人性假设的企业管理实践[BE/OL]．http://www.360doc.com/content/14/0721/18/18633992_396099490.shtml，2014-07-21

五、“X理论”和“Y理论”

现代美国著名管理思想家道格拉斯·麦格雷戈在现代管理思想史上第一个比较明确和系统地阐述了管理中的人性问题。他认为，企业管理的成功关键在于对人的行为的预测及控制能力如何，而这主要依赖于对人性、人的行为的研究的力量成果及其应用。有关人的性质和人的行为的假设对于决定管理人员的工作方式来讲是极为重要的。因此，管理人员对员工的人性的假设不同，就会采取不同的管理方式。

拓展阅读

道格拉斯·麦格雷戈是美国著名的行为科学家，他是20世纪50年代末期涌现出的人际关系学派的中心人物之一［其他还有马斯洛、赫茨伯格（Herzberg）等］。麦格雷戈出生于1906年，在1924年他18岁的时候还是一个服务站的服务员，后在韦恩大学取得文学学士学位；1935年，他取得哈佛大学哲学博士学位，随后留校任教；1937～1964年在麻省理工学院任教，他教授的课程包括心理学和工业管理等，并对组织的发展有所研究；1948～1954 年在安第奥克学院任院长。任院长期间，麦格雷戈对当时流行的传统的管理观点和对人的特性的看法提出了疑问。麦格雷戈在 1957 年 11 月号的美国《管理评论》杂志上发表了《企业的人性方面》（*The Human Side of Enterprise*）一文，提出了著名的“X 理论”和“Y 理论”，该文于 1960 年以书的形式出版。

麦格雷戈在总结了人性的若干假定之后，提出了“X 理论”和“Y 理论”，这两种人性假设的理论，是对一定历史时期管理政策、管理实务的高度概括。

（一）“X 理论”内容

麦格雷戈认为传统的管理方式是建立在第一条假设即“X 理论”上的，代表了“传统的指挥和控制的观点”。这种观点以“经济人”假设为基础，认为自私的动机是人与生俱来的本性，把人看做主要凭直观感性行动的以追求物质利益和需要为最大满足的人。其主要内容包括以下几点。

第一，一般人有一种不喜欢工作的本性，天生厌恶工作，只要有可能，他就会逃避工作。

第二，由于人类不喜欢工作，所以对大多数人必须予以强制、控制、指挥，必须以惩罚相威胁，才能使他们为实现组织目标而努力工作。

第三，一般人宁愿受指导，志向不大，力求规避责任，但求生活安全第一。

（二）“X 理论”下的管理措施

麦格雷戈认为，这种“X 理论”在美国的各个工业部门有着广泛的影响。从这种人性假设出发，便产生了传统管理的以处罚为手段的严格管理，以及以奖赏为手段的温和管理。根据“X 理论”，管理人员可采取以下管理措施。

第一，对员工的工作加以指导，控制并纠正其不适应的行为，使之符合组织的需要。

第二，人必须在强迫与控制之下才肯工作，因而在管理上要求由分权化管理恢复到集权化管理。

第三，管理者把人视为物，忽视人的自身特点和精神需要，把金钱看做主要的激励手段。

第四，从“X 理论”出发，强调“组织要求”重于“个人需要”。

第五，严格的管理规章制度，运用领导的权威和严密的控制来保证组织目标的实现，而不考虑在情感上和道义上给人以尊重。

按照“X 理论”的假设，组织的所有重要管理活动，如人事升迁和调动、薪酬安排等，都应由管理层单方面做出决定，无须员工参与，即使这些决策直接影响到员工个人的需要和目标。然而这样做，组织本身也会受到损害。而且，在“X 理论”下的管理方式一方面靠金钱的刺激，另一方面又要靠严格的监督控制迫使工人为实现组织目标而努力。在组织中，有的成员表现积极，有的表现敌对，有的拒绝承担责任，这并不是他们的天生本质，而是被剥夺了社会需要和自我需要导致的结果。当人们追求生理需要时，这种管理方式有效，但当人们追求社会需要和自我需要时，这种管理方式就不够用了。麦格雷戈认为，“X 理论”过于狭隘，无法解释和说明人的天性，需要提出新的人性假设，即“Y 理论”。

（三）“Y 理论”内容

从本质上看，传统组织理论的人性和对人的行为的假定是片面消极的，需要提出全面而积极的人性和人的行为假定。麦格雷戈概括出以下一组假定，并命名为“Y 理论”。“Y 理论”是指个人与组织目标融合的观点，它的内容包括以下几点。

第一，运用体力和脑力从事工作，同游戏和休息一样是自然的。一般人并不是天性不喜欢工作的。

第二，外力控制和惩罚的威胁并不是促使人们为实现组织目标而努力的唯一方法。在人们做出承诺的条件下，他们会对自己所参与的目标实行自我指挥和自我控制。

第三，如果人们实现组织目标后能获得与他们成绩相关联的回报，人们就会对组织目标做出承诺，这些报酬中最重要的是自我意识和自我实现的需要得到满足，它们可能是实现组织目标的直接产物。

第四，一般人在恰当条件下不但能接受，而且会追求责任。逃避责任、缺乏进取心和强调生活安全，一般是生活经历的结果，而不是人的天性。

第五，不是少数人独有，而是许多人都具有高度的想象力、智慧和创造力解决组织中的问题。

第六，在工业生活的条件下，一般人的智力潜能只是部分地得到了利用。从上面可知，“Y 理论”的假定都是动态的而非静止的。这些假定指出了人有成长和发展的可能，并且强调选择性的适应而非单纯绝对的控制。此外，这些假定的构成，并非以一般工作标准为着眼点，而是着眼于深入开发人力资源潜力的设想。根据“Y 理论”，只要给员工机会，他们就会勇于承担责任并为实现目标而努力。

（四）“Y 理论”下的管理措施

依据“Y 理论”，可采取下列管理措施。

第一，管理者的重要任务是创造一个使员工才能得以发挥的环境，并在工作中获得新知识，增长才干，发挥创造力。

第二，人是依靠自己的主动性、天资禀赋与自我督导去工作的，因而在管理上要求由集权管理向分权管理转变。

第三，由“Y 理论”推论出一项组织的基本原则称为“融合原则”，即创造一种环境，以使组织中的成员在该环境下，既能达到各成员本身的个人目标，又能努力促进组织的成功。

第四，给予员工更多自主权实现自我控制，让员工参与决策。

显然，职工要按照管理阶层的看法来调节他们自己的行为，适应组织的需要，而不是脱离组织目标，单纯地追求个人目标。职工努力的结果，使企业获得了成功，从而分享这份成功的果实。总之，应用“Y 理论”就是要能够创造出一种环境来使组织中的每一个成员都能深入了解，只有员工努力工作达成企业目标，才能实现他们的个人目标。

案例

前宇航员保尔曼担任了 D 航空公司的董事长及总裁，他在空间训练计划中学过“Y 理论”，故希望采用“Y 理论”的技术改变该公司的工作面貌。1973 年他刚接管时，D 公司亏损 5 100 万美元，业务开支比同行业高 32%，人均旅客英里（1 英里＝1 609.344 米）产值低到 0.067 美元，保本运载率为 59%，是同行业中最差的一个。当时在两个总部（迈阿密及纽约）工作的副总裁共 69 人。

保尔曼采用了一种在全公司范围内分享利润的计划，动员全体职工都来参与改进公司工作。D公司内的相互关系建立在信赖和信任的基础上。保尔曼亲自弄清楚了哪里有阻碍工作的症结，并同职工商量寻求改进建议。每逢星期五下午客运繁忙时，他就出现在客机梯子旁帮助工作。他直接到服务人员中去了解一个班次可以清洗几架飞机，并且要求服务工人建立评比制度来监督工作。

同上级领导研究之后，保尔曼将副总裁的人数减少为51名，将两个本部合并在纽约，取消了公司用的大轿车及专用飞机。D公司的高级管理人员同旅客一道乘坐班机，将许多部门进行了改组，不只是为了降低成本，也是为了相互能够更好配合，甚至在生产率提高的情况下，职员总数由34 800人减少为33 200人。

这个战略是成功的吗？请看以下结果。

(1) 尽管1976年航空业普遍不景气，该公司仍然由1973年亏损5 100万美元转变为1976年盈利4 600万美元。

(2) 1973年的旅客人均英里产值很低，仅为0.067美元，1977年上升到0.084美元。

(3) 保本运载率由59%降至53%。

(4) 旅客对民用客机意见减少60%，行李遗失减少50%。

资料来源：邓荣霖，罗锐韧．MBA全集[M]．北京：台海出版社，1998：1160

(五) 对“X理论”和“Y理论”的评价

可以这样认为，根据“X理论”，管理者在管理实践中强调的是各项控制的技巧、步骤与方法；而根据“Y理论”，管理人员在管理实践中，要建立一种环境，这种环境将鼓励职工对组织目标的承诺，同时也提供一种机会，使职工得以发挥自己最大的聪明才智，达到自我实现的目标。“X理论”和“Y理论”的提出揭示了人本管理的实质，那就是管理理论、管理方式都是以人性假设为前提的，而对人性假设的看待应该是动态而非静止的。“X理论”和“Y理论”的提出，使管理者更加重视调动人的积极性、主动性和创造性，实现个人目标和组织目标的协调统一，在管理中更加重视人的因素。但“X理论”和“Y理论”中的“Y理论”过分强调管理中人的因素，而忽视了组织本身的因素，如组织结构、组织制度等的研究。在“Y理论”中强调要为员工创造合适的工作环境以利于员工潜能的发挥，但构建该环境所耗费的成本等使这种环境在现实中不可能经常出现。

拓展阅读

“X理论”和“Y理论”到底该在管理中使用哪个理论呢？是否应该区别对待呢？

(1) 看这个人所处的阶段，初期的通常适合“X理论”，成熟后适合“Y理论”。

很多人刚踏足社会时，都会有不适应期，很不喜欢工作，喜欢多休息，这个时候找不到工作的乐趣，总感觉上班是件很痛苦的事情。在这个时期就需要用“X理论”来管理。等他慢慢成熟起来，懂得工作的价值意义就是通过帮助别人来帮助自己，就会有自豪感和成就感，到这个时候，就适合“Y理论”了。

(2) 所做工作不同，这个人做的工作，如果是他自己喜欢的，适合“Y理论”；如果是他极度反感的，适合“X理论”。

很多人在工作时，喜欢少付出，多回报，能偷懒就偷懒，通常是他在做他不喜欢的工作，这个时候就需要有人监督、管理；当一个人在做自己喜欢做的工作时，就会积极主动、自动自发，这个时候根本不需要有人监督。

（3）不同的人适合不同的理论，人和人确实是有差距的。不是每个人的成长速度都是一样的。有些人一辈子不能理解生活的意义和道理，天天生活在抱怨之中，特别喜欢消极怠工，好像迟到、早退占了企业的便宜，凡事消极悲观，能躲就躲，能推就推，不喜欢学习，对任何事情都不感兴趣。这些人如果在工作中就需要使用“X 理论”；有些人成长速度很快，很快就理解了生活的意义，凡事积极乐观，善于观察学习，这些人只要给他适当的环境，他们就会发挥出巨大的作用，对这些人就需要使用“Y 理论”。

资料来源：McGregor D. 企业的人性面[M]．许是祥译．台北：中华企业管理发展中心，1982：95

六、“复杂人”假设

（一）内容

美国行为科学家沙因（E. H. Schein）把前人的“经济人假设”“社会人假设”“自我实现人假设”，同他自己提出的“复杂人”假设并列为四种人性假设，用来表达管理人性理论的各种观点。沙因等认为，前人的三种人性假设各有自己的时代性，并有与之相应的人和环境，但人的动机非常复杂，不能简单归类；并且也不宜把所有人都归为同一类型。“复杂人”的含义有两个方面：其一，就个体人而言，其需要和潜力会随着年龄的增长，知识的增加，地位的改变，环境的改变及人与人之间关系的改变而各不相同；其二，就群体的人而言，人与人是有差异的。因此，无论是“经济人”、“社会人”，还是“自我实现人”的假设，虽然各有其合理性的一面，但并不适用于一切人。

拓展阅读

艾德佳·沙因是美国麻省理工大学斯隆商学院的教授，1947 年毕业于芝加哥大学教育系，1949 年在斯坦福大学取得社会心理学硕士学位，1952 年在哈佛大学取得博士学位。1956 年，沙因来到斯隆管理学院，并在这里结识了麦格雷戈。认识麦格雷戈对沙因的学术方向有很大的影响。正是在麦格雷戈人性假设的基础上，沙因回顾了管理历史上的三种人性假设，即“经济人”“社会人”“自我实现人”，并最终提出了“复杂人”假设。

在组织文化领域中，他率先提出了关于文化本质的概念，对于文化的构成因素进行了分析，并对文化的形成、进化过程提出了独创的见解。在组织发展领域中针对组织系统所面临的变革课题开发出了组织咨询的概念和方法（process，consultation）。他的主要研究著作包括《组织文化和领导》(*Organizational Culture and leadership*)、《组织心理》(*Organizational Psychology*)、《职业动力学》(*Career Dynamics*)、《咨询过程》(*Process Consultation*)、《重新思考咨询过程》(*Process Consultation Revisited*)等。

“复杂人”假设的要点如下。

第一，人的动机多种多样。

第二，人在组织中可以学到新的需要和动机，因此，一个人在组织中所表现出来的动机模式，是他原来的动机与组织经验相互作用的结果。

第三，人们在不同的组织部门中可能表现出不同的动机模式。

第四，一个人在组织中是否感到满意，从而愿意为组织效力，取决于他本身的动机结构，以及他同组织之间的相互关系。

第五，由于人的需要不同，能力各异，对于不同的管理方式会有不同的反应。

（二）“复杂人”假设下的管理措施

第一，人、组织、工作三者紧密结合。管理者应设法把工作、组织和个人结合起来，让适合的员工和组织承担特定的工作。

第二，采取合理的管理制度。在员工承担工作任务时，应首先对工作任务进行确认并保证员工对工作目标的理解，然后在此基础上分解目标、分派工作、明确权责，设计相应激励制度。

第三，确保员工产生胜任感。为使员工、组织能更好地承担特定工作，应确定合理的培训计划和适宜的激励方式使员工产生较高的胜任感和工作效率。

（三）对“复杂人”假设的评价

“复杂人”假设，强调人的需要和能力多种多样，可在不同的组织环境中学习新的动机和需要，没有一种适合于任何时代、任何人的万能的管理方式，因此，在管理过程中应考虑根据具体情况针对不同需要的人采取灵活机动的管理措施，这对于管理工作是有一定的启发意义的。但“复杂人”假设片面强调人们之间的差异性，而在某种程度上忽视了人与人之间的共性。

案例

假如你刚刚开了一家创业公司，你想吸引一些有能力，同时又忠于公司，乐于奉献的员工。判断一个人的能力好办，但是如何提前知道这些人的忠诚度和奉献精神呢？怎样才能激发整个创业团队的最大潜力，促使他们奉献全部——即使是在遭遇挫折，失去金钱、地位和机会的时候仍然可以勇往直前？金钱、地位和机会是唯一需要考虑的激励因素吗？答案是否定的。

从高总几十年的经验来看，除了上述一些激励外，还存在一些更加强大的激励去引导员工努力工作和忠于公司。例如，冒险精神、文化倾向、有魅力的领导、自我表达的空间、行动的自由、领导的信任，以及对超越自我进而成为公司伟大一员的渴望。这些激励因素有时候可以帮助创业公司取得成功，有时候却不能。

请看 Y 集团下属的两家投资组合公司的例子：R 公司和 P 公司。在这两个案例中，当 Y 集团收购它们时，两家公司看起来都将注定失败，但是却在一片凄风惨雨中，出乎所有人意料，两家公司的员工都愿意和公司共患难，即使工资微薄，希望渺茫。也许在这些员工心中存在着那么一点点的希望，他们期望通过努力工作和无私奉献来拯救公司并把它带回正轨。P 公司成功了，员工的努力换回了巨大的回报，P 公司的资产在 6 个月里升值了 2 300 万美元；而 R 公司却没有这么幸运，它在一年后倒闭了。

当你组建一个团队的时候，你最好去寻找那些被不同目标所激励的员工，也就是说这些人最好拥有不同的动机。用这种方式去建立一个团队可以塑造一个平衡和有弹性的组织，这个组织不会因为某个关键要素没有产生或者兑现而分崩离析。例如，金钱对一些雇员来说是最重要的激励，但是某一年由于产品开发和科研上的开支导致现金紧张，那么公司需要担心员工大规模离职吗？如果这个团队里面的一些员工是被除金钱之外的其他因素所激励，如他们喜欢冒险和改变，并愿意为实现目标而努力，那么答案就是No!

Y集团曾经做过一个非常有趣的统计，那些纯粹从事风险投资的投资组合公司中有70%以一种产品开始，到最后却变成了完全不同的产品或投资模型。这就是为什么一家创业公司的人力资源部门必须保持弹性和适应变化的原因所在。他们在招聘的时候必须考虑到激励因素随时都可能发生变化，这是一家公司长期生存的关键。

某些时候猎头和HR会运用不同的方式去招聘跨国公司的专业人员，如制造业企业或者其他大型企业。很显然它们的招聘流程和标准与创业公司或成长型公司会有所不同。但扪心自问，这样做有必要吗？

中国拥有世界上最庞大的创业者人群。好消息是在这样一个人群里可以找到各种被不同动机所激励的创业者去组建公司；坏消息是中国的教育系统和社会规范往往会否定多元的价值观。所以挑战不仅仅是找到各个怀绝技的人才去组建所需要的团队，还需要分清和找到他们的不同动机来激励他们每天辛勤工作。

资料来源：高哲铭．复杂的员工动机[EB/OL]．中国企业家，http://www.iceo.com.cn/column/32/2012/1115/260142.shtml，2012-11-15

七、“超Y理论”

美国管理心理学家约翰·莫尔斯（John J. Morse）和杰伊·洛希（Jay W. Lorsch）于1970年在《哈佛商业评论》上发表的《超Y理论》一文。根据“复杂人”假设，提出了一种新的管理理论——“超Y理论”。该理论对“X理论”和“Y理论”进行实验分析比较后，提出一种既结合“X理论”和“Y理论”，又不同于“X理论”和“Y理论”，主张权变的管理理论。不能说“X理论”正确或是“Y理论”正确，有的组织适合应用“X理论”，有的组织适合应用“Y理论”，没有什么是一成不变的、普遍适用的最佳的管理方式，必须根据组织内外环境和管理思想及管理技术等因素，灵活采取相应的管理措施，管理方式要适合于工作性质、成员素质等。该理论实质上是要求将工作、组织、个人、环境等因素做最佳的配合。

拓展阅读

早在20世纪50年代末期，麦格雷戈基于对人性的看法或假设提出了“X理论”与“Y理论”。前者的基本假设为：人是不喜欢工作的，必须强迫他、控制他，朝着组织的目标前进，而且大多数人没有进取心，不愿承担责任而宁愿受人支配和领导。后者强调的是人天生就对他的工作感兴趣，人的行为受动机的支配，只要给其创造一定的条件，他就会努力工作，达到确定的目标，并取得相应的成就。“X理论”和“Y理论”的产生，在西方管理其后，莫尔斯和洛希就根据这一理论，选择了工作效率高的亚克龙界引起不同的反响。工厂和史脱克顿研究室与工作效率低的哈特福工厂和卡媒研究室进行研究。研究结果表明：亚克龙工厂和卡媒研究室实施“X理论”，采取严密的组织，实施指令式的控制管理，结果因人员素质不同，效果并不一样。工人人数比例较高的亚克龙工厂效率高，而研究员人数比例高的卡媒研究室效率则低。另外，史脱克顿研究室和哈特福工厂实施“Y理论”，实验结果则相反。这说明了“X理论”并不一定是毫无用处，而“Y理论”也不一定是普遍适用的。

那么，影响管理效率高低的因素到底是什么？人们应如何去选择管理的方式呢？莫尔斯和洛希又进行了追踪研究，选择了两个都是高效率单位的亚克龙工厂和史脱克顿研究所进行了对比研究。亚克龙工厂和史脱克顿研究所的组织特点有许多的不同，所处的工作环境的差异也很大，但是这两个组织都有效地完成了各自的组织任务。究其原因，是亚克龙工厂和史脱克顿研究所都能根据各自的任务和人员的特点，选择适合自身发展的组织形态，说明组织与任务之间的适合程度，关系到企业的效率。组织与任务的良好适合又是怎样同有效的工作发生关系的呢？研究者继而又进行了两个单位的个人胜任感的动力测试，参加测试的人要对六张模棱两可的图画的反应写出有创造力和想象力的故事，对“明天”将要做些什么、想些什么或感觉出什么写出一篇有创造力和想象力的故事（投影试验）。测试结果表明：亚克龙工厂和史脱克顿研究所里的个人比在组织与任务适合程度较差的哈德福工厂和卡媒研究所的竞争对手显得更有胜任感的感觉。这种胜任感可以帮助人们去理解任务与组织特点之间的适合程度，能激励工作人员在自己的工作中做出有效的工作成绩。

资料来源：张云龄．外国管理理论简编[M]．北京：中国经济出版社，1990：262-263

超“Y理论”的基本观点如下。

第一，人们带着许多不同的需要和动机加入组织，有的人需要正规化的组织和规章制度，而不需要参与决策和承担责任；有的人需要更多的自治和发挥个人能力的机会。

第二，不同的人对管理方式的要求不同。不管人们是以何种需要和动机加入组织，都必须实现其胜任感，满足人们的胜任感有不同的方法，所以对管理要求也不同，有人适用“X理论”管理方式，有人适用“Y理论”管理方式。

第三，组织目标、工作性质、成员素质等因素对组织结构和管理方式有很大影响，凡是合适的，效率就高；反之，效率就低。

第四，当一个目标达成后，就会产生新的更高的目标，产生新的组织结构和管理方式，以提高工作效率。

“超Y理论”认为应该针对不同的情况，将目标、组织、人员做最佳的搭配，以激励工作人员取得更高的绩效。这一新的假设强调，组织要根据将要完成的工作性质和人们的特殊需要采取适当模式。所以，“超Y理论”主张应根据不同情况，灵活采用“X理论”、“Y理论”或两者综合运用。

八、“Z理论”

（一）内容

“Z理论”是日裔美国籍管理学家威廉·大内（William Ouchi）提出的一种关于人与组织、人与工作之间关系的理论。大内从1973年开始对日本企业管理方式进行研究，他选择了日本、美国两国的一些典型企业作为研究对象，并于1981年出版了《Z理论——美国企业界怎样迎接日本的挑战》，在书中提出了“Z 理论”这种组织发展理论。

拓展阅读

威廉·大内（William Ouchi）是日裔美籍管理学家，是美国斯坦福大学的企业管理硕士，在芝加哥大学获企业管理博士学位。他从 1973 年开始转向研究日本企业管理，经过调查比较日本和美国两国管理的经验，于 1981 年在美国爱迪生维斯利出版公司出版了《Z 理论——美国企业界怎样迎接日本的挑战》一书，在这本书中，他提出了“Z 理论”，并最早提出企业文化概念，其研究的内容为人与企业、人与工作的关系。威廉·大内从与美日企业界人士广泛的交往中得到有益的启发，在深入调查两国的企业管理现状的基础上，参照传统的“X 理论”和“Y 理论”，以日本企业文化为参照系，写下了《Z 理论——美国企业界怎样迎接日本的挑战》一书，将日本的企业文化管理加以归纳。本书写作的原意是“如何把对于日本企业管理的理解运用到美国环境的实践中”，试图回答“日本的企业管理方法能否在美国获得成功”这个美国人十分关心的问题。

资料来源：郑智仁．Z 理论创始人——威廉·大内[J]．现代班组，2014，(4)：25

“Z 理论”的内容简述如下。

第一，畅通的管理体制。管理体制应让职工参与决策，及时反馈信息。

第二，基层管理者享有充分的权利。基层管理者对基层问题要有充分的处理权，还要有能力协调职工们的思想和见解，发挥大家的积极性，制订出集体的建议方案。

第三，中层管理者起到承上启下的作用。

第四，长期雇佣职工。企业长期雇佣职工可增加工人的安全感和责任心，与企业共荣辱、同命运。

第五，关心员工的福利。管理者要处处关心职工的福利，设法让职工们心情舒畅，使上下级关系融洽、亲密无间。

第六，创造生动的工作环境。管理者不能仅仅关心生产任务，还必须设法让工人们感到工作不枯燥、不单调。

第七，重视职工的培训。重视职工的培训工作，注意多方面培养他们的实际能力。

第八，职工的考核。考核职工的表现不能过窄，应当全面评定职工各方面的表现，长期坚持下去，作为晋级的依据。

大内认为，任何企业组织都应该对它们内部的社会结构进行变革，使之既能满足新的竞争性需要，又能满足各个雇员自我利益的需要。Z 型组织也许就是最接近于这种新的组织形式。

案例

(1) H 公司：有意识地选择和提拔员工。

H 公司的做法是有意识地选择和提拔员工。该公司意识到，组织中的每个层次都会有建设性的见解出现，而且，人们在实现目标的过程中需要有行动上的自由。诚然，盈利是该公司的首要目标，但作为一个以顾客至上为宗旨，并有众多员工为解决各种问题而努力工作的公司，它还有一些更重要的、与人相关的目标，那就是重视以绩效为基础的劳动安全保护，激发员工的主动性和创造性，以及承认员工在公司中的地位和应承担的责任等。

（2）DH公司：关心员工的福利。

DH公司是一个多元化经营的零售公司，以优秀的员工队伍和优质的产品著称。在零售业务中，它注重真诚、正直和责任心，而且，十分关心员工个人及其在专业上的发展。在努力为股东分配“富有吸引力的红利”的同时，该公司也乐于“为其所在的社区服务”。

（3）L公司：注重考评。

L公司通过对20世纪70年代中期公司所处的地位、所取得的成就，以及当前状况和未来发展方向等方面的考察，建立起了“自身的文化模式”。公司在各个重要方面进行了自我评价，其中包括短期与长期环境、组织沟通、信息共享、个人发展和工作安全等这类有关“Z理论”的问题，这一切都说明公司正在接近Z组织的性质。

（4）I公司：个人与整体紧密联系在一起。

I公司把个人的成功与整体的成功联系在一起，因为员工既是单独的个体，同时又是组织的成员之一。经理人员“必须能够承认并接受员工的错误，同时又能向他们学习”。组织管理也要涉及开放交流、道德规范、员工发展、长期承诺和集体协作。

资料来源：刘伟，刘国宁，章银武．经济管理新思想解读与应用[M]．北京：中国言实出版社，2004：270

（二）对“Z理论”的评价

通过“Z理论”的内容可以看出，该理论只不过是麦格雷戈“X-Y理论”在组织管理中的应用而已，在人性假设上并没有更新的东西。“Z理论”是有关在企业中建立信任、微妙性和人与人之间的亲密性的一种学说。“Z理论”强烈地反映了日本企业管理中重人际关系的特点，是一种典型的东方式管理方式。“Z理论”的精髓在于关心人、理解人、相信人、尊重人、培养人。企业时刻关心职工的利益，职工也就会关心企业的前途和命运，从而造就一种合宜的工作气氛，达到职工与企业的一体化。“Z理论”要求后勤管理者应注意协调、融洽职工之间、干群之间的人际关系，关心职工的生活，理解职工的需要，相信职工的能力，尊重职工的人格，并多方提供机会，使职工个人有得以不断发展的可能。这样，职工的高层需要就能得到满足，因而也就能达到激励职工工作积极性的目的。

拓展阅读

大内称日本的管理方式为J型组织。

日本企业最重要的特点是终身雇佣制，这是很多日本员工的奋斗目标。它不仅仅是一个单独的政策，而且还把日本人多方面的生活和工作结合在一起。在日本的劳动大军中大约有35%能在大企业和政府部门中享受终身雇佣制。在日本，当经济生活和社会生活融合成为一个整体时，个人之间的关系就变得密切。人与人之间的关系通过多种纽带相互联系，员工对企业的忠诚度非常高，他们大多数以企业为家，同事关系相处得非常融洽，当企业的效益不好时，就不用发放红利。日本企业的组织也是极其复杂的，它们的评价与晋级方式与美国企业有很大的不同，员工在进入组织后，很长一段时间他们的待遇都是相同的，只有过了很久后才会显示出差别。这种非常缓慢的过程促进了人们以非常坦率的态度对待合作、工作表现和评价。日本企业对职工在业务方面的培养也是非常独特的，这与美国的培养方式有很大的区别。员工在开始他们的正式的工作之前，会在多个岗位上熟悉业务，以便让他对以后所做的事情，对公司的业务有整体的了解。例如，一个大学毕业生进入银行工作，他开始时担任见习管理的职务，然后他被派到一个分支机构中去学习银行业务，后又被调回总行学习商业银行的大宗业务，又调到另一个分支机构。这样几次之后，才可能回到他的工作岗位，这样员工就会具有多方面的才能，可以称得上工作上的专家了。日本的企业采取集体决策过程，每个有关人员都要参加，而且重要的不是决定本身，而是人们对决定负责和了解到什么程度。管理过程他们要运用统计报表、数字信息等清晰鲜明的控制手段，又要注重对人的经验和潜能进行细致而积极的启发诱导。人们树立牢固的整体观念，员工之间平等相待，每个人对事物均可做出判断，并能独立工作，以自我指挥代替等级指挥。

资料来源：Ouchi W. Z 理论——美国企业界怎样迎接日本的挑战[M]．北京：中国社会科学出版社，1984：57-59

第三节　当代人性理论新进展

随着社会的发展，人们周围的客观世界不断发生着的新变化，其正影响着人的思想和行为。同时，人们对自身的认识也在不断深化，人性假设理论在 21 世纪有了新的进展。

一、“创新人”

（一）内容

20 世纪 90 年代以来，随着知识经济时代的到来和信息技术的迅猛发展，全世界进入了知识经济时代。知识经济时代呼吁知识管理，而知识管理又需要管理的知识，因此对人性假设的研究又有了新的进展，即提出了“创新人”（或称学习人）的假设。“创新人”的假设的主要代表人物有彼得·德鲁克、哈默和彼得·圣吉等。德鲁克在《九十年代的管理》和《21 世纪管理的挑战》等书中都强调了创新的重要性，强调现代管理者必须成为变革的领导者，必须学会使现有组织具有创新能力，如果不能学会创新，其后果会相当严重；哈默和钱皮在《公司再造》一书中提出要对公司的整个运作过程进行根本性的重新思考，并加以彻底的变革，从而使公司的成绩有“显著”的长进；彼得·圣吉在《第五项修炼——学习型组织的艺术与实务》一书中，提出了学习型组织的理念，他指出作为学习型组织的成员应该具有系统思考、超越自我、改善心智模式、建立共同愿景和团队学习的五项修炼技能。“创新人”假设认为，由于组织环境变化非常迅速，管理者应主动适应这些变化，进行全面而彻底的变革，其中最为重要的就是要不断学习和创新，因此，组织相应的管理方式是学习创新性管理方式。

“创新人”假设的主要内容如下。

第一，人的需要由低级向高级不断升华，其目的不仅是为了自我实现，而且也是为了创新，寻求工作上的创意和意义。

第二，人们力求在工作中不断创新、有所成就，通过持续的创新来发展自己的技术和能力，以便能适应知识经济时代的发展变化。

第三，为了实现持续创新，要求人们能够自我控制和自我激励；要求组织和社会创建一种宽松、自由、民主的环境，并综合运用多种激励手段激励人们不断地创新，以促进组织、社会的持续发展。

第四，个人的创新与组织目标的实现并不冲突，而是一致的。在适当条件下，个人应调整自己的创新目标，使之与组织目标相一致；组织也要为个人创新目标的实现提供必要的条件、环境和物质保障以便更好地实现组织的目标。

案例

TM公司是个出天才的公司。近百年的时间里，TM公司为全球贡献了超过6万种产品的发明。也正是因为创新，成立于1902年的TM公司摆脱了初创期采矿的命运，从美国中西部并不起眼的小公司发展成为发明67 000多种产品的“百年老店”。套用TM公司自己的说法，每人起床后3米内必看到TM的产品：胶带、报事贴、无痕挂钩、百洁布、拖把、屏幕增亮膜、车身反光系统、牙科修复材料、输电导线……要历数这67 000种发明并不容易。这些发明也给TM公司带来了回报：2011年TM公司以超过296亿美元的营收位列财富全球500强第316位。同时，TM公司也是美国道琼斯30种工业股票指数成分股之一。对于一个视创新为生命的企业而言，管理在很大程度上意味着对人的管理。TM公司前任董事长兼总裁麦克奈特认为，管理在某种程度上会压抑人们的创新精神。事实上，很多以研发为主的企业都会头疼管理问题，那么在TM公司，如何激励研发人员能够不断地有创新点子和创意？这些研发人员又该如何管理？如何保证其相互间协作的高效性？

TM公司的经验是：“应该知道什么时候‘放松管制’，去放任具有创新的反叛精神。”不少企业认为，创新是公司宏观管理的产物。然而，TM公司管理层则意识到，宏观管理的考核标准常常让研发人员带着“脚镣”跳舞。TM公司的一条经验是：“最重要的是应该知道什么时候‘放松管制’，去放任具有创新的反叛精神。”

资料来源：贺宝成.3M公司创新管理及启示[J].郑州航空工业管理学院学报（社会科学版），2004，12（6）：144-145

（二）“创新人”假设下的管理措施

根据该假设，组织可以采取下列管理措施。

1. 转变管理职能

管理职能的转变为员工创新提供条件，努力减少和消除他们在创新中遇到的阻碍，改造组织文化，激发创新思维，梳理创新观念。而管理者自身也要创新，否则就不可能为组织成员创造良好的创新环境。

2. 变革管理体制

创新阶段应有与之相适应的组织管理体制，变革管理方式、决策流程和组织结构。将传统的集成管理变为开发、创新的组织管理方式，整合优化人、财、物等硬资源和信息、知识、经验等软资源以达到创新。

3. 改变激励方式

改变传统的激励方式，将外在激励和内在激励相结合，以外在激励激发员工的创新热情，内在激励使这种热情更为强烈和长久。用最佳的激励方式为员工创新提供条件，发挥他们的创新能力。

4. 创新评估系统

经过一段时期的相对稳定运行后，对创新成果进行评价和总结的一系列活动，是促进组织成员进行新一轮更高层次创新的又一起点。正确的评估将对组织成员产生巨大的激励作用。

（三）对“创新人”假设的评价

与“经济人”假设、“社会人”假设、“自我实现人”假设和“复杂人”假设相比，“创新人”假设将创新作为人性的一个重要层面，这必然会导致管理方式和管理理论的变革和创新。“创新人”假设消除了企业目标与个人目标、管理者与被管理者之间的对立，有利于知识型企业的和谐发展。企业目标与个人目标的冲突源于组织价值观与个人价值观的冲突，而消除这种冲突的途径是找到组织价值观与个人价值观的结合点。在知识型企业，“创新”就是一个最佳结合点。因为创新既是知识工作者的内在需要，也是知识型企业知识状态系统演变发展的持久动力，创新将导致企业和个人的双赢局面。

案例

作为高科技企业，N公司也没有少创新，创新砸下去的钱甚至还远远超过竞争对手。据统计，在过去10多年里，N公司在研发上共投入了400亿美元，相当于竞争对手A公司的4倍，仅仅N公司那些被最终放弃的软硬件专利估值就在60亿美元，相当于N公司2012年的市值。例如，N公司的设计师早就在内部展示过一款仅配置了一个按键的触摸屏智能手机，那款智能手机可以收发电子邮件和玩游戏，而直到7年后A公司才推出第一款自己品牌的智能手机。

为什么N公司的创新之路最后没有走通呢？一是“N公司式的创新”没有与市场相结合，也就是我们常说的没有解决好高新技术的产业化课题。7年前N公司的创新成果，除了在电影《圣人》里“秀”了一下，并没有大规模地投入市场，而仅仅留下了一大堆专利。例如，当你触摸A公司推出的手机上的数字键盘时，你知道字母是如何弹出并以更大字体显示的，那样你就可以确定自己输入的是正确的字母，这正是N公司的“杰作”，但N公司从未将这项专利技术应用于产品之中，结果竞争对手A公司反而最先将这项技术应用到它的产品中。二是“N公司式的创新”没有摸准战略性新兴产业的脉搏。回头看，2004年正是手机行业的一个关键年，这一年，移动互联网正初显颠覆市场的端倪，而同时，美国制造商M公司凭借其“锋机”一炮打响。在投资者的声声鼓噪中，N公司辨错了方向，选择放弃智能手机，重新回到基本手机的老路上。其间，N公司还有一个现在看来是笑话的故事，在A公司刚刚崛起时，N公司曾经做过一个测试，手机需要从五英尺高的高度以不同角度掉落到水泥地面上，测试的结果是A公司的手机不经摔。有了这个结果，N公司吃了“定心丸”，哪想到A公司的顾客们非但对“瓷实”不屑一顾，甚至面对A公司的饥饿营销出乎寻常地喜新厌旧，购买的A公司的手机还是新的，他们就毫不吝啬自己的钱包，通宵排队只为去抢购一个更新款的A公司的手机。

没有市场的创新是徒劳的，没有战略的创新更是盲目的。此后，N公司逐渐从不可一世的市场领导者走向“步步惊心”，因“船大掉头慢”连跟随都显得步伐过于沉重。继触摸屏手机领域无所作为之后，在低端手机领域，又遭遇中国手机制造商的“围堵”……

即便如今N公司尚有一大堆尚能对得起财务报表的专利待价而沽，如果卖不掉、变不了现的话，又抵何用呢？

资料来源：佚名.N公司式的创新为何终将失败[EB/OL].中国人力资源开发网，http://www.chinahrd.net/article/2012/07-25/84443-1.html，2012-07-25

二、“目标人”

（一）内容

随着管理实践的发展，学者们将心理学和管理学有机结合，重新思考有关人性的问题，提出了“目标人”假设，该假设的主要观点如下。

第一，人们在工作和生活中都有一定的目标，在达成目标之中实现工作和生活的意义，并且进一步形成更高级的目标。

第二，个体的心理目标分别与生活、社会关系和发展有关，形成一个三个层次的有机目标体系，这三个层次的目标在不同的情景下分别成为行为的动力模式。

第三，个体的心理目标主要形成于后天的教育和社会交往之中，受到实践及他人态度的影响。

第四，个人所追求的目标体现着个人的价值观，激励着个人的行为。

第五，后天环境对个体心理目标的形成和发展有着重大影响。

第六，个体心理目标的自我确定及一定行为方式的形成、巩固和发展依赖于自我实践的成功或他人的奖励和表扬。

第七，个体在生活或工作中会自发或自觉地参与各种社会关系，这些社会关系所具有的群体效应在一定程度上制约和规范个体行为。

第八，不同个体之间因个性特征不同，目标结构构成和内容存在广泛差异。

“目标人”假设的提出为组织内部人力资源管理提出了新视角，即成就激励。成就激励就是运用各种激励手段，让员工产生成就感，以提高工作绩效和组织目标。可综合运用各种激励手段，如物质激励和精神激励并用；组织目标内化为个人目标，将组织成就视为个人成就；改善组织氛围，创造和谐互助、公平透明的组织气氛；利用组织文化、共同的企业核心价值观激励员工等。

（二）对“目标人”假设的评价

基于“目标人”假设和现代人本管理与实践为组织提出了个性化管理的思想：在管理实践中应积极体现出组织成员的个性特征和人格力量，充分发挥和利用组织内个体心理目标在工作中的积极影响力，从而为顺利实现组织发展目标提供行为动力和智慧。将组织目标和个人目标有机地结合，形成组织和员工的目标共同体。“目标人”假设的提出，使管理者明确了组织个体是人而非工具，必须要重视具有自然、社会、精神三种属性为一体的人，不能忽视任何一种属性，而且必须要明确个体目标是一个完整的层次体系，其包含生存目标、社会目标和发展目标。在组织管理中，只有找准目标，进行成就激励，才能达到较好的管理效果。此外，由于社会、环境多种因素的制约，还必须以发展的眼光看待人。

案例

所谓目标激励，就是确定适当的目标，诱发人的动机和行为，达到调动人的积极性的目的。目标是行动所要达到的预期结果，是组织对个体的一种心理引力。作为一种诱因，其具有引发、导向和激励的作用。只有不断启发一个人对高目标的追求，才能启发其奋发向上的内在动力。当员工为达到某个目标而工作时，方向感强，对责、权、利有着清醒的认识，因而一旦引发需要（即工作意愿），他们就会产生实现目标的强烈动机。这就是激励员工的源泉。

某公司实行目标激励方法，对各个经营实体实行层层的目标管理。该公司从经营战略出发，将企业的总体目标一级一级地分解下去，确定各个层级的目标任务。同时目标的实现情况与绩效、奖惩完全挂钩。

1. 目标期望切合实际

一个人对目标的抱负水平是指欲对自己的工作做到何种数量标准的心理需要。这是个人从量上考虑目标的高低，抱负水平决定了人的行为要达到什么程度。

早在2003年年初，北京一高校教授曾问该公司的总经理牛总："想当老大吗?"牛总的回答让这位教授至今难忘："老大谁都想当。不过，我的'标杆'都是国际企业，没有国内的……想尝尝世界冠军的滋味。"

这并不是牛总不切实际的吹嘘，而是牛总和他的团队在经过了四年的精心布局之后做出的大胆预测。该公司的员工们亲眼看见他们的统帅在资金和原材料短缺的情况下先建市场、后建工厂，看见公司的销售人员在竞争对手都无法大面积发展的珠江三角洲地区打入自己的品牌，更看见公司通过自己的努力将自己的牛奶销到中国香港、新加坡、马来西亚等地，所以说，牛总这个看似"狂妄"的目标之后，是全体公司员工无比的信任，而要当世界冠军这番话更是让所有的员工看到了公司美好的前景，要想实现这个目标，只有上下齐心，这在无形中最大限度地增强了员工们的干劲。

实际上，目标激励的一个重要任务就是需要调节人的行为，把行为引向一定的方向。因为目标本身是行为的一种诱因，具有诱发、导向和激励行为的功能。因此，适当的设置目标，能够激发人的动机，调动人的积极性。

2. 目标的可参与性强

让员工参与目标的制定，能够让其认清工作的性质和难易程度，在思想上有充分准备。员工所选择的往往是他们认为重要的、感兴趣的，比起被指派的任务来说，他们更愿意接受挑战，承担责任。

在制定目标的过程中，该公司非常注重全员参与性。例如，2003年11月底，公司制定了其2004年的销售目标，这个目标就是牛总与公司全体高管讨论的结果。2003年11月底的一个周末，公司的15位高管齐集在北京郊区的一个度假村商讨2004年的销售目标。高管们整整开了两天两夜的会，早上八点半开会，开到第二天的凌晨两三点钟，第二天早上照样八点半开会，开到第二天晚上的八点半，要不是第二天晚上高管们要坐十点、十二点钟的飞机回H市，即使两天两夜也开不完。

在这个会上都讨论了什么呢？牛总的第一句话就是，2004年的销售目标是90亿元。要知道该公司当时预估的2003年的销售额仅仅为45亿元，一年就要翻一番太难了，而且乳业是一个严重依赖资源的行业，当时公司所掌握的奶源根本不足以支撑起90亿元的销售额。因此，绝大多数高管都说不可能。牛总却说："我们先别说90亿的销售能不能做到，我们先来看90亿目标到底有没有瓶颈，如果有瓶颈，怎样解决；如果没有瓶颈说明是有可能完成的。"经过分析讨论，公司要实现90亿元的销售目标，必须提高原材料产量，扩大生产线，扩张渠道，加大营销力度。然后，牛总与高管们又进一步分析如何实现以上目标，以及各个部门应该分摊的任务。

经过两天两夜的讨论后，公司管理层发现制约公司达到90亿元销售目标的瓶颈都可以解决，原本对目标的不信任一扫而空，并且熟知了实现90亿元销售目标的方法及各自担负的责任。这样，公司的管理层就会自信满满地朝着目标奋进。试想如果没有经过这两天两夜的讨论，公司的管理层必定会对目标缺乏信心，甚至在工作中抱怨连连，而现在，公司的管理层却胸有成竹，并充满干劲。

3. 注重奖励因素

目标激励发挥作用的一个前提是目标的达成情况必须与人们的报酬及晋升紧密的联系起来。该公司目标体系的达成状况与参与人员的绩效是直接挂钩的。在确定了公司的总体目标以后，各个事业部的负责人都要跟企业签订"责任状"，其清晰地界定了当事人的目标要求及与目标达成状况直接相关的绩效考核办法。

另外，一个目标确立后，实现它总会遇到各种各样的困难，许多人的做法是，遇到困难就修改目标，因为改动目标最简单。殊不知，目标一动，整个系统都被打乱了。该公司的特点是，不修改目标，只修改手段。因为一旦目标坚决，"导弹——目标"的自动伺服机制就使手段自然跟上，一切人力、物力、财力，包括人的思维和情感，都向这一目标"自动伺服"。参与人员要愿意接受挑战，承担责任。

资料来源：佚名．某公司的目标激励体系[EB/OL]．中国人力资源开发网，http://www.chinahrd.net/article/2009/01-12/180230-1.html，2009-01-14

三、"生态人"

（一）内容

"生态人"（eco-man）是指具备生态意识，并在经济与社会活动中能够做到尊重自然生态规律，约束个人与集体行为，实现经济与社会持续发展、人与自然和谐相处的个人或群体①。"生态人"既可以指国家，也可以指政府、企业和个人。"生态人"是处于生态系统之中的人，是日常人，是人的社会性和自然性的统一体现。"生态人"在人类生态系统中既可以是主体也可以是客体。"生态人"是与"经济人"相对应的，它是循环经济学、可持续发展经济学、生态文化学对其研究对象的称谓。与"经济人"相比，它是一种更加符合人类本质的理论设定。"生态人"有广义和狭义之分。广义的"生态人"不仅追求人与自然的共生，还追求个人与他人、人类自身的完善，这实际上是一种理想中的人，是"理性和谐人"的代名词。狭义的"生态人"是指单纯的环保人。

"生态人"坚持人地和谐自然观，在决策时会将生态安全置于首位；相对于"经济人"决策时遵循的经济利益最大化原则而言，"生态人"决策时以利益最优化为原则；"生态人"

① 康蕊．浅论环境法律中"生态人"理念的树立[J]．学园，2011，(10)：16.

善于处理与自然、他人及其自身的关系，保持良好的生命存在状态；“生态人”树立生态安全观，拥有生态善恶观；主张环境公平、正义观；推崇经济、社会和生态三者相协调的发展观。

(二) 对“生态人”假设的评价

人们的任何经济与社会行为都必然附带相应的生态后果，不具备生态意识的人类个体或群体，其行为有可能导致破坏生态环境，威胁人类可持续发展的后果。在全球生态环境日益恶化，资源和环境日益成为经济与社会发展，甚至制约人类生存与发展关键制约因素的大背景下，“生态人”概念的提出对于完善经济学等相关学科的理论具有十分重要的意义。

第四节 人性理论对组织行为管理的意义

组织行为管理是各级领导者对下属和员工行为分析和影响的过程，是管理工作的核心、领导工作的核心、领导工作的本质。组织行为管理关注组织的某一具体任务的完成，并通过对员工这一关键资源的利用和开发来提高整个组织的绩效。很明显，离开了组织行为管理，任何职能活动都将难以开展。例如，如果市场营销人员缺乏能力与动机，再卓越的营销计划也只是一纸空文。所以，要想成为一名优秀的营销经理，除需掌握市场营销的知识、方法外，更为关键的是精通组织行为管理技能。甚至可以说，只要组织行为能力强，即使不是某一职能领域的专家，也可以成为一名有效的领导者。随着社会文明的进步，人的作用显得日益重要，所以现代企业管理的显著特点之一就是“以人为中心”进行管理。如果一个组织中员工素质不高，或者员工的积极性尚未被调动起来，那么这个企业中的物质资源、信息资源、金融资源等都不能实现其真正价值。麦格雷戈曾说，“在每一个管理决策或每一项管理措施的背后，都必有某些关于人性本质及人性行为的假设”。组织中的管理者制定什么样的管理制度，采用什么样的管理方法，建立什么样的组织结构，都与他们对下属和员工总的看法有关。这种管理者在管理过程中对人的本质属性的基本看法就是人性假设。基于不同的人性理论，组织内采用的管理方式和措施也不同。

一、人性理论的演进影响着组织管理

纵观组织管理的理论与实践过程，不难发现，人性理论的发展史也就是组织行为管理理论的发展史。泰勒认为，工人是“经济人”，“他最好冷酷得像一头公牛，这样就能接受有智慧的人的指挥”，认为组织的目标就是要提高劳动生产率使企业多得利润，所以管理者通过高工资来刺激工人的劳动积极性以提高生产效率，并实行标准化管理，并最终总结出科学管理理论，进入科学管理时代。但在该假设下，管理者过分注重工人的经济性需要，而忽视工人的社会性需要，劳动环境、工人间人际关系对于管理者来说并不重要。到后来，研究人员通过霍桑实验发现，工人在劳动中除了满足自身的经济性需要之外，也希望在工作中形成良好的人际关系氛围，获得自尊，提高士气。管理者也应当建立和谐的人际关系来促进工作效率的提高。根据霍桑实验，梅奥提出了“人际关系学说”，他认为工人是“社会人”，最后发展成为行为科学。到了马斯洛的“自我实现人”，他认为“自我实现”才是员工工作的最大动力，而组织也应该赋予员工更具挑战性的工作来激发员工强烈的工作热情。后来沙因总结了四种人性假设，并提出了“复杂人”假设，他强调人的需要和能力多种多样，可在不同的组织环境中学习新的动机和需要，没

有一种适合于任何时代、任何人的万能的管理方式，因此，在管理过程中应考虑根据具体情况针对不同需要的人采取灵活机动的管理措施。

由此可见，人们对人性理论的不断研究和探索推动了组织管理理论的发展和完善，使组织管理朝着人性化管理的方向前进。

二、帮助组织树立以人为本的管理理念

人性理论表明对组织中人的管理方式都是建立在某种“人性”假设基础上的，这就说明在组织行为管理过程中，应当坚持一切从人出发，以调动和激发人的积极性和创造性为根本手段，最终达到提高组织绩效实现个人发展的目标。依据人性理论，人在不同的情境下需要不同，管理者应根据人的不同需要分配工作任务并为其创造完成任务的环境，使人、工作和环境更好的匹配。除此以外，根据人的需要制定管理措施，设计激励方式，建立良好的组织内外人际关系，使人更好地发挥主动性和创造性，满足他们成长和掌握实现的需要。

三、更加关注组织成员的工作生活质量

在当前的组织行为管理中，管理者认为强调生产率与强调工作生活质量并非是相互排斥的。如果工作生活质量令人不满意，是很难实现高生产率的。相反，高的生产率是拥有改善工作生活质量所必需资源的先决条件。管理者越来越重视有关工作满意度、成员安全与健康、组织文化、组织承诺等影响工作与生活质量的因素。在以人为本的组织管理理念影响下，对人性的看法不同，组织管理方式就不同，组织成员的工作生活质量也就不同。没有一种管理方式能够适用于所有成员，只有根据不同的人性理论，有针对性地为成员创造和谐的人际关系氛围和适宜的工作环境，塑造良好的组织文化，提高成员的工作满意度，为成员的安全与健康着想，让组织成员处在一个工作生活质量都较高的组织环境中，才能使成员产生较高的组织认同感和归属感，成员才能了解并接受组织的价值观，发挥个人的主动性和创造性，提高个人绩效和组织绩效，实现组织目标。

第五节 本章小结

本章共分五节，主要介绍了中国古代人性理论、西方人性理论、当代人性理论新进展，以及人性理论对组织行为管理的意义。本章内容结构如图 2-1 所示。

中国古代最有代表性的人性理论有性善论、性恶论、性三等论、性三品论，它们的主要观点和代表人物如表 2-1 所示；西方主要的人性理论有“经济人”假设（“X 理论”）、“社会人”假设、“自我实现人”假设（“Y 理论”）、“复杂人”假设，以及超“Y 理论”、“Z 理论”等，其中“经济人”假设、“社会人”假设、“自我实现人”假设（“Y 理论”）、“复杂人”假设的主要观点、代表人物，以及相应的管理措施如表 2-2 所示；当代人性理论新进展介绍了“创新人”假设，“目标人”假设和“生态人”假设。人性理论的演进影响了组织管理，并推动了组织管理理论的发展和完善，使组织管理朝着人性化管理的方向前进；研究人性理论同样可以帮助组织树立以人为本的管理理念，使人更好地发挥主动性和创造性；关注组织成员的工作生活质量可以激发员工积极的工作态度，更好地实现组织目标。

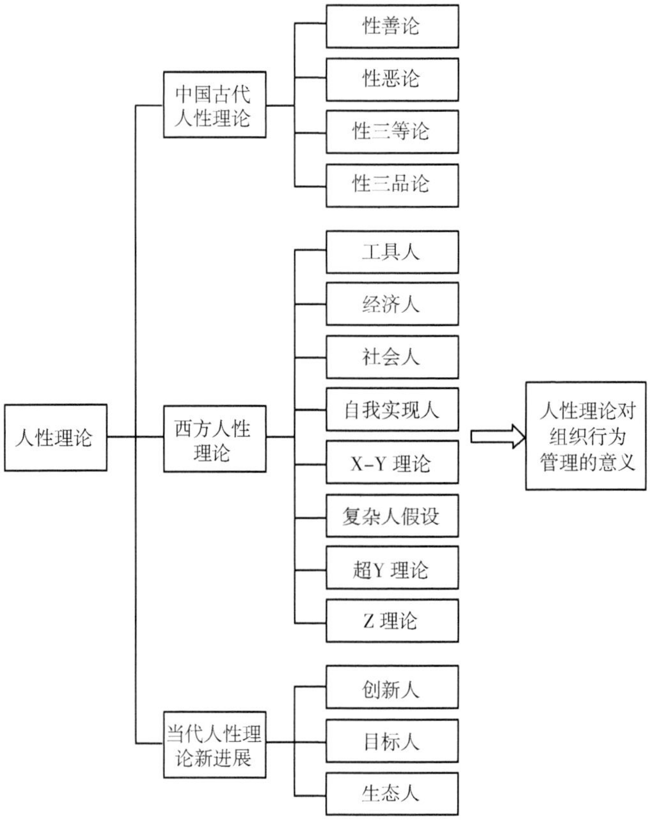

图 2-1 本章内容结构图

表 2-1 中国古代人性理论比较

理论	性善论	性恶论	性三等论	性三品论
主要观点	人之初，性本善	人之初，性本恶	人性无善无不善；人性分为上、中、下三等	人性有善有恶；人性分为三品，上品为善、下品只有恶、中品性不确定
代表人物	孟子	荀子	董仲舒	韩愈

表 2-2 西方主要人性理论比较

理论	主要观点	相应管理措施	代表人物
经济人（X 理论）	有理性，追求自身利益最大化的人	利用物质和经济利益刺激工人努力工作	斯密、泰勒、麦格雷戈
社会人	人不仅关心物质利益，也追求人与人之间的友情、安全感和归属感	建立和谐的人际关系，促进工作效率的提高	梅奥
自我实现人（Y 理论）	人的需要是多层次的，希望在工作中获得自身发展与成熟，“自我实现”	赋予员工更具挑战性的工作，激发员工的工作热情	马斯洛、麦格雷戈
复杂人	在前三种人性假设基础上提出“复杂人”假设，人的需要因自身发展和环境变化而错综复杂	人、工作、组织三者密切配合，最大限度地满足员工胜任感	沙因

案例

王新在校期间成绩优异、表现突出，对政界有着浓厚的兴趣，并为自己的未来设计了一个宏伟蓝图。于是1990年研究生毕业后，毅然放弃了回自己父亲控股的某中型集团企业，考取了××市海关公务员。刚参加工作时，单位领导亲自督促后勤部门安排王新住进崭新的单身公寓，并配备了空调、冰箱等生活用品。单位给予王新的薪酬也是同等知识水平的人所羡慕的：每周工作35个小时，如果有时需要加班，额外时间将得到双倍工资，并报销饭费及出租车费用；第一年有一周的带薪假期，以后以每年增加2天的时间递增。公司每年至少安排一次员工培训，以提高员工素质；工作期满3年后，如果个人买车，公司将提供购车款的50%补贴，并报销30%的汽油费。在第一年的时间里，王新虚心向老同事学习，工作能力有了质的提高，多次受到领导的表扬，并在年终领取奖金时得到5 000元的额外补贴。王新自己感觉也很满意，觉得自己的事业计划正在逐步实现。

在接下来的一年里，尽管王新的工作做得非常出色，领导也多次表示可以给予他更大的发展空间，可就是没有得到提升。王新渐渐感觉到工作中的收获与原来设想的有了一定程度的偏差，自己的价值没有得到充分的实现。于是工作中投入的精力在不知不觉中不断地减少，在一次偶然的单位聚会时，王新从单位一位老员工口中得知：由于政界的一些特殊性，即使你工作的再出色，目前都不会给你更大的发展空间，单位的提升制度目前不会根据你的工作能力来决定是否提升你。老同事的话让王新重新考虑了自己的人生计划和自己的抱负。王新在经过考虑之后，向领导提出能否让他承担一些更重要的工作，领导以他工作时间不长，还需继续锻炼，拒绝了王新的请求。王新在此后的工作中，不断地将现实情况和自己的人生计划相比较，在经过深思熟虑之后递交了辞呈，在单位领导极力挽留并表示可以改善相应的福利制度的情况下毅然离开了工作岗位。

问题：

1. 请用人性理论分析王新所在单位在组织管理中的问题。
2. 根据人性理论，对王新所在单位提出改进建议。

第三章　个 体 行 为

本章导读： 个体是组成组织的基本单元和细胞，直接影响组织的整体素质。个体各自的独特性是组织的宝贵财富，但有时也使组织难以对他们进行管理。因而，组织行为的管理要以个体行为为基础。研究个体行为，对于人职匹配、有效利用和合理开发人力资源、调动组织中员工的工作积极性、充分发掘人的潜力、促成组织目标的达成具有重要意义。个体行为是指个人在一定的外在环境刺激和内在心理支配下而形成的行动和作为。环境、心理过程、个性是个体行为产生的基础，也是个体行为研究的主要内容。心理过程，即心理活动的全过程，就其性能和功能来说，心理过程包括认识过程、情绪情感过程和意志过程。其中，知觉是人的心理活动的一个重要方面，与人的行为有着密切关系，特别是社会知觉影响着知觉主体的心理活动，调节着知觉主体的社会行为，是理解组织行为的重要因素。个性是人的整个心理面貌，是个人心理活动的稳定的心理倾向和心理特征的总和，包括个性倾向和个性心理特征。个性倾向主要包括需要、动机、兴趣、理想、信念、价值观和世界观，是人进行活动的基本动力，制约着所有的心理活动，表现出个性的积极性和消极性。人与人之间个性的不同主要在于倾向性的区别。个性心理特征是指一个人身上经常地、稳定地表现出来的心理特点，它是个性结构中比较稳定的成分，主要包括能力、气质和性格。当一个人的个性倾向成为一种稳定而概括的心理特点时，就构成了个性心理特征。一个人的心理过程和个性直接影响着一个人的行为方式。本章主要介绍个体行为的基础，人格的基本理论，个体心理与行为，价值观、需要与动机，认知活动中的知觉与归因等知识内容，帮助我们学习、了解、熟悉、掌握个体行为的相关理论知识，有助于更好地建立激励机制，合理运用人力资源，开发人的潜能，提高组织效率。

第一节　个体行为的基础

个体行为是指个人在一定的外在环境刺激和内在心理支配下而形成的行动和作为。组织中的个体行为往往受到组织内外环境、个体的心理过程、个人心理特征、学习等因素的影响和作用。通常认为，环境和心理是个体行为产生的两大基础，环境包括组织外部环境和组织内部环境；心理包括心理过程和个性。

一、环境

（一）组织外部环境

1. 政治环境

政治环境主要包括政治制度、政治形势、国家或地方的政策、法律法规等，这些都会对一个组织产生重大影响。政治环境主要表现在地区的稳定性和政府对各类组织或活动的态度。

2. 经济环境

经济环境主要包括组织所在国家的经济制度、经济结构、经济发展水平、消费水平、经济形势等方面。经济环境会直接影响组织活动，从而影响组织中的个体行为。

3. 社会环境

社会环境主要是指组织所在地区的人口状况、家庭文化教育水平、传统风俗习惯、人们的道德和价值观。社会环境对个体行为作用较大的是家庭和大众传媒。

1）家庭

家庭是以婚姻、血缘或有收养关系的成员为基础组成的一种社会生活组织形式或社会单位。每个人的一生都离不开家庭，人属于家庭中的个体，直接受到家庭关系亲密程度和方式的影响，从而最初地塑造了个体的个性、人品和追求。家庭成员数量、家庭成员构成、家庭氛围、家庭生命周期等因素都会对个体产生影响，特别是家庭氛围对一个人个性和人品的形成具有重要影响，从而对个体行为产生极大的影响。

2）大众传媒

大众传媒包括报纸、杂志、广播、电视、电影、网络等。大众传媒手段现代化，可以打破时空界限，传播对象众多，传播范围极广，尤其是影视、音像等媒介，依靠色、声、形、情等具体的形象，来表达人们的思想感情、价值观、社会态度和生活方式等。现代人的生活已经离不开大众传媒，大众传媒易引起公众的注意，诱导其按照传播形象的规范去行动，从而相应地导向个体的行为。因此，个体的行为模式不可避免地受到大众传媒的影响，大众传媒对个体行为起着导向作用。

4. 技术环境

技术环境通常是指组织所在的国家或地区的技术水平、技术政策、科研潜力和技术发展动向等。现代技术发展速度日新月异，技术更新周期大大缩短，特别是计算机的广泛应用，带动了劳动环境、劳动条件、生产方式、生活方式的巨大变化。技术变革可以间接促进组织任务的改变，或促进组织技术条件与制造方法的改变，从而影响组织成员的个体行为。

5. 组织的利益相关者

一个组织的利益相关者主要包括组织的资源供应者、服务对象、竞争对手、政府管理部门、社会特殊利益代表等。它们直接影响着一个组织的目标达成、组织效益，以及组织的发展，从而影响组织中的个体行为。

（二）组织内部环境

1. 组织的经营条件

组织的经营条件是指组织所拥有的各种资源的数量和质量情况，包括人、财、物、信息、科技、信誉等方面。这些因素将影响一个组织目标的制定和实现，并直接影响该组织管理者的行为，进而影响员工的行为。组织的管理者会根据组织的经营条件，来确定组织的经营目标和经营计划，并要求员工的行为表现要有利于达成组织目标。

2. 组织文化

一般认为，组织文化是指成员共有的价值体系，它使组织独具特色，区别于其他的组织。这种共有的价值体系实际上是组织所重视的一系列关键特征。研究表明，有七个方面的特征是组织文化的本质所在，即创新与冒险、关注细节、绩效导向、人际导向、团队导向、进取心、稳定性。这些特征成为组织成员应有行为表现的基础。

3. 组织的规章制度

组织的制度化运作，使组织成员对于什么是恰当的行为，或者从根本上说，什么是有意义的行为，有了共同的理解。一个组织有了持久的制度化以后，组织成员就可以清楚地认识到哪些是可以接受的行为模式。组织用规章制度来约束组织成员的行为，使个体行为符合组织要求，以实现组织目标。并且，组织通常运用正强化的奖励和负强化的惩罚，来促进组织成员遵守规章制度，对个体行为产生持续影响。

4. 组织中的人际关系

人际关系对个体行为的影响，主要是通过“群体压力”来实现的。在一个集体中，当个体与多数人的意见和行为有分歧时，多数人的意见和行为影响个体的意见和行为，促使个体改变原有的意见和行为，以与多数人的意见和行为保持一致。群体中从众压力的影响，严重抑制了那些不同寻常的、由少数派提出的或不受欢迎的观点，因而，从众压力会严重影响群体绩效。群体中从众压力对个体行为的影响，有时比规章制度的影响更为深刻和久远。

5. 领导权威

领导权威，是一种建立在威望和权力之上的令人信服的影响力。华伦·G. 本尼斯（Wan G. Bennic）认为，组织的领导过程，就是以领导的影响力，去带动、引导和激励下属，在一定条件下实现组织目标的过程。领导的权威性越高，越能改变和影响下属的行为，有利于统一指挥，增强组织凝聚力，带动全体成员实现更高的组织绩效。

二、心理

心理又称为心理活动或心理现象，是指客观事物及它们之间的联系在人脑中的反映，包括感觉、知觉、记忆、思维、情感、性格、意志、气质、能力等。心理能动地指导和调节人的各种行为活动，并通过人的各种行为活动表现出来。因此，研究个体的行为，必须要研究个体的心理。为了研究的方便，一般把个体的心理活动划分为紧密联系的两个方面，即心理过程和个性心理（简称个性）。

（一）心理过程

心理过程，即心理活动的全过程，就其性能和功能来说，心理过程包括认识过程、情绪情感过程和意志过程。

1. 认识过程

心理过程中最基本的就是认识过程，它包括感性认识和理性认识阶段。认识过程是人由表及里、由现象到本质反映客观事物的特性与联系的过程，包括对客观事物的感觉、知觉、记忆、思维和想象等过程。认识过程首先产生于感觉，由感觉再到知觉、表象，并伴随着记忆、注意、想象等，进而发展为理性认识。

2. 情绪情感过程

情感是指对某人或者某事的强烈感觉。人们在接触和认识各种客观事物时，总是会依据自己的需要表现出一定的态度或体验。例如，生气、兴奋、轻视、羡慕、害怕、懊恼、尴尬、失望、厌恶、爱、恨、嫉妒、幸福、希望、骄傲、惊讶、伤心、愤怒等，这些客观的心理体验都属于情感过程。

情绪没有情感那么强烈，通常没有具体的环境刺激，并不指向某一个人或一件事。但是，当一个人不再集中于引发某种情感的事件或者对象本身时，该情感就会转化为情绪。例如，一个员工受到领导无端的指责时感到生气，当这个生气的情感消失后，这名员工可能会感到沮丧，不能把这种沮丧的感觉归因为某件事，只不过是不在自己的正常状态下，这种沮丧的感情状态就是一种情绪。情感比情绪短暂，如一个人因为某件事而生气，这种生气的情感有可能来去都非常迅速，甚至在几秒钟之内；但是，当一个人情绪低落时，可能连续几天都感到不舒服。

由此可以看出，情绪情感过程是人对客观事物是否满足自身物质和精神需要而产生的主观体验的心理活动，反映客观事物同人的需要之间的关系。人的情绪和情感活动具有社会性。一般来说，情绪是指与生理需要相联系的体验，情感是指与人的社会性需要相联系的体验。人在体验情感时的外部表现就是表情。一些研究人员推断，情感更倾向于是行为导向，而情绪则更多的是一种认知，也就是说，情绪引起我们思考或者沉思，情感和情绪可以相互影响。某种情感非常强烈和深厚时，会转化为情绪。例如，考上了理想的大学会激发你高兴的情感，而且会连续很多天令你心情舒畅；同样的，如果你心情舒畅，可能就比平时经历更强烈的积极情感体验。

3. 意志过程

意志过程是指人们为了满足自身的需要，在某一动机的激励下，自觉确定目标，并根据目标来支配、调节自己的行为，通过种种努力来实现目标的心理活动过程。意志具有自觉性、果敢性、坚韧性和自制性的品质。意志是人的心理的能动性的最突出的表现，即人不仅能认识客观世界，还能自觉地改造客观世界，这也是人与动物的本质区别之一。由意志支配的行动称为意志行动。

认识过程、情绪情感过程和意志过程是相互联系、相互影响的统一的心理活动过程。认识过程是情绪情感过程的基础，情绪情感过程和意志过程都是在认识过程中产生的；情绪情感过程和意志过程又反作用于认识过程，促进认识的深化，没有情绪情感和坚强意志的推动，认识过程就难以发展。

（二）个性

个性心理也称为个性，在英语中，“个性”与“人格”是同一个单词，即“personality”，是指人的整个心理面貌，是个人心理活动的稳定的心理倾向和心理特征的总和。个性具有整体性、独特性、稳定性、倾向性、社会性和生物性的特征。个性是一个整体结构，包括个性倾向和个性心理特征。

1. 个性倾向

个性倾向是指人所有的意识倾向，其决定着一个人对现实的态度及对认识活动对象的趋向和选择，主要包括需要、动机、兴趣、理想、信念、价值观和世界观。个性倾向是人进行活动的基本动力，是行为的推进系统，它制约着所有的心理活动，表现为个性的积极性和消极性。

1）需要

需要是生理和社会的要求在人脑中的反映，是个性倾向的主要成分，是推动个性形成和发展的动力。需要可以分为生理需要、社会需要、物质需要和精神需要等。

2）动机

动机是一个人发动和维持行为活动的心理倾向，是为了满足个体的需要和欲望，达到一定目标而调节个体行为的一种力量。动机具有引发功能、指引功能和激励功能，并主要表现在激励个体进行活动的心理。动机以愿望、兴趣、理想等形式表现出来，直接引起个体的相关行为。

3）兴趣

兴趣是指个体力求认识和趋向某种事物并与肯定情绪相联系的个性倾向，是一个人积极探究某种事物的认识倾向。兴趣具有指向性、广泛性、持久性的特点。

4）理想

理想是个体对符合事物发展规律的奋斗目标的向往和追求，是对未来的设想。理想与愿望相联系，同时又产生于现实的生活之中，既具有鲜明具体的想象内容，又怀有深厚、肯定而持久的情感体验，如儿童运动员想长大后拿奥运金牌。理想会促使个体的行为符合既定目标的要求。

5）信念

信念是指坚信某种观点或事业的正确性，并支配自己行动的个性倾向。信念具有稳定性，一旦确立就难以改变，除非通过反复实践被证实为是错误的。信念使个体行为具有主动性和积极性，是推动个体活动和战胜困难的强大动力。

6）价值观

价值观是指人们在认识各种具体事物的价值的基础上，形成的对客观事物价值的总的看法和根本观点。一方面表现为价值取向、价值追求，凝结为一定的价值目标；另一方面表现为价值尺度和准则，成为人们判断事物有无价值及价值大小的评价标准。价值观具有稳定性、持久性、历史性、主观性。价值观是决定人的行为的心理基础。

7）世界观

世界观是信念的体系，是一个人对世界总的根本的看法和态度。世界观包括：认知因素、观点因素、理想因素和信念因素这四种成分。认知、观点、理想、信念相互作用形成世界观，世界观反过来又影响着个体的认知、观点、理想和信念的形成。世界观是个性倾向性的最高层次，是个人行为的最高调节器，制约着人的整个心理面貌。

需要是个性倾向的基础，是整个个性积极性的源泉；动机和兴趣是需要的表现形式；世界观处于最高层次，制约着人的整个心理面貌，是人们言论和行为的总动力。一个人在不同的成长时期，各种心理倾向在整个个性倾向中的重要性也不同。例如，儿童时期支配心理活动与行为的主要心理倾向是兴趣，青少年时期则是理想，在青年及以后的时期则是人生观和世界观。

2. 个性心理特征

个性心理特征是指一个人身上经常地、稳定地表现出来的心理特点，它是个性结构中比较稳定的成分，主要包括能力、气质和性格。当一个人的个性倾向成为一种稳定而概括的心理特点时，就构成了个性心理特征。个性倾向和个性心理特征相互渗透、相互影响。个性倾向调节个性心理特征，个性心理特征在一定程度上影响个性倾向。

1）能力

能力是直接影响活动效率，使活动顺利完成的个性心理特征。能力是个人成功地完成某种活动的必要条件，但不是唯一的条件，能力只反映个体的心理条件。能力可以分为一般能力、特殊能力、模仿能力、创新能力、认知能力、操作能力和社交能力。

2）气质

气质是指不以人的活动动机、目的和内容为转移的、典型的、稳定的心理活动的动力特征，是描述一个人在实现个人目标时如何行动的特质。气质具有先天性，但在生活、教育等后天环境的影响下会发生缓慢的变化。因此，气质既具有稳定性，又具有可塑性。

生理学家和心理学家都对气质进行了分类，根据人的生理基础将人的气质类型分为四类，即胆汁质、多血质、黏液质、抑郁质。气质类型本身并无优劣之分，每一种气质类型都有积极和消极的成分。实践研究证明，气质特点只能影响智力活动的方式，不能预先决定智力发展的高低和个体的成就。

3）性格

性格是表现在个体对现实的态度和行为方式中比较稳定的、独特的心理特征的总和。性格是人的个性心理特征中最本质、最核心的部分，是区别一个人与其他人的最主要的差别所在。我们常常称赞某人乐观坚强、批评某人胆小怯懦，这实际上就是在评价个体的性格。性格是一个复杂的心理构成物，由各种不同的性格特征形成。性格特征主要有态度特征、意志特征、情绪特征和理智特征四个方面。

心理过程和个性是密切联系、相互制约的。一方面，每个人的每种心理过程都是带有个性的；另一方面，所有人的个性都是表现在心理过程之中的，心理过程与个性是完整统一的心理活动的两个方面，共同对人的行为起直接作用。

三、学习

所有的复杂行为都是习得的。我们要解释和预测人的行为，就需要了解人们是如何学习的。因此，应了解什么是学习，以及三种主要的学习理论。

（一）学习的定义

我们每个人都在不断地学习，或在学校里学习，或在生活中学习，或在工作中学习，学习发生在任何时间、任何地点。因此，人们普遍认为，学习来源于实践和经验，使知识或行为发生相对持久而稳定的改变。因此，从关注行为的角度来看待学习的本质，可以说，行为的变化表明了学习的发生，学习就是行为的改变。这一定义包含了以下内容。

第一，学习包含着行为的变化。从组织的角度来看，变化可以是有利的，也可以是不利的。人们可以学会良好的行为，也可以学会不良的行为。

第二，知识或行为的变化应该是相对持久的或是长期持续的。例如，当你阅读一篇英语资料时需要不断查阅字典，阅读完毕后就把那些新单词忘掉了，那么这还算不上真正的学习，因为你的英语知识并没有发生持久的变化。

第三，只有行为活动发生了变化，学习才会发生。如果个体仅仅在思维或态度上发生了变化，而行为未发生相应变化，则不能称为学习。

第四，学习是实践的结果或是从经验中得来的。这种经验可以通过直接方式获得，如观察和实践，也可以通过间接方式获得，如阅读。如果这种经验导致了相对持久的行为变化，就可以说学习发生了。

（二）学习理论

一个人如何学习，可以用以下三种理论中的一种来解释这一行为过程，即经典条件反射理论、操作性条件反射理论、社会学习理论。

1. 经典条件反射理论

20世纪初，俄国生理学家伊万·巴甫洛夫（Ivan Pavlov）做了一个著名的实验。首先，他给狗做了一个简单的外科手术，以便能精确测量出狗所分泌的唾液量。当他把一片肉放在狗的面前时，狗的唾液分泌量明显增加；当他藏起这片肉只是摇铃时，狗不会分泌唾液。然后，巴甫洛夫将肉和铃声结合起来，每次狗得到食物之前都会听到铃声，如此反复，狗听到铃声就会立即分泌唾液。后来，狗即使只听到铃声而没有得到食物，也会分泌唾液，也就是说，狗最终根据铃声表现出一个分泌唾液的反应。

在这个实验中，铃声是人工刺激物，或称为条件刺激物，而食物是无条件刺激物。当食物（无条件刺激物）与铃声（条件刺激物）经过多次匹配后，最终可以使条件刺激物单独出现时也产生反应，狗在仅有铃声时也做出唾液分泌反应的行为，就是条件反射。

条件反射的学习是指建立条件刺激与非条件刺激之间的联系（非条件刺激也称为无条件刺激），当有吸引力的刺激物与中性刺激物多次相互匹配时，中性刺激物就会变成条件刺激物，因而拥有无条件刺激物的性质。由习得而来的反应就是习惯。经典条件反射解释了有机体是如何认识配对的刺激事件之间的关系的，阐明了联合学习的根本特征，经典条件反射就是个人学习联系信息的过程。

经典反射理论可以帮助我们理解日常生活中的许多学习行为，如望梅止渴、谈虎色变、杯弓蛇影。又如，学校校长每周一要巡视检查各个教室，要求课桌书本要摆放整齐，这种做法一直持续了多年。后来，学生只要看到课桌书本整整齐齐，就会立即表现出良好的精神风貌，即使这种整齐与校长的巡视检查毫无关系。也就是说，学生已经学会了在课桌书本整齐与校长巡视检查之间建立联系。

经典型条件反射是被动的，它产生于我们对于具体的、可识别的事件做出的反应，也就是由于事件的发生而使我们以某种特定的方式进行反应。因此，该理论可以帮助我们解释一些简单的反射行为。但大多数行为，尤其是个体在组织中的复杂行为，都是主动自觉出现的，而不是被诱导出来的被动反射。因此，人们一些更复杂的，却很普通的行为不能仅由经典的条件反射来解释。

2. 操作性条件反射理论

与巴甫洛夫的经典条件反射理论相对照，哈佛大学心理学家斯金纳（B. F. Skinner）提出了操作性条件反射理论的概念。他把饥饿的白鼠关在箱内，白鼠不安地乱转，活动中偶然压到了杠杆，一粒食丸便滚到食物盘内供其食用，以后白鼠再次按压杠杆，又得到了食物。由于食物强化了白鼠按压杠杆的行为，因此，后来白鼠越来越频繁地按压杠杆，最后它学会了通过按压杠杆来获取食物。从辨别性刺激（压板）到操作性反应（按压板），再到强化刺激（提供食物），形成了一个完整的学习过程。

斯金纳由此提出，行为并不是由反射或先天决定的，而是后天习得的。学习是一种反应概率上的变化，而强化是增强反应概率的手段。若一个操作（自我反应）出现以后，有强化刺激到来，则该操作的概率就增加；已经通过条件作用强化了的操作，若出现后不再有强化刺激到来，则该操作的概率就会减弱，甚至消失。

因此，操作性条件反射理论认为，行为是其结果的函数。通过学习，个体获得他们想要的东西而逃避他们不想要的东西。操作性行为是指主动的或习得的行为，而不是反射性或先天性的行为。该行为结果是否得到强化影响着这一行为重复的可能性，即强化可以巩固行为并增加重复的可能性。

日常工作生活中操作性条件反射的例子很多，如人们遇到困难时寻求帮助，学生准时上课，员工在无人监督的情况下不会消极怠工等。斯金纳操作性反射理论对管理有很大的影响，因为它能影响员工的行为。管理者通过改变员工的某种行为的外部结果，能增加或减少该行为出现的概率。例如，餐厅经理告诉服务员，节假日加班可以获得相应的奖金，等到季度发放奖金的时候，如果服务员确实得到了相应的奖金，那么服务员节假日加班的这种行为就得到了积极的强化，在以后的节假日中服务员会主动加班；但如果发放奖金时，服务员加班这种行为并没有得到补偿，那么以后服务员就很可能拒绝加班，因为一种行为如果得不到积极的强化，该行为重复的可能性就会下降。

3. 社会学习理论

社会学习理论的创始人，认知理论之父美国著名心理学家艾尔伯特·班杜拉（Albert Bandura）认为，人的行为，特别是人的复杂行为都是后天习得的。行为的习得既受遗传因素和生理因素的制约，又受后天经验环境的影响。在研究习得过程中，不能将二者分而论之。

班杜拉明确地区分了人类学习的两种基本过程，一种是通过直接经验获得行为反应模式的过程，即我们所说的直接经验的学习；另一种是通过观察示范者的行为而习得的过程，即我们所说的间接经验的学习。这种认为可以通过观察和直接经验学习的观点，称为社会学习理论。

人类的大量行为都是通过对榜样（示范者）的观察习得的，这种学习就是观察学习或模仿学习。观察学习是人类获得大量行为反应的主要形式。班杜拉认为，观察学习主要靠榜样的影响，在观察学习的过程中，人们获得了示范活动的象征性表象，并引起适当的操作。榜样的影响是社会学习理论的核心内容。

观察学习包含了以下四个过程，其决定了一个榜样对个体影响的大小。

1）注意过程

只有当人们认识并注意到榜样的关键特征时，才有可能向榜样学习。人们更容易受到那些有吸引力的、反复出现的、对我们很重要的或是与我们有相似之处的榜样的影响。

2）保持过程

一个榜样的影响程度取决于当这个榜样不再出现时，个体对榜样的行为还记得多少。

3）动力复制过程

当一个人观察到榜样的某种行为之后，必须把“看的过程”转化为“做的过程”，也就是要把关注转化为行动，这种转化表明个体能够完成榜样的行动。

4）强化过程

社会学习理论认为，那些被强化或奖赏的行为会再次发生，人们会不断向那些被奖励过的行为或技能的示范者学习。如果是正强化和激励，就会激发个体做出榜样的行为。得到正强化的行为会受到更多的关注，个体对榜样就学习得更好，对榜样的行为就运用得更频繁。

班杜拉认为，有三个方面的因素影响着学习者做出所示范的行为：他人对示范者行为的评价、学习者本人对自己再现行为的评估、他人对示范者的评价。这三种对行为结果的评价就是班杜拉所称的强化。如果这三个方面的评价都是正面的，那么学习者就更可能接受这种行为。

社会学习理论还指出，人们能够通过实行自我控制进行自我学习，学习要受到自我效能的影响。班杜拉将自我效能定义为“相信个人有能力组织和执行用于达成某种成就的行为”，即个人确信自己能成功地完成某种任务的预期。一些研究表明，自我效能感确实影响着人们完成某种学习或工作的效果，并且影响着学习或工作的努力程度。一般来说，高自我效能者比低自我效能者能更好地完成任务，付出的努力也更大，承受失败或挫折的能力也更强，坚持的时间也更长久，表现得也更优秀。

社会学习理论对于组织中的个体行为塑造具有重要意义。管理者应当建立适当的行为榜样和模式，加强员工培训，以利于组织所需行为的学习，对学习效果明显的员工及时给予适当的强化激励。同时，要增强员工的自信心，提高员工的自我效能感，以提高员工的个体绩效。

第二节　人　　格

一、人格的概念与特点

（一）人格的概念

在英语中，人格与个性是同一个单词，即“personality”。从心理学的角度来看，人格与个性是两个具有相同含义的词语。“personality”的意思很多，但基本上涉及两个方面的含义：一层含义是指外在的、公开的自我，即一个人在人生舞台上表现出的行为和扮演的角色；另一层含义是指真实的、内在的、内隐的自我，这往往是人们出于某种原因不愿展示的自我。这两种自我都在影响着人们在日常生活和工作中的表现。

这里的人格并不是指一个人是否有魅力，是否有积极的生活态度，是否是明星或名人。心理学家所讨论的人格，是指个体整个心理系统的成长和发展的动力概念。最常用的人格定义是高登·奥尔波特（Gordon Allport）提出的定义：人格是“个体内部身心系统的动力组织，它决定了个体对环境独特的调节方式”①。从管理学的角度来说，人格是影响个体行为的心理特征，是个体所有反应方式及与他人交往方式的总和。它常常通过个体表现出来的、可以测量的人格特质进行描述，也就是通常用个体外显的可衡量的特质来描述一个人的人格。

我们可以发现身边许多行为风格迥然不同的人，如有的人安静被动，有的人则活跃进取；有的人果断、有魄力，有的人优柔寡断；有的人古板，有的人灵活；有的人追求完美、严肃挑剔，有的人则快乐悠闲、随遇而安。这种在社会实践活动中表现出来的个体独特的、相对稳定的、习惯化了的行为方式，区别于他人的稳定的心理特征，也就是心理学上讲的人格。了解并学习人格理论，有利于我们解释和预测个体行为，充分发挥每个人的作用。

（二）人格的特点

1. 人格具有整体性

人格可以区分为多种要素成分，如性格、气质、动机、价值观、能力等。整体性是指组成人格的各个要素不是孤立的、互不相关的，而是统一在一个有机组合的整体中。人格具有内在的统一性。人格的统一性，就是一个人人格结构中的各方面人格特质是否协调一致，这是一个人心理健康的重要标志。我们在考察一个人的时候，不仅要考察一个人是否具有人格整体性，还要将单个的特征放在整体中加以考虑，才能全面地了解一个人。例如，独立性在一些人身上理解为做决策时有主见，而在另一些人身上就要理解为不喜欢与他人交往。

2. 人格具有独特性和共同性

独特性是指人与人之间的心理和行为是各不相同的，它是构成个体之所以成为其自身的特有的东西。每个人都有其人格的差异性和独特性，世界上没有两个人的人格是完全相同的。同时，一个人既具有自己独特的人格特征，也具有其所属团体中的一些共同特征。例如，北方人的群体有一些共同的特征，南方人的群体可能具有另一些共同的人格特征。我们知道某个人处于某个特定的群体，就可以推论他可能具有某些特定的人格特征。

3. 人格具有稳定性

稳定性是指个体人格所具有的跨时间和空间的一致性。人格对行为的调节功能具有跨时

① Allport G W. Personality：A Psychological Interpretation［M］. New York：Holt，Rinehart & Winston，1937：48.

间和跨情境的特征。人格一旦形成，就比较稳定，总以重复性、持续性、必然性的面貌出现，在不同时间、场合，表现出一些一致、持久的特质。人格的这种稳定性特征，可以帮助我们从一个人目前的行为表现推测其未来可能的行为表现。

4. 人格具有可塑性

人格并不是一成不变的，人格的稳定性是相对的，不是绝对的。一个人受外界环境和一些因素的影响，如家庭、教育、社会实践等，人格特征往往会发生一些变化。一般来说，这种变化可以发生在任何人的任何年龄阶段中，特别是当遭遇和经历了某种重大变故或者某个重大事件时，会给人的个性打上深深的烙印，并使其人格发生变化。因此，在对人格进行解释的时候要格外谨慎。

二、人格的决定因素

人格是由先天因素和后天因素决定的。目前人们普遍认为，成年人的人格是由遗传和环境两个方面的因素决定的，同时还受到情境条件的调节。

（一）遗传

遗传是指那些由胚胎决定的因素。身材、相貌、秉性、肌肉的组成和反射、精力水平及生物节律等特点，其全部或至少大部分受到父母的影响，也就是说，受到他们生物的、生理的、内在心理组成的影响。人格部分地由生物遗传因素决定。遗传观点认为，根据染色体上基因的分子结构，可以全面解释个体的人格特征。

一些研究者曾对100多对刚出生就分离，并分别在不同家庭中成长起来的同卵双胞胎进行了研究。如果遗传在决定人格方面所起的作用很小，那么，在这些分开抚养的双胞胎身上就很难发现相似性。但研究者发现，他们有很多共同的地方。例如，一对双胞胎分离了39年，在相距45英里的两地分别成长起来，但研究者发现他们驾驶的汽车型号和颜色完全相同，抽同一牌子的香烟，给自己的狗取同样的名字，而且常常去距离各自1 500英里以外的海滨度假。研究者发现，大约50%的人格差异来自于遗传，而超过30%的娱乐和业余爱好方面的差异来自于遗传。

由于一半的人格变量来自于父母，因而人在出生的时候，这些因素就基本稳定了。人格在5～10年中保持相对稳定是不足为奇的。虽然人格是可以改变的，但是只有经历过一定的事情人格才有可能变化。只有当特定的工作环境或员工的人格危机这些条件持续多年，它们才会对人格产生影响。因而，我们应该认识到：人格是一种重要的个体差异，人格可以帮助理解人们在组织中的感受、思想和做出行为的原因。一个人的人格在短期内是相对稳定的，管理者不要指望改变员工的人格，而是要利用人格理论来帮助自己管理员工。

（二）环境

个体的人格特点并不完全由遗传所决定。人格的形成还要受到后天或生活经历的影响。对塑造人格有着重要作用的环境因素包括：成长的文化背景、早年的生活条件、家庭、朋友、社会群体的规范、个体经历及个体体验到的其他影响因素。

幼童时期是人格形成的关键期，早年生活环境、家庭成员对其人格的形成至关重要，而青年、中年、老年时期人格相对保持一致，所以可以用一个人年少时期的人格预测其成年后的人格特点。

文化是指不同的人类群体或社会组织生活的特殊方式。在不同的文化中生活工作的人类群体，明显地表现出文化在个性形成中所起的重要作用。出生成长于某种特定文化中的个体，接触的是家庭和社会价值观念及他们可接受的行为标准。例如，美国文化往往激励人们独立和竞争，而日本文化通常鼓励合作和以群体为中心，而且，文化所构建的规范、态度和价值观会一代代稳定地流传下去，不随时间的变化而变化，对人格的形成有重要影响。在一种文化中培养出来的稳固的意识形态，另一种文化最多只能对它起到轻微的调节作用。例如，北美人始终贯穿着勤奋、成功、竞争、独立、新教伦理等特征，而中国人则具备含蓄、谦让、强调亲情、重视人际关系等特征。

（三）情境

情境在遗传和环境对人格的影响中起着一定的作用。虽然人格是稳定持久的，但在不同的情境下会有所改变。在某些情境中，如招聘面试、寺庙，就限制了许多行为；而在另一些情境中，如野餐、旅游，则对行为的限制就相对较少。不同的情境会要求一个人的人格表现出不同的侧面，因此，我们不能孤立地看待人格模式。

三、大五人格模型

人格特质是指一个人的行为中重复发生的规律性和趋势。随着对人格特质研究的深入，近年来，研究者们在人格描述模式上形成了比较一致的共识，通过词汇学的方法，发现大约有五种特质可以涵盖人格描述的所有方面，提出了大五人格模型。人格的五大因素模型的确立，是人格研究进展中最重要的一步。

（一）人格的五个维度

1. 外向性

外向性（extraversion）是指个体喜好社交的倾向性。外向性表现出热情、健谈、善社交、果断、活跃、冒险、乐观等特点；内向性则表现出比较矜持、羞怯、安静、独处、喜欢反思、兴趣不广但比较深刻等特点。

2. 情绪稳定性

情绪稳定性（neuroticism）是指个体情绪稳定的程度，反映人们消极情绪的状况。高情绪稳定性表现出冷静、自信、有安全感；低情绪稳定性表现出紧张、焦虑、沮丧、忧郁、缺乏安全感、冲动、脆弱、消极情绪、神经过敏等特点。

3. 开放性

开放性（openness）是指个体本来就具备的、对各种刺激保持开放性的程度。高开放性表现出富有想象、有洞察力、对艺术敏感、好奇、自主、有创造力、愿意接受新事物、聪明、冒险等特点；低开放性则表现出传统、务实、遵守惯例、在熟悉的环境中感到比较舒服等特点。

4. 随和性

随和性（agreeableness）是指个体顺从他人的倾向性，可以解释那些能同他人良好相处与那些不能同他人良好相处的人之间的差异。高随和性表现出友好、热心、善于合作、信任他人、乐于助人、有感染力等特点；低随和性表现出冷淡、难相处、敌对、怀疑他人等特点。

5. 尽责性

尽责性（conscientiousness）是描述一个人的责任感、可靠性、持久性、成就倾向方面的人格维度。高尽责性表现出有责任感、有条理、可靠、公平、尽职、自律、谨慎、细心、坚忍不拔等特点；低尽责性表现出缺乏责任感、注意力易转移、紊乱、不可靠、粗心、意志薄弱等特点。

（二）大五人格的特点

第一，大五人格模型中，人格的五大因素是人格分析的维度，并不是指人格类型。在人格特质研究中，每种一般或具体的人格特征都表现为某种人格维度或特定方面的区间，一个人可能处于某类人格特质区间的高、中、低或者其他位置。人们在这五个人格维度上呈现出不同程度的分布，多数人的测试结果处于高分值和低分值之间。

第二，这些因素在史前或许具有适应性价值。

第三，大五人格产生于自然语言的因素分析，它的根据是所谓的“词语假设”，即人类人格的每个重要方面都会由语言中的一个或几个词汇来表示。即使在截然不同的语言体系（如汉语和德语）中，这样的因素划分也具有普遍意义。

第四，了解个体人格的差异性有助于洞察人性，在管理、医疗领域应用广泛。

第五，结合管理实践的研究发现，这五个维度可以在不同程度上影响与工作相关的行为和绩效。外向性可以预测经理和销售职位的工作绩效；在高压情况下（如警察职业），较高情绪稳定性的人的工作绩效更高；高科技企业中，开放性得分高的员工，其工作绩效更高；随和性得分高的人，在需要大量群体合作和应对冲突情境中表现出色；而责任心对所有职业的人员都具有相当的预测效度，是预测工作绩效和组织公民行为的最有价值的人格特征。

四、人格与职业的匹配

不同环境和人格类型的相互作用决定了工作中人的感受、思想、态度和行为。研究表明，特定的人格特征可以很好地预测特定的行为模式，人格特征也可以帮助人们找到适合的工作。了解员工的人格最能发挥其人格的职业环境，可以帮助管理者提高员工的绩效水平，提高员工的工作满意度，促进良好的工作关系并提高组织效率。

美国职业指导专家约翰·霍兰德（John Holland）明确提出了职业兴趣的人格观。他认为兴趣是描述人格的另一种方法。在霍兰德的理论中，人格被看做兴趣、价值、需求、技巧、信仰、态度和学习个性的综合体。他把对职业环境的研究与对职业兴趣个体差异的研究有机地结合起来，把个人特质与适合这种特质的工作结合起来，提出了个性-工作适应性理论，也称为职业适应性理论，并编制了职业兴趣测验量表。

霍兰德1973年提出了关于人格类型与职业类型的假设，即大多数人的职业兴趣可以被归纳为六类，即现实型、研究型、艺术型、社会型、企业型和常规型。这六种类型代表了六种不同的兴趣与人格特质，相应的，社会上也有这六种职业类型。

（1）现实型（realist，简称R）：偏好与物体打交道，喜欢使用工具、机器，需要基本操作技能的工作。他们动手能力强、动作协调，往往“行动”多于“思考”。典型职业为手工、机械、电子、制造、建筑方面的工作，如建筑工人、木匠、电工等。

（2）研究型（investigative，简称I）：有明显的科学倾向，抽象思维能力强，求知欲强，喜欢提出新的想法和策略，发现新的事实或提出新的理论，但对实际问题的细节没有兴趣。生性好奇、勤奋自立。典型职业为数理、生化等领域的研究工作，如生物学家、数学家、物理学家等。

（3）艺术型（artistic，简称A）：喜欢用文字、音乐、色彩等不同形式来表达情绪或美的感受，具有语言、音乐、美术、戏剧、写作等方面的才能。重视审美品质，渴望表现自己的个性，参与性强，在活动中表现出艺术兴趣，富有幻想和创造性、不喜欢受束缚。典型职业为音乐、绘画、戏剧、文学、设计等领域的工作，如音乐家、画家、作家、演员、导演、艺术设计师、雕刻家、摄影家、广告制作人等。

（4）社会型（social，简称 S）：喜欢与人打交道，喜欢参与咨询、讨论问题和社会交际，具有人际交往技巧，善解人意，乐于助人，友善合作。典型职业为教育、咨询、社会福利等领域的工作，如教师、护士、社会工作者等。

（5）企业型（enterprising，简称 E）：追求领导地位和权力，乐于为组织目标或经济成功而工作，喜欢竞争。喜欢领导和左右他人，具有管理能力、说服能力、监督能力，希望自己的表现被他人肯定。典型职业为管理、行政等领域的工作，如企业领导、政府官员、项目经理等。

（6）常规型（conventional，简称 C）：喜欢具体的、实际的、精确的工作，尊重权威和规章制度，喜欢按计划办事，细心、有条理，习惯接受他人的指挥和领导，自己不谋求领导职务。喜欢关注实际和细节情况，通常较为谨慎和保守，缺乏创造性，不喜欢冒险和竞争，富有自我牺牲精神。典型职业为文书事务、金融、统计等领域的工作，如秘书、办公室人员、打字员、会计、出纳、资料分析员、图书管理员等。

霍兰德认为，每个人都是这六种类型的不同组合，只是占主导地位的类型不同。由于个体的职业兴趣往往是多方面的，单一类型显著突出的情况不多，因此，为了比较全面地描绘个人的职业兴趣，通常用三个字母的代码来表示一个人的职业兴趣，这三个字母间的顺序按照兴趣递减排列，表示出兴趣强弱程度的不同，如 RCA、AIS 等。一个人的职业是否稳定、是否成功，在很大程度上取决于其个性类型和工作条件之间的适应情况。但影响职业选择的因素是多方面的，还要参照社会的职业需求及获得职业的现实可能性。个体并非一定要选择与自己兴趣完全对应的职业环境，这时，占主导地位的兴趣类型可以为个人选择职业和工作环境提供方向。

现代人力资源管理中所指的人与职位的匹配，不仅是人的知识、能力、技能与岗位要求相匹配；更重要的是人的性格、兴趣与岗位相适应。霍兰德职业适应性理论和职业兴趣测试不仅可以帮助个体了解自己适合哪种类型的工作，还可以帮助管理者在招聘、调配员工时，考虑员工的人格特征、职业兴趣是否与职业环境相匹配，以充分发挥员工的才能和潜力，增加员工的工作满意度，提高其工作绩效。

第三节 个体心理与行为

一、气质与行为

（一）气质的定义

气质是指先天形成的、反映个体心理活动中的速度、强度、稳定性、指向性等动力特征的、典型且稳定的心理特征。气质也就是一般人俗称的“性情”“脾气”“禀性”。

气质是心理活动的动力特征，主要受个体生物组织的制约，是天赋的心理特征。我们通常所说的“江山易改，禀性难移”就说明了气质比其他心理特征有更强的稳定性。心理活动的动力特征，是指心理活动的速度、强度、稳定性和指向性。速度主要包括知觉的速度、思维的敏捷程度、情绪体验的快慢；强度主要包括情绪体验的强弱、意志的强弱；稳定性主要包括注意力集中时间的长短、情绪的稳定程度；指向性主要包括心理活动是指向外部世界还是指向内部世界，即倾向于体察外部事物，还是倾向于内心活动。

气质反映的是个体的自然属性。一般来说，气质是一个人在出生时就具有了的。一个人的气质在他参与的不同活动中会有近似的一贯表现，一般与活动的内容、目的、动机无关。例如，一个具有安静平稳、反应迟缓气质特点的人，无论是开会、考试，还是参加演讲、体育比赛，无论是受到表扬，还是受到批评指责，都会表现出安静、迟缓、能控制情绪的气质特点。个体间的气质差异是很明显的，这些差异属于气质类型的差异。

（二）气质的类型及特征

1. 希波克拉底的气质分类

公元前5世纪，古希腊哲学家希波克拉底（Hippocrates）提出了著名的气质体液说。他认为人体内有四种体液，即血液、黏液、黄胆汁和黑胆汁，每种体液所占比例的不同决定人的气质。血液含量占优势的人属于多血质类型，黏液含量占优势的人属于黏液质类型，黄胆汁含量占优势的人属于胆汁质类型，黑胆汁含量占优势的人属于抑郁质类型。

希波克拉底用体液来解释气质，将气质归结为几种体液的作用，虽然缺乏科学依据，但这种分类是从实际生活中概括出来的，所以被后人普遍接受。后来，俄国著名生物病理学家巴甫洛夫的高级神经活动学说为这种分类提供了科学的依据。

1）多血质

多血质的特征是活泼好动、富有生气、反应迅速、灵活性强；容易适应新环境、接受新鲜事物快，但体验不深刻；情绪情感容易产生也容易变化和消失、容易外露；乐观、善交往、粗枝大叶、浮躁、注意力容易转移。心理过程具有迅速而突发的特点，外倾性较强。

多血质者适宜从事那些要求反应迅速而灵活的工作。例如，外交官、公关人员、驾驶员、医生、运动员、警察等，不适宜从事那些过于单调或过于细致的工作。

2）黏液质

黏液质的特征是沉着冷静、安静平稳、反应缓慢；自制力强、情绪不易外露；注意力稳定但难于转移；坚忍、有耐心，但缺乏生气；稳重踏实，但有些死板；灵活性较低，但考虑问题细致；淡漠、情绪兴奋性和不随意反应性都较低，内倾性明显。

黏液质者适宜从事那些要求控制情绪和耐心细致的工作。例如，外科医生、财会人员、资料统计员、播音员、法官、监督员等。

3）胆汁质

胆汁质的特征是热情直爽、精力旺盛、反应迅速；性情急躁、脾气倔强；情绪外露且为时不长；心境变化剧烈、抑制能力较差；情绪兴奋性较高，有时激烈、冲动；感受性较低而耐受力较高；工作兴趣具有明显的周期性，外倾性明显。

胆汁质者适合的典型职业是演员、节目主持人、推销员、导游、设计等，不适宜从事那些长期安坐的细致工作。

4）抑郁质

抑郁质的特征是感受性很强、善于察觉他人难以察觉的细微之处；细心谨慎、敏感多疑；行动迟缓、不活泼；行为孤僻、不太合群；性情柔弱、安静、胆小；情感体验深刻且持久，但外部表现不强烈；思考透彻，在困难面前容易优柔寡断，内倾性明显。

抑郁质适合的典型职业是机要秘书、打字员、人事、编辑、保管员、化验员、研究人员等，不适宜从事那些热闹繁杂的工作环境下的职业。

2. 巴甫洛夫的气质分类

俄国生物病理学家巴甫洛夫用高级神经活动类型来解释气质。他认为，高级神经活动的基本过程就是兴奋过程和抑制过程。兴奋过程和抑制过程有三个基本特征，即神经过程的强度、神经过程的平衡性和神经过程的灵活性。这三个基本特征的不同组合就形成了四种基本的高级神经活动类型。

（1）强而不平衡的类型（兴奋型）。有机体兴奋过程强于抑制过程，是一种容易兴奋、不受约束的类型。

（2）强而平衡、灵活的类型（活泼型）。有机体的兴奋过程和抑制过程都较强，并且二者容易转化。特点是反应灵敏、活泼，能很快适应变化的外部环境。

（3）强而平衡、不灵活的类型（安静型）。有机体的兴奋过程和抑制过程都较强，并且二者不易转化。特点是较易形成条件反射，但不宜改造、坚忍而行动迟缓。

（4）弱型（抑郁型）。有机体的兴奋过程和抑制过程都很弱，条件反射很慢。在困难工作面前，正常的高级神经系统活动容易受破坏而产生神经症。

巴甫洛夫认为，兴奋型相当于胆汁质；活泼型相当于多血质；安静型相当于黏液质；抑郁型相当于抑郁质，如表 3-1 所示。

表 3-1　高级神经活动类型与气质类型对照表

<table>
<tr><th colspan="4">高级神经活动类型</th><th>气质类型</th></tr>
<tr><td rowspan="3">强型</td><td colspan="2">不平衡</td><td>兴奋型</td><td>胆汁质</td></tr>
<tr><td rowspan="2">平衡</td><td>灵活</td><td>活泼型</td><td>多血质</td></tr>
<tr><td>不灵活</td><td>安静型</td><td>黏液质</td></tr>
<tr><td colspan="3">弱型</td><td>抑郁型</td><td>抑郁质</td></tr>
</table>

人的气质特点千差万别，虽然在日常生活中可以遇到四种气质类型中的每一种典型代表人物，但这毕竟是少数。大多数人都是近似于某种气质类型，或者是几种气质类型某些特点的混合。

（三）正确理解气质与行为

1. 气质无好坏之分

气质类型本身只有心理特征和表现方式的区别，并无优劣之分，各类气质都有其优点和缺点、积极和消极的发展因素。例如，多血质的人灵敏、接受新事物的能力强，却又浮躁、容易转移注意力；黏液质的人沉着冷静，却又缺乏活力、性情淡漠；胆汁质的人精力旺盛、做事有激情、积极，却又性情急躁、情绪自控力较差；抑郁质的人细心谨慎却又孤僻、敏感。

2. 气质与个人成就之间并没有必然联系

气质不影响个人活动的价值和成就高低。在同一领域有成就的人物中，可以找出不同气质类型的代表。例如，同在文艺领域取得成就的大文学家中，普希金属于典型的胆汁质，郝尔岑是多血质，克雷洛夫是黏液质，而果戈理却是抑郁质。社会的各行各业对人的气质要求也是不同的，各种气质的人都可以成为优秀人才，都可能在自己的事业领域做出成绩。所以，一个具有某类气质的人能否成功，关键在于他能否扬长避短、因势利导自己的气质特征。

3. 气质具有较强的稳定性，但也有一定的可塑性

作为气质的生理基础的高级神经活动类型在外界的影响下是可以改变的，因此气质也会随环境和教育程度的变化而改变。个体应了解自己的气质，发展气质中积极的方面，限制并改变消极的方面，使气质尽量符合环境的要求。同时，也要注意人的神经类型的可塑性具有一定限度。

4. 气质要影响人的活动效率

虽然气质在人的社会实践活动中不起决定作用，但是它对人的行为和活动效率会产生较大的影响，因此对组织管理活动具有重要意义。

首先，组织应根据成员的气质特点来安排适合的岗位，尽量使个体的气质特点与岗位特点相匹配，才能各尽其能、人尽其才。例如，让多血质的员工做一些社交工作，让胆汁质的员工做一些开拓性的工作，让黏液质的员工做一些核算和监督工作，让抑郁质的员工做一些内部事务性工作或研究工作，而不要将黏液质和抑郁质的员工安排到销售岗位，将胆汁质的员工安排到办公室做行政后勤工作。

其次，组织结构中应尽量形成“气质互补”的团队组合。在组织的人员配置中，应适当考虑由不同气质类型的人员相互配合，以充分发挥各种气质类型的优点，克服其缺点。这样才能发挥气质的积极作用，减少或消除气质的消极影响，从而增强团队的凝聚力和战斗力。

最后，组织应根据成员的气质特点，采取不同的教育和激励方式。不同气质的人，对待挫折、压力、批评、惩罚的容忍接受程度不同，对情感的接受程度不同。因而，管理者在进行思想教育和激励时，对不同气质的人，应采取不同的方法。例如，对多血质和胆汁质的人可以采取较为严厉的批评教育方式，但对胆汁质的人还要注意增强说服力，以免激怒他们，激化矛盾；对黏液质和抑郁质的人就不能采取严厉的批评方式，特别是对抑郁质的人，不要在公共场合批评和训斥，他们可能接受不了甚至导致不良后果。

因此，管理者应重视对员工气质的研究，避免给员工造成不必要的心理不适或焦虑，充分发挥个体气质的积极作用，只有这样才能知人、用人、培养人，才能促使员工积极主动地工作，增强工作满意感，提高工作效率，更好地达成组织目标。

二、性格与行为

（一）性格的定义

性格是一个人在对现实的稳定态度和习惯性的行为方式中所表现出来的较为稳定的心理特征，也是人格中最显著的特征，它在个体的态度和行为方式上打上深深的烙印。性格的这一定义，包含了以下两层含义。

1. 性格是稳定的、独特的心理特征

性格是个体经过长时间的社会认知与实践，积淀而成的，性格一旦形成就相对比较稳定。古希腊哲人赫拉克里特曾说：“一个人的性格就是他的命运。”世界上没有两个性格完全相同的人，两个人即使拥有某一相似的性格特征，其表现也不一样。例如，同是勇敢、鲁莽的性格，张飞粗中有细，李逵轻率行事。

2. 性格是个体对社会环境较稳定的态度和行为方式

性格是个体在长期的社会生活与心理认知活动中逐渐固定下来的，并在以后的生活中自然地、反复地表现出来。性格不仅包括一个人的思维习惯、对待现实的观念和情感态度，还指一个人习惯化了的行为方式，不仅是观念性的，也是实践性的。因而，性格是一个人现实态度和行为方式的统一。

（二）性格的特征

1. 性格的态度特征

性格的态度特征是指个体对事、物、人、己的态度方面的特征。主要包括对待社会、集体、他人的态度，对待生活、工作、学习、劳动的态度，以及对待自己的态度。例如，对人的态度方面：热情、真诚、坦率、善良、冷漠、虚伪、残酷等；对己的态度方面：自尊、自信、自律、谦虚、自卑、自大、放任、骄傲等；对事的态度方面：认真、细致、勤劳、敷衍、马虎、懒惰等；对物的态度方面：节俭、爱护公物、奢侈、挥霍等。

2. 性格的理智特征

性格的理智特征是指个体在感知、记忆、思维、想象等认知过程中表现出的特点。例如，在对事物的感知方面，有精确细致与粗躁草率；在记忆方面，有形象记忆与抽象记忆，有持久记忆与迅速遗忘；在思维方面，有全面深刻分析型与片面肤浅型；在想象方面，有丰富与贫乏、现实与浪漫、再造想象与创造想象。

3. 性格的情绪特征

性格的情绪特征主要表现在情绪活动的四个方面。

第一，强度。表现在情绪的强烈与平淡、高涨与低落。

第二，稳定性。表现在情绪的冲动、波动、忽高忽低或稳定、深沉、易控制。

第三，持续性。表现在情绪持久与短暂。

第四，主导心境。主导心境是指一段时间内起支配作用的主要情绪状态，如精神饱满、积极愉快、乐观进取、抑郁低沉、焦虑不安、消极悲观等。

4. 性格的意志特征

性格的意志特征主要是指一个人对行为目标的明确程度及行为的自觉控制水平方面的特征。例如，目标明确或盲目蛮干、行动自觉或被动、遵守纪律或自由散漫、自制力的高或低、严谨或松懈、持之以恒或半途而废、镇定或惊慌、坚韧或动摇、勇敢或怯懦等。

（三）性格与气质的联系和区别

1. 性格与气质的区别

气质和性格所反映的是人的本质属性的不同侧面，即气质更多地反映个体的自然属性，而性格反映人的社会属性。

二者的区别在于以下方面。

第一，气质较多地由先天的遗传因素决定，因而气质的变化较难、较慢；而性格多受社会环境的影响，是后天形成的，虽然具有稳定性的特点，但比起气质来更容易改变。

第二，在社会意义的评价上，气质无好坏之分，而性格则有好坏之分。由于气质基本上是由一个人的生理特点所决定，所以不能给予好坏的评价，无论哪种气质类型的人都可以取得显著的成就。只有当气质的表现涉及人的社会关系时，才能评定这种品质是可行的或不可行的，是有价值的还是没有价值的。而人的性格是个体受社会经历制约的总体，是个体对社会环境的态度和行为方式，便必然从社会方面获得某种道德评价的意义。例如，对个体性格的好坏评价有勤奋—懒惰、真诚—虚伪、坚强—懦弱、上进—堕落。性格对一个人事业的影响是显著的，性格与命运有着一定的关系。

第三，不同的人的气质可能相同，如都属于胆汁质，或都属于多血质；但没有性格相同的人。

2. 性格与气质的联系

性格与其他心理现象一样，也是大脑的机能，其生理基础离不开高级神经活动类型。气质的生理基础与性格的生理基础之间联系紧密，气质与性格相互影响、密切相关。

第一，气质可以影响性格的表现形式，使个体在同一性格内容的表现上带有各自的气质特点。例如，勤劳的性格特征在不同气质类型的人身上表现不一，胆汁质者表现为情绪饱满、快速利索地完成任务；多血质者表现为灵活机动、兴高采烈地完成任务；黏液质者表现为不露声色、从容不迫、脚踏实地地完成任务；抑郁质者表现出认真细致、默默地完成任务。

第二，气质可以影响某些性格特征形成的难易和速度。例如，胆汁质者更容易形成勇敢的性格特征，黏液质者更容易形成谨慎和坚韧的性格特征。

第三，性格可以在一定程度上调控、掩盖或改造气质，使气质符合社会实践的要求，即使气质的消极因素得以抑制、积极因素得以发展，以适应环境的要求。例如，外科医生应具有冷静沉着的性格特征，一个胆汁质的外科医生，在职业训练过程中有可能掩盖或改造急躁的气质特征。

性格在一定程度上可以反映个体的生活，同时又影响着个体的行为方式。在组织管理中，管理方式对组织成员的心理、行为模式、处世态度有着重要的影响。管理者应了解自己和他人的性格，认识性格的发展规律并预测行为，尊重成员的人格人权，切不可扭曲成员的性格。个体的性格不是一成不变的，要以发展的眼光看待人，帮助组织成员认识自己的性格、扬长避短；要培养成员的自主性，扩大授权和决策参与，加强沟通，营造一个有利于组织成员性格发展的良性环境。

三、能力与行为

（一）能力概述

能力是个体顺利完成某种活动所必需的并直接影响活动效率的个性心理特征。首先，能力是存在于人的某种活动中，并借助外在的活动表现出来。例如，只有通过活动才能看出一个学生是否具有某种能力和其能力的大小。其次，能力直接影响活动效率，反应个体行为达成目标的可能性。只有直接影响人的活动效率，使活动顺利完成的个性心理特征才是能力。又如，安静、活泼、急躁等特征，尽管与活动的顺利进行有一定的间接关系，但并不是能力，当然能力的发挥也会受到这些因素的影响。

一般来说，可以从两个方面来理解能力，即实际能力和潜在能力。实际能力是指对某项活动或任务的现有成就水平，是已经表现出来的能力，代表个人已有的知识、经验与技能，是在遗传和后天学习的基础上获得的。有人将测量实际能力的测验称为能力测验。潜在能力是指尚未表现出来的心理能量，将来通过学习和训练后可能达到的水平与完成某项任务的可能性，就是潜力或者性向，是一种能力倾向。例如，一个人具有领导能力，只有他处于领导的位置上才能表现出来，否则就只是潜在的可能性，有人将测量潜在能力的测验称为能力倾向测验。

能力与知识、技能的性质是不同的，但存在相互影响、相互促进的关系。知识是人类社会实践活动的概括总结、是人脑中的经验系统，它以思想内容的形式为人所掌握；技能是运用知识并通过练习巩固，去完成一定任务的某种操作方式或活动方式，它以行为方式的形式为人所掌握。能力是个性心理特征之一，是掌握知识、技能的一种主观条件，个体通过学习可以掌握部分知识和技能。能力与知识、技能又是相互影响和相互促进的。一方面，一个人的能力是在掌握知识、技能的过程中提高的；另一方面，知识、技能的掌握又以一定的能力为前提，能力在一定程度上制约着知识和技能掌握的广度、深度、难度和速度。一般来说，掌握知识、技能较快，而培养某种能力较慢。一个人具有某方面的知识，不等于他就具有这方面的能力，只有当知识被创造性地运用和发挥时，它才能转化为能力，并且，吸收和转化知识本身就是一种能力，需要加以培养。

影响能力发展的因素主要有身体素质、智力水平、知识和技能、教育与社会实践、社会一般环境、个人的主观努力程度、兴趣等。总体来说，可以归结为遗传和后天的影响。遗传是能力发展的自然前提，离开了这个物质基础，人的能力发展就无从谈起。例如，先天性的脑瘫儿难以成为科学家、天生的聋哑人难以成为音乐家、双目失明的人不可能成为画家。当然，遗传只是提供了能力发展的一般可能性，这种可能性要变成现实的能力，需要个体后天的学习、实践及相应的环境，更需要个人的勤奋努力。教育是人们掌握知识和技能的良好途径，不仅在智力发展中起着主要作用，而且对能力的发展也起着主导作用。社会实践对人的能力的形成和发展有着重要作用，尤其是各种特殊能力的发展，主要是在工作实践中获得的。不同的社会实践活动影响和制约着人们能力的发展方向和水平，从而使很多人带有“职业特色”。最终决定一个人的能力能否有较快、较大的发展，在于个人的主观努力。无数事实证明：取得了卓越成就的人，都是长期勤奋努力、坚持不懈奋斗的结果。没有主观的勤奋努力和坚强的毅力，能力的发展就无从谈起。

（二）能力的分类

1. 一般能力和特殊能力

按能力的适用范围，可分为一般能力和特殊能力。一般能力也称为普通能力，是指适合于广泛实践活动要求的能力，是人所共有的最基本的能力，包括智力及其要素，主要有思维能力、观察能力、记忆能力、语言能力、想象能力等，这些一般能力的稳定、有机的综合就是通常所说的智力。认知能力的基础是智力，智力的核心成分是抽象思维能力，智力的高级表现是创造能力。为了对能力水平差异进行细致的区分，心理学家研究出各种各样的测验方法，比较常用的是智力测验。

特殊能力也称为专门能力，是指适合于某种专业活动要求的能力，如音乐能力、绘画能力、体育能力、写作能力、数学能力、机械能力等。特殊能力是与某种特殊专业联系在一起的，各种特殊能力都有自己的结构。例如，音乐能力就由四种基本要素组成，即音乐感知能力、音乐记忆和想象力、音乐情感能力、音乐动作能力。这些要素的不同组合，就构成一些具有音乐能力学生独特的音乐才能。特殊才能的形成和发展依赖于个体先天的素质，但更重要的是由环境和教育所造就。

人的一般能力和特殊能力是有机联系的，一般能力是各种特殊能力形成和发展的基础，特殊能力总是建立在一般能力的基础之上，一般能力发展得越好，特殊能力也就发展得越快、水平越高。同时，特殊能力的发展也有助于一般能力的发展，二者是相辅相成，相互促进的。

2. 模仿能力和创造能力

按能力参与活动的性质，可分为模仿能力和创造能力。模仿能力也叫再造能力，是指通过观察他人的行为来学习知识和技能，并以相同方式做出反应的能力。模仿是人类的一种重要的学习能力，是知识积累所不可缺少的知识条件。

创造能力，是指产生新思想，发现和创造新事物的能力。创造性思维和创造想象在创造能力中起着十分重要的作用。

3. 认知能力、操作能力和社交能力

按能力指向的对象不同，可分为认知能力、操作能力和社交能力。认知能力是指通过人脑对外界信息进行加工和储存的能力，包括学习、研究、理解、概括、分析的能力；操作能力是指人们通过肌体和动作完成各种活动的能力，包括操作、制作和运动的能力；社交能力是指人们在社会交往活动中所表现出来的能力。

4. 优势能力和非优势能力

按照能力在同一个体身上发展水平的不同，可以分为优势能力和非优势能力。优势能力是指个体中那些发展水平高，具有主导地位的能力；非优势能力是指个体中那些发展水平低，处于弱势地位的能力。每个人都可能具有多种能力，但各种能力的发展又是不平衡的。例如，诺贝尔物理奖第一个获得者伦琴发现了 X 射线，但语言表达能力较差；我国著名数学家陈景润有着卓越的数学才能，社交能力却平平。

（三）能力的差异

1. 能力的类型差异

能力的差异是指能力在质的方面的差异，即人们在知觉、表象、记忆、思维等相对稳定的心理品质方面表现出来的差异。

在知觉能力方面有分析型、综合型、分析综合型；在表象能力方面有视觉型、听觉型、动觉型、综合型；在记忆能力方面，类似于表象的分类，有视觉型、听觉型、运动型、混合型；在思维能力方面有形象型、抽象型、发散型。

另外，人的特殊能力的差异也很明显，如有文学才能的人，具有敏锐而又深刻的观察自然和社会的能力、丰富的想象力、较强的语言表达能力等；而具有音乐才能的人，则是具有敏锐的音乐感觉能力、较强的听觉表象记忆能力等。

2. 能力的水平差异

在一般能力方面，能力的水平差异主要是指智力发展水平的差异。心理学家经过大量研究，基本上得到一个共同的结论：全部人口的智力分布基本上呈正态分布，即“两头小、中间大”，也就是说，多数人具有一般能力，能够顺利完成活动，并取得一定的成就，才华出众者或智力低下者是极少数。不同人的能力发展程度存在明显的差异。在特殊能力方面，具有同一种特殊能力的人，其水平也有明显的差异。

3. 能力发展早晚的差异

能力发展早晚的差异是指个体能力发展的年龄阶段的差异。有的人在儿童时期就显露出非凡的智力和特殊能力，属于才华早露或称早慧。古今中外能力早慧者不胜枚举，如奥地利作曲家莫扎特 5 岁就创作了他的第一首乐曲，8 岁时举办独奏音乐会；唐初四杰之一的王勃 10 岁能作赋，13 岁写出著名的《滕王阁序》。除了才华早露者之处，还有大器晚成者，如我国的画家齐白石，原来长期做木匠，40 岁才显露出绘画才能，成为著名的国画家；我国明代医学家李时珍，在 61 岁时才写成《本草纲目》初稿，但对于大多数人来说，存在一个创造与成就的最佳年龄区间，一般是 25～40 岁，青年和中年时期是能力表现的突出阶段。

(四) 能力的管理

1. 充分发挥个体的优势能力

优势能力在一个人的工作实践中，占有重要地位。所谓人尽其才，才尽其用，实质上就是发挥人的优势能力，扬长避短。组织在员工定岗、调配、选拔等环节，要尽可能地考虑员工的特长，用人所长、避人所短，尽可能地使岗位要求与员工的优势能力相符，以便充分发挥员工的聪明才智，提高工作效率。

2. 把握好用人的能力标准

组织在招聘、选拔人员的过程中，应坚持正确的用人观，既要重视人的能力，又要避免人才高消费。要认识到一个人的能力如果低于岗位要求，即使他很努力也难以完成工作任务；而一个人的能力如果远高于岗位要求，不仅浪费人才，员工本人也会失去对简单工作的兴趣而不安心工作。人职匹配的一个要求就是岗位的需要与人的能力相匹配，小材大用或大材小用，都是用人不当的表现，都不利于提高工作效率。

3. 使组织成员之间的能力互补

群体优化组合的一个原则就是要协调互补。组织成员的能力类型不同、能力发展水平不同，各有所长、有先有后。管理者要全面了解员工的能力特点，在工作安排时尽量使不同的员工之间优势互补，特别是领导班子成员，要将不同能力特点的人搭配在一起，构成完整的、均衡的、整体能力强大的领导群体。管理者应善用协调方法、综合组织成员的各种能力，使他们各尽其能、相得益彰，提高组织效率。

4. 提高组织成员的能力

人的能力发展必须要有后天的学习，教育是发展能力的重要途径，组织可以通过培训的方式，来提高员工的能力。实践证明，培训可以有效改进员工的技能，从而提高员工的工作绩效，还可以提高员工的忠诚度和满意度。因此，组织应积极地为员工的培训创造条件，主要通过知识培训和技能培训来提高员工的能力；其次，应打造学习型组织，向员工灌输终身学习的理念，给员工提供学习交流的平台。同时，鼓励员工自我开发，提高自身综合素质和能力，管理者应提供各种条件保证组织的员工队伍素质不断提高。

5. 及时开发和利用人的潜能

人的能力有实际能力和潜在能力。管理者不仅是要掌握员工的实际能力，更要善于发掘员工的潜在能力。一个人的潜在能力要在相应的环境下才能得到体现，如一个有创新潜能的员工，却一直在办公室从事文件收发工作，那么，他的潜能可能就一直得不到发挥。可以通过岗位轮换、兴趣测试、培训中开展角色扮演等方式，来发现员工的潜能。另外，开发员工的潜能应及时。人在学习和创造的最佳年龄取得成就的可能性最大，管理者应注重人员开发的时效，对最佳年龄段的人才进行重点管理，以便在最佳年龄段挖掘出人的潜能，提高人才使用的效率。

第四节　价值观、需要与动机

一、价值观

（一）价值观的含义

案例

他的选择值不值？

某位男士研究生毕业后直接进入国务院某部委工作，由于人品好、业务能力又强，五年后就提拔为副处长，两年后又晋升为处长。正当仕途前景一片光明时，他却离职去了一家外企，从事人力资源管理工作。

许多人为之惋惜：这个选择太糟糕了，也有人认同他的选择。

那么，他的选择值不值得呢？

其实，这个问题没有一个明确的答案，只要你认为值就值，你认为不值就不值，这就是个人的价值观。

为了统一组织成员的行动，促使组织成员围绕组织目标而达成更好的业绩，几乎每个组织都有自己的价值观。价值观是个体对客观事物（包括人、事、物）的意义和重要性的一种判断和观点，是人们对客观事物的是非、好坏、重要性的看法和评价。

价值观代表了基本的、稳定的信念系统。从个体或社会的角度来看，某种具体的行为类型或存在状态比与之相反的行为类型或存在状态更可取。价值观包含着判断的成分，因为它反映个体对正确、好或有价值的标准和看法。一个人认为最有意义的、最重要的客观事物，就是最有价值的东西；反之，就是最无价值的东西。例如，有人把金钱看得最重要，有人把权力地位看得最重要，有人把健康看得最重要，有人把对社会的贡献看得最重要等，这就反映了不同的价值观。

价值观包括内容和强度两种属性。价值观的内容属性表明个体认为哪种方式的行为或存在状态是重要的；强度属性表明其重要程度。如果根据价值观的强度来排列个体的价值观，将对各个客观事物的看法和评价在心目中的主次、轻重进行排序，形成层级，就构成了价值观体系。价值观和价值观体系是决定人们行为的核心因素。

价值观是个体对客观事物的综合态度，对动机有导向作用，从而对人的行为起着强烈的引导作用。动机的目的和方向受价值观的支配，只有那些经过价值判断被认为是可取的，才能转换为行为的动机，并以此为目标引导人们的行为。所以，有什么样的价值观，就有什么样的行为。

价值观反映人们的认知和需求状况，是人们对客观世界及行为结果的评价和看法，因而，它从某个方面反映了人们的人生观和世界观，反映了人的主观认知世界。个体的世界观是价值观的重要组成部分，在个体的价值观体系中起到决定性作用。个体的价值观和价值观体系受到遗传和社会因素的影响。人的价值观一旦形成，是相对稳定和持久的。由于人员更替和环境的变化，社会或群体的价值观念是不断变化着的，因此，传统的价值观念会不断地受到新价值观的挑战，个体就会对原有的价值观进行修正。

（二）价值观的分类

价值观可以反映出一个人的认知水平和需求状况。由于人们的成长生活经历各不相同，因此价值观也多种多样。价值观是和社会、经济、文化的发展密切联系的，不同的学者研究价值观的着眼点不同，因此对其分类也不相同。

1. 斯普朗格尔的价值观分类

美国组织行为学家斯普朗格尔（E. Spranger）最早对人的价值观进行归类，他将价值观分为以下六类。

（1）理性价值观。此类价值观的人强调通过批判和理性的方式寻求真理，致力于探索事物的联系和区别，他们求知欲强，喜欢钻研，自制力强，并将自己的知识系统化和条理化。

（2）经济价值观。此类价值观的人趋于现实、务实，强调有效和实用，追求经济利益，重视效能。

（3）唯美价值观。此类价值观的人重视美与心灵的和谐，强调审美和对美的追求，认为美的价值高于其他事物。

（4）社会性价值观。此类价值观的人以爱护他人、关心他人为职责，以群体和他人为中心，强调人与人之间友好、博爱，他们善于人际交往、善良、随和，愿意奉献社会。

（5）政治性价值观。此类价值观的人以权力和地位为中心，强调权力的获取和影响力，他们大多有领导他人的愿望和才能，有信心、讲原则、守秩序。

（6）宗教性价值观。此类价值观的人以信仰教义为中心，关心对宇宙的理解和体验的融合。

其实，一个人并不是只具有一种类型的价值观，没有哪个人绝对属于某一种类型。奥尔波特（G. W. Allport）等发现：不同职业的人对这六种价值观的重视程度不同，形成了不同的优先次序，反映了不同的价值体系。

2. 罗克奇的价值观调查问卷

米尔顿·罗克奇（Milton Rokeach）设计了罗克奇价值观调查问卷（Rokeach value survey，RVS），如表 3-2 所示。它包括两种价值观类型，每一种类型有 18 项具体内容。第一种类型称为终极价值观（terminal values），是指一种期望存在的最终目的，是一个人希望通过一生而实现的目标；另一种类型称为工具价值观（instrumental values），是指人偏好的行为方式或实现终极价值观的手段，主要表现在道德和能力两个方面。

表 3-2　罗克奇价值观调查问卷中的两种类型：终极价值观和工具价值观

终极价值观	工具价值观
舒适的生活（富足的生活）	雄心勃勃（努力工作、奋发向上）
振奋的生活（刺激的、积极的生活）	心胸开阔（开放）
成就感（持续的贡献）	能干（有能力、有效率）
和平的世界（没有冲突和战争）	欢乐（轻松、愉快）
美丽的世界（艺术与自然的美）	清洁（卫生、整洁）
平等（兄弟情谊、机会均等）	勇敢（坚持自己的信仰）
家庭安全（照顾自己所爱的人）	宽容（谅解他人）
自由（独立、自由选择）	乐于助人（为他人的福利工作）
幸福（满足）	真诚（真挚、诚实）
内心平和（没有内心冲突）	富于想象（大胆、有创造性）
成熟的爱（性和精神上的亲密）	独立（自力更生、自给自足）
国家的安全（免遭攻击）	智慧（有知识的、善思考的）
快乐（快乐的、闲暇的生活）	符合逻辑（理性的）

续表

终极价值观	工具价值观
救世（救世的、永恒的生活）	博爱（温情的、温柔的）
自尊（自重）	顺从（有责任感、尊重的）
社会承认（尊重、赞赏）	有礼貌（有礼的、性情好）
真挚的友谊（亲密关系）	负责（可靠的）
睿智（对生活有成熟的理解）	自我控制（自律的、约束的）

一些研究发现罗克奇价值观调查问卷在不同群体间存在差异，同一职业或类别的人倾向于拥有相似的价值观，另外，社会文化是影响一代人价值观形成的大环境、大气候。尽管每一个人的价值观是不同的，但一代人的价值观中可能存在一定的共性，一代人的社会价值观往往会被打上时代的烙印，不同的时代精神、不同的社会风尚会影响一代人的价值观。

（三）工作价值观

工作价值观是指一个员工关于应该期望从工作中得到什么及应该在工作中如何表现的个人信念。价值观是一种一般的、持续时间比较久的情感和信念，它会影响人们的工作体验。工作价值观反映了人们在工作中及通过工作究竟想要得到什么，因此，工作价值观对于理解和管理组织行为很重要。

组织行为领域的研究者确定了两大类工作价值观，即内在工作价值观和外在工作价值观，如表 3-3 所示。内在工作价值观是指那些与工作本身的特点有关的价值观，希望富有挑战性、学习新东西、做出重要贡献，在工作中最大限度地发挥自己的潜能。外在工作价值观是指那些与工作的结果而不是工作本身的特点有关的价值观，如有些人工作的目的是赚钱，那这个人就具有外在工作价值观。

表 3-3 内在工作价值观和外在工作价值观的比较

内在工作价值观	外在工作价值观
有趣的工作	高工资
挑战性的工作	工作安全感
学习新事物	工作福利
做出重要的贡献	在更大社区中的地位
在工作中发挥最大潜能	社会交往
责任和自主性	与家人共度的时光
富有创造性	业余爱好的时间

二、需要

（一）需要的含义

需要是指客观的刺激作用于人的大脑所引起的个体缺乏某种东西的状态。它是人作为有机体缺乏某种东西时产生的一种主观状态，是有机体对客观事物需求的反映。简单地说，需要就是人对某种目标的渴求或欲望。

行为是人类有意识的活动。行为既是人的有机体对外界刺激做出的反应，又是人通过一连串动作实现其预定目标的过程。需要能促使人以一定的方式进行一定的行为，需要感越强烈，所引起的活动也就越有力、有效。例如，人非常饥饿的时候，需要食物的感觉就会很强烈，就会千方百计地寻找食物。因此，需要是推动人的行为的原动力。

（二）需要的特点

1. 指向性

任何需要都具有自己的对象，是对一定对象的需要。需要总是表现为对某种物品、某种状态、某种结果的需求，没有无对象的抽象的需要。例如，人对食物的需要、对住房的需要、对教育的需要等，都是指向一定的对象的。

2. 重复性

人的一些需要在获得满足后并不会就此消失，还会重新产生，如社会交往的需要、旅游的需要。一般的物质需要，不仅具有重复性，还会表现出明显的周期性，如吃、穿、用、休息、睡眠等需要就具有周期性。

3. 选择性

已经形成的需要，决定着人的行动及其对需要内容的选择。例如，幼儿园的学生用惯了水彩笔画画，就会拒绝用普通铅笔画画；某人一直用全拼输入法在电脑上录入信息，就会拒绝使用五笔输入法。

4. 交替性

在不同的时期、不同的环境中，人的需要不是单一的，各种需要伴随着人的行为表现出不断交替的性质，呈现出纵横交错的需要矛盾网。

5. 发展性

随着社会的发展、物质生活水平的提高，满足需要的对象和方式都在变化，人的需要也随之而发展变化。例如，我们在20世纪90年代初期，没想过手机会普及，甚至很多人没有见过手机，更没想过私家车会进入千家万户。而现在，连小学生都有对手机的需要，刚参加工作的大学生，也会产生对驾驶私家车上班的需要。

6. 转移性

如果人的某种需要因为主客观条件不具备而未能获得满足，就会转移到另一种需要的满足。例如，某人很想买一套新房子，但由于钱不够，实在买不起，也许他就会重新装修一下现有住房或者转而购买汽车等。

（三）马斯洛的需要层次理论

马斯洛认为，人的基本需要可以划分为五个层次，从低级到高级依次是生理需要、安全需要、社交需要、尊重需要、自我实现的需要。

马斯洛认为五种需要层次之间的相互关系表现是：五个层次的需要是由低到高逐级展开的，一个层次的需要获得满足后，就会向高一层次需要发展。只有下一层次的需要获得相对满足以后，追求上一层次的需要就成为驱动行为的动力；但是，如果满足了高层次需要，却没有低层次需要时，就可能牺牲高层次需要，去谋取低层次需要。各层次的需要是同时存在、相互重叠的，任何一种需要并不会因为下一个高层次需要的发展而消失，但总有一种需要占支配地位。需求的层次越高，获得满足的难度越大。在不同层次的需要中，相对而言，生理需要和安全需要更容易得到满足，而社交、尊重、自我实现的需要比较难以获得满足（注：马斯洛的需要层次理论参见本书第七章第二节中的内容）。

三、动机

（一）动机的定义

动机是指引起、维持和指引人们从事某种活动的内在动力，是人类行为动力中调控机制的重要组成部分，是人类行为的原动力。

人的行为产生过程中，其基本组成成分是需要—动机—行为—目标。需要决定动机，动机引起行为，行为指向目标。动机是在需要的基础上产生的，但需要并不必然产生动机。需要转化为动机必须有两个条件：一是需要达到一定的强度，产生满足需要的愿望；二是需要对象（目标）的确定。

可见，动机是一种过程，它体现了个体为了实现目标而付出的努力强度、方向和坚持性。强度是指个体试图付出多大的努力；方向是指个体付出努力的指向；坚持性是指个体的努力可能维持多长时间。在一个组织中，管理者不仅要考虑员工努力的强度，还要考虑努力的质量，那些指向组织目标并与组织目标始终一致的努力才是我们所追求的。而且，管理者还要运用激励等，促使员工持续努力地围绕组织目标工作。

由于先天和后天环境的交互作用，每个人的动机水平都不相同，但通常稳定在一个恒定的水平和模式。这会在很大的程度上影响个体在什么样的工作环境中能够感到愉悦和胜任。

（二）动机的种类

哈佛大学心理学家大卫·麦克利兰（David C. McClelland）提出了一个关于动机的分类框架，他强调了三种在工作情境中最主要的动机，即成就动机、权力动机、亲和动机。

1. 成就动机

成就动机是指个体希望完成的挑战目标，在竞争的环境中获得成功及渴望得到明确的绩效。成就动机是一些人所具有的试图追求和达到目标的内在动力。拥有这种动机的个体希望能够达到目标，追求卓越，争取成功的内驱力。成就动机理论包括两个最基本的概念，一个是追求成功的动机，意为追求目标的最大化；另一个是回避失败的动机，意为回避风险和困难的倾向性。

麦克利兰发现，高成就动机者与其他人的区别在于：他们总想把事情做得更好。他们喜欢具有适度挑战性的工作目标，喜欢接受困难的挑战，并为自己的成功或失败承担责任，而不是将结果归因于运气或其他人的行为。他们回避那些自己觉得特别容易或特别困难的工作任务，而比较喜欢中等难度水平的任务。

高成就动机者未必是一名优秀的管理者，尤其是对规模较大的组织而言，大企业中工作出色的总经理也不一定就是高成就动机者，因为高成就动机者感兴趣的是自己如何做得更好，而不是如何影响其他人做好工作。组织可以通过培训来激发员工的成就动机，指导员工在具有个人责任、清晰反馈和适度冒险性的环境中，采用高成就动机者的方式行动。

2. 权力动机

权力是指让个体或团队去做某事，让个人和团队以某种方式发生改变的能力。权力动机是试图影响他人和改变环境的内在动力。具有权力动机的人希望制造对组织的影响，控制别人以某种方式行为而不以其他方式行为，并且愿意为此承担风险。

现代美国社会中，在政府、商业、工会、教育、军队中拥有相当地位的个体，都会表现出对权力的高度渴望。高权力动机可能是取得管理效果的一个必要条件。一些行为导向的文献强调员工授权的价值，并且建议用权力作为奖赏（让员工选择、制定自己的工作目标及提高他们所承担的责任)，来对员工进行激励。

社会权力与个人权力是有区别的。社会权力是有效领导的一个特点，能够用于培养追随者对领导者的信任和尊敬，经常是和领导者的愿景联系在一起的。个人权力主要是指个体支配他人及实现领导者个人目标的能力。

3. 亲和动机

亲和是指个体寻求他人的认同、遵循他人对自己的期望及避免与他人发生冲突。亲和动机是争取与人社会性交往的内在动力，是个体建立友好的和亲密的人际关系的愿望。

高亲和动机者希望自己能够被其他人接受。他们追求友爱，喜欢合作性而非竞争性的环境。组织中的普通员工具有很强的亲和动机，希望能够被团队所接受，融入团队中，成为团队中的一员。

具有强烈亲和动机的管理者很难成为有效的管理者。对于管理工作来说，那些权力动机超过成就动机的管理者，尤其是具有很强的权力动机和抑制力，以及较弱的亲和动机的经理人通常是最优秀的。

(三) 动机的测量

在行为动机的测量中，以自陈量表为主。《成就动机测量表》(*The Achievement Motive Scale*)，是由挪威心理学家 T. Gjesme 和 R. Nygard 于 1970 年编制，并几经修订，渐趋完善。中文版本由上海师范大学教科所叶仁敏和挪威的 K. A. Hegtvet 于 1988 年合作译制。表 3-4是一个成就动机测验的范例。

表 3-4 成就动机测量表

本问卷共 30 道题目，每一道题目就是一个陈述，请您根据陈述与自己的看法相符的程度做出判断。
A. 完全同意　　B. 比较同意　　C. 有点同意　　D. 完全不同意
1. 能够测量我能力的机会，对我是有吸引力的
2. 我喜欢新奇的、有困难的任务，甚至不惜冒风险
3. 我会被有困难的任务所吸引
4. 对于那些我不能确定是否能成功的工作，我会被吸引
5. 面临我没有把握克服的难题时，我会非常兴奋、快乐
6. 如果有些事不能立刻理解，我会很快对它产生兴趣
7. 我会被那些能了解自己有多大才智的工作所吸引
8. 我希望把有困难的工作分配给我
9. 面对能测量我能力的机会，我感到一种鞭策和挑战
10. 对我来说，重要的是有困难的事情，即使无人知道也无关紧要
11. 我喜欢在我没有把握解决的问题上坚持不懈地努力
12. 给我的任务即使有充裕的时间，我也喜欢立即开始工作
13. 我在完成有困难的任务时，感到快乐
14. 对于困难的活动，即使没有什么意义，我也很容易卷进去
15. 我喜欢尽了最大努力才能完成的工作
16. 我讨厌在完全不能确定会不会失败的情境中工作
17. 当接到需要有特定的机会才能解决的问题时，我会害怕失败
18. 当我碰到我不能立即弄懂的问题时，我会焦虑不安
19. 在完成我认为是困难的任务时，我担心失败，即使别人不知道也一样
20. 我对那些没有把握胜任的工作感到忧虑
21. 那些看起来相当困难的事，我做的时候很担心

续表

22. 我不喜欢那种测量我能力的场面 23. 如果有困难的工作要做，我希望不要分配给我
24. 我不喜欢做我不知道能否完成的事，即使别人不知道也一样
25. 我不喜欢在不熟悉的环境中工作，即使无人知道也一样
26. 我不喜欢做那些我不知道能否胜任的事
27. 在结果不明的情况下，我担心失败
28. 我不喜欢做那些要发挥我能力的工作
29. 一想到要去做那些新奇的、有困难的工作，我就感到不安
30. 在那些测量我能力的情境中，我感到不安

《成就动机测量表》的计分方法如下。

每题选 A 记 4 分，选 B 记 3 分，选 C 记 2 分，选 D 记 1 分。第 1～15 题的总分为 M_S（成功的动机），第 16～30 题的总分记为 M_{af}（害怕失败）。

当 $M_S-M_{af}>0$ 时，分值越高，成就动机越高。

当 $M_S-M_{af}=0$ 时，追求成功和害怕失败相当。

当 $M_S-M_{af}<0$ 时，分值越小（负数），成就动机越低。

《成就动机测量表》的测验结果解释如下。

当 $M_S-M_{af}>0$ 时，成就动机强。有追求成功的强烈愿望，喜欢挑战性的任务，愿意为自己设置高目标，肯冒风险，喜欢尝试新事物，希望在竞争中获胜。活动过程中积极主动，愿意承担责任。

当 $M_S-M_{af}=0$ 时，成就动机中等。有时愿意承担具有一定难度的任务，并能承担一定的责任。

当 $M_S-M_{af}<0$ 时，成就动机弱。通常不愿意面对挑战性的任务，不喜欢参加与他人竞争的活动，工作中可能会表现得比较保守。在具体的活动中不太愿意承担责任，出现问题时，可能会喜欢抱怨他人，回避责任，听之任之。

第五节　知觉与归因

组织中的所有决策都以各级管理者对情况的知觉为基础；组织中所有的决策和行为，都受到其成员如何理解和解释他们周围所发生事件的影响。因此，知觉和归因是理解组织行为最重要的因素。

一、感觉与知觉

（一）感觉

感觉是直接作用于人们的感觉器官的客观事物的个别属性或个别部分在人脑中的反映。在日常生活中，人时时刻刻都会接触到外界的各种事物，每一个客观事物都有许多可以被人感受到的属性。例如，眼睛看到的颜色和形状、鼻子闻到的气味、耳朵听见的声音、舌头尝到的滋味、手摸到的软硬等，这些都是感觉。

根据刺激的来源，可以把感觉分为外部感觉和内部感觉。外部感觉是接受身体外部的刺激，反映外部事物的个别属性的感觉，包括视觉、听觉、触觉、嗅觉和味觉。例如，公园里的花，有颜色、香味、形状、大小、干湿等方面的属性，它的各种属性就作用于人的相应的感觉器官，并使人脑对这些个别属性发生反应。内部感觉是人对机体本身的刺激，反映肌体的位置、运动和内部器官不同状态的感觉，包括运动觉、平衡觉和机体觉，如肌肉酸胀感、身体某个部位的疼痛感、眩晕感、饥饿感、口渴感等。

一般来讲，感觉的过程首先要有事物作用于感官，形成一定范围和一定强度的刺激，由感官将这些刺激转变为神经活动，通过传入神经，再传送到大脑的不同投射区内，从而转变成各种感觉。感觉是意识和心理活动的重要依据，是认识过程的起点。只有在感觉得到信息的基础上，高级的、复杂的心理活动才能产生和发展。

（二）知觉

当客观事物直接作用于人的感官时，人脑首先产生对这些事物个别属性或个别部分的反映，这就是感觉。但人脑的活动并不仅仅停留在对事物个别属性的反映层次上，而是通过自觉形成的意识活动，立即过渡到对客观事物的整体反映上，这就是知觉。

知觉是直接作用于感觉器官的客观事物的整体属性或各个部分在人脑中的反映，是个体对情境的独特描绘和解释。从这一含义可以看出，知觉的形成有三个要素，即知觉者、知觉目标和情境。知觉者是试图解释其观察到的事物或感官输入的人；知觉目标是知觉者试图去理解的人或物；情境是知觉发生的背景，如办公室、会议厅、操场、厨房等。

个体知觉具有选择性，通常只是注意几种关键的刺激，而过滤掉其他大多数刺激。个体通过感觉器官接受刺激，再根据对象的特点和自身的兴趣，选择注意的焦点，然后结合个体自身特征，为该刺激赋予意义。

因而，知觉的本质是一种个体选择、组织和解释它们对外部环境的感觉的复杂过程。知觉受到人的主观意识的影响和制约。通过知觉，人们对自己所处的环境及其事物、事件和人物等，有自己的可能不同于他人的理解。由于知觉是客观事物在人脑中的主观映像，知觉并不总是准确的。人们总是根据自己的想法、感受和经验来行事，即便是那些追求完全客观的人也会经常根据自己对现实的主观解释进行决策和行动。人们做出的每个决策都取决于决策者的知觉，因此，准确的知觉是进行正确决策的前提条件，这对理解组织行为具有重要的意义。

二、社会知觉

（一）社会知觉的含义

知觉是个体作用于其感官的刺激物的整体反映，由于知觉对象的不同，可以把知觉分为对物的知觉和对人的知觉。物是相对静止的和被动的，而人是能动的。对人的知觉，并不是停留在对人的外部特征（身体姿态、音容笑貌、言行举止）的知觉，而是对人的个性心理特征（个性、态度、需要、动机、价值观、兴趣等）的知觉。

社会知觉就是对人的知觉，这一概念由美国心理学家布鲁纳（J. S. Bruner）于 1947 年首次提出，其含义经过发展，现在一般理解为个人在社会环境中对他人（某个个体或某个群体）的心理状态、行为动机和意向（社会特征和社会现象）的知觉。

社会知觉的主体和客体都是人，具有强烈的主观能动性和社会性，因而，社会知觉是知觉主体的一种特殊的社会意识，影响着知觉主体的心理活动，调节着知觉主体的社会行为，表明了知觉过程中群体的社会决定性。

（二）社会知觉的分类

社会知觉的实质是对人的知觉，我们可以从不同的角度和侧面来知觉一个人，所以就把社会知觉分为对他人的知觉、人际知觉、角色知觉、自我知觉、因果关系知觉。

1. 对他人的知觉

对他人的知觉是指个体在与他人交往的过程中，通过对他人的外部特征的知觉，并将获得的信息加以选择、组织、理解，进而推测其需要、动机、观点、个性，形成对他人完整印象的认识过程。一个人的外部特征包括容貌、穿戴、仪表、风度、言谈、举止等，它们都是直接的知觉对象，通过大脑得到客观的映像之后，知觉主体通过过去得到的此类映像经过大脑思维加工处理，使相关映像系统化，取得了一定的成果，最后，这种映像与知觉者当前有关的知觉相结合，进而了解知觉对象的心理活动。

对他人形成完整印象的过程是一个由表及里的认知过程。影响对他人的知觉的因素主要有两个方面，一是知觉对象的容貌、仪表、风度、言谈、举止等外部特征，二是知觉者自身的态度、兴趣、观点、情绪等心理因素。例如，有的人知觉他人时看重相貌，有的看重穿戴，有的看重言语，有的看重性格，从而形成对他人的印象。要正确了解和评价他人，对他人的知觉是非常重要的。我们要尽可能客观地认识他人，克服主观因素的影响，避免以貌取人，在组织管理中这一点尤为重要。

2. 人际知觉

人际知觉是指个体在人际交往过程中，对人与人之间相互关系的知觉，包括对自己与他人，他人与他人之间的关系的知觉，人际知觉以人的各种交际行为为知觉对象。交际行为是指人们在交往中的相互接触和交换的言语、态度与动作，包括礼节、交谈、表情、援助、侵犯等行为。在感知这些行为的基础上，借助于思维的作用，使人们感知到自己与他人之间建立某种关系是友好的，还是一般的，或是对立的，并有与此相对应的情感。

人际知觉过程中具有明显的情感因素在起作用。人际知觉过程中产生的情感取决于很多因素，如交往的次数、彼此之间接近的程度、彼此之间的相似度等。一般来说，人们在人际交往中，彼此越接近、交往越频繁、彼此心理上越相近或相似，就越容易产生友好的关系和情感。如果彼此产生过一些矛盾或冲突的人际知觉，又未能得到妥善处理，则会产生对立的关系和情感。

在组织行为管理中，应重视人际关系的协调，促进管理者与员工之间、员工与员工之间建立良好的人际关系，加强沟通和合作，以增强团队凝聚力，建立高效的工作团队。

3. 角色知觉

角色知觉是指对人们所表现出来的社会角色行为的知觉。每个人在社会中都充当着某种角色，如家庭关系中的角色、职业角色、群体角色、性别角色等。例如，某个人在家庭中的角色既是儿子的父亲，又是妻子的丈夫，还是他父母的儿子；而他在职场上的角色既是所在部门的经理，又是公司总经理的下属等。人们在社会活动中，不断产生对他人的各种角色的知觉，并借助思维的作用，掌握各种角色的行为标准，形成角色意识。角色意识是对一个人（包括自己）在某种环境中应该做出什么样的行为反应的认识。一个人只有具备了角色意识，才能使自己的行为合乎规范。因而，在组织管理中，应强化员工的角色意识，以有关角色的行为规范及标准来要求和评价员工，使员工的行为符合本人角色，从而充分发挥组织中每一个角色的作用，确保工作效率。

4. 自我知觉

自我知觉是指一个人通过对自己行为的观察而对自己心理状态的自我感知，是自己对自己的看法。俗话说：人贵有自知之明，就是指一个人要知觉自我。自我知觉是在人际交往中，随着对他人的知觉而形成的。个体通过把对他人知觉的结果和自己加以对照比较，产生了对自己的印象；同时，个体也通过把别人当做“镜子”来了解自己，进行自我知觉。

自我知觉是一种特殊的知觉，与自我意识密切相关。自我意识是指主体对自己的存在、自己与他人和周围事物的关系及自己的行为表现等方面的领悟或理解。自我意识是通过思维而起作用的一种领悟。一个人不仅要知觉周围的人和事，而且也要知觉自我，只有正确地认识自己，才能积极地进行自我调节和自我完善，使自己的行为符合角色要求。

5. 因果关系知觉

因果关系知觉是指人在有关的一系列知觉中对其因果关系的知觉，是对社会事件因果关系的认识和判断。因果关系知觉的形成，一方面取决于有足够的某种社会知觉，另一方面借助于思维的作用，才能分析出知觉间的因果关系。例如，一个员工平时多次迟到，领导经常批评他工作不努力，是因为领导把员工的迟到当做“因”，把该员工的工作不努力当做“果”，这就是因果关系知觉。

三、影响知觉的因素

知觉并不总是准确的，甚至完全不符合实际情况或产生错觉。知觉只能尽可能地与知觉对象的客观现实接近，因为知觉的形成要受到很多主观因素和客观因素的影响。影响知觉准确性的因素大致可以归纳为三个方面：知觉者的主观因素、知觉对象的特征、知觉情境的特征。

（一）知觉者的主观因素

在现实生活中，我们会发现对同样的客观事物，不同的人往往有不同的知觉，这是由于知觉者的主观因素不同而导致知觉的个体差异。知觉者的主观因素主要包括知觉者的态度、需要和动机、兴趣、知识和经验、个性心理等方面。这些主观因素的差异，使不同的人对同一件事的看法不同。

1. 态度因素

态度对知觉过程的影响主要表现为选择性注意、选择性理解、选择性记忆。

第一，在知觉过程中，态度往往使人回避与自己态度不一致的信息。人们往往总是注意那些与自己固有的观念一致的信息或者自己所需要和关心的信息，而忽视那些与自己的态度不一致的信息，造成选择性注意。

第二，态度对接收到的信息进行歪曲，做出符合自己态度的解释，造成选择性理解，即受个人的知识经验、生活经历及原有态度的制约，对于同样的信息，不同的人有不同的理解。

第三，人们总是容易记住自己感兴趣的事物，而遗忘自己不感兴趣的内容，因而，态度还可以引起选择性记忆。

2. 需要和动机因素

知觉的潜在需要会驱使人们朝着一定的方向去知觉对象，凡是符合其需要和动机的对象会优先得到满足，而当知觉者的某种需要未能得到满足时，这种未满足的需要或动机能够对人的知觉产生强烈影响。例如，一个一天未进食的正常人，会将注意力集中在食物上，而对眼前的其他事物视而不见。

动机对知觉的影响是深刻而久远的。同一个管理者，当他决定给员工增加薪资时，他比较容易感知到在组织中工作了很多年的老员工，而当他决定进行人员选拔和晋升时，则容易感知到优秀的年轻人，这就是由于不同的动机，造成的不同的知觉选择。因此，需要和动机的不同在很大程度上决定着人们的知觉选择。

3. 兴趣因素

人的兴趣差异会影响知觉的准确性。兴趣会使人集中注意力去知觉自己感兴趣的事物，而把自己不感兴趣的事物排除到知觉的背景之外。例如，某人要去参加一个重要的面谈，并且自己以前不认识对方，于是在面谈之前就去打听对方的兴趣和爱好，以便使自己在面谈时将话题引向对方感兴趣的事物，从而引起对方的注意，促使面谈成功，这就是利用了兴趣对知觉的影响。

4. 知识和经验因素

知识和经验对人的知觉影响最大，也最持久。人们通过学习和实践积累的知识和经验，会以信息的形式储存于大脑之中，并在知觉的过程中释放出来，用以影响对外在信息的选择、组合和解释，从而直接影响知觉的过程和知觉的结果。一般而言，个人所具有的经验和知识、熟悉的事物会优先得到知觉。人们的知识经验不同，对同一事物所获得的知觉结果也就不同。例如，常说的“外行看热闹，内行看门道”就是这个道理。

5. 个性心理特征

个性对人们认识什么和如何认识都有影响，它影响着个体认识的过程，从而也影响着知觉的选择性。例如，抑郁质气质类型的人，往往情绪体验缓慢而强烈，知觉速度快，但知觉数量不大，因而容易感知事物，并且在相当长的一段时间内能够保持知觉的稳定性。又如，一个环境依赖型的人往往更多地注意外部环境因素，而一个非环境依赖型的人更依赖身体的感觉。与环境依赖型的员工相比，非环境依赖型员工不太依赖从他人（如团队领导或管理者）那里得来的线索去识别人与人之间的行为，因而能更加独立地与人打交道。

（二）知觉对象的特征

知觉对象的特点会影响知觉。例如，在群体里，极有吸引力的个体比毫无吸引力的个体更容易受到关注，爱吵闹的个体也比安静的个体更容易受到注意。心理研究表明，知觉对象的下列特点对知觉有重要影响。

1. 强度

人们最可能对强烈的刺激产生注意，如强烈的灯光、鲜艳的色彩、大声的音乐、突出的标志、刺鼻的气味等。例如，召开庆祝大会时，大会门前悬挂着大幅标语、播放着喜庆的音乐，能使人们产生强烈的感觉。又如，有的工厂里面贴着这样的红色标语“今天你不努力工作，明天就要努力找工作”，使员工产生要“珍惜这份工作、努力干好工作”的强烈感受。另外，不仅刺激的绝对强度会影响知觉，刺激的相对强度也会影响知觉，如同样分贝的声音，在白天可能不容易被人知觉到，但是在夜深人静的时候，就很容易就被知觉到。

2. 对照

知觉过程是分离出对象的过程。知觉对象与其他物体或背景形成的对照可能影响它们被认识的程度。在同一时刻，被人们清晰感知到的东西就是知觉的对象，而被人模糊感知到的东西就成为该对象的背景。在知觉过程中，知觉对象与背景之间的差异越大，人们越容易把对象从背景中分离出来，反之，区分对象和背景就越困难。对照能够使某个刺激更加引人注意。在图 3-1 中，哪个实心圆大一点？似乎右边的实心圆显得大一点，其实不然，两个实心圆大小相同。右边的实心圆显得较大是因为它的背景是由小了许多的空心圆组成，左边的实心圆显得更小是由于它的背景是由较大的空心圆组成的，这就是认识的对照原则。

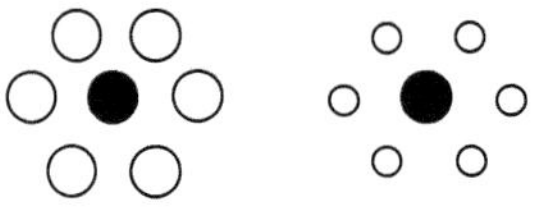

图 3-1　认识的对照原则

3. 频率

人们会更加关注出现频率很高的刺激。一个重复的因素比一个单一的因素更容易被认识，频率提供了更多发生知觉的机会。例如，一则电视广告被多次播出，播出时反复出现关键的内容，这就比只播出一次广告，更容易得到潜在顾客的注意。

4. 大小和运动

由于视觉刺激的作用，外部物体的尺寸大小和运动会影响人们的知觉。物体的体积越大，被认识的可能性越大。例如，开车时，公路中间的一块大石头，比一个矿泉水瓶，更容易引起司机的注意。如果物体处于运动状态，人们就更有可能关注它。例如，网站上把一些标语广告制作成流动的状态，卖玩具的商家在商场门口让一些玩具不停地运动，这些都是为了吸引更多的注意。

5. 新奇度和熟悉度

在日常的工作生活中，新奇的事物会引起人们的注意，这样的例子比比皆是。例如，在内陆地区新建的海洋生物公园，工作中提出的新建议或新方案，网络中的新词汇，商场里新奇的服装，新型的智能手机等，都很容易引起人们的注意。同样的，环境中一些熟悉的因素在一定情境下也会吸引注意力。例如，人们会在一群人当中首先认出自己的亲人和朋友。又如，搬到新的居住地后，通往回家的道路及道路特征，更能引起人们的注意。

（三）知觉的情境

情境是指知觉者和知觉对象周围的背景和环境。人们在认识和了解事物时，周围的环境因素（时间、位置、光线、温度、湿度等）影响着人们的知觉。例如，在操场上大声说话可能不会引人注意，而在餐厅里大声说话就会引起人们的注意。又如，在公司从事会计工作的一个人，在晚会上画着浓妆，穿着艳丽的晚礼服，戴着耳环、项链、戒指，会让人觉得很正常，不会因此引起过多的注意，而如果这个人以同样的穿着打扮出现在工作场所，肯定会引人注目，也有可能会遭到领导的批评和同事的议论。

情境为知觉者解释知觉对象提供了更多的信息。例如，管理者在形成对下属为顾客提供服务的印象时，不仅要观察下属的服务态度、服务效率等行为表现，还要观察服务的业务量。在业务繁忙的时候，也许服务慢一些的服务员，能够给予每位顾客更多的关注，但服务慢一些的服务员，可能又会受到正在等待的那些顾客的不满。这就要求管理者不仅要考虑观察下属行为，还要考虑行为所处的情境提供的其他信息。

四、知觉偏差

知觉并解释他人的活动并不是一件轻松的事情，于是，我们在判断他人时常常走捷径，这些捷径使知觉更加容易，却影响了人们对他人认识的准确性，造成对人认知的偏差。知觉偏差会影响人的认识，形成错误的推测、判断和评价，导致决策失误。知觉偏差的来源包括选择性知觉、晕轮效应、对比效应、投射作用、刻板印象、首因效应。

（一）选择性知觉

任何人、物和事件的突出特点都会提高人们对其知觉的可能性，因为我们不可能吸收自己所见到的所有内容，而只能接受某些信息。在判断他人时，选择性知觉是怎样走捷径的呢？我们不可能接受观察到的所有信息，只能接受零星的、不完整的信息，但这些零星的、不完整的信息并不是随机选取的，而是知觉者根据自己的兴趣、背景、经验和态度进行的主动选择。这种选择性知觉解释了为什么有的人更容易注意到与自己相同的汽车，为什么有的人做了某事受到了上司的批评，而其他人做了同样的事情却没有被注意到，选择性知觉帮助我们“快速阅读”他人，但同时也存在信息失真的风险。因为我们看到的是我们想要看的，我们可能会从一个模棱两可的情境中得出没有根据的结论。

（二）晕轮效应

晕轮效应就是以个体的某一种特征，如智力、社交能力、外貌等为基础，对他人做出总体印象的判断，是一种“以点代面”的心理倾向。例如，一个部门经理工作认真负责、专业知识丰富、能力强，但比较严肃、不够随和，如果下属强调某一特质，如平易近人，那么重视“平易近人”特质的下属可能就对这个部门经理的整体评价较低，即这个部门经理的“认真负责、专业知识丰富、能力强”等其他特质也不会获得很高的评价，这就是因为知觉对象的一种特质影响了知觉者对此人的总体判断。

（三）对比效应

对比效应是指知觉者不是将他人的行为表现与客观的标准进行对比，而是将其与另外的人的行为表现进行对比，从而得出不准确的判断。例如，一名考上了重点大学的学生，高中时在一所重点中学读书，成绩在班上处于中等水平，老师没有把他划入优等生的行列，而如果这名学生在普通中学，则会被认为是优等生。其实，能考上重点大学的学生，成绩肯定是优秀的，为什么没有被老师认为是优等生呢？这就是老师把这个学生与班上其他学生对比得出的结果。这个例子说明，对比效应可以使知觉失真，因为我们对一个人的评价并不是孤立进行的，它常常受到我们最近接触到的其他人的影响。又如，招聘面试的时候，对任何一个候选人来说，评估的失真可能是由于他在面试中所处的位置导致的，如果排在该候选人之前的应聘者表现平平，则可能有利于对他的评估；如果排在该候选人之前的应聘者表现非常出色，则可能不利于对他的评估。

（四）投射作用

知觉者将自己的特点归因到其他人身上的倾向称为投射。投射是一种以己度人的心理倾向，以自己所具有的特质为依据去判断评价别人，认为自己有的特质别人也一定有。例如，你希望工作稳定、能按部就班地完成任务，就假定别人也希望如此；如果你是一个踏实勤奋、谦虚谨慎的人，就希望别人也具有这种品质，而一旦发现他人不具备这种品质时，则会降低对他的整体评价。投射使人们倾向于按照自己的想法来知觉他人，而不是按照被观察者的真实情况来进行知觉。管理者应避免产生投射倾向，以免降低认识个体差异的能力。

（五）刻板印象

刻板印象是由思维定势产生的对社会上各类人所持有的固定看法。人们之所以会产生刻板印象，是因为刻板印象不仅是简化世界的一种途径，还可以帮助我们保持一致性，但往往会造成信息失真。现实生活中，体现刻板印象的言论有很多，如“北方人豪放热情”“女性不愿意为了事业放弃家庭”“知识分子文质彬彬”“老员工难以学会新技能”“富人家的孩子学习不努力”等。这些对某一群体的固定看法会影响知觉者的判断和评价，虽然这些看法并不是绝对正确的。管理者应避免产生刻板印象，以免影响知觉的准确性。

（六）首因效应

首因效应是指人们在交往中的最初的第一印象对他们以后认知的影响。人们在知觉过程中，往往会根据对他人最初的“第一印象”做出判断和评价。例如，对某人第一印象好，那么就对这个人以后的行为表现感觉比较好，反之亦然。人们在与陌生人交往时，首因效应的作用较大，在初次见面时给人留下的第一印象会影响人们对他以后的一系列活动的评价。管理者尤其要注意克服首因效应的影响，只有这样才能正确评价下属。

五、归因

（一）归因概述

通过知觉过程，人们可以理解他们所处的环境及环境中的人。然而，有时候仅仅了解知觉对象还不足以有更好的解释。例如，一个学生每天放学后都要偷偷地去网吧上网，因此，你会觉得他有网瘾，这个知觉会使你思考，他为什么会有网瘾？为了回答这个问题，你会把这个学生的行为归结为某种原因，你对他行为的解释就是归因。

归因是人们在许多情境下使用的一个过程。归因是指人们怎样对他人或自己行为的原因做出解释。例如，全班同学参加一次数学考试，你的数学水平一直是班上最好的，但这次另外两三个同学比你考得好，你会认为这次考试是自己发挥得不好？或者认为是自己这段时间不够努力？或者认为这次考试太简单，没有考查出你的真实水平？这些“认为”就是在回答“为什么这次数学考试你没考好”，这些“认为”就是归因。人们把成功或失败归结为不同的原因。

归因对个人的认识过程起着重要的作用。归因理论对人们为什么以某种方式行动及如何改变他们的行为进行了解释。关于对某个人行为的原因做出的归因可能影响对这个人根本特点或特征的判断。

管理者和员工就行为原因做出的归因在理解组织行为方面很重要。人们往往会运用自己的观察和推理能力来解释组织中的一些行为差异，并确定产生行为差异的原因，从而影响解决问题的方法。例如，将不良表现直接归因于下属的管理者，往往比把不良表现归因于下属无法控制的具体情况的管理者更加严厉。又如，当下属的绩效不佳时，如果管理者认为是缺乏对下属的培训或指导，他就会对下属显得宽容，并愿意给予下属更多的培训或指导；如果管理者认为下属的绩效不佳，是由于下属不努力、不尽责，那么他可能会很生气并责备下属。管理者之所以会有不同的态度或行为表现，就是因为他对下属绩效不佳的原因做出了不同的归因。因而，管理者与下属之间、组织成员之间的顺利交往，常常取决于人们归因的正确程度。

（二）内部归因与外部归因

人们常常把某人的行为归结为内部归因和外部归因。内部归因把行为原因归结为知觉对象的某些特征，如个性特征、能力、动机、情绪等，从而对个体进行赞扬或指责。外部归因把行为归结为个体之外的因素，如其他人、环境或机遇。归因过程中的一个中心问题就是认识者如何确定另一个人的行为是否产生于内部归因或外部归因。

把行为解释为内部归因还是外部归因，将会影响人们对行为的评价。例如，某销售员上个月超额完成了销售任务，如果上司认为他超额完成业绩，是因为下达给这个销售员的任务比较简单或者任务量较小，那么上司就不会奖励他，甚至会给他增加销售任务量；但如果上司认为是这个销售员工作很努力，所以超额完成了销售任务，那么上司会表扬甚至嘉奖该销售员；如果上司认为是这个销售员的能力很强，那么很有可能会提拔这个销售员。

人们对自己行为的归因也会影响其以后的行为。例如，员工没有完成某项工作任务，如果员工把失败归因为自己努力不够，那么会促使员工以后遇到同样的任务时更加努力；如果员工把失败归因为自己能力不足，那么员工以后遇到此类任务时就会逃避，不愿意付出努力，以避免产生像现在这样不好的结果。又如，员工成功地完成了某项任务，如果员工将成功归因为自己的能力和努力，则会提升自己的信心；如果员工将成功归因为运气好，则员工不会受到成功的影响。

（三）归因偏差

与知觉一样，归因也可能因出现偏差而出错。就像上面那个例子，如果真实情况是由于销售员所处的地区完成销售任务比较容易，那么，如果上司错误地把原因归结为这个销售员的能力很强而提拔了这个销售员，却没有提拔那些在更难的销售地区工作的更值得提拔的销售员，这就是归因偏差导致的错误的决策行为。

社会心理学家们认为，人们在做出归因的时候有两个潜在的偏差，即基本归因偏差和自我服务偏差。

1. 基本归因偏差

基本归因偏差是指把他人行为归结为内部而不是外部因素的倾向，也就是把他人的行为归因于个人因素——智力、能力、动机、态度或人格，甚至在很明显就可以看出来是情境因素影响行为的时候也是如此。例如，员工上班迟到，管理者有可能得出这名员工不遵守劳动纪律的结论，而没有考虑可能是由外部因素导致的迟到行为。

产生基本归因偏差的原因主要有：当我们观察一个人的行为时，我们关注的是这个人，情境被关注得不多，常常忽视引起我们所观察行为主要原因的情境因素。另外，我们还倾向于相信人们的能力，我们设想的个体可以克服情境限制的能力要大于他们的实际能力。研究表明，相对于亚洲文化背景下的国家，西方国家的基本归因偏差更为常见，因为大多数亚洲人在幼年时期就被教育要注意人际关系背景，并学习全面看待所有的事物。

2. 自我服务偏差

自我服务偏差是指人们接受成功的赞扬和回避失败责任的倾向，对这一现象的大量研究表明，接受成功的赞扬比避免失败的责备更常见。人们往往倾向于表现自己良好的一面。当被告知成功的时候，人们很容易接受这种荣誉，把成功归于自身内在的能力和努力；当失败的时候，人们却常常把失败归因于外部的情境因素，也就是，成功的时候，我们赞扬自己；失败或者出错的时候，我们指责别人或者情境。例如，员工在解释他们取得的工作业绩的时候，通常归功于自己，但如果员工没有完成工作任务时，更容易归因于其他的因素，如设备老化、经济条件不好、时间太紧迫等。

归因偏差会影响组织中的各种行为活动及人际关系。如果工作中出现了错误，管理者倾向于把问题归因于下属的无能或是态度不端正，但是一旦涉及管理者自己个人的问题，管理者就会责难于情境。同理，如果工作做得很好，管理者则会归因于个人因素，而对下属做情境归因；而下属则会归因于他们的个人因素，而对管理者做情境归因，这是很典型的组织中管理者和下属之间的归因偏差冲突。因而，理论家和研究者建议增加人际间的相互影响，开放共同交流的渠道和讨论会，创造减少归因偏差的团队活动，以减少双方知觉和观点上的分歧。

第六节　本 章 小 结

一个组织是由若干个体所组成，人的行为存在着共性与特殊性。这种特殊性（如人的性格、能力、价值观、动机、知觉等）就是个体行为研究的内容。本章主要围绕人的个性和心理过程来介绍个体行为的相关理论知识。

个体行为产生的基础是环境、心理、学习。环境包括组织外部环境和组织内部环境，心理包括心理过程和个性。所有的复杂行为都是习得的，可以用经典条件反射理论、操作性条件反射理论、社会学习理论等来解释人是如何学习的。

在英语中，“人格”与“个性”是同一个单词，即“personality”。从心理学的角度来看，“人格”与“个性”是两个具有相同含义的词语，人格具有整体性、独特性和共同性、稳定性、可塑性的特点。成年人的人格是由遗传和环境两个方面因素决定的，同时还受到情境条件的调节。在大五人格模型中，人格的五个维度包括外向性、情绪稳定性、开放性、随和性、尽责性。现代人力资源管理中所指的人与职位的匹配，不仅是人的知识、能力、技能与岗位要求相匹配；更重要的是人的性格、兴趣与岗位相适应。霍兰德的职业适应性理论和职业兴趣测试，有助于管理者了解员工的职业兴趣，尽可能地提供最能发挥其个性优势的职业环境。

个性是指人的整个心理面貌，是个人心理活动的稳定的心理倾向和心理特征的总和。个性是一个整体结构，包括个性倾向和个性心理特征。二者相互渗透、相互影响，个性倾向调节个性心理特征，个性心理特征在一定程度上影响个性倾向。

个性心理特征是指一个人身上经常而稳定地表现出来的心理特点，它是个性结构中比较稳定的成分，主要包括气质、性格和能力。气质是指先天形成的、反映个体心理活动中的速度、强度、稳定性、指向性等动力特征的、典型且稳定的心理特征。目前普遍认同的气质分类是将气质分为多血质、胆汁质、黏液质、抑郁质。性格是一个人在对现实的稳定态度和习惯性的行为方式中所表现出来的较为稳定的心理特征，也是人格中最显著的特征。气质与性格既有联系又有区别。

能力是个体顺利完成某种活动所必需的并直接影响活动效率的个性心理特征，可以从实际能力和潜在能力两个层面来理解能力。我们应认识到个体与个体之间的能力，以及个体所具有的各种能力之间是有差异的。组织结构中应尽量形成“气质互补”“性格互补”“能力互补”的团队组合；应根据组织成员的气质、性格、能力特点，采取不同的沟通、激励方式，以便充分发挥个体的优势，形成组织的整体合力。

个性倾向是指人所有的意识倾向，决定着一个人对现实的态度及对认识活动对象的趋向和选择，主要包括需要、动机、兴趣、理想、信念、价值观和世界观。需要是指客观的刺激作用于人的大脑所引起的个体缺乏某种东西的状态，是人对某种目标的渴求或欲望。动机是指引起、维持和指引人们从事某种活动的内在动力，是人类行为动力中调控机制的重要组成部分，是人类行为的原动力。麦克利兰强调了三种在工作情境中最主要的动机，即成就动机、权力动机、亲和动机。价值观是人们对客观事物的是非、好坏、重要性的看法和评价。价值观反映人们的认知和需求状况，是人们对客观世界及行为结果的评价和看法，对动机有导向作用。个体的世界观是价值观的重要组成部分，在个体的价值观体系中起到决定性作用。工作价值观反映了人们在工作中及通过工作究竟想要得到什么，因此对于理解和管理组织行为很重要。

心理过程，即心理活动的全过程，就其性能和功能来说，心理过程包括认识过程、情绪情感过程和意志过程。心理过程最基本的是认识过程。认识是人们从环境中选择信息，对其进行组织，使他们的世界有意义的心理过程。环境中的外部因素和认知者内部独有的因素影响认识的过程。因此，本章第五节介绍了感觉与知觉、社会知觉、影响知觉的因素、知觉偏差、归因。

知觉是直接作用于感觉器官的客观事物的整体属性或各个部分在人脑中的反映，是个体对情境的独特描绘和解释。知觉的本质是一种个体选择。社会知觉的实质是对人的知觉，我们可以从不同的角度和侧面来知觉一个人，所以就把社会知觉分为对他人的知觉、人际知觉、角色知觉、自我知觉、因果关系知觉。但是，知觉并不总是准确的，甚至完全不符合实际情况或者产生错觉，因为知觉的形成要受到很多主观因素和客观因素的影响。影响知觉准确性的因素大致可以归纳为三个方面，即知觉者的主观因素、知觉对象的特征、知觉情境的特征。知觉偏差的来源包括选择性知觉、晕轮效应、对比效应、投射作用、刻板印象、首因效应。知觉偏差会影响人的认识，形成错误的推测、判断和评价。

通过知觉过程，人们可以理解他们所处的环境及环境中的人。然而，有时候仅仅了解知觉对象还不足以产生很好的解释。归因是指人们怎样对他人或自己行为的原因做出解释。人们对他人或自己的行为原因的认识会影响认知者随后的行为反应和态度。行为是由内部归因（即个人的特征），还是由外部归因（即环境）造成的，是人们对他人行为做出的一个重要归因。关于人们如何认识彼此，这一点对理解组织行为尤其重要，但认识的过程可能产生判断或理解的错误。与知觉一样，归因也可能因出现偏差而出错，人们在做出归因的时候有两个潜在的偏差：基本归因偏差和自我服务偏差。归因在对个人的认识过程中起着重要的作用。

总之，个体行为直接关系到组织活动的顺利进行和组织目标的达成，因而组织管理者应重视个体行为的研究。只有全面了解组织成员的个体行为及行为原因，才能真正做到知人善用、人职匹配；才能调动组织成员的工作积极性，充分发挥人的能力、及时开发和利用人的潜能；才能科学地进行人员的选拔、录用、调配、晋升、奖惩，以及进行合理的人力资源管理和开发，最终形成组织的整体合力，实现组织目标。

案例 1：使用个体差异来招聘员工①

（1）背景。位于俄亥哥伦布地区的共享资源（Shared Resources）公司的创始人兼总裁马瑞·特雷（Maria Tray）在招聘合格的新员工时遇到了问题。共享资源公司建立并支持计算机系统，公司在俄亥俄州的辛辛那提和哥伦布设有分部，一共有 53 名员工，哥伦布地区的失业率是 2.6%，为了能够吸引新的员工加盟，公司尝试给所有提交了合格申请信的应聘者赠送价值 50 美元的礼品，但是效果并不理想，由于人员紧张导致公司不能够正常运转。

---

① 达夫特 R L，诺伊 R A. 组织行为学[M]．杨宇，闫鲜宁，于维佳译．北京：机械出版社，2008：89.

(2) 需要的技能。特雷注意到公司的许多员工和客户都是女性，她需要找到一些咨询人员，他们不会拒绝来自女性领导的任务指派，他们需要有工程管理和咨询方面的经历。而且，这些新录用的员工还需要有良好的沟通技能。

(3) 在印度招聘员工。为了找到合格的员工，特雷采取了许多大公司都不情愿的一些举措。她决定到印度去招聘员工，在印度的招聘成本要低于在美国的成本。在印度的招聘成本，包括她和招聘人员的差旅费用，大约是每人 6 800 美元，而她通常要给猎头公司相当于一个员工起始年薪的 30%，将近每人 15 000 美元。

为了招聘到新的员工，她来到了离美国 8 600 英里远的 Chennai，位于印度的南部。Chennai 地区的人口近 630 万人，是印度第 4 大城市。她在哥伦布地区遇到的一家印度猎头公司，帮助她在当地的英文报纸上发了一则广告，该广告一共吸引了 350 名应聘者。印度猎头公司替她筛选出 117 名人员供她面试，而这 117 名应聘者被要求进行实际知识和技术能力方面的考试，51 名应聘者通过了笔试并参加了面试，一些在美国面试中有用的技巧无法在印度使用。例如，为了让应聘者介绍他们自己的情况，她曾要求他们用 5 个单词来描绘他们自己，但是，许多印度人仅仅是盯着她看或者用诸如“诚实肯干”等策略性的标准答案来回复她。

(4) 结局。特雷最后一共选出了 8 名应聘者，其中有 6 名接受了公司的录用。新录用的员工中有 4 人已经结婚并且要全家都搬到美国，她期望这 6 名员工尽快到美国开始工作。

问题：

1. 你如何才能发现一个潜在的员工是否有与女性一同工作的能力？
2. 人格的特点是什么？请你也用 5 个单词来描绘自己的个性特征。
3. 有哪些个体差异可以决定一个人是否能够成为一名成功的计算机咨询人员？
4. 个体的五大人格特征的发展是否取决于文化的不同？请解释原因。
5. 关于用实际知识和技术技能测试来找出那些不胜任工作的应聘者，你对此有什么意见？

案例 2：明星推销员①

在成长的过程中，杰里·斯莱特总是因为自己的独立而受到父母的表扬。当他开始上学以后，他在课堂内外都表现得十分出色。在学校，他经常担任交通管理员和食堂班长这样的职务。但是他的母亲开始担心自己的孩子，因为他不能和同学很好地相处。面对这个问题，杰里就会回答：“是的，我并不需要他们。另外，我能够做的事情，他们并没有能力完成，我没有时间去帮助他们，我需要提高自己。”杰里在高中和大学都非常出色，他的学习成绩在班上总是名列前茅，同时他也是高中和大学田径队中一名出色的长跑运动员。在大学的时候，他不愿意与别人住在一起，于是就自己独住一个单元。毕业以后，他进入了一家大型的保险公司，不久就成了公司最出色的推销员。杰里非常自豪，在过去八年中，他有六年成为公司最出色的五位推销员之一。

在保险公司的总部，负责主要人员晋升的执行委员会正在讨论西部地区销售经理职务空缺的问题。人力资源部的经理认为：“中西部地区的业绩远远低于其他地区，正在拖整个公司的后腿。我们需要一个进取心很强的人来扭转这种局势。通过广泛的考察，我们建议杰里·斯莱特出任这个职位。你们可以看出，杰里的业绩是非常出色的，而且他的工作积极

① 鲁森斯 F. 组织行为学[M]. 第 11 版. 王磊，姚翔，董佳瑾，等译. 北京：人民邮电出版社，2009：195.

性也很高。我认为他就是这个职位最合适的人选。”

问题：

1. 你是否同意人力资源部经理的观点？为什么？

2. 考虑杰里的背景，在本章中所讨论的什么动机在杰里身上表现得最为明显？什么样的动机表现得很低？请给出具体的例子。

3. 对于销售部门的员工来说，什么样的激励最重要？而对于管理职位上的员工，什么样的激励最重要？

第四章　群体行为

本章导读：组织由许多群体组成，群体介于个体和组织之间，是一个组织各种经营管理活动的基本单位。一个组织一般由大小不同、性质有别、多少不一的多个群体组成。正确理解群体对于解释组织行为中的很多现象是至关重要的。通过本章的学习，管理者能够了解群体的特征，判断个体的集合是否能称之为群体？对不同类型的群体进行比较分析，还要理解为什么个体要加入群体？什么是群体规范？它有哪些作用？群体决策和个体决策的异同点何在？具体的原则和方法有哪些？……本章将团队管理作为重要内容，除了向管理者介绍团队及团队管理的基本知识以外，更希望能够提高管理者的团队管理能力，从而使管理者所在的团队成为高绩效团队。美国著名组织行为学专家罗宾斯认为，团队是指为了实现某一目标而由相互协作的个体所组成的正式群体。从这一定义可以看出，所有的团队都是群体，但是只有有着共同目标、相互协作的正式群体才是团队。从古至今，团队无处不在，《三国演义》中的“刘备军团”、《西游记》中的“唐僧团队”都是非常经典的团队。阿里巴巴的总裁马云就很欣赏“唐僧团队”，唐僧师徒四人虽然各自有其明显的缺点，但他们最终取得确了真经，依靠的就是他们整个团队的力量。团队在现代组织管理中占据着越来越重要的位置，它有助于组织更好地利用员工的才能，增强组织的民主气氛，提高员工的积极性。在现代社会中，团队比传统的部门或其他形式的稳定性群体更灵活，反应更迅速，是组织提高运行效率的一种可行方式。

第一节　群体行为概述

一、群体的概念

组织是由许多群体组成的，群体介于个体和组织之间，是一个组织各种经营管理活动的基本单位。一个组织一般由大小不同、性质有别、多少不一的多个群体组成。正确理解群体对于解释组织行为中的很多现象是至关重要的。

对于群体的定义，不同的研究者因为所强调的重点不同而对其表述也不相同，群体在不同状况下所表现出来的动态特征是定义群体概念的重要因素。

唐·赫尔雷格尔教授等在其《组织行为学》中将群体定义为：“在一段时间内，能够经常互相进行交往的人群，其人数应相对少些，使每人能与本群体内所有其他的人进行面对面的，而不是通过别人的间接沟通。”并强调群体不是在某一段时间内偶然聚集在一起的几个人，它是成员之间的相互作用或群体作为一个整体所做出的成果。群体在某些基本方面与更大的系统，如一个组织中的某一部门或整个组织本身，是有所不同的。首先，为了群体继续存在下去，其成员必须能够相互看得见、听得着；其次，每名成员必须参加和其他每名成员的一对一双向交往；最后，那种像军事组织或其他正规组织中所常见的等级差异，在群体中必须是极小的，不过这并不意味着，作为群体中的成员在彼此间的相互影响方面就没有地位上的差异或区别。

西拉季等提出的群体定义是：“两个或更多的个人为了实现共同的工作目的和目标而形成的

相互依赖和互相作用的集合体。”这里着重强调这些人具有共同的目的和目标，以及相互依赖和相互作用的特点。

美国社会心理学家霍曼斯通过对群体构成要素的分析，从另一角度揭示了组织行为学中群体的内涵。他认为，群体是任务活动、相互作用和情感活动三个要素构成的统一体，它们相互依赖，相互制约，缺一不可，如图 4-1 所示。

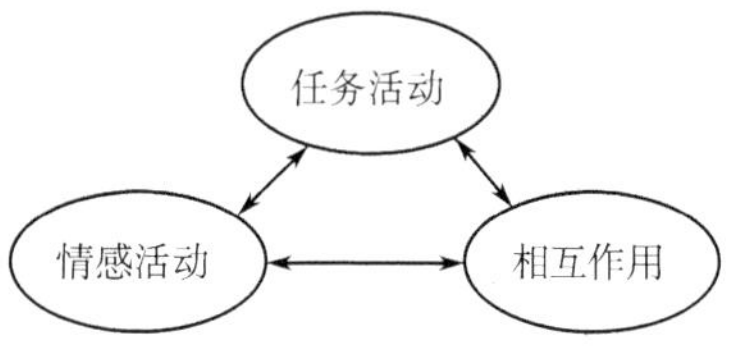

图 4-1　霍曼斯的群体构成三要素

所以群体是什么呢，我们倾向于这样的定义，就是为了达到某种特定的共同目标，由若干人组成的相互联系、相互影响的人群组合体。

二、群体的特征

一群人聚集在一起就能称之为群体吗？答案是不一定的，能够成为群体，必须满足一定的条件，即群体具有的以下行为特征：第一，两个人或者两人以上，相互联系和影响；第二，稳定的结构，有统一的行为规范；第三，共同的目标；第四，成员意识到彼此同属一体。

公交车上到达同一个公交站的乘客，他们有着共同的目标，但是如果他们之间毫不相干，在去同一个公交站的过程中，不发生人际交往，不会知道其他的人去哪里。那么对于这样一群人，虽然有相同的行动目标，但是他们的意识却毫无联系，他们更不可能协同工作，同样也不能实现群体的功能。因此，虽然他们有相同的目标，但是这样的一群人不能称为群体。

足球场上的一支足球队，他们的行为是相互联系、相互影响的，他们共同协作完成相同的目标，这样的一群人才可以称为群体。足球场上看球的球迷呐喊加油的一群人，他们也有自己的目标，但是没有稳定的节奏，相互之间没有联系和影响，所以不能叫做群体。但是如果是一个有专人组织的拉拉队，这就可以称为一个群体。所以，作为群体，它必须由两个或两个以上的个体组成，这是构成群体的前提条件。群体中的个体，他们的意识和行为必须相互联系和影响，这是构成群体所必须具备的条件。群体的个体必须有一个共同的行为目标，这是维系群体生存的必要条件，否则该群体的成员在意识上的联系将会发生严重障碍，行为上也会出现不协调，使群体的功能大大减弱，甚至失灵，最终导致群体的灭亡。群体成员还必须共同遵守统一的行为规范，这是保证群体成员行为一致，实现共同的行为规范，个体之间必须在意识和行为上发生联系或产生影响。

三、个人加入群体的理由

群体对个体的主要功能是能满足其心理的需要，这也体现了个体加入群体的动机。按照人的需要不同，这成为个体加入群体的理由，这些需求只有在群体里面才能实现。所以不同的群体为成员提供不同的利益，个体为满足不同的需要，通常会加入多个群体。例如，个体会加入到家庭、朋友、同事等群体中，通过人际交往之间相互作用，个体获得情感、社交和归属需要的满足。罗宾斯认为个体加入群体的原因如下。

（1）安全需要。通过加入一个群体，个体能够减少独处时的不安全感。个体加入到一个群体中之后，会感到自己更有力量，自我怀疑会减少，在威胁面前更有韧性。

（2）地位需要。加入一个被别人认为是很重要的群体中，个体能够得到被别人承认的满足感。

（3）自尊需要。群体能使其成员觉得自己活得很有价值，也就是说，群体成员的身份除了能够使群体外面的人认识到群体成员的地位之外，还能使群体成员感受到自己存在的价值。

（4）情感需要。群体可以满足其成员的社交需要。人们往往会在群体成员的相互交往中，感觉到满足，对于许多人来说，这种工作的人际相互作用是他们满足归属需要的最基本的途径。

（5）权力需要。权力需要是单个人无法实现的，只有在群体活动中才能实现。

（6）实现目标的需要。有时为了完成某种特定的目标，需要多个人的共同努力，需要集合众人的智慧、力量，此时，主管人员就要依赖正式群体来完成目标。

个体加入群体，同时群体又会对个体产生影响，其影响主要表现在以下三个方面。

第一，群体能够使个体获得许多独处时无法获得的心理满足。个体在群体中可以获得力量和信心，从而得到个人安全的满足。个体在群体中可以得到社交的要求，获得自尊的满足。人是社会的人，有社会属性，在社会生活中必然要有相应的社交要求。人要获得这一要求的满足，只能到群体中去，在群体状态下，人们才可能有社交的机会。个体在群体中可以得到社会的认同，他人的认可。一个人工作上的功与过，仅仅由个人来评价是不客观的，也是不公正的，必须由群体来评价，才可以得到公认。因此，个人的工作成就必须在群体中进行评价，并获得群体的认可。

第二，群体对个体行为有增效或减效作用。个体在单独状态下和在群体状态下的行为效果可能会不同。例如，跑步时，一个人单独跑与几个人一起跑，两者比较起来，跑步的速度及心理感受都会有所不同，几个人一起跑时，个体在群体状态下，有了竞争意识，并在这种意识的作用下，产生一种要比他人做得更好的动机，因此跑的速度可能会更快些，步伐可能会更轻松一些，甚至能感到不那么疲劳，这就是群体对个体行为的增效作用。群体对个体行为的增效作用多半发生在相对简单的工作中。相反的，对于复杂精细的工作，群体可能会产生减效作用，降低个体的工作效率。例如，在进行手表等精密仪器的装配工作时，应让个体在相对独立的状态下静心的工作，以便取得较高的工作效率。

第三，群体对个体的行为会产生强化或消退的作用。群体一旦形成就会有相应的群体行为规范，规定其群体成员该做什么，不该做什么。通常，群体规范允许做的，或者对群体和社会有利的行为，都属于良好的行为，一般都会得到群体和社会的称赞。群体规范不允许做的，或者对群体和社会有损害的则属于不良行为习惯，由于会得到群体大多数成员的允许和赞扬而得到强化巩固，而个体的不良行为习惯，则由于会受到群体大多数成员的谴责而受到抑制消退。在群体的这种强化和抑制作用下，群体的行为规范便会逐渐转变为个体的行为意识。这些行为意识，不仅对个体的当前行为有良好的影响作用，而且对个体将来的行为也有积极的指导作用。

四、群体的分类

我们在分析和确认群体特征、有效发挥群体优势时，往往需要强调指定群体区别于其他群体的个别特征，因而，按照一定的特征标准原则对指定群体进行分类，突出区别或者类似于其他群体的特征，并按分类群体的其他基本特征及其一般规律寻求对指定群体更加全面、深入的认识。群体分类比较复杂，指定群体因分类标准的不同而产生不同的分类方法。一般情况下，可以采用如下分类标准对群体进行分类。

（一）正式群体和非正式群体

群体按照构成原则和方式的不同分为正式群体和非正式群体。正式群体是指由组织结构确定的职务分配及行为分工清晰、成员地位及角色明确、群体规范相对完善的群体。在正式群体中，群体特征受组织的影响，群体成员在群体中的地位和角色由组织决定，群体及其成员行为的指向与组织目标保持一致并受到组织的引导和控制，群体规范与组织文化特征及管理风格相协调。例如，消费品公司的质量委员会，其组织需求是为顾客提供高质量的消费品；卫生保健机构的小儿专科，其组织需求是为儿童提供健康关护服务；律师事务所的反性别歧视工作组，其组织需求是终止存在于两性之间的性别歧视现象。

非正式群体是指建立在某种共同利益基础上的一种没有明文规定的群体。非正式群体的构成是由多方面的因素造成的，其中成员个人需求在群体中得到满足是一个重要的原因，并由于个体需求的多样性形成非正式群体特征的复杂性。从个体需求方面来看非正式群体的特征，不仅表现在达到一致认同的目标并在达成目标的基础上获得满足，而且在群体行为关系中相对较少的约束和指令使成员更能按个体的个性特征自由发挥；成员间多以自愿交往而非强制性交往的方式形成较小的心理压力的沟通关系；群体中因淡化等级差别及制度化的行为模式而形成更多默认的、相对于正式群体更为灵活的关系结构和群体规范；与正式群体相比，非正式群体各特征的可塑性较强，相应特征适应环境的协调在时间、空间上具有一定的优势，而正式群体因其指令性组合特性使群体凝聚力较强而形成较强的抗打击能力。

正式群体的类型可分为命令型群体、任务型群体、团队及自我管理型团队四种（图 4-2）。

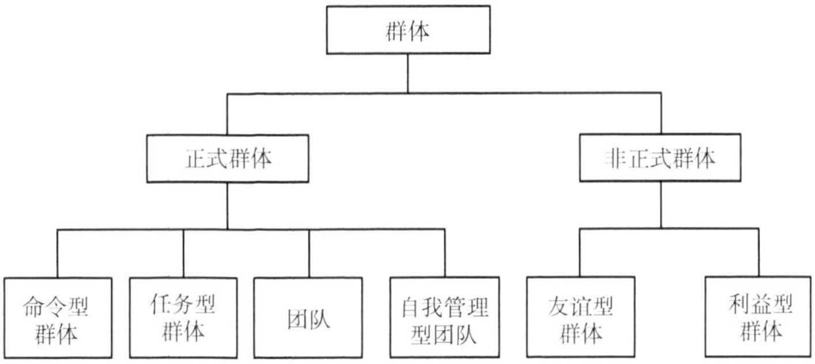

图 4-2　群体的类型

命令型群体，这样的群体很多，如一个小学的校长和他管辖的 12 位教师就组成一个命令型群体；一个邮局的审计主任和他下属的 5 位工作人员也组成一个命令型群体。命令型群体是组织完成大部分工作的载体，因此它对于组织目标的实现有巨大影响。

任务型群体是一组为达成同一特定目标的人的集合。通常情况下，一旦特定目标达成，任务型群体会随即自行解散。任务型群体的界限并不仅仅局限于直接的上下级关系，还可能跨越直接的命令关系。例如，如果一个在校的大学生违犯了校规，那么就需要在教务主任、学生处处长、保卫处处长、学生辅导员之间进行协调和沟通，这些人员就组成一个任务型群体。所有的命令型群体都是任务型群体，但因为任务型群体可以由来自组织各个部门、各个层次的人组成，因此，任务型群体不一定是命令型群体。

团队，是为实现群体共同目标而高度互动、紧密协作的一群人的集合。在高效率的团队中，成员群策群力，充分发挥各自的智慧与能力，完成单个成员无法完成的任务。例如，团队成员间为设计制造一种新型飞机而展开了密切的合作，但在一些情况下，成员会将大量的时间和精力浪费在完成共同目标的过程中，这也成了团队实施有效管理的障碍。又如，研究数字设备的成员之间由于缺乏团队认同感，导致彼此的交流困难，关系紧张以致难以协调。有关团队的内容，我们将在第四节中详细讨论。

自我管理型团队，是为保证团队目标达成，承担共同责任，并进行自我领导与管理的一群人的集合。自我管理型团队的显著特点是每位成员都与团队前进方向、任务分配、纪律奖惩、录用解聘及团队绩效紧密联系在一起。由于组织对成员存在巨大的影响力，自我管理型团队在组织中正变得日益流行。

非正式群体的类型可分为两种，即友谊型群体和利益性群体。友谊型群体是指能够从与组织各成员打交道的过程中获得乐趣的一群人的集合（这种社交过程在业内外均广泛存在），这种群体往往是在工作情境之外形成的，他们所赖以形成的共同特点可能是年龄相近、支持某个橄榄球队、同一所大学毕业、政治观点相同等。友谊型群体满足了员工的社交需求，为人际关系的维护提供了平台，同时还能间接地提高员工的工作满意度，对员工的情绪产生积极影响。

在利益型群体中，大家是为了某个共同关心的特定目标而走到一起来的。例如，为了呼吁公司设立敬老日、延长产假时间、保护环境或者改善工作条件，利益型群体就会随之成立。通过利益型群体的活动，成员表达出自己内心深处的想法，这通常成为推动组织变革的重要力量。

正式群体和非正式群体存在多方面的差异，如表 4-1 所示，但两者并不是完全排斥的，正式群体中包含许许多个非正式群体。正式群体中的非正式群体可能有积极作用，也可能有消极作用，其具体表现如表 4-2 所示。管理者应善于利用和引导非正式群体，使其对正式群体起到拾遗补缺的作用。

表 4-1　正式群体与非正式群体的区别

维度	正式群体	非正式群体
建立条件	明文规定，正式结构	无明文规定，无正式结构
运作机制	权威和责任	兴趣和利益
关注的出发点	任务的完成	个人的需要
领导权力来源	管理代表	群体给予
行为指南	法律和准则	道德和规范
控制来源	报酬与惩罚	约束

表 4-2　非正式群体潜在的积极作用与消极作用

积极作用	消极作用
创作一个更有效的整体系统	流言蜚语的温床
减轻管理者的负担	鼓励消极的态度
有助于完成工作	抵制变革
有助于促成合作	造成个人和群体之间的矛盾冲突
弥补管理能力的不足	拒绝和侵扰一些员工
赋予群体满意度与稳定性	降低激励和满意度
增进交流	超出管理者控制的范围之外进行运作
为员工的情绪宣泄提供一个途径	支持从众行为
鼓励管理者更为周密的筹划并执行	造成角色冲突

一般来说，在正式群体中会有非正式群体的存在，每一个成员既是正式群体中的一员，也是各种非正式群体中的一员。处理好正式群体成员与非正式群体成员的关系，是搞好组织中人际关系、实现组织目标的重要环节。为此，必须做好以下几个方面的工作。

1. 支持和保护积极型的非正式群体

这类非正式群体的行为目标与组织目标一致或基本一致，其成员服从组织领导，在工作中有进取精神，员工们在完成本职工作后，利用休息时间钻研与工作有关的问题，学习新知识，如企业中资源组合的攻关小组、工艺革新小组、业余学习小组等。对这类非正式群体组织应采取大力支持和保护的态度。又如，员工自发组成的书画爱好者协会、摄影协会、棋牌小组、各种球队协会等可以丰富员工生活，陶冶员工情操，提高员工的文化素质，有利于员工的身心健康，这类非正式群体对企业的工作有间接的支持作用。

2. 发挥非正式群体的积极作用，为实现组织目标服务

第一，利用非正式群体成员之间相互信任、说话投机、有共同语言的特点，引导他们开展批评与自我批评，克服缺点，发扬优点，不断提高思想水平和工作能力。

第二，利用非正式群体成员之间信息沟通迅速的特点，可以及时地收集员工的意见和合理化建议。这样既可以为正式群体目标服务，又可以加强正式群体与非正式群体之间的联系，使管理者做到心中有数。

第三，利用非正式群体成员之间感情的特点，引导他们相互取长补短，不断完善自我，从而提高员工素质和工作效率。

第四，利用非正式群体凝聚力强，能较好地满足成员社交、归宿和合群的心理需求特点，引导成员在工作和生活上互相帮助，从而促进企业的安定团结，努力实现组织目标。

3. 积极改造消极型非正式群体

总的来说，消极型非正式群体的活动对组织目标的实现起到消极干扰的作用。对这类非正式群体要积极稳妥的进行改造，切忌采取粗暴生硬和简单化的处理办法。要主动接触了解其成员，一旦发现问题及时采取必要措施，改造其消极行为。

1）坚持用疏导方法做好思想教育

疏导是管好消极型非正式群体的主要方法。管理者要通过调查研究、相互谈心，了解他们的实际情况，坚持原则、陈述利害、加强教育，以改变其与组织目标不相适应的不良行为。

2）行为规范改造

进行行为规范改造，就是用正确的道德观念、思想观点和良好的行为方式去改造非正式群体的不良消极行为准则。同时，还可以通过开展积极的有益于身心健康的文体活动，组织和吸引消极型非正式群体成员参加，使其改变不良的行为习惯，培养健康的兴趣爱好。当然，如果非正式群体发展到对工作、社会有危害时，应视其情节轻重，给予适当的处理，轻者批评教育，使其转变态度，抛弃恶习；重者应给予纪律处分，违法犯罪者应移送司法部门予以法律制裁。

4. 做好非正式群体核心人物的工作

非正式群体的核心人物对其他成员的心理和行为能产生一种自觉自愿的、心悦诚服的自然影响力。因此，做好核心人物的工作，是管好非正式群体的关键。管理者应主动加强与核心人物的沟通，听取他们对工作的意见和建议，争取其理解和支持，从而通过他们去影响其他成员。另外，选拔基层管理人员，如班组长、车间主任等，应尽可能地考虑选择在非正式群体中享有威信而且作风正派、业务能力强的核心人物，以发挥其影响力。

（二）大型群体和小型群体

群体按照规模大小不同分为大型群体和小型群体。群体规模大小的标准是相对的，是决定成员行为方式的重要因素，规模指标也是根据对群体特征的认识来确定的。例如，以群体的构成人数的多少、群体完成指定目标人物的大小、群体占用组织资源的多少等都可以划分成不同的大型群体、小型群体。

从群体的社会性意义来看，总存在群体成员间能够直接的、面对面的接触和沟通，情感交流频繁的群体，这样的群体我们称之为小型群体，如生产班组、领导班子、兴趣小组等。当群体规模较小时，成员间的日常交流与互动很频繁，彼此之间有较深入的了解，也很容易共享信息，明晰个人的工作职责，并确认群体的共同目标。另外，对组织目标强烈的认同感也会给成员带来更大的工作驱动及更高的工作满意度。

大型群体则是指群体成员通过群体目标及各层次的组织机构间接联系在一起，情感交流相对较少的群体，如学校、集团公司、部队等。当群体规模较小时，群体中的成员在日常工作中缺乏人际互动，彼此之间并不了解，信息共享也非常困难。此外由于群体中人员众多，每个成员可能会认为自己个人的贡献无足轻重，从而进一步减少对群体工作的付出。所以，与小型群体相比，大型群体的成员有着较低的工作满意度。

将大型群体的优点和缺点做一下对比分析：首先，众多的成员认为更多的技术、能力、知识和工作经验，为大型群体实现整体目标提供了丰富的资源；其次，大型群体可以采用劳动分工，为每个成员指派精细的工作任务。这样做的好处是个体成员能在自己负责的领域中熟练工作，进而获得高绩效。事实上，不管整个组织还是单个群体，其存在的重要原因之一就是追求恰当的劳动分工。

在决定群体规模的时候，组织应当很好地分析并平衡大规模所带来的利弊，明显有利的方面体现在技能与资源的优势上，弊端体现在成员数量增加带来的沟通与合作的困难。想象一下，与一个只有四个人的群体相比，有着 40 个成员的群体要让每个成员都了解组织中复杂的变革流程是多么的不容易！所以当群体规模不断膨胀的时候，群体成员间的协作与沟通就开始变得困难。例如，在一个由 20 名学生组成的联合学习群体中，容易发生两名学生同时忽略一项研究材料的情况，并且由于他们所做的工作之间没有交集，也就谈不上经验与智慧的共享了。总体而言，群体规模越大，冲突、重复工作和低驱动力出现的频率就越高。表 4-3 总结了大型群体和小型群体各自的优势。

表 4-3　不同规模群体的优势分析

<table>
<tr><th>小型群体的优势</th><th>大型群体的优势</th></tr>
<tr><td>成员间的互动交流更加频繁</td><td rowspan="2">群体拥有更丰富的资源（技能、知识和工作经验）</td></tr>
<tr><td>成员间信息共享更容易</td></tr>
<tr><td>成员认可各自对群体的贡献</td><td rowspan="3">群体可以实行劳动分工，从而使个体成员能在自己负责的领域中熟练工作，最终获得整体的高绩效</td></tr>
<tr><td>成员受到更强的激励作用，并勇于承担责任</td></tr>
<tr><td>成员的满意度更高</td></tr>
</table>

组织行为学的研究重点是小型群体，小型群体是大型群体与个体之间的中介，是组织的基本构成单位，都对组织行为及个体行为产生重要的影响。

（三）松散群体、联合群体和集体

群体成员间相互关系的密切程度是群体发展水平的重要标志，群体按照成员间相互关系的密切程度不同分为松散群体、联合群体和集体。

松散群体是处于最低层次的群体，它是指人们只在时间和空间上接近，但群体成员间没有共同活动的内容和目标要求，人们以共同的好恶和感情色彩为基础联系在一起的集合体。例如，同一航班的乘客、同一病房的病人等。松散群体不是组织行为学研究群体的主要对象，但松散群体在某些特定条件发生变化时，促使其群体特征的发展与变化，群体的发展水平可能得到提高，松散群体可能由低级层次发展为中间级的联合群体。例如，共同目的地及共同行程路径而来自不同地方的一群人可能因频繁接触和交流或意外事件的发生导致松散群体发展为联合群体。

联合群体处于群体发展水平中的中间层次，常常由松散群体进一步发展而成。联合群体的特征是成员之间有一些共同的活动，但这种共同活动主要决定于成员的个人目的或利益，因此，群体活动的成败与个人利益有密切的关系。成员虽然能在心理上意识到“我是群体成员之一”，但其行为带有浓厚的个人感情色彩，既可以承担任务，也可以拒绝承担任务，如音乐爱好者协会、业余桥牌运动队等。

群体发展的最高层次是集体。集体的主要特点是它的存在不仅对其成员有益，同时对于社会和人类也起着有益的积极作用。集体的活动具有广泛的社会意义，但集体的组织极为严密，纪律也极为严格。其成员不仅有共同的目标、共同的利益和共同的活动，而且每个人都要承担一定的责任，在群体明确的规范下相互交往，沟通极为密切。称得上集体的是学校与班集体、工矿企业、机关团体及一切进步的组织，如少先队、共青团等。

（四）参照群体和非参照群体

群体按照社会影响及作用不同分为参照群体和非参照群体。参照群体又被称为标准群体或榜样群体。所谓参照群体，是指这种群体的标准、目标和规范可以成为人们行动的指南，成为人们要努力达到的标准。参照群体的标准和目标会成为一个人的“内在中心”，它的标准和目标能引起人们的向往和追求。人们常常会把自己的行为及群体行为与其参照群体的标准进行对照，如果不符合这些标准，就会改正自己的行为。但应当注意到一个人心目中的参照群体有时也可能不是现实中实际存在的群体，而是来自于他的想象，如来自于某文艺作品中的某个群体形象或凭空杜撰等。虽然想象中的参照群体也会对个人的行为产生重大的影响，但通过心理学实验及现实中的事实证明了这样不利于人们个性的正常发展。

非参照群体是相对于参照群体而言的，是指那些虽然存在并活动于社会上，但其标准和目标不足以成为人们行动参照物的一般性群体。通常在划分参照群体与非参照群体时，往往将个体所在群体作为非参照群体。值得注意的是，由于群体之间的特征存在一定的差异性，在学习和追求参照群体行为的目标、内容和方法时，照抄照搬是不可取的，应当结合自身群体的特征提出适合自身群体实际特征发展的目标、内容和方法。

（五）假设群体和实际群体

群体按照是否存在分为假设群体和实际群体。假设群体是一种客观上并不存在的群体，只是为了研究或统计分析的需要而被人们“设计”划分出来的。假设群体又被称为统计群体或目标群体，常常可以按照年龄、性别、区域、职业、消费能力、信用度等特性进行二次划分。虽然假设群体在实际中并不存在，但在研究和分析某些问题时，却是一种比较有效的方法。例如，在市场消费占有率的消费群体分析中，在目标市场占有率指标下可建立一个接近市场其他特征的假设消费群体，并细化群体各类分项指标及必要的调整偏差方案，与实际消费群体的相关指标的对比分析可以找到实际消费群体与目标消费群体的差异，以作为企业市场行为调整的参考依据。

当然，群体分类标准因研究和认识的目的不同还有各种各样的划分方法，既可以在一级标准下进行不同的划分，也可以在一级标准下细分二级标准划分群体。例如，在产品消费市场调查中，区域标准、年龄标准、性别标准、职业标准、消费力标准、忠诚度标准、信用度标准等；学生群体中的同乡群体、兴趣爱好群体等。

五、群体的形成与发展

由于组织存在资金周转、雇佣晋升等原因，员工总是在不停地进入和退出，所以工作群体时刻都在发生变化，工作群体的目标和任务也在相应调整，在此过程中，群体成员积累了工作技能与经验，这引发了研究者界定其发展阶段的兴趣。理解工作群体如何进行变革是非常重要的，因为群体及其成员在不同的阶段会面临不同的挑战，为了使群体高效运转，变革管理迫在眉睫。请回想一下你参与过的群体项目，第一次和最后一次是不是迥然不同？导致不同的原因就在于你在不同阶段面临不同的人物。同样，工作群体从成立之初就会随着工作推进而采取重要的变革措施。

在对工作群体发展的研究中，Bruce W. Tuckman 提出了著名的五阶段模型，如图 4-3 所示。

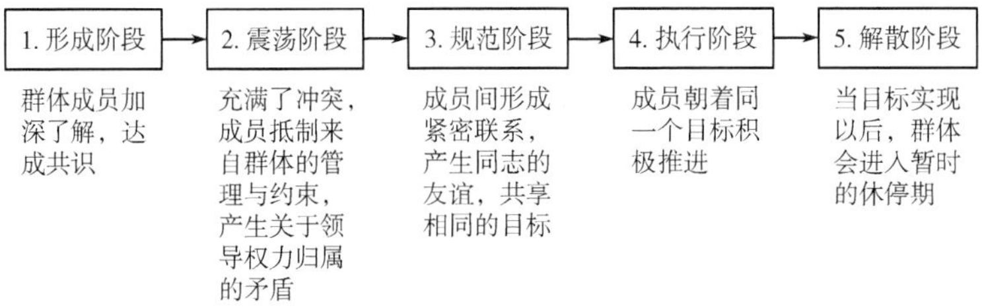

图 4-3 Tuckman 的群体发展五阶段模型

第一阶段，Tuckman 称之为形成阶段，在这一阶段，群体成员通过澄清公司任务，明确共同目标，达到促进彼此之间了解、约定群体成员的行为准则并达成多项共识的目的。当每个人确实把自己当成群体中的一份子时，形成阶段的任务就完成了。

第二阶段，震荡阶段，顾名思义，在这一阶段，群体内部充满了大量的矛盾，会产生关于谁应该作为群体的领导者，其领导权力到底应该有多大等问题，对这些问题的不同观点或争论可能使成员对群体产生抵制情绪。因此，当成员在领导权的归属问题上达成一致并且不再抵制管理与约束的时候，震荡阶段就结束了。

第三阶段，规范阶段，是群体成员开始有了真正的归属感，彼此紧密相连的阶段。在此阶段，工作伙伴的友谊逐渐萌发，大家朝着共同的目标积极前进。规范阶段结束的标志是所有成员认同并自觉遵守群体中的行为规范。

第四阶段，执行阶段，群体成员开始执行工作任务并达到目标。这一阶段是真正开始工作并产生绩效的阶段，所以在理想状态下，群体经过上述三个阶段并达到该阶段之间的时间不宜过长，但是事实并不总尽如人意，如自我管理型团队发展至执行阶段的时间通常长达 2～3 年。

土星公司（Saturn，通用汽车公司最年轻的品牌）在开始使用自我管理型团队的形式后就经历了这样一个漫长的过程。

第五阶段，解散阶段，也是Tuckman定义的最后一个阶段。在群体中，特别是任务型群体，在完成了任务或目标后便会进入解散期，但连续运行的群体则不会经历这一阶段，而是继续停留在执行阶段。

尽管五阶段模型看上去非常直观且合理，但研究表明并不是所有群体都会依次经过以上五个阶段。Tuckman指出，有一些群体的发展始终伴随着各种层次的矛盾与争议，特别是在震荡阶段。组织学研究者Connie Gresick发现，面临工作完成期限的任务型群体不会经历这一系列的阶段，取而代之的是，它会在惰性阶段（预期任务或目标几乎没有实现）和狂热阶段（群体迅速地向其目标努力前进）之间进行更替。更有趣的是，研究还发现各阶段的时间进度取决于允许实现各阶段目标的时间跨度，群体大约在前半段的时间中就会产生惰性。例如，如果一个群体被要求在六个月内完成所有工作，那么在起初的三个月中会形成群体惰性；如果一个群体被要求在三个月内完成所有工作，那么在起初的一个半月中会形成群体惰性。

随着人们对群体发展理论的研究越来越深入，如下结论应该经得起时间的检验，即尽管群体时时刻刻都在发生着变化，但并不是每个群体都会依次经历上述五个阶段。

第二节 群体动态特征

一、群体规范

所有的群体都有自己的规范。群体规范是指群体成员在一定时期内相互作用而形成的，必须共同遵守的一些行为标准。群体规范让群体成员知道自己在一定的环境条件下，应该做什么，不应该做什么。因此从个体的角度来看，群体规范意味着，在某种情境下群体对一个人的行为方式的期望。群体规范被群体成员认可并接受之后，它们就成为以最少的外部控制影响群体成员行为的手段。

早在20世纪30年代初，在著名的霍桑实验中，梅奥等已经注意到群体规范对群体及其成员行为的影响。如果工作群体中的人们在一起工作的时间非常长，那么，他们往往能够形成自己的行为规范和价值观念。对于大部分群体而言，群体规范是无意识的通过习惯的力量形成的。

大多数群体规范是通过以下四种方式中的一种或几种形成的。

第一，群体成员所做的明确的陈述。这名群体成员通常是群体的主管或某个有影响力的人物。例如，群体领导可能会强调，在上班时不得接打私人电话或者喝咖啡，休息的时间不得超过10分钟。

第二，群体历史上的关键事件。这种事件通常是群体制定某种重要规范的起因。例如，在工作中，一个旁观者离机器太近而受了伤，从这以后，群体就有了这样的规范：群体成员应时时注意，除操作者之外，任何人不得进入离机器5英尺之内的地方。

第三，私人交谊。群体内部出现的第一个行为模式，常常为群体成员的期望定下了基调。例如，学生中的友谊群体的成员在第一次上课时，就坐在一起，如果以后上课时，有人坐了“他们”的位子，他们就会感到恼怒。

第四，过去经历中的保留行为。来自于其他群体的成员在进入一个新群体时，会带来在原群体中的某些行为期望。这就可以解释，为什么工作群体在添加新成员时，喜欢吸收那些原来的背景和经验与现在群体相近的成员，因为这种新成员所带来的行为期望，与现在群体中已经存在的行为期望可能比较一致。

不同的群体，其规范也不同，根据工作群体规范的具体内容可以把群体规范分成以下类型。

第一，群体工作与绩效方面的规范。群体通常会明确的告诉其成员：为了完成群体工作目标，他们应该如何努力地去完成自己的工作任务，应该达到什么样的产出水平，应该如何与他人沟通等。这类规范对员工个人的工作绩效有直接的巨大的影响。

第二，形象方面的规范。形象规范是约束其成员着装、礼仪等代表群体形象的一些心照不宣的标准。例如，某公司虽然没有明确规定上班时应该穿正规的工作服，但员工仍然衣着正式地来上班，否则将会被主管和同事认为太过散漫。

第三，社交方面的规范。社交规范一般来自于非正式群体，主要用来约束非正式群体内部成员的相互作用。

第四，资源分配方面的规范。这类规范主要是有关困难任务的分配、工作设备的使用安排、薪酬和奖金的分配等。

但是，群体并不是为每一种可能出现的情景都制定规范，群体主要制定一些对自己很重要的规范。那么，是哪些因素决定着一种规范的重要性呢？一般来讲，重要的规范都符合以下几个标准。

第一，它能促进群体的生存。群体当然不愿意失败，因此群体着力于强化那些能够增加成功机会的规范。这就意味着，它们要尽力保护自己不受其他群体或个人的干扰。

第二，它能增加群体成员行为的可预测性。能够增加预测性的规范，可以使群体成员相互预测彼此的行为，从而能够做出适当的反应。

第三，它能够减少群体成员中令人尴尬的人际关系问题。一种规范如果能够保证群体成员的满意感并尽可能地防止人际摩擦，这种规范就是重要的。

第四，它允许群体成员表达群体的中心价值观，澄清代表群体身份的标志。这样的规范能够鼓励群体价值观和群体身份的表现，有助于强化和维持群体的存在。

群体规范约束所有成员的行为，对增强群体的稳定性有着积极的作用，其具体表现在以下几个方面。

第一，维持作用。如果没有群体规范，群体就会像一盘散沙，失去整体性，成员不能协同起来达到共同目标。

第二，认知标准化的作用。认知标准化的作用是指把群体成员的意见和看法统一起来，为实现共同的目标服务。

第三，行为约束和导向作用。行为约束和导向作用使群体成员表现出一定的群体性特点。当然，群体规范主要反映了多数成员的意见，有一定的“平均性”，有促使成员行为趋向于中等水平的作用。作为群体成员，都渴望被群体接受，因此他们倾向于按照群体的规范做事。大量的事实表明，群体能够给予其成员巨大压力，使其改变自己的态度和行为，与群体标准保持一致。

二、群体压力与从众性

从上一部分的群体规范我们知道，群体规范是群体成员共同接受的一些行为标准。群体中的个体由于受到群体规范的影响，往往会表现出不同于个体单独情境下的行为反应。这种反应是群体压力下的产物。群体压力是群体对其成员的一种影响力。群体压力与权威命令不同，它不是来自自上而下的明文规定，而是由群体多数人的意见所造成的影响，是群体规范对其成员行为的无形束缚力量。当群体成员的思想或行为与群体意见或规范发生冲突时，成员为了保持与群体的关系而需要遵守群体意见或规范时所感受到的一种无形的心理压力，它使成员倾向于做出为群体所接受的或认可的反应，这种现象称之为从众行为或社会从众行为。

社会心理学家阿希曾进行了一个有关群体压力和从众的经典实验，即“线段实验”(1955～1956 年)，该实验考察了影响从众的各种因素。阿希把被试组成 7 人小组，请他们进行线段长度的知觉判断。7 名被试中只有 1 人是真被试，其他人都是实验者助手。被试们围桌而坐，他们需要依次比较判断如图 4-4 所示中的 18 组卡片，每组卡片有两张，一张卡片上有三根长短不同的线段 A、B、C，这三根线条中有一根与另一张卡片上的线段 X 长度完全相同。被试们要做的是指出卡片上三根线段 A、B、C 哪一根线段，和一根线段卡片上的 X 线条长度完全相同。在试验过程中，要求被试们大声地说出他所选择的线段，真被试被安排在倒数第一位或者倒数第二位回答。每套卡片呈现一次，刚开始的时候，大家都做出了正确的判断，错误率小于 1%，从第 7 次开始，根据事先安排，那些实验者助手即假被试，故意做出错误的一致的判断，去欺骗那位真正的被试。结果发现，大约有 37% 真正的被试，他们明知道群体的答案是错误的，仍然做出了与群体一致的回答，也就是说被试依从于多数人所造成的压力做出了错误的判断。这个实验结果表明，群体规范能够给群体成员造成压力，迫使群体成员趋向于从众行为。

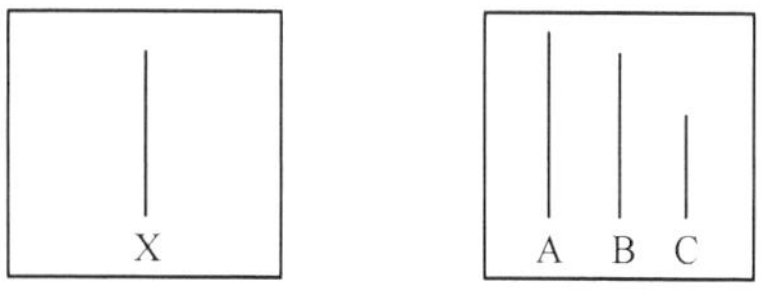

图 4-4　从众实验的卡片

在阿希实验之后，一些心理学家进一步研究群体压力和从众行为问题。结果发现，不是所有的群体都能给予其成员相同的从众压力。影响个体从众行为的因素包括环境因素和个体因素。从环境因素来看，如果某一个群体比较团结，意见一贯比较一致，个体认为该群体对自己很重要，那么该个体就容易顺从群体压力而产生从众行为。从个体因素来看，如果一个人的智力较差，情绪不稳定，缺乏自信心，对他人依赖性强，那么这个人就容易在群体中产生从众行为。个体表面上做出了从众行为，但其内心并不一定接纳。对个体来说，表面行为和内心反应不一定都是协调一致的，它有以下四种情况：表面从众，内心接受，即“心服口服”；表面从众，内心拒绝，即“口服心不服”；表面不从众，内心接受，即“心服口不服”；表面不从众，内心也拒绝，即“心口皆不服”。个体为什么会产生从众行为，可以认为有以下方面的原因。

第一，个体对社会孤立的恐惧感，当个体的表现与众不同时，他会感到缺乏支持、被孤立，被所在的群体排斥，对于群体的一般状况的偏离会面临强大的群体压力甚至受到严厉的制裁，这种恐惧感使群体中的人产生合群的倾向，只有与群体保持一致才能消除个体的不安全感。

第二，群体为人们的个体行为提供了参照，特别是当个体处于自己对情境没有把握的情况下，人们倾向于相信多数，认为他们是信息的来源而怀疑自己的判断，因为人们觉得，多数人正确的机遇大，在模棱两可的情况下，尤其如此。

第三，群体及其成员对个体的吸引力。群体给予个体的归属感和自我同一性使个体产生维护群体形象的心理，因此，个体的行为表现为与心目中的归属群体的标准保持一致。所以，实际的群体压力可以导致从众，想象假设的群体优势倾向，也会对人的行为造成压力，使人选择与设想的多数人倾向一致的行为。

第四，个体对他人或群体的依赖。情绪不稳定、缺乏自信或过于依赖他人的群体成员，对群体的抵抗力较差，更容易产生从众行为。

值得注意的是，从众行为和服从行为有本质的区别。服从行为是指按照别人的命令去行动的行为。在服从情况下，个体不是出于个人自愿，而是应别人的要求去服从行为。而在从众情况下，个体却是自愿的，即使不是按照他自己的本意去行动。有关服从的经典研究大家可参考社会心理学家米尔格拉姆的服从实验。

无论是先进的群体还是落后的群体，都会影响到其成员的行为。群体压力和从众行为既可能产生积极的作用，也可能产生消极的作用。例如，一个经常旷课的学生被安排到从来不旷课的几个学生中一起学习，这个旷课的学生很可能逐渐不旷课；而如果两个成绩好的学生被安排到经常玩游戏的成绩差的学生中去一起学习，那么结果很可能是这两个成绩好的学生成绩也变差了。

但从整个社会的角度来说，无论是社会功能的执行，还是社会文明的延续，多数人的观念与行为保持一致都是必要的。群体压力使个人维护群体的完整性，保证群体行为的一致，有利于群体目标的实现。从个人角度来说，个人的指示和感知的范围是有限的，个人需要用从众的方式，保持与社会的主导倾向的一致。从众是个人适应社会的必要方式。

三、观众效应

我们先来看一下这些司空见惯的现象。

你在一条空旷的马路边散步，当另一个人在你身后急匆匆地超过你时，你会不自觉地加快自己的步伐；你骑车上街买东西，当你发现后面有一辆自行车在向你骑的车子靠近并正要超越你时，你会情不自禁地加快车速；你如果是位老教师的话，虽然你有时候身体不大舒服，可是一上讲台，精神就来了；你还常常看到，不少演员和运动员在表演和比赛时，观众越多，情绪越热烈，他们的劲头就越足，技术发挥得就越好……

在这些司空见惯的现象背后，究竟蕴藏着何种社会心理效应呢？

在 1904 年，社会心理学家茅曼最先发现了这种效应，他是在做肌肉努力和疲劳实验时无意中发现的。当主持实验的人在房间里的时候，被试举重物的速度快一些，掷得距离也远一些。此后，达希尔对哈佛大学的学生进行的追踪研究也证明，在有观众在场的情况下，学生做乘法要快一些，好一些。而阿尔波特则通过许多实验进一步阐明：个人单独完成任务与观众在场时完成任务相比，如果是完成同样的任务，单独完成赶不上在观众面前完成的效果。这种现象不仅在人类中存在，而且在动物中也同样存在。我国学者于 1937 年在清华大学所做的实验证明，蚂蚁在单独、成对或三只，一群时挖掘沙土的数量是很不一样的，三只蚂蚁一起挖掘沙土时，其每一只蚂蚁的工作量是一只蚂蚁单独工作时的三倍。这种在一些场合，有别人在场与否，工作效率发生明显变化的现象就是观众效应。社会心理学的研究证明，他人在场产生的观众效应，既有促进个体行为效绩的作用，同时，在某种情况下，也有干扰个体活动效绩的作用。

1925 年特拉维斯做了一项完成追踪视盘任务的实验，实验者要求被试手里拿着一支铁笔，跟踪一个旋转圆盘上的目标，如果在圆盘旋转时铁笔离开了目标，就算一个错误，最初让被试连续几天进行练习，使反应动作达到一个稳定的水平。然后把被试带进实验室，让他单独做5次实验后，再让他在有4～8名高年级大学生或研究生在场的情况下做10次实验。事先告诉这些高中级大学生或研究生，他们的任务只是默不作声地注意观察被试的工作。实验结果发现，被试的工作成绩当有人在场观察时比单独工作时有很大提高，即错误率大大减少，甚至在单独工作时达到的最高成绩也低于有人观察时的成绩。这表明有别人在场观察时会发生观众效应。

但是，在另一些实验中也发现相反的情况。例如，1933年培森进行的一项实验，被试是一些大学生，让他们分别在单独与有别人在场的情况下学习无意义音节单词。实验的结果表明，有别人在场的情况下，被试平均要经过11.27次才能学会7个无意义音节单词，而单独学习平均只需9.85次，而且学习的错误率也是别人在场高于单独学习，其说明产生了社会的抑制作用。

在什么情况下会产生社会助长作用，什么情况下产生社会抑制作用呢？一般来说，这与作业的性质和人们的成熟程度有关。如果作业比较简单，而且人们能熟练地完成作业，当有别人在场观察时会发生社会助长作用；如果作业比较复杂，而且人们还没有掌握完成作业的熟练技巧，往往会发生社会抑制作用。

体育比赛中，特别是大球类项目（篮球、排球、足球）比赛中，有无观众的参与，对运动员（队）的场上表现会产生重大影响，成绩也随之发生两方面的变化。这种由于观众存在引起技术表现或运动成绩的积极性变化，心理学上称为社会促进效应，而消极性变化则称为社会干扰效应。社会促进效应和社会干扰效应，其根源在于观众（他人）对运动员（队）心理的影响。在观众背景下造成的运动员（队）成绩水平或竞赛表现的变化称为观众效应。

在观看体育竞赛时，由于观赏者自身的心理特征（需要或者渴望得到尊重），总希望和成功的运动员（队）站在一边，而远离或避免与失败的运动员（队）走在一起。这种通过适合自身心理需要的保护策略，使观众效应的作用益发显著。观众效应实际上是一把双刃剑，对于运动员（队）的表现可能产生积极或消极的影响。

四、群体凝聚力

（一）什么是群体凝聚力

群体凝聚力的研究最初是从麦道格（William McDougall）称之为“聚集”的本能开始的，大规模研究则始于20世纪40年代，美国衣阿华大学的著名心理学家勒温（Kurt Lewin）对人类群体的研究与早期研究相比，现代研究倾向于把凝聚力作为一个变量，并集中在两类问题上：一是不同程度的凝聚力对群体行为所产生的影响；二是决定群体凝聚力大小的因素。西方社会心理学家常常直接研究群体成员之间的相互作用和感情，强调凝聚力的情感成分。例如，美国社会心理学家费斯廷格（Leon Festinger）运用群体中出现的沟通频率和强度来分析群体凝聚力，在1950年出版的《非正式群体中的社会交往压力》一书中，费斯廷格等提出了凝聚力的三个构成要素：群体成员间的吸引力、群体目标和任务的吸引力、加入群体所得到的威信。苏联社会心理学家的研究则侧重在群体的共同活动上，强调凝聚力的认知因素，并把建立在共同活动过程基础上的群体团结性看做群体凝聚力。

在20世纪60年代左右，对群体凝聚力的研究大多集中在个人之间及个人与群体之间相互吸引的程度上。此后，随着对群体凝聚力研究的深入，一些学者将凝聚力和动机联系起来，认为确定群体成员为什么会被群体中的其他人所吸引是很重要的。80年代，人们对群体凝聚力的研究又有了新的进展，卡伦（Kanon）等将凝聚力描述为一个动态的过程，主张凝聚力至少应区分为两个方面的内容：一是任务凝聚力，它与群体的目标和成绩指标的承诺相关；二是交往凝聚力，它更多的涉及人际关系，如友谊关系和交往情感上的支持。

综上所述，群体凝聚力可以理解为群体成员愿意留在群体内的程度，在群体形成和发展的不同阶段，群体凝聚力的特点是不同的。根据这些不同的特征可以把群体凝聚力归纳为以下三种不同的凝聚力。

1. 自然凝聚力

“群”是人之所以为人的基本特征。自然凝聚力是群体最基本的凝聚力形式。相对于整个社会而言，每一个人都是微不足道的，身体单薄、力量微弱，要依赖一定的群体，才能更好地生活，并满足最基本的生理需要和安全需要。人所具有的社会性决定群体的自然凝聚力。

2. 任务凝聚力

群体是为了完成特定任务而存在的。在现阶段，劳动依然是人类谋生的手段，人们必须依赖相互协作而求得生存、发展。共同目标和任务使个体凝聚在一起，从而产生巨大的任务凝聚力。在完成特定任务的过程中，必然会产生领导者去组织、指挥、协调和控制。成功而有威望的领导者本身就是任务完成的需要，也是提升群体凝聚力的关键。相较于自然凝聚力，任务凝聚力有显著的进步。

3. 情感凝聚力

群体成员在长期的工作和生活中朝夕相处，通过了解和沟通建立起融洽、和谐的人际关系，产生了情感上的吸引力，进而产生情感凝聚力，这种以凝聚力维系而成的群体关系更为牢固，更有利于任务的完成。

情感凝聚力是分层级的：表层的丰富、肤浅而直接的情感关系，如悲伤、同情或愤怒；中层的价值凝聚力，即群体成员对共同活动的价值观是一致的；深层的依靠信仰建立的凝聚力，这种凝聚力是内化在每个成员心中的意识，因此是牢固可靠的。

这三种不同的凝聚力代表了群体在不同的发展阶段所呈现出来的由低级向高级发展的趋势，当然这三者不是彼此孤立存在的，它们之间存在着依存关系。

（二）群体凝聚力的影响因素

影响群体凝聚力的因素主要包括如下几种（图 4-5）。

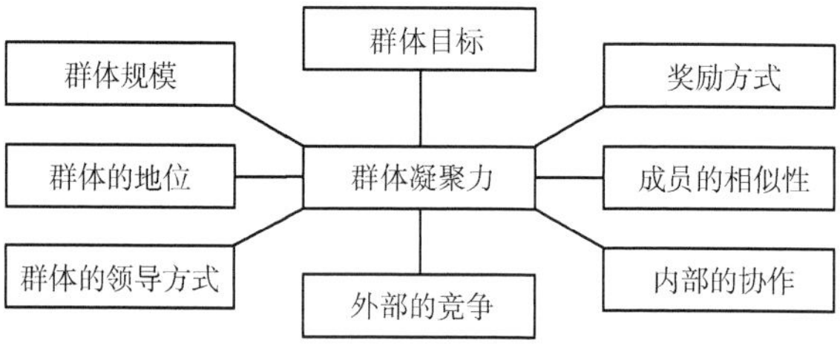

图 4-5 影响群体凝聚力的因素

1. 群体目标

群体是为完成任务，实现目标和需要而存在的。群体目标的实现对所有成员的个体目标和切身利益都有利。成员之间的目标是正相关的，这是形成高凝聚力的首要因素。目标的达成会增强成员之间的感情、成员对群体的认同，从而使群体凝聚力大大增强。实现的目标越具挑战性，凝聚力就会越高。

2. 群体规模

研究表明规模小的群体的凝聚力要高于规模大的群体。因为群体规模越小，成员之间异质性越小，分歧和矛盾就越少，成员间彼此作用于交往的机会就越多，感情也会越强，凝聚力也会越大；反之则小。因此凝聚力的大小与群体规模成反比。

3. 群体的地位

在一些有光荣称号，或有较高技术水平，或有富于挑战性工作，或有较多经济报酬，或有较多晋升机会，或有较多自由而不太受严厉监督的群体，其凝聚力一般较大，而且这种群体在社会上的声誉和知名度也比较高。

4. 群体的领导方式

领导者的作为对群体凝聚力的高低产生至关重要的影响。勒温等在经典实验中比较了“民主”、“专制”和“放任”三种领导方式下各实验小组的凝聚力和群体气氛，结果发现民主型领导方式小组成员之间比其他组更友爱，成员相互之间的情感更积极，思想更活跃，凝聚力更高。勒温在关于领导风格和团队气氛之间关系的长期研究中发现，不同的领导风格对团队成员的工作绩效和工作满意度有着不同的影响。勒温将领导风格分为专制型、民主型和放任型，他认为，这三种不同的领导风格，会造成三种不同的团队氛围和工作效率。

专制型领导者只注重工作的目标，只关心工作任务和工作效率，对团队成员不够关心。在这种团队中，领导者与被领导者之间的社会心理距离比较大，领导者对被领导者缺乏敏感性，被领导者对领导者存在戒心和敌意，这样容易使团队成员产生挫折感和机械化的行为倾向。民主型领导者注重对团队成员的工作加以鼓励和协助，关心并满足团队成员的需要，并营造一种民主与平等的氛围。在这种团队中，领导者与被领导者之间的社会心理距离比较小，团队成员工作动机较强，责任心也比较强，工作效率也比较高。放任型领导者采取的是无政府主义的领导方式，对工作和团队成员的需要都不重视，无规章、无要求、无评估，人际关系淡薄。

勒温试图通过实验确定哪种领导是最有效的，但是，并未发现某种风格是最有效的证据。

5. 奖励方式

在群体中，不同的奖励方式影响群体成员的情感和期望。个人奖励会促使竞争，群体奖励则会加强合作。竞争并不意味着凝聚力减弱，合作也不代表着凝聚力增强。实践证明个人与群体相结合的奖励方式最有利于增强群体的凝聚力。群体成员的任务目标有机地结合，可以增强集体观念和群体凝聚力。

6. 成员的相似性

相似性对于人们的交往、友谊和相互吸引方式存在有利的影响。研究证明相似的人往往更容易相互喜欢，他们之间更容易投入更多的感情，产生良好的人际关系。群体成员在某个方面的相似，容易使人彼此接近，从而产生好感和认同，进而增强群体的凝聚力。

7. 内部的协作

群体成员为完成共同的目标而进行协作，彼此为对方提供有利的条件。合作不仅有益于自己，也有益于他人。通过合作，每个成员都意识到自己对他人的依赖，都感到只有获得他人的帮助，才能更好地满足自己的需要。这样使群体成员对共同活动感到满意，并且彼此产生好感，进而频繁交往，群体凝聚力自然就提高了。

美国心理学家道奇（Dodge）做过一个简单的实验，证明团队协作对凝聚力的作用。他让一个班的学生讨论一个问题，并对这个班的一半学生说，他将以合作为评分标准，给学生的成绩划分等级，每个学生与他人合作的越好，成绩也就越高；然后对另一半学生说，他将以竞争为基础，给他们的成绩划分等级，按照个人贡献，分出第一名、第二名、第三名……实验结果表明，合作解决问题的群体要比竞争解决问题的群体更加协调一致。他们相互接纳意见，彼此友好相待，关系融洽，促进了群体凝聚力的提高。相反，竞争的小组内很少有沟通，个体忧心忡忡，不能友好地对待其他成员，彼此间关系紧张，缺乏合作，甚至彼此为敌，这就减小和破坏了群体的凝聚力。

8. 外部的竞争

通常情况下，封闭系统的凝聚力要高于开放系统。但是，封闭系统内部结构关系固化，不能与外界发生能量、信息的交换和更新，因而趋向于无序和灭亡。在现实生活中存在的群体或多或少与外界存在着交流和联系，群体与群体之间也存在着合作和竞争。当群体之间竞争时，各自的群体内部都会产生压力和威胁，迫使所有的成员自觉地减少分歧，忠实于自己的群体，一致对外，以避免自己的群体遭受损失，这就提升了群体内部的凝聚力。

（三）群体凝聚力产生的结果

群体凝聚力的提升所带来的未必都是好的结果。一个高凝聚力的群体是每一个组织的领导者们都乐意看到的事情，但是由此而带来的弊端也常常令领导们头疼。下面我们将辩证的分析群体凝聚力产生的两个方面的结果，扬长避短，使群体凝聚力发挥更积极的作用。

1. 在群体内人际关系方面

提高群体凝聚力会使群体内人际关系更加融洽、紧密，会形成更强的吸引力和向心力，从而使群体更容易获得群体成员的认同。同时，群体内良好的人际关系能够为群体成员提供良好的工作、生活状态，激发群体成员的潜能，从而使工作更有效率。但是，群体凝聚力过强也会产生“小团体意识”，群体内部的从众倾向会非常严重。在决策过程中，这种倾向表现为由于片面和过分的追求一致而强行通过不正确的决策，这种不合理地、过分地追求一致的现象叫做“小团体意识”。由于群体成员把保持群体统一，创造和谐气氛的目的放在首位，因此，他们往往不能理智地分析各种可能的备选方案，使决策质量受到影响。

对于组织的领导者而言，如果对“小团体意识”引导不好，会造成工作效率低下，甚至偏离组织目标。管理心理学研究提出一些克服“小团体意识”的办法：第一，对群体决策给予指导，充分利用可取的信息，创造性的解决冲突。例如，可以要求参与决策的人尽可能清晰和合乎逻辑地提出自己的看法，并要他们认真听取和考虑其他人对自己意见的反映，欢迎不同的意见，收集广泛的信息，以便做出正确的决定。第二，先把问题告诉个人，让大家独立思考和提出看法，再采用匿名或书面的方式提出意见，这种方法虽然可以在一定程度上避免“小集团意识”，但有可能会降低意见交流的效率。第三，群体决策时，先以小组讨论，充分酝酿，然后把不同意见提交大组，在取得一致意见后，举行跟踪会议，允许提出其他疑问或意见。

2. 在生产率方面

高凝聚力有助于更有效率地实现群体所追求的目标，但这并不意味着高凝聚力群体一定会为组织带来高绩效。如果群体目标与组织目标一致，则对组织绩效有利；反之则对组织绩效不利，导致低绩效。美国社会心理学家沙赫特（Schachter Stanley）等的实验清楚地表明了凝聚力与生产率之间的关系（图 4-6）。实验以凝聚力和诱导方式为自变量，以生产率为因变量，形成了以下四个实验组：高凝聚力，积极的诱导；低凝聚力，积极的诱导；高凝聚力，消极的诱导；低凝聚力，消极的诱导。结果表明，高凝聚力群体和低凝聚力群体在积极诱导的条件下，生产率有很大提高，但高凝聚力群体生产率提高的幅度更大；而在消极诱导的条件下，高凝聚力群体和低凝聚力群体的生产率都降低，但高凝聚力群体的生产率降得更低。

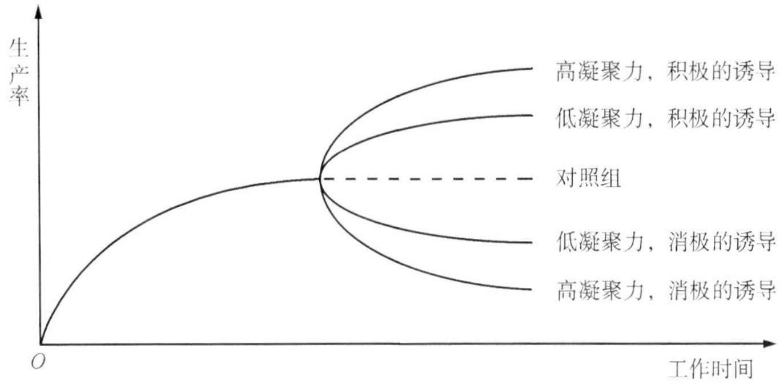

图 4-6　凝聚力与生产率之间的关系示意图

由此可见，群体凝聚力高可以使工作效率高，也可以使工作效率低。对于组织的管理者而言，这意味着提高群体的凝聚力并不是最终目的，而是应在提高群体凝聚力的同时，引导群体形成积极的群体规范，并把群体目标引到与组织目标相一致的方向上来。只有这样，才能使群体凝聚力成为提高生产率的动力，而不是障碍。

（四）群体凝聚力的测量

对于群体凝聚力，我们既可以进行定性分析，也可以进行量化测定。测量方法一般为问卷统计测量方法，其中以社会测量法为常用的方法，其测量公式为

$$\text{群体聚集力}=\frac{\text{群体成员间相互选择的数目}}{\text{群体中可能相互选择的总数目}}$$

在运用时，首先设计一份问卷，问卷题目可以拟定，如“在×××小组中，你愿意与哪些人一起工作、学习和探讨问题”之类的问题，问卷也可以罗列调查访问群体的所有人姓名和选择栏的表格，让每一位成员回答填写，然后进行答卷统计，按照计算公式统计出相应的计算项目，确定群体凝聚力指数的计数结果。群体凝聚力的强弱以群体凝聚力指数为标准，指数为 1，表示该群体凝聚力极强，指数为 0，表示该群体凝聚力极弱。

第三节　群体决策

美国通用电气公司是一家世界知名的大型跨国公司，被世人尊称为“世界第一 CEO”的杰克·韦尔奇（Jack Welch）在刚接任总裁时，对公司的官僚体制深恶痛绝，并一度想辞职。他认为公司管理的太多，领导的太少。他指出，“工人对自己的工作比老板清楚得多，经理们最好不要横加干涉”。针对企业的这一弊端，韦尔奇在公司中实行了“全员决策的制度”，让那些平时没有机会相互交流的职工、中层管理人员都能出席决策讨论会，参与决策。这一制度的实施，克服了公司官僚主义的弊端，减少了慢速度的办事程序，使公司在不景气的情况下取得了巨大的进展，也为公司后来的发展奠定了坚实的制度基础。

“三个臭皮匠，顶一个诸葛亮”，这句谚语形象地反映了群体在决策过程中所产生的力量。古罗马时期的元老院制度也表明西方在很早以前就认识到了群体决策在行政体制中的优势。时至今日，群体决策已经渗透到社会生活的诸多方面，组织中的很多决策都是由群体、团队或委员会制定的。

一、什么是群体决策

著名心理学家西蒙在企业管理研究中，运用控制论和决策分析方法，把古典决策理论和行为决策成功地结合起来，因此获得了 1978 年诺贝尔经济学奖。他提出，管理就是决策，群体决策是其重要方面。所谓群体决策就是群体成员共同参与决策的过程，是实现群体目标的重要手段。群体决策包括以下三个维度。

第一维度，群体成员参与决策的程度。从很少参与决策到充分参与决策，不同的参与程度对决策结果的可接受性有很大影响。

第二维度，群体决策的内容。包括管理、日常人事、工作本身和工作条件四个方面。

第三维度，群体决策的范围，可分为大范围和小范围。

群体决策是实现群体目标的有效手段。恰当地运用这一手段，将大大提高群体的效率。我们可以把群体决策看做一个开放的动态系统，它既包括群体成员在各决策阶段的活动和作用，也考虑到来自群体外部的各种信息的影响。在群体决策中，群体成员对于所要决定的问题有几种可供选择的解决办法，同时，群体对于其成员在决策中的选择也有巨大影响。群体决策的过程大致可以分为以下三个阶段。

第一阶段，诊断问题。在此阶段群体确认问题的性质和问题产生的原因，提出解决这些问题的标准。

第二阶段，提出多个可供选择的解决方案。群体成员提出各种可能的解决方法。

第三阶段，分析可选择的方法，做出决策。通过群体讨论，比较和权衡不同方案的利弊，选择有可能获得最佳结果的解决方案。

群体决策是相对于个人决策而言的，两者既有区别又有联系，其区别如表 4-4 所示。个人决策受群体成员思想、行为的影响，本质上是与个人的角色、文化背景、知识结构、社会地位及自身的能力密切相关的，这些因素使个人对客观世界的认识难免会有较大的局限性，弥补个人决策缺陷的方法之一就是群体决策。

表 4-4　群体决策与个人决策的比较

方式	速度	信息量	准确性	创造性	冒险性	民主性
群体决策	慢	大	强	较高	相对要强	好
个人决策	快	小	弱	较低	视个人而定	差

在选择是群体决策还是个人决策时，要对效率和效果进行权衡。如果考虑效果的话，那么群体决策能够有更多可供选择的、准确性更强、更具民主性、更为大家所接受的决策结果。但是，个体决策比群体决策更有效率、更加敏感，反应更及时、迅速。

二、群体决策的优缺点和原则

虽然，群体决策在整合资源、扩展信息的广度和深度、增强民主性、争取民众支持方面有很大的优势，但是，群体决策也存在缺点和不足之处。

（一）群体决策的优点

群体决策将性格、气质、年龄、性别等不同的人整合在一起，群策群力，最大限度地发挥了群体成员的积极性，并提高了决策的可接受性。在日常生活中，我们可以深刻地体会到，如果让那些受到决策影响的人和将要执行决策的人参与到决策中来，对于决策结果他们就更容易接受，并鼓励周围的人接受，从而使决策更容易被执行，执行所取得的效果也就更好。

“价格听证制度”就是群体决策产生良好效果的一个很好的例子。“价格听证制度”是指行政主体（主要指价格行政主管部门）在做出影响利害关系人合法权益的价格决定之前，由价格听证申请方告知调价理由并对定价方案进行说明；利害关系人随之向价格主管部门表达意见、提供证据、进行置辩；价格主管部门听取意见、接纳其证据再做出决定的程序所构成的一种法律制度。

群体决策实现了知识结构上的互补，增强了观点的多样性，提供了更完全的有助于决策的知识和信息。在群体决策中，具有不同知识结构的人能够相互启发，在观点的碰撞中产生灵感的火花，从而使决策更全面、更准确和更具创新性。

群体决策增强民主性、合法性，群体决策过程与民主理想是一致的。如果一个人在进行决策之前没有征求其他人的意见，决策者的行为就可能会被看做独断专行。相反，群体决策被认为比个人决策更合乎法律要求，更能体现民众意愿。

（二）群体决策的缺点

群体决策的缺点主要表现在以下几个方面。

1. 办事缓慢、成本高昂

群体决策是既花时间又花成本的方法。群体决策有时是必要的，可以有更多的时间进行考虑，能客观地评价一种想法，还能提出替代的方案。但是，当需要迅速决策时，群体决策的方式就不再适用。

2. 常常导致妥协和盲从的群体思维

紧密团结的群体使个人思想与组织思想倾向一致成为群体思维。美国社会心理学家贾尼斯（Iring Janis）最早提出这一概念，并将其定义为“由于群体压力所导致的思考能力，事实检测和道德判断的退化”。实际上，群体思维是源于个体成员从众心理及达成一致的要求。个体被施加压力以适应他人的意愿，以至于没有对其他方案进行实际性的评价。主导成员的想法往往来自于组织中那些拥有权威、说话自信、喜欢发表意见的人，不管他们的意见有无价值，群体思维想象通常有如下几种表现。

第一，群体成员把他们所做出假设的任何意见合理化，不管事实与他们的基本假设的冲突多么强烈，成员的行为都是继续强化这种假设。

第二，对于那些怀疑群体共同观点的人，或怀疑大家信奉依据的人，群体成员就对他们施加直接压力。

第三，那些持有怀疑或不同看法的人，往往通过保持沉默，甚至降低自己看法的重要性，来尽力避免与群体观点不一致，好像存在一种无疑议错觉，如果某个人保持沉默，大家往往认为他表示赞成，缺席者被看做赞成者。

图 4-7 显示了群体思维的判断标准。

责任分散是群体决策经常遇到的问题，因为很难找到决策责任的最终承担者，每个人都

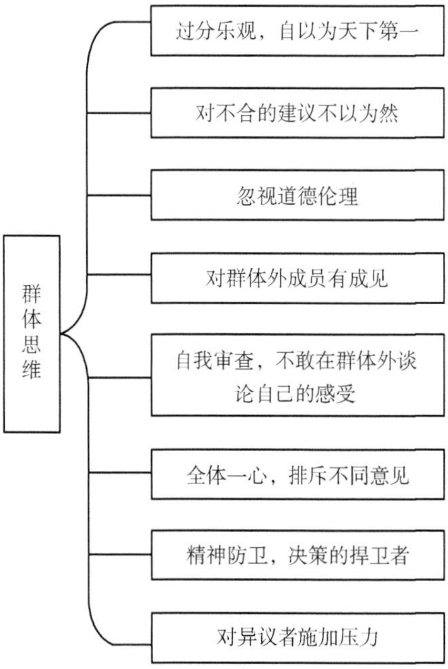

图 4-7　群体思维的判断标准

承担责任就等于任何人都不承担责任。群体决策稀释和弱化了责任，从而给了每个成员推卸责任的机会。

（三）群体决策的基本原则

1. 满意原则

决策行为遵循的是满意原则，而非最优原则。在群体决策时，尽管可以集思广益，但个体依然会受到信息、思维、知识和价值体系的局限，以及时间和注意力的限制，不可能产生最优化的决策，而只能尽可能多地满足群体决策者的要求。此外，群体决策是一个利益博弈和协调均衡的过程，它不可能满足每个人利益的最大化，因而就不可能实现决策的最优，能够达到一个大多数人满意的效果，群体决策的目标就算实现了。

2. 信息准确、全面原则

信息是决策的基础。只有掌握大量、全面、准确的信息，并对其进行全面、系统的归纳、总结、比较、选择和去伪存真、去粗取精、由此及彼、由表及里的思考，才能做出科学的决策。大量的信息是群体决策一个很大的优势，但若不会选择利用，这一优势就无从发挥。

3. 可行性原则

决策的最终目的在于实施并达到预期目标，因此是否具有可行性是衡量政策正确与否的标志。在做决策时，要从客观存在的人力、物力、财力及科技力出发，考虑到各种可能：不仅要估计有利因素和成功机会，还要预测出不利条件和失败的风险；不仅要静态的计算需要和可能之间的距离，还要对各种影响因素的发展变化进行动态分析；并且要分析决策实施后所产生的影响和结果。只有经过周密论证、审定、评估确定其可行性，决策才有成功的把握。

4. 民主原则

群体在决策时通常有这样几种方式，即由一个人决定、由少数人决定、由多数人决定、基本一致和完全一致，每一种方式都有其优缺点。既然是群体决策，就应该发扬民主，不搞独裁，不在群体里发展小团体。群体决策要体现大多数群体成员的利益，而不是少数人的私利。

三、群体决策的影响因素

影响群体决策的因素非常复杂，总的来看可以分为内部因素和外部因素两大类。外部因素，即环境；内部因素则包括规模、成员的组成及个性特征、规范、凝聚力和地位等。

（一）环境

外界环境是群体决策的重要条件。宽松、开放的外界环境和决策场所及公开、坦率的信息沟通氛围是群体决策有效运行的保证。在一个人人自危的环境下，群体决策只能流于形式。

（二）规模

韦伯（Weber）认为，5～11人组成的中等规模的群体决策最有效，能得出比较正确的决策；2～5人规模的群体决策更容易达成一致。一般而言，规模较大的群体能得到较多的意见。但意见的增加与群体的规模并不存在正相关关系，因为大群体中容易形成小团体，当这些小团体与群体的目标不一致时，会阻碍组织目标的实现。

（三）成员的组成及其个性特征

思维、知识和价值体系等相同或相近的成员容易形成一致意见；相反，在这些方面差异较大的成员则会形成不同意见。不同个性的成员在一起有利于激发创造力和想象力，适宜于各种方案的选取和评估。个性特征过于相近可能会没有想法，而差别太大则可能因为想法太多而无法决策。

（四）规范与凝聚力

鼓励的、平等的、以任务为导向的群体规范能增进群体决策的有效性。凝聚力直接影响群体的士气及群体对决策的关注度，但容易产生“小团体意识”。

（五）地位

群体成员中地位差异对决策具有导向作用，地位低的成员更趋向于服从决策，地位高的成员则更愿意支配他人从而损害决策的有效性。

四、群体决策的主要方法

（一）名义群体法

名义群体法最早由德尔贝克（Dellbecq）和范·德·维恩（van de Ven）提出。名义群体法是两人在1968年对美国国家航空航天管理局决策过程中关于群体社会心理研究的一部分内容。名义群体法有如下几个步骤（图4-8）。

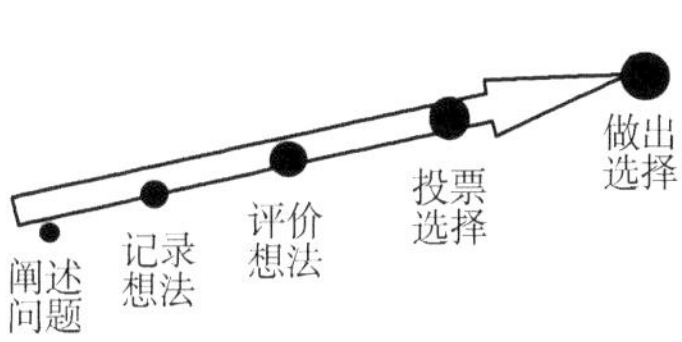

图4-8 名义群体法的步骤

首先，详细的阐述需要决策的问题。其次，让每个人单独写下自己的观点和解决问题的方案，然后把自己的观点和方案列出来并对其做记录，但不对任何观点和方案做评价。再次，群体讨论每个成员的观点，并要澄清和评价这些观点。最后，为寻求最优解决方案，要进行第一轮投票。第一轮投票结果要列表显示，经过讨论后再进行下一轮投票，直到最后一轮投票。最终决策结果是选择排序最靠前的或最集中的方案。

名义群体法的优点在于强调各种不同意见的提出，提高了对每一种意见的注意力，使群体成员具有均等参与决策的机会，并充分表达自己的意见。缺点是投票需要浪费大量的时间成本，并可能导致参与者的厌烦情绪，尤其是在很难达成一致的情况下，这种缺陷更为明显。

（二）德尔菲法

德尔菲法最早由兰德公司的诺曼·达尔克（Norman Dalkey）提出。这种方法的目的是集中各方面专家的意见，预测未来事物的发展。德尔菲法最初是通过邮件来完成的，后来是通过传真或其他类似的工具进行的。德尔菲法的实施过程比较复杂，具体步骤如下：提出明确的问题，规定统一的评估方法；选择参与合作的专家，并向他们提出问题，从而得到解决方案和建议；把反馈的方案和建议记录在案并汇集起来；向专家公布所有统计出来的方案和建议，并请他们对其进行评论；对提交的方案进行汇集整理；如果达成一致意见，公布方案；如果没有达成一致意见，也公布结果；再次鼓励专家讨论并提出方案；再次汇集提出方案和评论；宣布一致性意见（如果达成统一的意见）或者继续以上操作。

德尔菲法决策过程的成功依赖于充足的时间、参与者的专业技能、沟通者的技巧及成员投身于任务的热情。此决策过程的主要优点在于：避免了专业小组成员间的人际关系问题；高效利用了专家的时间；被调查者所产生的创意多种多样、质量较高、有足够的时间分析和思考；预测准确。

随着信息技术的飞速发展，计算机的广泛应用及信息的电子化传输进一步改进了德尔菲法决策的过程，大大缩短了集中输入和反馈组织数据的交互作用过程，克服了德尔菲法决策过程原有的局限性。

（三）头脑风暴法

头脑风暴法最早由奥斯本（A. F. Osborn）于 20 世纪 50 年代提出，也称头脑振荡法，原意是指精神病人的胡言乱语，这里是指决策时让人畅所欲言的一种方法。与其说它是一种决策技术，不如说是一种鼓励人们构想出尽可能多的主意和方案以供下一步估量权衡的方法。实施头脑风暴法的原则如下：鼓励每个人独立思考，广开言路，不受常规思维的约束，观点越新颖、奇特越好；追求数量，意见越多越好；对别人的建议不做任何评价，将相互讨论限定在最低限度内；探索取长补短和改进的方法，除了鼓励成员提出意见外，还要鼓励成员对他人已经提出的设想进行补充、改进和完善。

采用这种方法的人数不可过多，5～12 个人为宜，时间为 20～60 分钟，让大家就某一问题展开充分讨论，研究表明，这种方法每小时可以产生 60～150 项建议，比一般方法多 70%。这种方法的优点是使人解放思想，缺点是整理分析意见需要花费大量时间，从而使决策进程减慢。

（四）辩证思维决策法

辩证思维决策法是一种有效抑制群体思维的决策方法。这种方法的运作程序如下。首先，对明确要解决的问题提出两个以上相互竞争的建议，并弄清每个建议的内在、外在假设。其次，根据建议的数目，把群体分成相对应的几个小组，每一个小组强调一种建议的相对优势。最后，群体根据参与者的情况进行决策，决策方案既可以是原有方案中的一种，也可以是一种折中方案，还可以产生一种新的方案。其具体过程如图 4-9 所示。

这种决策方法的优点在于更加充分地了解各个方案及其根本假定，了解参与方对方案的优劣评判。不仅如此，辩证思维决策法以一种公开、透明的方式进行，很好地体现了群体决策的民主性，但由于各个建议之间可能存在着较大的矛盾和分歧，成员之间的针锋相对会影响群体的内部团结。

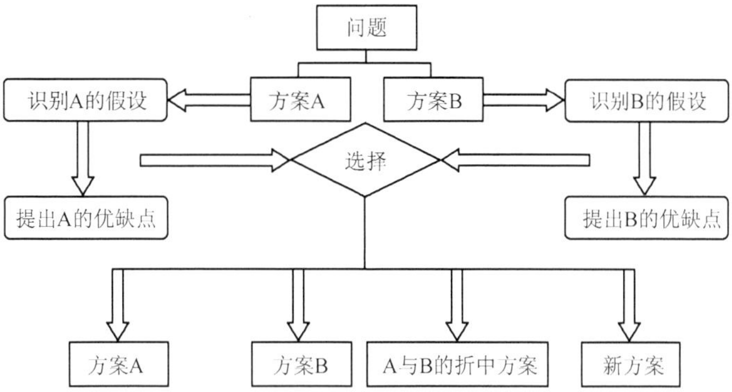

图 4-9　辩证思维决策法的具体过程

(五) 提喻法

提喻法最早由哥登（W. I. Gordon）提出，故又名哥登法。哥登认为，头脑风暴法有一缺陷，即会议之初就提出目的，易使见解流于表面，难免肤浅。因此，他采用的方法是不让与会者（主持人除外）知道创意的真正目的和意图，而让其进行海阔天空的联想，以捕捉创意的火花。这种方法的具体实施如下：由 5～7 个人参加会议并进行讨论，但讨论的问题与决策的问题没有直接的关系，而是利用类比的方式进行讨论。类比的方法有很多种，如拟人类比、象征类比、幻想类比等，也可以采取纵向或横向的比较方法引出讨论的问题。采用这种方式的优点是，把熟悉的事务变成陌生的事务，有助于人们摆脱条条框框的束缚，充分利用自己的想象力开拓新的思路。

(六) 会议讨论法

会议讨论法是目前组织最常用的群体决策方法。决策者以集中开会的方式对所要探讨的议题协商讨论，提出个人观点，加以论证分析。在这个过程中沟通信息、统一认识，达成一致后形成最后决定。随着高科技的发展，人们将尖端技术与传统会议方式相结合创造了一种新的决策方法——电子会议法。参与决策的成员只需要拥有一台计算机终端，问题通过大屏幕呈现给参与者，要求他们把自己的意见输入计算机终端屏幕上，个人的意见和投票都显示在会议室中的投影屏幕上。

电子会议法的优点主要是成员参与方便、不受空间限制、可支持多项任务、匿名、可靠、快速。缺点是在实现复杂而丰富的互动上始终存在缺陷、成本也较高。随着软硬件设施的进一步完善，电子会议将更便利、更高效，广泛被人们采用。

要使群体会议更有效，应遵循以下原则：及时分发会议议程和背景材料；明确会议目标；注意群体的构成；把想法产生与评估分开；鼓励少数人表达意见；留心反对者的态度；检验决策的支持率；控制无效讨论；善于总结会议结论并落实会后的任务与责任。

第四节　团 队 管 理

一、团队概述

(一) 团队的定义

团队是一群为数不多的，具有不同背景和互补技能的个体所组成的正式群体，他们相互协作，致力于完成共同的目标。从这个定义中，我们可以看出团队具有以下特征。

1. 共同的责任

一个团队要想获得成功，成员必须具有彼此对组织、过程和结果负责的意识。集体成员只向他们的领导或管理人员报告，只对领导者负责；而团队成员由于他们对团队的承诺，就要承担责任、具体实施。团队成员共同承担团队成败的责任，该责任包括两方面：一是团队成员在平常的团队运作过程中或团队会议中分担的团队工作的成败责任；二是全体团队成员共同承担团队特定任务完成与否的成败责任。

2. 成员之间互补

团队是由一群不同背景、不同技能、不同知识的人所组成的一种特殊类型的群体，它以成员高度的互补性、知识技能的跨职能性和信息的差异性为特征。由于成员间在背景、训练、能力、所接近的资源方面的差异，一个团队的成员在技能、知识、专长及信息的分配上是不平均的。团队成员之间有高度的相互依赖性，往往是处于复杂的互动之中。一个团队内应具有执行不同职能的成员，因此，团队通常是由跨职能部门的个体所组成的群体。

3. 协同效应

团队会产生一种协同效应。协同效应是指团队成员共同合作的绩效大于每个人的绩效之和。团队工作强调集体的绩效、共同的责任、积极的合作和相互补充的技能。集体成员共同努力只为达成目标，而团队成员是为达到一个更高的绩效水平。研究发现，高绩效团队有一些共同特点，即团队规模比较小。团队成员一般有三种不同类型的技能，即技术的，解决问题和决策的，人际关系的，这三种技能是高绩效团队的共同特点之一。团队内部相处和谐融洽、团队成员愿意献身于共同的目标、团队成员在个人与团队层次上都保持高度负责的精神、团队成员相互之间高度信任。

4. 基于共同目标承诺而产生的团队信任

团队成员必须一致同意共同目标的价值，并在达到目标的方法上达成一致。这种一致的达成为全体成员提供一种愿景和激励，使团队成员互相信任。合作的氛围并不意味着没有冲突，但是，如果是一种建设性的冲突，这种冲突能进一步增强团队的创造性，进一步提高团队的绩效。共同领导也和团队文化相关，集体中有一个被指定的领导，而团队则是所有成员共同领导。

（二）团队与群体的区别

群体是指为了实现特定目标，由两个或两个以上的个体所组成的相互联系、相互依赖、相互作用的一群人的组合。团队是一群为数不多，具有不同背景和互补技能的个体所组成的正式群体，他们相互协作，致力于完成共同的目标。团队是一种特殊的工作群体，与群体不尽相同，可以说，所有的工作团队都是群体，但并不是所有的群体都是团队，团队体现了团结、合作和共同目标等精神特征。罗宾斯认为，工作团队通过其成员的共同努力能够产生积极的协同作用，其团队成员努力的结果使团队的绩效水平远大于个体成员绩效的总和。他认为，团队与普通群体的不同之处主要在于以下方面。

第一，群体强调的目标是信息共享，而团队强调的是集体绩效。

第二，群体的作用是中性的（有时是消极的），而团队的作用往往是积极的。

第三，群体责任个体化，而团队的责任既可能是个体的，也可能是共同的。

第四，群体的技能是随机的或不同的，而团队的技能是相互补充的。

普通群体与团队的区别如图 4-10 所示。

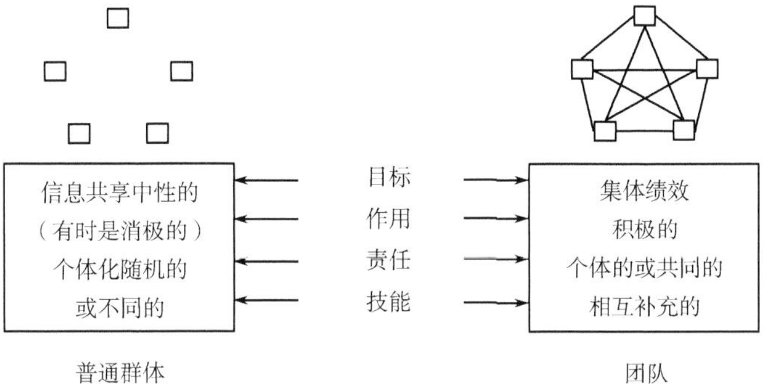

图 4-10　普通群体与团队的区别

工作群体中的成员主要通过共享信息做出决策、帮助每个成员承担自己在群体中的责任。工作群体中的成员不一定要参加到需要共同努力的集体工作中，群体的绩效仅是个体成员绩效的简单加总。工作群体中不一定存在积极的互动配合，甚至可能会因为冲突或沟通不足而产生消极的协同效应，而工作团队要求各成员之间是一种积极的、有创造性的互动配合，获得积极的协同效应。工作强调集体绩效，追求的是大于个体成员绩效总和的绩效。工作群体的责任是个体化的，而工作团队的责任既是具体化到每个成员身上的，又是团队共同的责任。工作群体成员的技能一般是随机的，而工作团队各成员的技能是高度互补的。工作群体是典型的由管理阶层指导，而工作团队强调自我管理。有学者将工作群体与工作团队的区别，主要表现总结为如表 4-5 所示的八个方面。

表 4-5　工作群体与工作团队的区别

比较维度	工作群体	工作团队
合作方式	共享信息	协作配合
责任承担	个体责任	共同的责任和个体的责任
工作目标	不明确或个体化的	成员有共同的目标
培训	个人技能的培训	个人培训和团队训练
交流	个人感受不需要交流	公开表达感受、交流看法
成员关系	各自为政，有限的信任	相互间充分的信任和支持
成员技能	符合其职位要求	相互补充的技能
工作结果	个人绩效	集体绩效

工作团队与传统的部门结构或其他形式的普通工作群体相比，主要有以下优点。

第一，工作团队可以使不同的职能并行进行，而不是顺序进行，从而大大节省了完成组织任务的时间。

第二，工作团队可以迅速的组合、重组和解散。

第三，工作团队可以由团队成员自我调节、相互约束，促进员工参与决策的过程，增强组织的民主气氛，并且削减组织中的某些中层管理职能。

有调查显示，企业竞争中的优势主要来源于策略和人力资源两个方面。在人力资源方面，关键是要看能不能建立一个团队。正因如此，在中国，许多的企业、组织都在模仿创建团队，但团队的创建是有一定的条件的，要辨别工作团队与普通工作群体的区别。

（三）团队的构成要素

有人认为，团队的构成要素可以用5P来表示，即目标（purpose）、人（people）、团队的定位（place）、权限（power）、计划（plan）。

1. 目标

目标是指团队应该有一个既定的目标，指引团队成员向什么方向奋斗，没有目标的团队就没有存在的价值。组织可以说是一个大团队，因为组织成员有共同的使命、愿景与目标。同时，组织内部又可以划分为若干个小团队，包括常设团队（如职能部门）和临时团队（如项目部、攻关小组）。组织的大目标分解成小目标，由各个小团队来承担，各个小团队的目标必须跟组织的目标一致，小团队目标还可以具体分解到各个团队成员身上，大家合力实现这个共同目标。

2. 人

团队必须是由人构成的，人是构成团队最核心的力量，两个以上的人就可以构成团队。目标是通过人员具体实现的，所以人员的选择是团队中非常重要的一个部分。在一个团队中需要有人制订计划，有人出主意，有人实施，有人协调，还要有人去监督评价工作进展与业绩表现。不同的人通过分工来共同完成团队的目标，所以在人员选择方面要考虑团队的要求如何，人员的能力如何，技能是否互补，人员的经验如何，性格搭配是否和谐等。组建团队时，选择团队领导是重中之重。

3. 团队的定位

团队的定位包含两层意思：一是团队的定位，团队在组织中处于什么位置，由谁选择和决定团队的成员，团队最终应对谁负责，团队采取什么方式激励下属等；二是个体的定位，作为成员在团队中应该扮演什么角色，是制订计划还是具体实施或评估等。

4. 权限

团队当中领导人的权力大小跟团队的发展阶段相关，一般来说，团队越成熟领导者所拥有的权力相应越小，在团队发展的初期阶段领导权相对比较集中。在确定团队权限时，要考虑组织规模、团队数量、业务类型，以决定授予何种权限及多大权限等。

5. 计划

计划有以下两个层面的含义：一是目标最终的实现，需要一系列具体的行动方案，可以把计划理解成目标的具体的工作程序；二是提前按计划进行可以保证团队的顺利进度。只有在计划的操作下团队才会一步一步地贴近目标，从而最终实现目标。

（四）团队的类型

根据团队的目标、功能和特点，可以将团队分为以下四种类型。

1. 问题解决型团队

问题解决型团队是最早的团队类型。问题解决型团队是一种临时性团队，专注于其职责范围内的特殊问题，提出解决问题的方案。这种团队一般权力不大，不能从职能上重组工作或改变管理者角色。问题解决型团队一般由5～12个来自同一部门的成员组成，每周用若干时间来讨论改进产品质量、提高工作效率或者改善工作环境等问题。成员就如何改进工作程序和工作方法相互交换看法或提供建议。这些意见一般是提供给有关管理部门或管理者，这种团队几乎没有权力根据团队的建议单方面采取行动。这种团队类型虽然在解决问题上有明显的作用，但在调动成员参与决策的积极性方面没有起到作用。

20 世纪 80 年代，应用最广泛的一种问题解决型团队是质量圈。这种工作团队由职责范围部分重叠的成员及主管人员组成，人数一般为 8～10 人。成员定期聚会，一起讨论工作中的质量问题，调查问题的原因，提出解决问题的建议，并在授权范围内采取有效行动。

2. 自我管理型团队

自我管理型团队也称为自主管理型团队，这种类型的工作团队与问题解决型团队相比，不仅要注意问题的解决，而且还要注意执行解决问题的方案，并对工作结果承担全部责任。自我管理型团队通常由 10～15 人组成，这种团队承担了原先主管者的职责，由其成员集体控制工作进度，进行任务分配，对工作进行检查和监督，决定培训计划等，如图 4-11 所示。自我管理型团队代替了原先由监督者管理的传统团队形式，其团队成员承担了本来由管理者或一线监督者承担的责任。完全自我管理团队甚至自己选择新成员，并让成员相互考核评价业绩。可以说，在这里，传统管理者的意义大为降低，甚至被取代了。这种类型的团队发展得很快，许多成功的知名企业采用了这种团队类型，如百事可乐公司、惠普公司等。

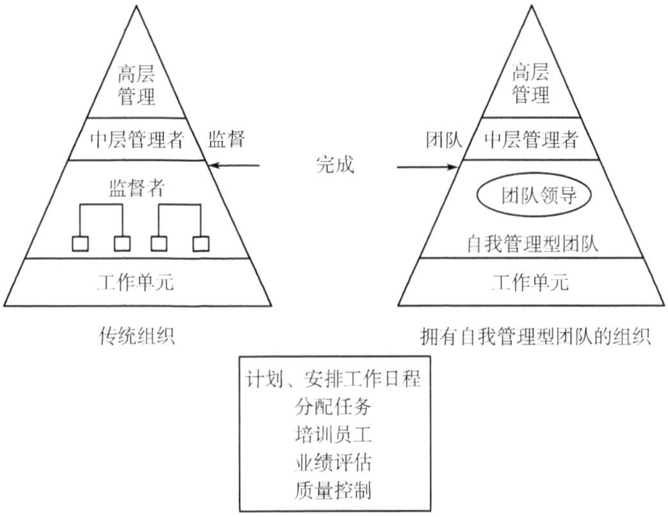

图 4-11 组织中的自我管理型团队

与传统的工作组织形式相比，自我管理型团队的优点是成员的工作弹性较大，能更快速的适应技术的变化，从而提高工作质量，改善工作态度，但是这种团队的成员缺勤率和流动率偏高，如果长时间缺乏统一的控制，就会脱离组织的标准和要求，不利于组织的发展。

3. 多功能型团队

多功能型团队也是应用很广泛的一种团队类型。它是为了完成某项共同的任务，而由来自于同一等级、不同部门、不同工作领域、具有不同技能和经验的成员所组成的团队，许多组织在完成新任务时都会采用这种团队。

美国的大公司在 20 世纪 60 年代就开始采用这种团队，到 80 年代末，这种团队形式被广泛采用。这种团队可能是临时的，如任务小组、攻关小组，也可能是长期的，如某些委员会，多功能型团队能够体现其成员技能互补的优势。这种团队形式能促使组织内不同领域的员工之间交换意见，激发出新的观点，解决面临的问题，协调复杂的项目。但是，由于其成员来自不同的部门，具有不同的知识背景、经历、观点和思考问题的方式，在他们之间建立信任和团队精神，往往需要经历很长时间的“磨合期”。

4. 虚拟型团队

虚拟型团队是指一群来自于不同地域，由某个共同的目标和任务联系在一起，通过信息技术进行合作的人员群体。这种团队的成员可能来自于同一个组织，也可能来自于不同的组织，团队成员通过计算机网络联系在一起，在地理位置上非常遥远的地方同时工作。虚拟型团队缘起于“前网络时代”，如利用非网络媒介而运作的新闻、远程销售、远程教育等领域，而以 3 “I”，即 information（信息）、idea（想法）和 intelligence（智慧）为代表的网络经济则使虚拟团队的规模化发展成为必须。各类商业软件的出现使各类虚拟会议和决策制定过程更为便利。声频和视频技术的进步，更加促进了虚拟团队的发展。

虚拟团队与前面所述的三种团队类型相比，具有下列特征。

第一，团队相对不稳定，成员随项目的进展而随时增加或减少。所涉及人员对于项目的参与程度不同。成员之间的关系也相对松散，以致在大多时候，在团队成员甚至在公司管理者眼里，并没有把它视作一个“团队”。

第二，团队成员以开发新产品为共同目标，对目标的创新性和时效性要求很高，目标解决方案与成果难以预测。团队成员多为知识型专家。

第三，团队成员通常不在同一个地域，使团队成员沟通必须借助计算机网络；团队合作流程很难预先设计；团队工作方式需不断重组；灵活畅通的信息技术是团队成员沟通的必要支撑等。

（五）团队的绩效

有关团队绩效的界定，目前还没有统一的标准。王卓对团队绩效进行了广义的定义，根据他的定义，团队绩效是指团队实现预定目标的实际结果，主要包括三个方面：①团队的产出，如产品数量、质量、速度、顾客满意度等；②团队为其成员带来的收益或影响，如成员满意感；③提高团队成员的共同工作能力，以便将来更有效的工作，如承诺、内聚力等。

团队绩效的发挥，受到很多因素的影响。这些因素既有来自于团队所处组织环境方面的，也有来自于团队自身内部因素方面的。这些因素主要包括团队成员的构成、成员的能力与人格特征、团队的规模、团队目标认可、团队凝聚力、团队规范、团队沟通、团队的决策自主性、团队领导的作用、团队的集体效能感和组织的支持。

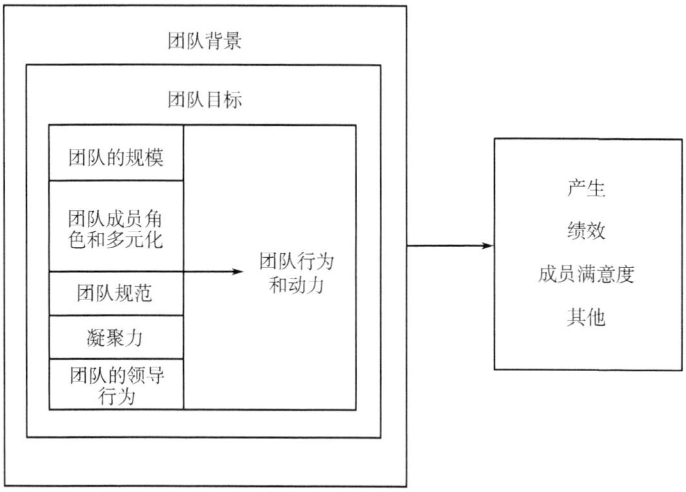

图 4-12 团队效能的影响因素

美国管理学家教授赫尔雷格尔（Don Hellriegel）等认为，团队效能包括团队的产生、团队绩效、成员满意度及其他方面，而影响团队效能的关键因素有七种，它们分别是团队背景（外部环境）、团队目标、团队的规模、团队成员角色和多元化、团队规范、凝聚力，以及团队的领导行为，如图 4-12 所示。

1. 团队背景

背景是团队所处的外部环境，能直接影响其他六个因素。团队背景可以包括技术、成员价值取向、工作环境、管理时间、正式的组织规章、高层管理发展的策略和组织的奖惩。

团队是组织的基本结构单位，组织支持会对团队绩效产生不同程度的影响。组织支持可以分为组织对个人的支持、组织对团队的支持、团队对个人的支持。其中组织对团队的支持与团队绩效之间的关系最为密切。组织对团队的支持有利于提高团队成员的积极性，使团队得以顺利开展工作，提高团队的绩效。

2. 团队目标

团队目标是整个团队所期望的产出，而非个别人的目标，其影响个人、团队和组织的效能。在一个团队中，相容和冲突的目标经常存在，而且团队同时具有关系倾向和任务倾向的目标。

通常，当个体的目标与团队的目标一致时，团队的绩效更高。一个成功的团队具有一个团队成员共同追求的、有意义的目标。这个目标是团队成员努力的方向，为团队成员指引方向。工作团队在确定了目标以后，还必须将这个目标转变为具体的、可以衡量的、现实可行的绩效目标。具体的目标可以促进明确的沟通，有助于团队把自己的精力放在达成有效的结果上，促进团队激励。具体的团队目标可以提高团队的绩效。

3. 团队的规模

团队的规模对团队绩效是有影响的。规模过大，团队成员之间的沟通和交流不顺畅，凝聚力较低，难以达成一致的决策，使团队的效能降低；规模较小，则团队的执行力弱，难以完成复杂的任务。一般来说，由 2～16 人组成的团队规模比较合适，由 5～7 人组成的团队，其执行任务的效率会比更大或更小规模的一些团队更为有效。团队的规模在领导等维度上的表现如表 4-6 所示。

表 4-6　团队的规模在领导等维度上的表现

维度	团队的规模		
	2～7 人	8～12 人	13～16 人
对领导的要求	低	中等	高
领导的指挥	低	中等	中到高
成员对领导指挥的容忍性	低到中等	中等	中到高
成员心理障碍	低	中等	高
规章程序的使用	低	中等	中到高
做出决定的时间	低	中等	高

4. 团队成员角色和多元化

在群体中，我们介绍过群体成员的构成，了解到群体成员的个人能力、个性特征、智力水平等还不足以预测群体的绩效。团队作为一个整体，成员之间相互协作，那么，成员的构成在多大程度上影响着团队的绩效呢？这是一个复杂的问题。下面，我们从团队成员的异质性和成员相互之间的熟悉程度两个方面进行解释。

在团队成员的异质性方面，徐芳评论并总结了有关成员多样化与团队效能之间关系的原则。他们认为异质性确实与团队的创造性和决策的有效性有关，异质性包括个性、性别、态度、背景或经验等方面的特征。Kanter研究表明，异质性的组织更有可能获得成功，来自不同背景的成员更能一起工作并向组织目标靠近，组织的绩效也越高，也有研究认为团队成员之间的异质性与团队的效能没有相关或成负相关关系。

一般认为，一个有效的团队至少应该需要三种不同类型的技能，分别是：①具有技术专长的成员；②具有解决问题的决策技能、能够发现问题、提出解决问题的建议，并权衡这些建议，然后做出有效选择的成员；③善于人际交往的成员，如聆听、反馈、解决冲突等人际交往技能。一个团队只有具备了这三个方面技能的成员，才能正常运转并充分发挥其绩效潜能。如果一个团队不具备以上这三类成员，就不可能充分发挥其组合潜能，因此，对具备不同技能的人进行合理搭配是极其重要的。

在团队成员相互之间的熟悉程度方面，一般认为团队成员之间的熟悉程度与团队效能是有相关关系的。有关这一问题的早期研究（主要是对飞机座舱机组的研究）认为，由相互熟悉的人们所组成的团队总体来说要比由相互不熟悉的人们所组成的团队更为有效。一项有关煤矿工人劳动生产率的调查也显示，成员之间较低的熟悉度与较低的劳动生产率之间存在相关性。团队成员之间的熟悉程度较高，团队建立的时间较长，在一定程度上该团队的有效性就更高，而刚建立的团队则更有活力。

工作团队中成员个体的工作能力和人格特征，在很大程度上影响团队的潜在绩效水平。成员的能力主要是指创造性、经验、知识、认知能力通常被认为是对团队绩效最有积极影响的专业技能。人格特征，如外倾性、工作投入、自我知觉、团队导向等，这些因素对团队绩效有积极的影响。在团队中，分配团队成员的角色需要充分考虑个体的能力特征和人格特征，但有的团队，则不需要进行角色分配，而是成员们根据自己的特点和偏好各就各位。

人格和能力与工作性质的匹配能够提高个体的工作绩效和满意度，在工作团队中，如果团队成员所扮演的角色能够满足团队工作的需要，而每个人扮演的角色又与他们各自的人格特征相匹配，这种工作团队往往会表现出较高的绩效。

团队多元化既有积极作用，也有消极作用。积极作用表现在允许个人获得新能力，形成新观念和态度。在积极的多元化环境中，个人能够保持他们自己的特性，而同时又能培养他们的能力并以积极的态度帮助自己同其他人形成和保持良好的工作关系，就像人能成为既保持母语又学习外语的语言学家一样。

5. 团队规范和凝聚力

团队规范和凝聚力与第八章所讲的群体规范和群体凝聚力相同。团队成员经常借助规范达到目标，甚至团队成员意识到某些规范所有欠缺时，但为达到自己的目标，他们会将规范合理化。当然，团队不会为每个可能情境都建立规范，他们一般对那些他们认为是非常重要的行为形成并实施规范。

6. 团队的领导行为

团队领导负责为团队提供指导，为团队制定工作的重点和方向，将团队目标转化为实际行动。例如，如何安排工作日程，需要开发什么技能，如何解决冲突，如何做出决策和进行修改。团队领导对团队工作的有效性与组织中的领导的作用机制相似，它决定成员的具体工作任务内容，并使工作任务适应团队成员个人的技能水平。

组织中团队领导强调实现目标过程中应急的或非正式领导的重要性。非正式领导是指一个组织中影响力逐渐扩大并经常反映出有帮助团队实现目标的独特能力的人。有效的团队领导极大地影响团队结构和团队行为的各个方面，如团队新成员的选择、团队规模、成员角色等。

二、工作团队建设

（一）团队建设的原因

很多成功的企业都采用了工作团队，那么组织为什么会采用工作团队呢？主要有以下方面的原因。

1. 创造团结精神

工作团队与传统工作单位的本质差异在于组织文化上的差异。团队是将对工作的关心和对人的关心高度结合，还必须建立在一种新的价值观基础上。团队是要创造一个让人们参与的环境，这个环境没有等级制的压抑，也没有等级制的功利。当工作流程改变时，在流程中的工作必然要改变，但不仅仅是所需要的工作和技能的改变。人们思考问题和行为的风格、人们的态度必须与新的流程相一致。在团队中，成员的绩效考评、晋升渠道、管理角色、人际关系及价值体系都要经历巨大转变，以支持一个新的工作方式。

根据美国学哈默（Michael Hammer）的说法，团队精神的三个主要特征是关心、勇敢和分享。第一，所谓关心就是要有一个开放和诚实交流的环境。人们必须要感到很随意，无论是支持还是反对一个观点时都是如此，不能让第一个反对某意见的人感到害怕。关心包括成熟的支持，你不必去迎合团队中的每一个人，但你必须关心你的队友并和他们打成一片。第二，勇敢是指要鼓励团队中的每一个人发挥创新和冒险精神，勇于提出难题。但是，创新不应转化为成员之间的竞争，所有闪光的思想都归功于整个团队。正如牛顿的格言："如果我能看得远，那是因为我站在伟人的肩膀上。"第三，分享是指一个团队要有一个共同的目标，所谓"失败的队里无赢家"。因此，需要对每一个人怎样融进团队有一个清晰的认识，团队中的每一个人都必须熟悉期待什么，能接受什么和不能接受什么。从团队建设的实践来看，团队能否成功的关键在于上述团队精神或团队文化是否能经受得住考验，并为成员所接受。

2. 加强合作，提高效率

团队之所以能够产生更高的效率，主要原因有以下两个方面。第一，团队成员的协同工作，技能、经验、知识的互补有助于组织更好地利用员工的才能。第二，积极参与和强烈的认同感能对组织成员起到激励的作用，工作团队的这两个重要特征能够促进团队成员参与决策，有助于管理人员增强组织的民主气氛，提高团队成员的工作热情和工作的积极性。

3. 提高决策速度

使高层管理者集中精力进行战略性思考，提高决策速度。团队能够促进成员参与决策的过程，有助于管理人员增强组织的民主气氛，提高工人的积极性。同时，企业还可以通过团队建设迅速有效地解决一些在岗位职责与工作标准中没有碰到的新问题，推行一些正式的规范中尚未列出的新的工作方法，增加组织的凝聚力，提高组织成员的整体素质。

4. 易于产生新颖的创意

团队员工组成的多元化易于产生新颖的创意。团队共同的目标、及时充分的信息共享和良好的工作氛围有助于创新。团队能够提供更好地利用雇员才能的环境，且比传统的部门结构或其他形式群体更灵活，反应更迅速，更能适应组织战略和组织目标的要求。

下面这个小游戏或许能帮助团队成员培养合作精神、创新思维和应变能力。游戏名称叫"泰坦尼克号"，游戏时间为 30 分钟，每 10～12 人一组，准备木砖 24 块（每组 6 块）、椅子 4 张、25 米的长绳 2 根，游戏规则和程序如下。

第一，教师先给大家讲一个故事：泰坦尼克号即将沉没，船上的乘客（学生）须在“泰坦尼克号”的音乐结束之前利用仅有的求生工具——6 块木砖，逃离到一个小岛上。

第二，教师指导学生布置游戏场景：将 25 米的长绳在空地上摆成一个岛屿形状，在另一边，摆 4 张椅子，用另外的绳子作为起点。

第三，给学生 5 分钟时间讨论和试验。

第四，出发时，每一个人必须从椅子的背上跨过（就如同从船上的船舷栏杆上跨过），踏上木砖。在逃离过程中，船员身体的任何部分都不能与“海面”——地面接触。

第五，自离开“泰坦尼克号”起，在整个的逃离过程中，每块木砖都要被踩住，否则教师会将此木砖踢掉。

第六，全部人到达小岛后，并且所有木砖被拿到小岛上，游戏才算完成。

游戏结束后进行相关讨论。

第一，你们组可以想出什么样的办法来达成目标？

第二，小组是否确定出领导者？是根据什么确定的？撤离方案的行程是领导的决定还是小组讨论的结果？

第三，你们的方案是否坚决贯彻到底了？中间发生了什么变化？为什么？

第四，事后回顾当初的方案觉得是否可行？有更好的方案吗？为什么当时没有想到或没有提出来？

第五，小组是如何分配组员撤离的先后次序的？考虑到了什么因素？

（二）团队建设的原则

一个团队在组建时就已经在很大程度上决定了团队今后成功的可能性。如何使团队在建立时就有一个良好的开始呢？首先需要通过回答下面这些问题来给一个团队进行定位。

（1）“我们是谁？”——我们需要什么样的团队成员，每个成员需要具备什么样的能力和人格特征，他们各自在团队中扮演什么样的成员角色，需要为团队做出什么样的贡献。

（2）“我们在哪里？”——这是对团队目前状况的整体认识，如团队现在的任务、团队自身的优势和劣势、面临的机会和威胁等。

（3）“我们要去哪里？”——这是指团队的目标，是团队成员共同努力的方向。

（4）“我们如何到那里？”——即为了实现目标而制订的行动计划。这个行动计划告诉成员谁做什么，什么时候做，如何做，以及需要与其他成员的组织如何配合等。

（5）“我们的期望是什么？”——这是对成员个人和团队的阶段任务的具体的、可衡量的描述。不仅要让每个成员明白他们在团队中的角色、责任和权利范围，还要让他们明白自己的工作应该具体达到什么样的期望值。

（6）“我们能得到哪些支持？”——这是解决团队工作的条件保障。例如，成员需要哪些方面的培训和指导？工作中什么地方需要用到哪些设备？需要多少资金？这些问题如果没有解决，团队绩效也难以达成。

（7）“我们可以得到什么回报？”——如果完成了团队任务，整个团队和每个团队成员将得到什么样的回报，期望回报应该在建立团队时就加以明确，以激励成员朝着制定的目标努力。

对上述问题的思考有助于让我们对团队的定位有一个明确的认识，在考虑清楚了上述问题之后，再开始组建团队。组建团队时，应该遵循下列工作原则。

1. 业绩为主的原则

优良的工作业绩是团队成员满足感的主要源泉。因此，团队活动必须坚持以工作为导向，将团队的目标转变为发展生产和提高产品质量。

2. 任务纵向一体化原则

这一原则强调团队的目标是实现整合任务，具体是指工作应有明确的开始和终结，并包含所有重要的次级业务，这样主次业务可以在一体化的业务范围内紧密配合、统一协调。

3. 自治原则

团队效能的发挥必须要使团队有独立自主的权力，包括决策与用人的权力。

4. 最低限度的专业化原则

为了企业便于管理，因而要求一定程度上的标准化，这种标准化通常表现为团队的规则，但这些规则可以随着情况的变化而更改。

5. 竞争力原则

现代社会中，人员的能力成为竞争优势的基础，同时，个人如何获得能力、组织如何学习、组织与成员如何使新技术也相应成为取得竞争优势的渠道。

6. 报酬原则

团队成员的报酬分为两部分，一部分为固定工资，由资历及业务能力共同决定，另一部分则取决于团队劳动结果，即每个团队成员的报酬同时取决于个人技能与团队的整体技术水平，其目的是建立起整体激励机制，推动团队成员去创造发展能力的机会。

7. 促进个人与组织的持续发展原则

团队是一种具有灵活性组织的机制，主要是因为它兼具了大小组织的共同优势。

还有人提出团队建设的7C原则，即团队意识（consciousness）、团队沟通（communication）、团队协调（correspond）、团队信任（credit）、团队整合（conformity）、团队合作（cooperation）和团队统御（control）。

（三）团队建设的方法

团队的建设实际上是团队成员的建设。在团队建设实践的探索过程中，管理学家尝试运用组织行为学中的有关原理和方法设计出团队建设方法。这些方法在促进高效工作团队开发的初始阶段帮助团队成员打破思维定势，增强团队凝聚力，以及正确认识自己及其他成员的行为特征，提供人际技能等方面，发挥了积极的作用。下面介绍在团队建设中广泛采用的两种训练技术。

1. 拓展训练

拓展训练（outward bound），原指一艘小船在暴风雨来临之际起航，投向未知的旅程，去迎接一次次没有未来的挑战。这种训练起源于第二次世界大战期间的英国。当时英国的商务船只在大西洋屡遭德国人的袭击，许多缺乏经验的年轻海员葬身海底，针对这种情况，汉思等创办了阿伯德威海上学校，训练年轻海员在海上的生存能力和船触礁后的生存技巧，使他们的身体和意志都能得到锻炼。第二次世界大战结束后，许多人认为这种训练仍然可以保留。于是拓展训练的独特创意和训练方式逐渐被推广开来，训练对象也由最初的海员扩大到军人、学生、工商业人员等各类群体。训练目标也由单纯的体能训练、生存训练扩展到心理训练、人格训练、管理训练等。

拓展训练在我国始于1995年，刘力创办了我国第一所专业体验式培训机构——北京拓展训练学校（现更名为人众人公司），该培训机构以提升团队精神、激发个人潜力为核心培训目标，将拓展训练这种全新的培训形式引入我国市场，我国第一个拓展训练基地在新华社房山绿化基地。

拓展训练项目一般需要短期脱产进行，还需要一些专用设施。训练在专家的指导下进行，不论个人项目还是集体项目，都是以小组为单位开展。这些项目的内容不仅包含体能锻炼，更主要的是包含对自我提出挑战，以使参与者为了完成项目任务，群策群力，在互动中增强互信和对集体力量的信念，协助团队成长。表 4-7 列示了一些常见的拓展训练项目。

表 4-7 一些常见的拓展训练项目

项目名称	训练内容	训练目标
断桥	高空断桥上横架着两块相隔约 1.5 米的细长木板，要求从其中一块迈到另一块上	锻炼胆识、克服恐惧、正确看待目标和困难
牧羊	在看不见、不允许用语言来沟通的情况下，通过其他方式来集合所有人员到同一地点	沟通和领导的重要性
城市猎人行动	团队需要完成地图上各标注点的指点任务获得相应积分。最短时间到达终点且积分较高的团队获胜	分工计划、团队领导、时间管理
沙雕	团队把细散的沙土筑成紧密、庞大的物体	团队凝聚力
罗马炮架	团队利用才智制作进攻武器（罗马炮架），向敌人进攻，并快速摧毁所有暗黑之神的城堡	个人能力的发挥、团队合作精神
水上过桥抽板	团队利用若干块木板在悬挂于水面上的绳索上搭桥从一端过到另一端	团队合作分工、信任
拆炸弹	团队在规定的时间内将炸弹安全拆除	团队协作与分工
孤岛生存	珍珠岛的队员在规定的时间内将另外两个岛的队员成功转移到珍珠岛	角色互换、相互理解
漫步人生路	团队在看不见，不允许说话的情况下走过一段艰辛的路程	计划信任与支持
跳出真我	训练者从离地 7 米的跳台上凌空跃起，抓住前方一臂以外悬空的单杠	挑战自我、克服恐惧

拓展训练课程通常包括四个环节。

（1）团队热身。在体验式培训开始时，团队热身活动将有助于加深被培训人员之间的相互了解，消除紧张，建立团队，以便轻松愉悦地投入各项培训活动中去。

（2）个人项目。考验和培养个人的心理承受能力，克服恐惧的心理障碍，挑战自我，认识自我。

（3）团队项目。团队成员一起完成一个困难的任务，能加强团队成员之间的相互信任、沟通理解，培育团队精神。团队项目使团队成员深切体会到计划分工、团队领导、通力协作在团队中的重要性。

（4）回顾总结。帮助训练者消化、整理、提升训练中的体验，以便达到活动的具体目的。要求被训练的成员总结训练体会，将培训的收获应用到工作中去，以实现整体培训目标。

2. 优势开发问卷

优势开发问卷（strength development inventory）是美国波特尔（E. H. Porter）博士开发出一种帮助我们认识自己及同伴行为方式特征的工具。该问卷建立在关系意识理论的基础上，是团队建设中采用较广的训练技术之一。

关系意识理论主张，我们在与他人的相互行为中寻求从这种关系中得到某种满足，而我们的行为类型则是用来实现我们所希望满足的工具。观察我们如何对待他人就能告诉我们自己想从他人那里寻求什么满足。同样的道理，观察别人怎么对待我们也可以告诉我们，他们从我们这里寻求什么。当我们了解到想要得到的东西时，我们就能改变我们的行为并以更有效的方式去做。当我们了解到别人的想法，了解我们有求于他们什么，以及他们认为什么是报答，什么不是报答，甚至是威胁的时候，我们就可以改变对待他们的方式，建立有利于我们双方的关系。关系意识理论的提出有四种不同的动机类型。这里所谓的动机是指我们的行为所寻求的回报或满足。这四种动机类型如下。

（1）利他—培育型。关心他人的安全、成长和其他福利，并不追求物质上的回报。

（2）自信—指挥型。热衷于支配组织中人、事、时间、机会等资源，具有赢得成功的明确意识。

（3）分析—自主型。自立、自信，总希望对事物进行适当分类或合并，符合逻辑的把它们分析透彻，以确保行动目标得以实现。

（4）灵活—团结型。关心团体的利益和自己与团体中成员的关系，在服从团队统一上很有灵活性。

当情况需要时我们每个人都会采取上述类型的行为之一，我们在应付不同情境方面是灵活的。但我们每个人表现出来的某种行为会比表现其他行为更自然些。各种动机类型并无好坏之分，采用这种分类的目的是为了让我们更加了解自己，以及我们如何与别人互动。对组织而言，每种动机类型都有自己的长处和短处，如表 4-8 所示。

表 4-8 不同动机类型一览表

类型	你会感觉良好，当你……	对团体的价值	有助于形成的环境	有待改进之处
利他—培育型	能帮助别人且与别人和睦相处时	宽容和尊重别人的需要，帮助别人、实现自己的愿望	开放、友善、体贴、助人、信赖、敏感、真诚、尊重人与赏识人	应更自信，敢于强调自己的权利，能对强加于自己的人说“不”
自信—指挥型	站在领导位置，能为别人设立目标、指挥他们时	提供正式或非正式的领导，有说服能力，对机遇敏感，迎接挑战，实干	富有挑战性，快节奏、创新、促进个人发展，富有刺激性，更多的机会	更多的考虑他人的感情和权利，在行动之前三思
分析—自主型	无须别人指教和帮助，能自力更生时	客观、精确、有原则、务实、谨慎、公正、三思而后行	明确、合逻辑、实用、专业、有效率地利用资源、有高效解决问题的能力	更多地相信他人、更开放，对自己的权利和愿望的强调减少一些
灵活—团结型	能协同自己与他人的努力去达到共同目的时	虚心接受别人的意见，乐于采用不同方式去做事，以团体成员自豪、关心他人的想法和感情	友好、参与、易交往、爱开玩笑、民主、灵活有变化、沟通充分、尊重感情	在需要的时候能够更多地发挥独立风格的力量

动机类型无好坏之分，认识自己和同伴的动机类型，是为了有意识地以有效的方式互动。与不同类型的人相处可采用不同的方式，下面是与四种动机类型的人相处的一些建议。

（1）与利他—培育型的人相处时，尽量与他们在工作中作为私人相处，谈论诸如个人和家庭的事情；有耐心，花时间听并诱导他们说出自己的想法，关键是合作。

（2）与自信—指挥型的人相处时，不要在无关紧要的事上浪费时间；保持公事公办的态度；准备许多有关“什么”“为什么”“何时”的问题。

（3）与分析—自主型的人相处时，需要更好的计划与准备；注意不要过分吹嘘自己的主意；让自己不具威胁的“软”出现。

（4）与灵活—团结型的人相处时，应该关注你能与伙伴关系共事的地方；有灵活性，准备适应特定情景（与中间色类型的人相处不可固执）；让娱乐来帮助创造有益的鼓舞人的环境。

(四) 团队建设的步骤

建设一个好的团队，可以采用以下五个步骤完成。

第一步，确定目标。把团队的目标和团队成员分享，目标要尽可能具体。例如，“提高销售收入”是个命令式的目标，但不能给团队提供清晰的指导；而“以广告为重点”或者“降低价格”就会十分具体和清楚。一个明确具体的目标能够帮助团队提高工作绩效。

第二步，根据长处分配角色。确定达成目标需要的技能，招募具有这些技能的团队成员，根据他们的长处分配不同的工作。团队成员技能与团队角色的匹配是影响团队绩效的重要原因。

第三步，获取反馈。团队集合完毕后，要确定每个团队成员的工作职责，把团队工作的成功路线图发给每个成员，听取他们的反馈，确保他们都理解无误。

第四步，确认团队成员是否同意团队的目标和成功路线图，不同意的，调离团队。有些成员可能理解团队的目标和成功路线，但是不愿意执行，原因大概是有些人天生适合成为一名优秀的团队选手，而有些人天生就是孤独者而不愿意参与协同工作；或者是有人不赞同团队的目标或成功路线。因此，为了确保团队任务的成功达成，必须要确认每位团队成员对团队目标和成功路线的认可。

第五步，沟通结果。在团队实施计划时，不要忘记核对计划的进展情况，随时把进展情况和团队成员沟通。沟通在团队工作中是必不可少的。良好的沟通有助于团队绩效的提高，而不畅通的沟通可能会降低团队工作的绩效，打击团队成员的积极性，延长任务完成时间等。

三、高绩效团队建设

(一) 高绩效团队的特征

精细管理工程创始人刘先明认为，高绩效团队是每个组织或企业都希望打造和拥有的，一个高绩效团队，应具备如下八个特征。

（1）具有一项明确的、一致认可的共同目标。如果没有共同认同的、清晰明确的目标，团队绝不可能是高效的；如果没有共同认同的目标，一个成员的工作越高效，可能给团队带来的损失就越大。一项明确的目标，应该具有 SMART 特性：S（specific）——具体的、M（measurable）——可测量的、A（achievable）——可实现的、R（realistic）——现实的、T（time-bound）——时间限制性。

（2）具有一致的信念、理念。团队成员能在共同信念的引导和激励下，带着与团队使命一致的文化理念工作，能自觉地为了团队的使命和利益，勇于和善于付出自己的全部能力和能量。

（3）具有一位高瞻远瞩和务实高效的领导。一个想高效发展和取得卓越成效的企业、组织、团队，高瞻远瞩和务实高效的领导是不可缺少的。

（4）具有一种“团队利益高于个人一切利益”的高度责任。每个成员都能为了团队的使命、任务、利益、荣誉，愿意、勇于承担责任，一切言行都服从、服务和有利于团队的使命、任务、利益、荣誉。

（5）具有一些不同角色、技能匹配的成员。一个团队任务的实现，是由科学、知识、信息、资源、能源等很多因素的投入、加工、整合、变化、积累而形成的，一个人的精力、能力、能量是有限的，因此需要不同角色的成员协同工作。

(6) 具有一个和谐的人文环境。团队和谐的人文环境是文化氛围、正气氛围、创新氛围、创业氛围、成功氛围、激励氛围、信任氛围等的融合，但没有原则的一团和气，是没有存在的空间的。

(7) 具有一类能融合和服务于团队各项工作的沟通。为了完成设定的目标，多种角色的成员需要进行信息、思想和情感上的传递和沟通；沟通是不可缺少的，有效、良好的沟通，能促进和谐的个体和团体的高效工作。

(8) 具有一套适应的规范性与创新性的管理制度。成功的企业背后一定有更规范性与创新性的企业管理制度在规范性的实施，规范性与创新性的企业管理制度要依靠高绩效的团队去规范性的实施。

（二）高绩效团队建设的条件

一个高绩效的、成功的团队的建设，除了具备团队应该具备的条件之外，还应具备以下条件。

1. 团队成员应有三种技能

团队成员应有的三种技能分别是：①具有技术专长的成员；②具有解决问题和决策技能、能够发现问题、提出问题解决问题的建议，并权衡这些建议，然后做出有效选择的成员；③善于人际交往技能的成员，如聆听、反馈、解决冲突等人际交往技能。团队将不同特质的人结合在一起，并使他们互相协作，以便尽可能高效地完成团队的任务。

组织领导能力教练罗尔斯顿（Faith Ralston）提出，一个团队需要具备四种人才，才能确保工作项目的圆满完成与改革措施的顺利实施。

(1) 方块型人才（diamond talents）。这类人才是创新者，他们是真正能够跳出框架来思考的人。在项目的起始阶段，方块型人才是至关重要的，因为他们能提出新方法、有创意的解决方案。苹果集团的乔布斯是典型的方块型人才。

(2) 梅花型人才（club talents）。这类人才是愿景的坚定支持者，他们会帮助打造确保项目长期成功的系统。微软的比尔·盖茨是典型的梅花型人才。

(3) 红心型人才（heart talents）。这类人才是关系专家，他们确保团队成员相处融洽，确保每个人都能得到鼓励，确保他们尽全力工作。戴安娜王妃是典型的红心型人才。

(4) 黑桃型人才（spade talents）。这类人才是团队里的实干主义者，他们喜欢组织项目，并坚定地完成，他们是不到“黄河不死心”的人。曾任英国首相的撒切尔夫人是典型的黑桃型人才。

团队领导者要帮助团队成员在正确的时间有效地发挥他们的才智，使他们扬长避短，合作无间。

2. 团队成员与角色匹配

每个成员的人格特质各不相同，如果成员的工作性质与其人格特点一致，那么其绩效水平容易提高。因此，团队在挑选团队成员时，应该以成员的人格特点和个人偏好为基础，挑选符合团队需求的成员，并在团队内给每位成员分配恰当的角色。一个高绩效团队应识别团队成员的优势和劣势，并把他们安排到最能发挥其潜能的位置上，使他们能够为团队做出最大贡献。团队中一般有九种潜在的团队角色，如表 4-9 所示。

表 4-9 九种团队角色

团队角色	成员所发挥的潜能
创造者——革新者	产生创新思想
探索者——倡导者	倡导和用户所产生的新思想
评价者——开发者	分析决策方案
推动者——组织者	提供结构
总结者——生产者	提供指导并坚持到底
控制者——监督者	检查具体细节
支持者——维护者	处理外部冲突和矛盾
汇报者——建议者	寻求全面的信息
联络者	合作和综合

（1）创造者——革新者。他们产生创新思想，一般来说，此种角色要求富有想象力，善于提出新观点或新概念，独立性较强，喜欢自己安排工作时间，按照自己的方式、节奏进行工作。

（2）探索者——倡导者。他们倡导和拥有所产生的新思想，乐意接受、支持新观念，在创造者——革新者提出新创意之后，他们擅长利用这些新创意，找到资源支持新创意。他们主要的缺点是，他们不一定总是有耐心使别人追随新创意。

（3）评价者——开发者。他们有很高的分析技能，即分析决策方案。在决策前，如果让他们去评估、分析集中不同方案的优劣，是再合适不过了。

（4）推动者——组织者。他们会设定目标，制订计划组织人力，建立起各种制度，以保证按时完成任务。新创意的实现，通常需要他们制定操作程序。

（5）总结者——生产者。他们着眼于提供指导并坚持到底，他们坚持按时完成任务，保证所有的承诺都能兑现，他们引以为荣的是自己生产的产品合乎标准。

（6）控制者——监督者。他们最关心的事情是规章制度的建立和贯彻执行，他们善于核查细节，并保证避免出现任何差错。

（7）支持者——维护者。他们在支持内部成员的同时会积极的保护团队不受外来的侵害。这种人对团队而言非常重要，因为他们能够增强团队的稳定性。

（8）汇报者——建议者。他们在团队做出决策之前搜集很多信息，在鼓励团队决策前充分搜集信息而不是匆忙决策方面，起着非常重要的作用。他们通常是团队中很好的听众，但不会将自己的观点强加于他人。

（9）联络者。扮演上述 1～8 种角色中任何一种角色的团队成员，同时还可以扮演联络者的角色。联络者倾向于了解所有人的看法，他们是协调者、调查研究者。他们不喜欢走极端，而是尽力在所有团队成员之间建立起合作的关系，努力把人和活动整合在一起。

大多数人能够承担起九种角色中的任何一种角色，但人们非常愿意承担的角色通常只有两三种。管理者有必要了解个体的优势，以便将团队成员的人格特质、个人偏好与团队的角色要求进行适当的匹配，组建高绩效的团队。

3. 授权、合作、信赖

团队之所以能有效运作，在很大程度上归功于团队内部成员享有充分自主的决策权，包括能够制定目标、自主雇用员工和评估绩效等。对于许多新上任的管理者来说，委派任务是最难的。因为无论什么时候把一项特殊任务分配给一个成员时，他们都会对这项任务的完成情况感到担心和焦虑。因此，他们要不停地检查这项任务的进展情况，甚至把某件事接管过来。他们不懂得委托和授权时团队区别于一般工作群体的基本特征，团队必须能够为他们的行动承担风险和责任。但是充分而广泛的授权并不等于不需要领导和管理，管理者和员工必须在安全的、传统的工作与不明确的、需要付出更多努力、可能存在更多风险和更具挑战性的任务之间进行平衡。

团队强调共有的信息和整个团队在共同合作中达成共识。每个团队成员的贡献都是重要的，因为无论他们在组织中的正式地位如何。平等而有效地交流能够清楚等级障碍，培养团队成员的归属感和自豪感。每个团队成员如果都能清楚正在发生的事情，就可以分享成功所带来的自豪，分担失败所带来的忧虑，并且愿意彼此帮助，或者是在必要的时候投入更多的力量。

高绩效团队的特点之一是成员之间的相互高度信任。但是信任是最弱的，需要很长的时间才能建立起来，却又很容易被破坏，破坏之后要恢复又很难，因此，要维持一种信任关系需要管理者处处留意。有研究将信任的这个概念区分为五个维度（图 4-13），它们分别是：①正直（integrity），即诚实、可信赖；②能力（competence），即具有技术技能与人际能力；③一贯（consistency），即可靠，行为可以预测，在处理问题时具有较强的判断力；④忠实（loyalty），即愿意为别人维护和保全面子；⑤开放（openness），即愿意与别人自由地分享观点和信息。

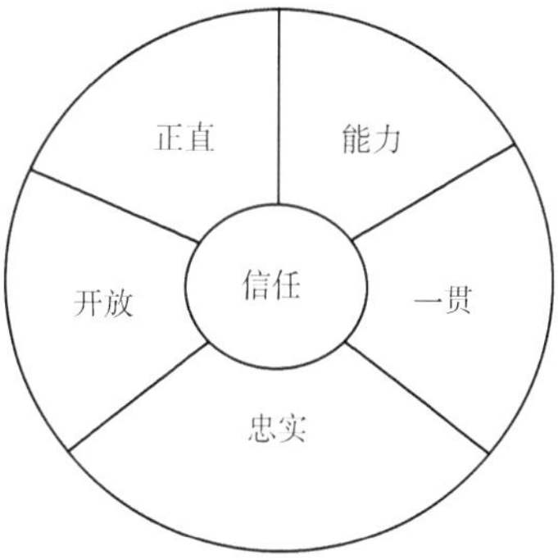

图 4-13　信任的维度

这五个维度的重要程度在团队中是相对稳定的，通常五个维度的重要程度由大到小依次为正直、能力、忠实、一贯、开放。而且，正直程度和能力水平是一个人判断另一个人是否值得信赖的两个最关键的特征。

管理者和团队领导应该重视培养管理者与团队领导之间、团队成员之间的相互信赖关系。培养信任感的方法有很多，如开诚布公。团队领导对其他成员开诚布公，解释做出某项决策的原因，告诉成员现在存在的问题，并充分地展示与之相关的信息，可能带来信息和信任。

4. 合理的团队规模

在前面讲到，团队的规模对团队绩效是有影响的。如果团队成员过多，在相互交流时会遇到很多障碍，讨论问题时也难以达成一致的意见，从而使工作很难顺利地开展。另外，团队规模过大，会降低团队的凝聚力、相互信任感和忠诚度，而这些都是高绩效团队所不可缺少的。一般来说，一个高绩效的工作团队，其成员人数控制在 12 人以内比较合适。

5. 共同认可的目标

共同的愿景和目标是杰出团队的显著特征，因此建立一个成功的团队，首先要建立团队共同认可的目标。但是由于个体在需求、动机、价值观等方面的不同，要让目标趋于一致，是非常困难的。成功的团队成员花费大量的时间用于讨论、塑造这个属于集体又属于每个个体的目标，并最终取得一致。当这个共同的目标被团队所接受时，它就能成为团队在任何情况下的导航仪。

6. 适当的绩效评估和奖酬体系

如何才能使团队成员在集体和个人两个层次上都具有责任心呢？传统的以个人导向为基础的评估和奖酬体系不足以充分地衡量团队绩效。个人绩效评估、固定的小时工资、个人激励等与高绩效团队的开发是不一致的。因此，除了根据个体的贡献进行评估和奖励外，管理者还应该考虑以群体为基础进行绩效评估、利润分享、团队激励及其他方面的变革，来强化团队的工作干劲。

团队的绩效评估和奖酬体系表明组织的期望和承诺，即团队希望其成员有什么样的表现及这样的行为将会有什么样的结果。团队绩效评估和奖酬体系对团队成员的行为有很大的导向作用。因此，在团队的建设和管理中必须高度重视有效的绩效评估和奖酬体系的建立。

在一个高绩效团队的建设中，我们还应尊重差异，实现团队互补，在团队角色上与团队的气质结构上实现互补。这种在系统上的异质性、多样性会使整个团队生机勃勃、充满活力。需要容人短处，用人所长，知人善任是每一个管理者都应该具备的基本素质。管理者在组建团队时，应该充分认识到各个角色的基本特征，容人短处，用人所长。在实践中，真正成功的管理者，对下属人员的秉性特征的了解都是十分透彻的，而且只有在此基础上组建肯定或给予嘉许，促进团队的学习、成长和满意度。

需要注意的是，即便是高绩效的团队，也不是万能的。与个人工作相比，团队合作需要花费更多的时间、更多的资源。团队会增加对沟通的需求，会使冲突增加，会增加要召开的会议，而这些投入，不一定能带来对等的团队收益。因此，管理者在采用团队之前，需要先评价某项工作是否适合采取团队这种工作方式。

（三）塑造优秀的团队选手

从个体的研究中我们知道，并不是所有的人生来就是合适的团队选手。有些人可能是天生的孤独者，有些人可能希望自己的个人成就得到承认。另外，社会环境和民族文化对个体是否能成为一名优秀的团队成员存在重要的影响力。比较重视集体主义的国家可能更容易产生团队，而在个人主义盛行的社会，团队的应用可能会受到一定的局限。个体要成为一名优秀的团队成员，必须学会与别人进行公开、坦诚地沟通；学会面对个体间的差异并解决冲突；学会把个人的目标升华为团队的利益。下面介绍两种将成员塑造为团队选手的方案。

1. 选拔

有些人已经具备成为有效团队成员的人际技能。在挑选团队成员时，除了要考虑被选者是否具备工作所需的技术才能之外，还要考虑他们是否具备扮演团队成员角色所必须具备的其他才能。如果他们不具备成为团队成员的必备技能，那么管理者可以有三种选择：①对他们加以培训，使他们具备成为合格团队成员的必备技能；②把他们转到没有采用团队形式的部门；③不聘请他们。

2. 培训

大部分人，都可以通过培训成为合格的团队选手。培训专家会通过种种练习让成员体会到团队工作带来的好处。训练个体成为优秀的团队成员，首先要培训他具备团队精神。团队精神可以追溯到20世纪60年代日本经济的腾飞，日本经济迅速发展，成为世界经济大国，企业国际竞争力跃居世界前列。以美国为首的西方国家对日本企业展开了研究，以探求日本经济奇迹的秘密。研究结果认为，日本经济腾飞的原因是多方面的，其中的一个原因就是良好的团队精神和合作意识。其次，是要培训他具备合作的能力。团队合作能力有时甚至比专业知识更加重要。最后，是要培训他与团队其他成员之间的信任，如前面讲到的拓展训练，就是将成员培训成为团队成员的一种方法。成员可以通过各种体验项目增加对团队的认识，参与团队合作，产生团队信任和承诺、认识领导和沟通的重要性，体会团队精神带来的好处。

（四）做好团队管理

团队发展到一定阶段就会进入团队老化阶段，表现为团队持续增长能力下降、团队凝聚力弱化等，归纳起来团队老化现象体现在以下方面：观念老化、情感老化、职业道德老化、能力老化、心态老化、精神状态老化等。团队老化的成因比较复杂，有来自成员自身缺乏“永动力”的因素，更多的是来自外部环境，即组织和管理。

（1）企业没有希望，或者说是员工看不到企业的希望。

（2）组织缺乏激励机制，干好干坏一个样，想干的和不想干的和不会干的收入差距没有拉开。

（3）官僚机制制约市场机制，有位子才有车子、有票子，没有位子任你怎样能干只能原地踏步，收入与付出总是不对称。会干活的不如会当官的，跑市场的不如跑官的。几乎所有的企业都很少有下属的收入超过上司，即使有也很短暂，其打击了员工的积极性。

（4）组织内部的不团结，在团队内部搞小派别，而不能使整个团队形成一个为共同目标而努力的有机整体，把企业弄得像一个官场。

（5）不懂管理，不懂业务知识，更谈不上创新，形成行为上的“三怕”作风：明知任务完成不成，为保自己的位置先拍胸脯下来，然后拍下属的肩膀，毫不负责的把工作任务随便分给下属，最后工作任务无法完成时拍桌子骂人，把责任推给下属。

（6）前后方相互扯皮、相互牵制，甚至遇到具体的问题时相互推诿，以执行公司制度为名设置阻碍。想做事的人做不了事，也不知道该找谁承担责任，致使企业内部公关难度大于企业外部公关。

（7）强调领导的权威，颐指气使，靠权谋管理而不是靠办法管理。如果在团队内部出现这些现象，就会使团队成员的积极性遭到打击，使团队管理失去意义。

做好团队管理工作，解决团队老化问题，需要从以下几方面入手。

1. 做思想工作防止团队老化

团队老化首先要解决的是人的态度问题。一个人如果不想在这个团队里有所作为，或者对这个团队很失望、很绝望，任何管理对他都是无效的。唤起人的欲望是一切管理和培训的基础，可以说，好的团队首脑无一不是优秀的鼓动者，先为成员描绘出一幅最新最美的图画，让成员心甘情愿地干，再身先士卒、冲锋陷阵让成员跟着干。中层经理在管理团队的时候可以通过对成员做思想政治工作，在成员中树立共同的愿景，让成员具有积极向上的强烈欲望，赋予团队新的活力，以解决团队老化问题。

2. 树立共同的愿景避免团队老化

树立共同的愿景也是管理成本最低的一种管理方法，因为它极大地调动了人的主动性，使人们想方设法为实现共同的梦想而奋斗。最好的例子就是宗教，其没有什么控制体系、绩效考核，但每个人都愿意为之付出一切。如果所有的员工都有这样一种共同的愿景，那么就会给员工带来持续的发展动力，不断调整自己的行为去为这个共同的目标而努力。当然这个共同的愿景是随着企业的发展及企业所面临的环境的变化而变化的，中层经理在进行团队管理时应该不断与员工之间进行沟通，促进共同愿景的不断完善和发展，从而给员工带来持续的发展动力，避免团队的老化。

3. 换人

随着团队的发展，在组织创立之初建立的团队必须保留随着组织的成长和目标的完成及那些既具开放的心态，又具学习能力的有晋升潜力的成员。作为团队核心成员的中层经理还有一点需要特别注意，那就是一定要选择对项目有热情的人加入团队。任何人才，不管他的专业水平有多高，如果他对团队目标没有热情，将无法适应团队工作的需求，而这样一种消极的因素，对团队所有成员产生的负面影响可能是致命的。但是理想与现实之间永远是有差距的，在团队的不断升级中希望找到这些团队升级所希望的理想的员工，但升级中并不一定就是合适的员工，这时候，作为团队管理者的中层经理就应该考虑避免团队老化、实现团队升级的另一种手段——换人。

健康的企业组织不是不换人，而是换掉该换掉的人；不是经常换人，而是该换人的时候就换人；不是为了人事斗争而换人，而是为了有利于企业工作的开展而换人；不是新官上任才换人，而是按照企业规则制度来换人；换人不是企业某一时期的工作，而是企业必要的经常性工作；换人不只是换老人，新人不合适也要尽早换掉；而优秀的老员工不仅不能换，还应该嘉奖。当然为了保持团队稳定和保证员工的积极性，团队成员要保持相对稳定，不能动不动就换人，否则人心聚不起来，容易有短期考虑。

总之，组织工作团队是为了更好地完成部门和组织的目标，换人是为了达成这些目标，我们不得不经常换人也是为了这个目标。只有有助于团队目标的完成，团队建设才有意义。

4. 学习先进的管理方法

正如前面所论述的，团队老化有多种多样的原因，其中原因之一就是组织的管理能力和管理员工的方法不能满足员工的心理期望，打击员工的积极性，造成团队的老化。为了避免团队老化，中层经理应该不断学习先进的管理方法和借鉴别人的先进管理经验，并结合实际，探索和创立自己的管理模式，从而提高自己的管理水平，以满足团队不断发展的需要。对于团队的不同发展阶段，中层经理所需要的管理手段和方法也是不同的。

团队成立初期中层经理所需要做的工作：①宣布你对团队的期望。也就是希望通过团队建设，在若干时间后，取得什么样的成就，达到什么样的规模。②明确愿景。告诉团队成员，团队的愿景目标是什么，向何处发展。③为团队提供明确的方向和目标。在跟下属分享这个目标的时候，要展现出自信心，如果自己都觉得这个目标不可能完成，那么下属也不会有信心。④提供团队所需要的一些资讯、信息。例如，要一个小组的成员到某地成立一个分公司，就必须给他足够的资讯，包括竞争对手在这个商圈中的分布，市场占有率分别是多少，计划在这个区域投入多少资本等。⑤帮助团队成员彼此认识。第一阶段是初识阶段，大家还不知道彼此是谁，自己有哪些特长，还不好意思展示出来，所以这个时候有必要让团队的成员彼此认识。中层经理要告诉大家，哪位成员怀有什么样绝技，这样容易彼此形成对对方的看重，为以后的团队合作奠定良好的基础。

团队震荡期中层经理所需要做的工作：①要认识并处理各种矛盾和冲突，如某一派或某一个人的力量很强大，那么作为领导者就要适时地化解权威和权利，绝对不允许以一个人的权利打压其他人的贡献。②准备建立工作规范（以身作则）。没有工作规范、工作标准约束，就会造成一种不均衡，这种不均衡也是冲突源，领导者在规范管理的过程中，自己要以身作则。③调整领导角色，鼓励团队成员参与决策。所以为了适应团队发展的需要，中层经理应该不断学习先进的管理方法和管理经验。

5. 使用“空降兵”

使用“空降兵”也就是借用“外脑”，聘请企业外部的专家以改善团队老化现象。在团队管理中企业为什么要使用“空降兵”，利用“外脑”缘何重要呢？第一，现代企业的发展，使企业管理日益复杂化，因而为了合理的解决企业管理问题，企业管理通过“外脑”实现管理科学化势在必行。第二，新经济时期，没有新的管理理念的引进、研究、创新，往往很难利用最新的科学技术成果。因此，企业管理必须在学习的基础上进行，“外脑”就是学习的辅导老师。第三，企业的经营发展战略要考虑的因素越来越多，战略也必须根据市场的变化发生越来越频繁的变化。

第五节 本章小结

本章共分五节，主要介绍了群体的概念、特征、个人加入群体的理由、群体的不同类型、群体的动态特征、群体决策，以及团队管理。

群体就是为了达到某种特定的共同目标，由若干人组成的相互联系、相互影响的人群组合体。群体必须满足一定的条件，即两个人或者两人以上，相互联系和影响；稳定的结构，有统一的行为规范；共同的目标；成员意识到彼此同属一体。它介于个体和组织之间，是一个组织各种经营管理活动的基本单位。它可以按照不同的分类标准进行划分：按照构成原则和方式不同分为正式群体和非正式群体，按照规模大小分为大型群体和小型群体，按照成员间相互关系的密切程度分为松散群体、联合群体和集体，按照社会影响及作用不同分为参照群体和非参照群体，按照是否存在分为假设群体和实际群体。群体的形成和发展可以划分为不同的阶段，但是，不同的群体形成和发展的演变轨迹不尽相同。

群体动态特征包括群体规范、群体压力与从众性、观众效应、群体凝聚力，群体规范是指群体成员在一定时期内相互作用而形成的，必须共同遵守的一些行为标准；群体压力是群体对其成员的一种影响力；从众行为是当群体成员的思想或行为与群体意见或规范发生冲突时，成员为了保持与群体的关系而需要遵守群体意见或规范时所感受到的一种无形的心理压力，它使成员倾向于做出为群体所接受的或认可的反应；观众效应是指在一些场合，有别人在场与否，工作效率发生明显变化的现象；群体凝聚力可以理解为群体成员愿意留在群体内的程度，包括自然凝聚力、任务凝聚力和情感凝聚力。群体的动态特征对组织绩效、个体心理和行为、人际关系等产生的影响一直是组织行为学重点关注的内容之一。

群体决策就是群体成员共同参与决策的过程，是实现群体目标的重要手段，其过程包括诊断问题→提出多个可供选择的解决方案→分析可选择的方法，此即做出决策的三个阶段。群体决策与个人决策相比较，既有优点，也有缺点。群体决策应遵循满意原则，信息准确、全面原则，可行性原则，民主原则。群体决策方法主要有名义群体法、德尔菲法、头脑风暴法、辩证思维决策法、提喻法和会议讨论法。

团队是一群为数不多的，具有不同背景和互补技能的个体所组成的正式群体，他们相互协作，致力于完成共同的目标。团队是一种特殊的工作群体，它体现了团结、合作和共同目标等精神特征。工作团队通过其他成员的共同努力能够产生积极的协同作用，其团队成员努力的结果使团队的绩效水平远大于个体成员绩效的总和。基本的工作团队有四种类型：问题解决型团队、自我管理型团队、多功能型团队和虚拟型团队。团队绩效是指团队实现预定目标的实际结果，团队绩效的发挥，受到很多因素的影响，这些因素既有来自于团队所处组织环境方面的，也有来自于团队自身内部因素方面的。

团队建设是自我管理与有效沟通的重要组织形式。在企业管理中有计划、有目的的增强团队成员之间的了解与沟通，促进团队分工与协作，明确团队目标的认同，高效快捷的完成团队工作，并对团队成员进行训练、总结和提高所有活动都成为团队建设。拓展训练和优势开发问卷是两种在团队建设中采用较广的训练技术。

高绩效团队具有明确的、一致认可的目标等八个特征，团队成员应具备三种技能、团队成员与团队角色相匹配、具有合理的团队规模、具有共同认可的目标、具有适当的绩效评估和奖酬体系、组织对团队充分授权和信赖、团队成员之间相互合作和高度信任等条件。

塑造成员成为一名优秀的团队选手，可以选拔那些已经具备成为优秀团队成员才能的人，也可以通过培训训练出合格的团队选手。

案例：合作无处不在

今天计算机网络工作的现实功效，它帮助我们远离硅谷的高科技温室去旅行，离开了冒险的投资者、发明者和身家上亿的企业家，去 Google 转转，那里只是一个搜索引擎，不是一个令人着迷的东西。看看 Elkhart Ind.，即 Nibco Inc. 的母公司，一家有百年历史的水管用品的制造商和经销商。作为一家私营公司，Nibco 雇佣了 3 000 名工人，并且每年有 5 亿美元的销售额，它面临着来自中国制造商的强烈竞争。

自 20 世纪 90 年代晚期，Nibco 付出了很大的努力以提高生产力并利用计算机网络来改善客户服务。公司首先关注其运营，随后建立了与客户和供应商之间的网络链接。现在 Nibco 的库存成本、劳动力成本和行政成本都在大幅度下降，而且 70%的指令都是通过数控自动化来传达的，这是几年前的两倍。

第二轮的网络革命已经到来了。20 世纪 90 年代的公司多少都经历了生产力的飞速发展，因为网络可以让全世界的信息只需轻击鼠标就可以得到，而且网络大幅度降低了与隔壁或者相邻地区沟通和商业往来的成本，成本削减的回报继续发展。但是在下一个浪潮中，很多公司都看好颇具潜力的计算机联网工作，这样当工人们孕育了新思想、发明了新产品及可以自动化数控各种任务的新方法时，就可以让员工更迅速的共享这些知识信息。公司借鉴协作模式，这种模式首次在非商业环境中繁荣，从在线游戏到开放源代码软件项目再到所谓的维基百科全书和博客，这些都能加速创新。这种联网式协作正在创造新的机会，同时也在打破原有的工业模式。

开放源代码软件是实现网络协作的一个先锋榜样。相隔遥远的程序员通过互联网共享代码和想法，从而持续不断地调试并改善他们的软件。因此开放源代码的 Linux 操作系统正在挑战微软的 Windows 系统，这种产品的背后是世界最富有的公司之一。开放源代码公式正在一个接一个的领域中得到应用。从 Wiki Pedia——一种开放源代码的百科全书，到开放社会的生物创新或者 BISO，一个开放源代码的开创性生物技术，各种项目遍及这些领域。很多公司纷纷迅速采用这一软件试图培育协同工作，包括维基、博客、即时信息、网络会议及点对点程序。

对 Mark Dickinson 来说（一家软件公司 XRT 团队的技术管理者），从利用网络协作软件中得到的回报是不言而喻的。利用微软的视频会议程序，Dickinson 先生能够使用 XRT 先进管理软件的大型公司提供技术支持，而不用离开他位于普鲁士王国的办公室。

他能够在电脑上看客户电脑中心的数据，告诉负责数据中心的团队什么设置可能出错，甚至根据承诺，他可以通过软件升级程序来操控他们的电脑并自行调整。在 Dickinson 先生的工作中，他每天用网络协作工具三四次。他说："在一个网络会议上我只需要花一个小时，而不用花上三天，这包括为了与客户面谈的旅途时间，生产效益是显而易见的，除此之外，我很讨厌飞行。"

Dresdner Kleinwort Wasserstein——一家投资银行，已经使用了维基软件。这种软件能够让使用者在网页上操作，可以鼓励他与全世界的贸易伙伴和银行家进行团队合作。维基软件在社会领域刚投入使用时，它已经取代了电子邮件和电话会议在那些定价发行国际性债券中的作用。P. J. Rangaswami，Dresdner Kleinwort 的首席信息官这样说："这是一个虚拟的工作空间，它可以让更多的人获取专家经验和知识，仅仅是电话会议和电子邮件已经不适合协同工作了。"

问题：

1. 网络协作软件是什么？
2. 这种信息技术软件通过哪些方式使团队成员之间的交往活动更便利，而且提高了团队绩效？

第五章 领导行为

本章导读：领导是影响和支持他人为了达到目标而富有热情并愉快工作的过程。在帮助个体或群体确认方向和目标，以及激励并协助他们达到一定目标的过程中，领导发挥着极其重要的作用。如何使管理者成为具有领导能力的人？如何使管理者的领导行为更加有效？如何使管理者成为具有魅力的领导者？这不仅仅是管理者所关心的，更是组织行为学研究的重要内容。本章首先介绍领导及其在组织中的作用，它会让管理者清楚领导者是怎样影响别人的，以及作为一个领导者意味着什么。其次介绍关于领导的主要理论，即特质、行为和权变理论，为管理者提供分析领导有效性的不同逻辑框架。特质理论包括传统特质理论和现代特质理论，行为理论包括单维视角下的领导方式理论、领导类型理论、连续统一体理论和双维视角下的四分图理论、管理方格理论，权变理论包括费德勒模型、路径—目标理论、领导情景理论、领导者—参与模型。最后介绍领导理论的新发展，让管理者能够拓展视野，开阔思维。这些理论包括领导—成员交换理论、魅力型领导理论、价值领导理论、服务型领导理论、交易型和变革型领导理论和领导替代理论。

第一节 领导概述

一、领导的内涵

自从有了人类文明之后，人的行为不仅受到个人因素的影响，还会受到其他人的影响，由此产生了领导行为。在组织中，个人除了基于个性特征的行为以外，在工作环境中还存在绩效行为、组织公民行为、退缩行为和机能障碍行为，个体的这些行为或多或少会受到领导行为的影响。因此，组织中领导的作用极其重要，直接关系到组织绩效的提高和组织目标的实现，以及员工满意度的提升和归属感的增强。所以，大量的学者对领导行为进行了不懈的探索和研究，以至于在组织行为学和管理学领域中，很少有像“领导”这样定义不统一的概念。准确地给领导下定义一直是学术界一个巨大的难题，可以说，有多少个学者在研究领导，就有多少个领导的定义。在现代汉语中，领导一词有两个含义：一是作为动词，指“领导行为”、“领导活动”或“领导工作”；二是作为名词，指“领导者”或“领导人”，表示领导活动的发起者和推动者。在英语中，分别用“leadership”和“leader”两个单词来表示。在管理学、组织行为学和领导学中，关于领导的代表性定义有以下几种。

尼古拉·马基雅维利（Niccolo Machiavelli）认为，有效的领导是权力的使者，是那些能够利用技巧和手段达到自己目标的人。

马克斯·韦伯（Max Weber）认为，有效的领导有一种魅力，即某种精神力量和个人特征，能够对许多人施加个人影响。

哈罗德·孔茨（Harold Koontz）认为，领导是一种影响力，是人们施加影响的艺术或过程，是一门促使其部属充满信心、满怀热情来完成他们的任务的艺术。

科·杨（K. Young）认为，领导是一种统治形式，其下属或多或少地愿意接受另一个人的指挥和控制。

罗伯特·坦南鲍姆（Robert Tannebaum）认为，领导就是在某种情况下，经过意见交流的过程所实行出来的一种为了达成某个目标的影响力。

肯尼斯·布兰查德（Kenneth Blanchard）认为，领导是一项程序，使人可以在选择目标及达成目标上接受指挥、引导和影响。

沃伦·本尼斯（Warren G. Bennis）认为，领导是诱导下属按所要求的方式行动的过程。

约翰·海姆菲尔（John K. Hemphill）认为，领导是指挥群体在相互作用的活动中解决共同问题的过程。

马克斯·理查兹（Max D. Richards）和保罗·格林洛（Paul S. Greenlaw）认为，领导是一种影响过程，即领导者和被领导者的个人作用，以及与特定环境的相互作用的动态过程。

克瑞斯·阿吉里斯（Chris Argyris）认为，领导即有效的影响。为了施加有效的影响，领导者需要对自己的影响进行实地的了解。

杰克·韦尔奇（Jack Welch）认为，领导是一种能将想做的事或其发展设想形成一种远见，并能使其他人理解、采纳这种远见，并推动这种远见的实现。

综合上述关于领导的定义，本书认为，领导是指引和影响他人在一定环境中实现群体或组织目标的过程。它包含以下四层含义。

第一，领导是由领导者、被领导者和所处环境之间的相互作用构成的，其相互关系可以表示为领导＝f（领导者，被领导者，环境）。

第二，领导本身是一个动态过程，在这个过程中既有“投入”，又有“产出”。其“投入”表现为体力、脑力、时间和组织的资源，而“产出”表现为其他主体的行为，既包括被领导者的行为，也包括群体和组织的行为。

第三，领导是目标导向的行为，领导的目的就是影响个体、群体或组织实现预期的目标。

第四，领导强调对他人的影响能力，这种影响不是通过强迫来实现的，而是通过激励和鼓舞，唤起被领导者自身的积极性和主动性。同时，这种影响还是双向的，领导者在影响被领导者的过程中，也必然受被领导者的某些方面的影响，体现出“互惠效应”。

二、权力和权术

（一）权力

为了充分理解领导的含义，首先要理解权力。领导的本质是对其他人态度、行为和决策的影响，其行为基础是领导者必须具有权力。“权力”一词来源于拉丁语“autoritas”，它通常有两种含义：其一，权力就是意志与法令；其二，权力就是权势与权威。在对权力的研究中，由于研究的角度和重点不同，所以形成了不同的认识和定义。

马克斯·韦伯认为，权力是一个人或一些人在社会行为中，不顾其他人的反抗而实现自己意志的过程。

伯特兰·罗素（Bertrand Russell）认为，权力是有预期地努力的结果。

彼得·布劳（Peter Bloor）认为，权力是通过消极制裁进行控制的能力，是个人将其意志强加于其他人的能力。

杰佛里·佩费（Jeffrey Pfeffer）认为，权力是指影响别人的行为、改变事态发展的进程、克服一系列阻力、让人们去做他们本来不愿做的事情的一种潜在能力。

本书认为，权力是源于个人、团队或组织影响他人并要求他人完成某项任务的能力。权力本质上是一种能力或者潜力，它是依赖性（dependency）的函数。权力最基本的先决条件是某个人相信要达成个人目标，需要依靠其他人具有的重要且稀缺和不可替代的东西，对该人而言，依赖性就产生了。依赖性越高，在双方关系中被依赖一方的权力也就越大。权力是一个双向的影响途径，领导者享有对下属的权力时，下属也拥有对领导者的抗衡权力，甚至会选择脱离其影响的行为，如选择离开该群体或组织。同时，权力通常还是感知性的，某个体可以通过使他人确信自己拥有某种对他人而言有价值的东西来获得权力，如果他人对此毫无感知，那么该个体就不具有相应的权力。组织中根据来源的不同，权力可分为正式权力（formal power）和个人权力（personal power）两大类。

1. 正式权力

正式权力又称为职位权力，它是基于个体在组织中的正式职位而产生的影响力。其主要有三种类型，即合法性权力（legitimate power）、奖励性权力（reward power）和强制性权力（coercive power）。

1）合法性权力

在正式群体和组织中，个体基于自己在组织架构中所处的职位层级所得到的一种权力。它是由组织根据具体的职位定义，由组织章程或规则明确授予的。在等级制度中，所有的管理者都对下级职位的人员拥有合法性权力，这是由公认的社会准则所支持的。但是，合法性权力的行使需要下属接受这个权力和行使者的合法性，否则下属会行使他们的抗衡权力拒绝执行领导者要求的行为。例如，要求下属做出法律、组织规定限制的行为，或领导者的行为被下属认为是超过其权力范围的。

2）奖励性权力

奖励性权力是指通过给予或撤销奖励的方法来引导下属做出所期望行为的权力。奖励性权力的基础在于它能带来利益和下属期望得到奖励的心理。如果下属想得到奖赏的愿望越迫切，认为得到的奖赏价值越大，奖励性权力也就越大。奖励的方式可以是经济性的，如控制薪酬、增加薪酬和奖金；也可以是非经济性的，如表扬、赞赏、认可、推荐升职和灵活的工作安排等。

3）强制性权力

强制性权力又称为惩罚性权力，其行为方式和奖励性权力相反。强制性权力是通过精神、身体或物质上的威胁或强迫，要求下属服从的权力。强制性权力来源于下属能感知到领导者有能力将自己不愿意接受的事实强加于自己，同时对不遵从指令而遭受负面效果的担忧和恐惧。强制性权力一般通过惩罚性行为来行使，如口头或书面训斥、降低薪资、停职、降职、解雇等，甚至会采取谩骂、侮辱和心理控制等方式。领导者拥有的惩罚性权力越大、越重要，对下属的强制性权力就越大。强制性权力在使用时往往会引起抵触、不满、愤怒、敌意，甚至会导致报复行为，因此，运用时务必要谨慎小心。

2. 个人权力

个人权力又称为非正式权力或非职位权力，它是由于个体具有的个人特征而产生的影响力。个人权力与特定的个人相联系，与其在组织中所处的等级或职位没有必然联系，也不会随职务的消失而消失。个人权力一般受到领导者的品格、才能、知识和感情因素的影响。例如，在华为公司，优秀的技术工程师虽然不是管理者，也没有正式权力，但是他们拥有个人权力。个人权力包括专家性权力（expert power）和参照性权力（referent power）。

1）专家性权力

专家性权力是指由于个体具有高水准的专业程度、丰富的知识、独特的才能或技能而对别人产生的影响力。专家性权力以信息和专业特长为基础，与职位没有直接联系。信息越重要，掌握的人越少，专业度越高，专家性权力也就越大。知道如何同偏执而重要的顾客打交道的业务人员，能够做出其他组织想象不到的技术改进的工程师，给予病人康复有效指导的外科医生，准确预测经济变化趋势的经济学家都是拥有专家性权力的例子，他们虽然不具有任何管理职务，但是在组织或群体中具有很大的影响力。随着职业分工专业化程度越来越高，专家性权力的重要性越来越大，对其他人的影响力也越来越持久。

2）参照性权力

参照性权力是指由于领导的表率作用或特殊经历、特殊地位，或相仿的个性、背景和态度等，赢得下属发自内心的认同、信任、支持和尊重，从而影响下属行为的权力。参照性权力来自于人们对某人的羡慕和希望成为某人的渴望，它是以身份、模仿、忠诚和魅力为基础的。参照性权力还可能是呈现领导魅力的形式，是一种能激发忠诚和热情的无形抽象的权力，通常与具有超凡魅力或名声卓著的领导者相联系。

研究表明，在各种权力类型中，个人权力的效果是最好的。专家性权力和参照性权力与员工对领导者的满意度、组织承诺水平和员工绩效水平呈现正相关性，而奖励性权力和合法性权力则与这些结果无关，强制性权力与员工满意度和承诺水平呈现负相关性。因为人们都更愿意接受和认可那些他们崇敬尊重的人或拥有他们所期望的知识和才能的人，而不是凭借职位来决定奖酬或强迫他们的人。

权力具有两重性。一方面，权力是积极的，它建立在社会化基础之上，表现为领导者关心集体的利益和目标，帮助被领导者设置目标、沟通信息，找出实现目标的途径和方法，同时鼓励和帮助被领导者达成目标；另一方面，权力又是消极的，它建立在个人主义的基础之上，领导者可以随意行使权力牟取私利，追求权力的物质形式，而被领导者只能表现为被统治和屈从，被当成没有原动力的人，完全处于被动的地位，潜力得不到充分的发挥。所以，组织应重视对领导者实施权力两重性教育，发扬第一种权力，避免第二种权力。

（二）权术

权术（power tactics）是将权力基础转化为特定行为的谋略、方法和技巧。对于处在环境不确定性程度越来越高的组织而言，领导者充分了解并适当运用权术有序推动组织变革是十分必要的。经过研究，人们总结出九种方法和策略。

（1）法定性影响：依赖自己的权威地位或者要求他人遵从组织的政策或规章。

（2）理性说服：利用逻辑分析和事实证据来支持某个合理的要求。

（3）鼓舞式诉求：从被影响者的价值观、需要、希望和志向的角度激发其情感。

（4）协商：通过使被影响者参与计划的决策过程，以此获得其支持。

（5）交换：为被影响者提供一些利益作为酬劳，从而令其同意某个请求。

（6）个人魅力：出于被影响者与自己的友情或个人忠诚来要求其遵从某个请求。

（7）逢迎：在提出请求前先采用奉承、称赞或者其他友善的行为做铺垫。

（8）施压：采用警告、反复要求和威胁等手段强迫被影响者。

（9）联盟：获得更多其他人的帮助并以此来劝服被影响者同意自己。

在实际运用中，这些方法和策略的有效性并不是完全相同的。理性说服、鼓舞式诉求及协商往往是最有效的方法，特别是当被影响者对决策结果感兴趣时尤其明显。由于施压会产生反面效果，所以其有效性最差。人们普遍采用的方式是同时或按次序使用多种方法和策略的组合来提高影响效果。在选择时首先要考虑的因素是影响的方向和目的，表 5-1 列出了不同影响方向的策略有效性排序。一般情况下，理性说服是跨组织层级的影响中最常用的策略，无论这种影响是自上而下的还是自下而上。鼓舞式诉求在上对下的关系中最有效，个人魅力和联盟策略只有在平行关系中才有效。此外，研究者还发现，在权术方法和策略选择时还应考虑领导者的相对权力、对被影响者服从的期望程度、使用次序和技巧，以及组织文化。

表 5-1 不同影响方向的策略有效性排序

影响有效性	下对上的影响	上对下的影响	同层级影响
高		理性说服	理性说服
↑		鼓舞式诉求	协商
		施压	逢迎
	理性说服	协商	交换
		逢迎	法定性影响
↓		交换	个人魅力
低		法定性影响	联盟

资料来源：罗宾斯 S P，贾奇 T A. 组织行为学精要［M］. 郑晓明译. 北京：机械工业出版社，2014：196

三、领导与管理

所谓管理，就是根据组织资源（人力、财务、物质和信息等）所进行的一系列活动（计划、组织、领导和控制），其目的是以有效率和有效能的方式实现组织目标。管理理论研究和管理实践在过去的 100 年有了飞速的发展，人们在对管理活动和领导活动相互关系的认识上逐渐达成了共识：领导和管理既相互联系，又相互区别。

（一）领导与管理的联系

两者都是基于实现目标而产生的行为，在实现组织目标上，领导与管理具有同样重要的作用，二者缺一不可。从行为方式来看，两者都是在组织内部通过影响他人的协调活动实现组织目标的过程，具有较强的相容性和交叉性；从权力的构成来看，两者都与组织层级的岗位设置有关。

（二）领导与管理的区别

哈罗德·孔茨和海因茨·韦里克（Heinz Weihrich）认为，管理具有更大的范畴，领导是组织中若干管理活动中的一种，是管理的一项重要职能或功能。哈佛商学院教授约翰·科特（John P. Kotter）通过对领导和管理差别的深入研究，认为领导和管理都是相对完整的行为体系，明确区分了领导和管理的差异，把管理看做组织秩序和规律性的来源，而把领导看做引起变革的力量。他认为管理侧重于微观计划，关注细微环节，领导更加注重宏观规划，尽管这样的计划或者规划都有相应的实施步骤；管理更注重事，而领导更注重人；管理比领导对人员的要求更加详细，会明确每个工作人员切实具体的任务，而领导对人员的整合比团队要求更高，只会让参与者了解工作的大致方向；管理目标的实现依靠实质性的监控机制或手段，而领导目标的实现更加依赖情感、价值观的倾向性引导。表 5-2总结了两者之间的基本区别。

表 5-2　领导与管理的区别

比较维度	领导	管理
提供指导	设定愿景和战略：关注未来前景	制订计划和预算：关注利润底线
团结追随者	形成共享的文化和价值观 帮助他人成长 减少界限	组织和人员分配 导向和控制 设定界限
建立关系	关注员工：启发和激励下属 权力基础是个人影响力 角色是教练、帮手和公仆	关注目标：生产销售产品和服务 权力基础是所在职位 角色是老板
培养个人素质	与员工谈心 开放式思维（留心细节） 善于倾听（交流） 喜欢变化（有勇气） 能洞察自己（个性）	感情上与人保持距离 专家思维 善于交谈 作风保持一致 能洞察组织事务
创造成果	带来变化：形成追求完美的组织文化	保持稳定：形成高效的组织文化

资料来源：Kotter J P. A Force for Change：How Leadership Differs from Management [M] . New York：The Free Press，1990

组织既需要管理也需要领导。领导可以创造变革，而实现有秩序的结果则需要管理。与领导有机结合的管理可以创造出有秩序的变革，而与管理有机结合的领导则可以使组织同环境协调一致。现代组织的管理经过长期发展已经达到了较高的水平，而领导则相对处于薄弱状态。因此，应更加注重开发组织中领导的作用。

四、领导者和管理者

领导者和管理者分别是领导行为和管理活动的主体和发起者，领导和管理的关系，以及行为的权力基础决定了领导者和管理者的异同。哈佛商学院的亚伯拉罕·扎莱尼克（Abraham Zaleznik）指出，管理者和领导者是两类完全不同的人，他们在动机、个人历史及想问题、做事情的方式上存在着差异。他认为，管理者即使不是以一种消极态度，也是以一种非个人化的态度面对目标，而领导者则是以一种个人的、积极的态度面对目标；管理者倾向于把工作视为可以达到的过程，领导者的工作具有高度的冒险性，他们常常倾向于主动寻求冒险，尤其是当机遇和奖励很高时；管理者回避单独行为，喜欢与人打交道的工作，他们根据自己在事件和决策过程中所扮演的角色与他人发生关系，而领导者关心的是观点，以一种更为直觉的方式与他人发生关系。

斯蒂芬·罗宾斯（Stephen P. Robbins）认为，管理者是被任命的，他们拥有合法的权力进行奖励和处罚，其影响力来自于他们所在的职位所赋予的正式权力。相反，领导者可以是任命的，也可以是从一个群体中产生出来的，可以不运用正式权力来影响他人的活动。在现实中，领导者和管理者的身份经常是合二为一的，在组织中他们既是管理者又是领导者，如公司的首席执行官既具有管理职务，又可能对下属具有非职务的影响力，像华为公司的任正非、阿里巴巴集团的马云和苹果公司的史蒂夫·保罗·乔布斯一样。但在组织中，还存在着只是管理者而不是领导者，或者不是真正意义上的领导者的人，如那些只能依赖正式权力影响别人的管理者。当然，也存在不是管理者，却是领导者，甚至是有效领导者的人，非正式组织中最具有影响力的人，是组织并没有赋予他们正式的管理职位和职权，但他们却能引领、指导、激励，甚至命令自己的追随者，从而影响其行为。相对而言，组织中领导者的培养更为困难。国际商用机器公司（International Business Machines Corporation，IBM）发布的《2008 年全球人力资本研究报告》中指出，超过 75%的企业对自己培养未来领导人的能力表示担心。由于现代组织所面临的环境变化速度和复杂程度都超过了以往任何时候，越来越多的组织都强调领导力的培养和开发，让组织更具有前瞻性，更好地发起变革和管理变革。

五、领导理论

在领导科学和管理思想的发展史上，有很多关于领导的研究和思索，并形成了丰富的研究成果和不同的领导理论。所谓领导理论就是关于领导有效性的理论。自系统化研究领导行为以来，人们从三个方面对领导有效性进行了研究，相应地形成了三大类领导理论，即领导特质理论（trait theories of leadership）、领导行为理论（behavioral theories of leadership）和领导权变理论（contingency theories of leadership）。三种领导理论之间的比较如表 5-3 所示。

表 5-3 三种领导理论之间的比较

领导理论	基本观点	研究的基本出发点	研究结果
领导特质理论	领导的有效性取决于领导者的个人特性	好的领导者应具备怎样的素质	各种优秀领导者的图像
领导行为理论	领导的有效性取决于领导的行为和风格	怎样的领导行为和风格是最好的	各种最佳的领导行为和风格
领导权变理论	领导的有效性取决于领导者、被领导者和环境的影响	在怎样的情况下，哪种领导方式是最好的	各种领导行为权变模型

资料来源：邢以群．管理学［M］．第三版．杭州：浙江大学出版社，2012：247

领导特质理论重点研究领导者的素质或特性，目的是要说明有效的领导者应该具备怎样的素质；领导行为理论的研究重点在于分析领导者的领导风格、领导行为和领导方式，其目的是找出所谓最有效的领导风格、行为和方式；领导权变理论重点研究影响领导有效性的领导行为和领导环境因素之间的关系，目的在于说明在怎样的领导环境下，哪种领导方式是最有效的。

第二节 领导特质理论

人们总是对优秀的领导者和普通人之间在个人特征上的差异感兴趣。领导特质理论就是研究领导者个人特征对领导行为有效性的影响，这种研究最先是由心理学家进行的。领导特质理论研究的基本方法是归纳分析方法，假定某些基本的人格特征能够将领导者和非领导者、优秀的领导者和平庸的领导者区别开来。只要根据领导效果好坏，定义出优秀领导者具备的特质，就能够挑选、培养领导者或判定领导者是否是优秀的。领导特质理论最早的研究认为，领导者具有的特质是先天的，如充沛的精力、敏锐的直觉、惊人的远见和过人的智力等，后来的研究中又增加了能够通过后天学习而获得的一些因素，如能力和修养等。与此相对应，形成了传统领导特质理论和现代领导特质理论。

一、传统领导特质理论

自高尔顿·奥尔波特（Gordon Allport）于1937年首次提出人格特质理论以来，在领导特质研究中逐渐形成了一些具有代表性的结论。

美国心理学家吉普（J. R. Gibb）的研究表明天才的领导者应该具备七项特质，即善言、外表英俊潇洒、智力过人、具有自信心、心理健康、有支配他人的趋向、外向而敏感。

埃德温·吉赛利（Edwin Ghiselli）认为领导者应具备八种个性特征和五种激励特征，其中，督察能力、事业成就感、才智、自我实现、自信、决断能力等是比较重要的特质。

拉尔夫·斯托格迪尔（Ralph M. Stogdill）考察了124项研究，查阅整理了5 000多种有关领导者特质的书籍和文献后，将领导者的素质归纳为五项体质特征、十六项个性特征、六项工作特征和九项社会特征，其中包括精力、外貌、年龄、适应性、进取心、独立性；等。

二、现代领导特质理论

现代领导特质理论认为，先天的个性只是个体发展的基础，领导者的某些特征可以通过后天的社会实践进行培养和发展，其研究视角从对优秀领导者特征的归纳分析转向为从胜任领导工作需要的条件方面来研究领导者应该具备的能力、修养和品格，这也使领导特质研究从传统阶段发展到了现代阶段。在研究过程中，不仅要注重领导者和非领导者的区别，还要强调领导特质对领导有效性的影响。

理查德·达夫特（Richard L. Daft）将领导特质划分为个性特征、才智和能力、个性、社会特征、工作特征和社会背景六个方面，并认为乐观与自信、诚实与正直、动力是重要的领导特质。

斯蒂芬·罗宾斯认为，领导者和非领导者在进取心、领导愿望、正直与诚实、自信、智慧、工作相关知识六项特质上存在差异。

查尔斯·希尔（Charles W. L. Hill）和史蒂文·麦克沙恩（Steven L. McShane）将领导者的特质归纳为战略思维、成就激励、权力激励、领袖气质和情感智力五个维度。

伯纳德·巴斯（Bernard M. Bass）将有效领导的特性归纳为，“在完成任务中具有强烈的责任心，能精力充沛地执著追求目标，在解决问题中具有冒险性和创造性，在社会环境中能运用首创精神，富于自信和特有的辨别力，愿意承受决策和行为结果，愿意承受人与人之间的压力，愿意忍受挫折和耽搁，具有影响其他人行为的能力”。

沃伦·本尼斯（Warren Bennis）提出了成功领导者具有的四种能力：有令人折服的远见和目标意识；能够清晰地表述这一目标，使下属明确理解；对这一目标的追求表现出一致性和全身心的投入；了解自己的实力并以此作为资本。

威廉·鲍莫尔（William J. Baumol）针对美国企业界的实际状况，提出了企业领导人应该具备的十项条件，即合作精神、决策能力、组织能力、精于授权、善于应变、敢于求新、勇于负责、敢担风险、尊重他人和品德高尚。同时期日本企业界认为，有效的领导者应该具备以下十项品德和十项能力：十项品德是使命感、信赖感、诚实、忍耐、热情、责任感、积极性、进取心、公平和勇气；十项能力包括思维决策能力、规划能力、判断能力、创造能力、洞察能力、劝说能力、理解人的能力、解决问题的能力、培养下级的能力、调动积极性的能力。

彼得·德鲁克（Peter F. Drucker）在《有效的管理者》一书中指出："一般而言，管理者都具有很好的智力、很好的想象力和很好的知识水准。但是一个人的有效性，与他的智力、想象力之间，几乎没有太大的关联。有才能的人往往最为无效，这是因为他们没有领略到才能本身并不是成就。他们不知道，一个人的才能，唯有透过有条理、有系统的工作，才能有效。"所以，"有效的管理者，他们之间的差别，就像医生、教员和音乐家一样各有不同的类型，至于缺少有效性的管理者，也同样有不同的类型。因此，有效的管理者与无效的管理者之间，在类型方面、性格方面及才智方面，是很难区别出来的"。"有效性是一种后天的习惯，是一种实务的综合。而既然是一种习惯，便是可以学会的，而且必须靠学习才能获得。"他将有效领导者的特性描述为五种可以后天习得的习惯：善于处理和利用时间；致力于贡献，确定自己的努力方向；善于发现和用人之长；能分清工作的主次，集中精力于少数主要的领域；能做出有效的决策。

领导特质理论是对领导行为进行体系化研究的最初尝试，为了探讨领导的有效性，将领导者先天和后天习得的特性进行了充分的分析和归纳。领导特质理论试图找出领导者和非领导者之间本质的、明确的、具体的特征差异，所做的努力并未取得很大的成功，没有形成一个明确的结论，不同研究者对有效领导者具备的特质及各种特质相对重要性的认识很不一致，甚至相互冲突。虽然有些研究结论可以在现实中找到依据，但又常常面临许多例外的情况。在一种情况下重要的特征，未必在另一种情况下也有效。例如，在说服员工认同组织变革的计划、反对现状，以及朝新的战略方向和目标努力时，个人魅力就显得特别重要，而其在促进员工努力工作方面则显得不是那么重要。究其原因是领导特质理论忽略了影响领导有效性的被领导者和领导环境因素，仅从领导者方面进行研究，难免产生相互重叠，甚至相互矛盾的情况。

尽管如此，领导特质理论存在的缺陷并不能否定它的科学性和作用。一些研究也证明了领导者的个人品质（如才智、广泛的社会兴趣、强烈的成就欲望，以及对下属的关心和尊重等）与领导有效性之间确实存在着相互联系。此外，领导特质理论系统地分析了领导者应具备的条件，对于组织挑选、培养和考核领导者，以及领导者提高自身的素质水平也是十分有帮助的。

第三节 领导行为理论

领导特质理论的欠缺使学者的注意力转向研究领导行为。从20世纪50年代开始，领导行为理论逐渐开始发展起来，完成了对领导现象进行科学化研究的任务。与领导特质理论不同，领导行为理论将研究重点放在不同领导行为模式和领导风格对领导有效性的影响上，以期寻求最佳的领导行为方式。众多的领导行为理论大致可以分为两大类：一类是基于权力运用角度进行研究的领导行为理论，主要有库尔特·勒温及其同事罗伯特·坦南鲍姆、沃伦·施密特（Warren H. Schmidt）、伦西斯·利克特（Rensis Likert）等的研究；另一类是基于行为与态度取向角度的研究，主要有拉尔夫·斯托格迪尔（Ralph Stogdill）、卡罗尔·沙特尔（Carroll Shartle）、罗伯特·布莱克（Robert Blake）和简·莫顿（Jane Mouton）等的研究。

一、领导方式理论

心理学家库尔特·勒温是较早进行领导方式研究的学者，他以权力定位为基本变量，根据领导者利用职权对下属群体行为影响方式的不同，把领导者在领导过程中表现出来的领导方式分为三种基本类型，即专制领导方式、民主领导方式和放任领导方式。

（一）专制领导方式

专制领导方式将权力定位于领导者个人，领导者靠权力和强制命令让下属服从，该种领导方式的主要特点如下。

（1）独断专行，从不考虑别人的意见，所有的决策都是由领导者自己决定。

（2）领导者独揽大权，亲自设计工作计划，指定工作内容和进行人事安排，不把任何消息告诉下属，下属没有参与决策的机会，而只能察言观色，奉命行事。

（3）领导行为中主要依靠行政命令、纪律约束、训斥和惩罚来影响下属行为，只是偶尔进行奖励。

（4）领导者很少参加群体活动，与下属几乎没有感情交流，保持相当的心理距离。

（5）在沟通中大多采用命令、指示的口吻。

（二）民主领导方式

民主领导方式将权力定位于群体，领导者靠以理服人、以身作则影响下属。民主领导方式的主要特点如下。

（1）政策和决策都是在领导者的鼓励和引导下由群体集体讨论决定的，是领导者和下属智慧的体现。

（2）领导者分配工作时尽量照顾到个人的能力、兴趣和爱好，工作不安排过细，赋予下属较大的工作空间和自由度。

（3）主要运用非正式的权力和权威影响下属行为，而不是靠正式权力和命令使人服从。

（4）领导者积极参与群体活动，经常同下属进行情感交流，与下属无任何心理上的距离。

（5）在沟通中多使用商量、建议和请求的口吻。

（三）放任领导方式

放任领导方式将权力定位于群体中的每个成员，领导者实施无政府管理，极少影响下属行为，一切尽可能地放任群体自理。放任领导方式的主要特点如下。

（1）领导者对工作缺乏积极性和主动性，极少运用权力。

（2）在决策过程中放弃领导职责，一切措施由群体成员自行选择决定。

（3）既不想评价或管理群体活动，工作事先无布置，事后无检查评估，也不关心群体成员的需要和态度。

库尔特·勒温在研究中发现，采取专制领导方式的群体与采取民主领导方式的群体，成员间的关系和行为具有很大的差异。在专制领导方式的群体中，成员之间攻击性言论显著；成员对领导服从，但表现出的自我或引人注目的行为较多，经常以“我”为中心；当受到挫折时，常常彼此推卸责任或进行人身攻击；当领导者不在场时，成员工作热情会大大下降，也无人代替领导者进行管理；成员对团体活动没有满足感。而在民主领导方式的群体中，成员间彼此比较友好；大多都是以工作为中心的接触；成员间很少使用“我”字，更具有团队意识；遇到挫折时，成员则团结一致，尽力解决问题；领导者不在场时，会像领导者在场一样继续努力工作；成员对团体活动有较高的满足感。

库尔特·勒温认为，放任领导方式的工作效率和有效性最低，只能达到组织成员的社交目标而完不成工作目标；专制领导方式虽然通过严格管理能够达到工作目标，但群体成员的消极态度和对抗情绪也在不断增长，没有责任感、情绪消极、士气低落、争吵较多；而民主领导方式工作效率最高，不但能完成工作目标，而且组织成员间关系融洽，工作积极主动，富于创造性。因此，民主领导方式是最有效的领导方式。

虽然库尔特·勒温对领导方式的分类过于简单化，其实验研究过程也带有很大的人为性。但是，领导方式理论最早注意到了领导者的风格对组织氛围和工作绩效的影响，首先以权力定位为基本变量区分出领导者的不同风格和特性并以实验的方式加以验证，这对实际领导工作非常有意义。同时，也为后续进行的有关研究开辟了一条新的途径。

二、领导类型理论

美国密执安大学的伦西斯·利克特教授及其同事于20世纪40年代末开始研究领导行为。根据对工业企业、医院、政府等众多组织中的领导者与下属的研究，发现了两种基本的领导行为，即以工作为中心和以员工为中心。以工作为中心的领导行为关注下属的工作，解释工作程序，对工作结果表现出极大兴趣；以员工为中心的领导行为关注建立和谐的工作群体，重视人际关系和员工需要，给予员工更多的参与机会，保持员工的工作满意度。这两种领导方式处于两个极端，比较而言，以员工为中心的领导行为更加有效。因此，伦西斯·利克特认为，应由以工作为中心的领导行为转向以员工为中心的领导行为。1961年，伦西斯·利克特在长期研究的基础上进行了总结，提出了领导类型理论，将领导行为划分为以下四种类型。

（1）专制独裁式。领导者集中所有权力，自行决策并要求下属严格执行，如下属达不到规定的目标，就采用惩罚的方式；领导者与下属之间互不信任；偶尔采用奖励来激励下属；采用自上而下的沟通方式；非正式组织通常反对组织目标。

（2）温和独裁式。领导者控制权力，但会授予下属一定的决策权，决策时会向下属征求一些想法和意见；对下属有一定程度的信任和信心，有一种较谦和的态度；采取赏罚并用的方式激励下属；允许一定程度的自下而上的沟通；非正式组织对组织目标可能反对也可能不反对。

（3）协商式。领导者掌握重要事项的决定权，允许下属就具体问题进行决策，并在某种情况下进行协商；对下属抱有相当大的但又不完全的信任；采取主要奖赏、偶尔惩罚的方式激励下属；领导者和下属之间具有双向沟通，通常设法采纳下属的想法和意见；非正式组织对组织目标有时表示支持，有时表示反对。

（4）参与式。领导者赋予下属足够的权力，鼓励群体成员做出决策或者本人作为群体成员与下属一起工作；对下属在一切事务上都抱有充分的信任和信心，鼓励下属多参与制定目标，评估目标实现进展和组织报酬；采取奖赏的方式激励下属；总是向下属征求设想和意见，并积极地加以采纳；领导者和下属之间不仅有双向沟通，还有平行沟通；非正式组织通常支持组织目标。

在这四种类型中，伦西斯·利克特认为，参与式的领导效果是最好的。在这种领导方式下，组织制定目标和实现目标的情况最让人满意，生产效率往往高于采取其他领导类型的组织，并能形成良好的组织氛围。因此，在组织由官僚模式转向行为导向模式时，其他领导类型也应该转为参与式。

三、连续统一体理论

1958 年，罗伯特·坦南鲍姆和沃伦·施密特提出了领导行为的连续统一体理论。该理论认为根据决策权力在领导和下属之间分配的不同情况，存在着多种领导行为方式。与库尔特·勒温将领导行为方式划分为三种典型方式不同的是，这些领导行为方式在专权和民主这两种极端方式之间形成了一个逐渐过渡的连续带，图 5-1 表示了这种分布状态和其中典型的七种领导行为方式的特征。

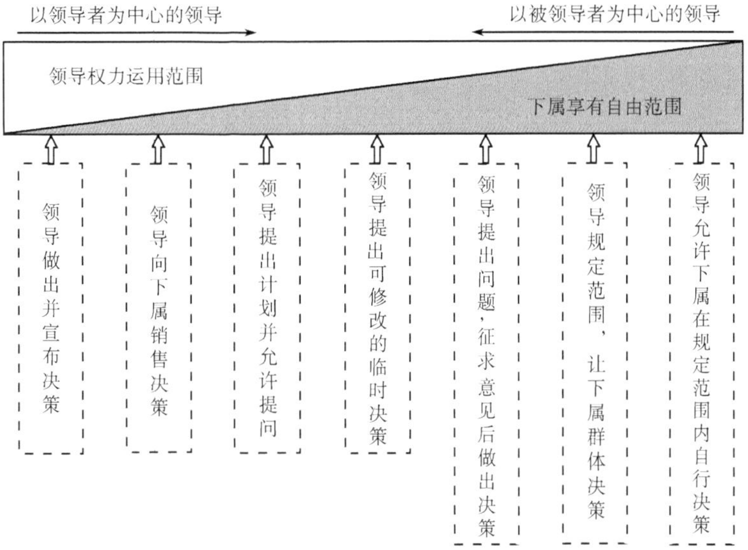

图 5-1　领导行为的连续统一体模式图

罗伯特·坦南鲍姆和沃伦·施密特认为，在可能存在的多种领导行为方式中，孰优孰劣没有绝对的标准，最佳的领导行为方式不一定是专权式，也不一定是民主式。成功的领导者应该是在一定的具体条件下，善于考虑各种因素的影响，采取最恰当行动的人。这些影响因素包括领导者自身的能力、下属及环境状况、工作性质、工作时间等。

四、四分图理论

1945 年，美国俄亥俄州立大学商业研究所在拉尔夫·斯托格迪尔和卡罗尔·沙特尔的带领下开始了对领导行为的研究。研究人员设计了领导行为描述问卷来分析各种组织和情境中的领导，对一千多种领导行为的数据采用因素分析法进行处理。最后，将领导行为归纳为两个基本的维度，即关怀维度和结构维度。

（1）关怀维度体现了以人为重，是指领导者表现出对下属的关心，注重与下属之间建立良好的人际关系和平等友好、尊重信任的氛围，尊重下属的意见和情感，给下属以较多的工作主动权，体贴、关心并注意满足下属的合理需要。

（2）结构维度体现了以工作为重，是指领导者为实现工作目标，注重清楚规定领导——下属关系，建立明确的组织结构、正式的沟通机制和工作程序、工作方法和制度，确定工作目标和要求。

大量的调查表明，领导行为的两个维度并不是单一向度，领导者可以是这两个方面的任意组合，同时表现出不同的结构行为和关怀行为，如图 5-2 所示。

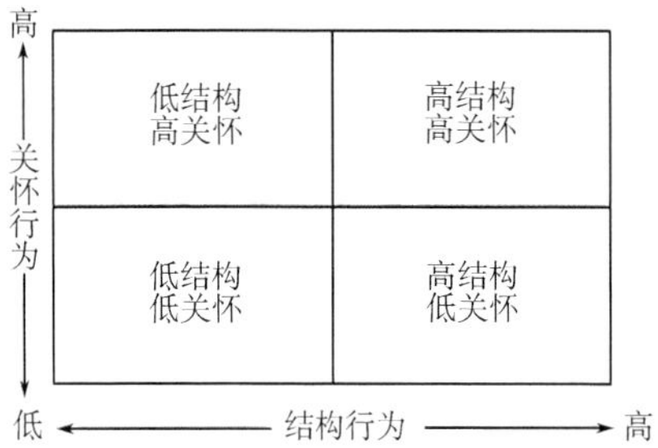

图 5-2 领导行为四分图

关怀行为和结构行为不应是相互矛盾、相互排斥的，而应是相互联系、相互作用的。侧重于关怀维度的领导行为导致下属的绩效水平不高，但满意度高，缺勤率低；侧重于结构维度的领导行为导致下属的绩效水平高，但满意度低，缺勤率高。从一般意义来讲，在两个维度上保持高水平的领导行为应该是最有效的。但实际情况并不完全如此，最佳的领导行为的选择还要考虑情境因素。从 1993 年开始并延续至今的“全球领导力与组织行为效果研究”(global leadership and organizational behavior effectiveness，GLOBE) 中的一些观点认为，由于文化价值观的不同，在国际范围内结构维度和关怀维度的偏好是有差异的。具有高度关怀行为特征的领导者会更适应巴西文化，但他会发现自己的这种领导风格在法国可能完全不适用，而就中国而言，关怀维度和结构维度可能都非常重要。也有研究表明，在企业组织生命周期的不同阶段，不同的领导行为方式对组织绩效的影响是有差异的，当然，需要考虑的情境因素不仅仅只有这些。所以，领导者只有把关怀维度和结构维度适当地相互结合起来，才能进行有效的领导。

五、管理方格理论

在四分图理论的基础上，美国心理学家罗伯特·布莱克和简·莫顿于 1964 年提出了管理方格理论，提供了评估领导风格及培训领导者转向最佳行为风格的方法。该理论将领导行为划分为两个维度，即关心人（类似于以人为中心和关怀行为）和关心生产（类似于以工作为中心和结构行为)，并根据两个维度在程度上的差异分别进行九等分。用纵轴表示关心人的程度，横轴表示关心生产的程度的二维平面上就形成了 81 个方格，每一个交叉点代表一种领导类型，从而将领导行为划分成许多不同的类型，如图 5-3 所示。

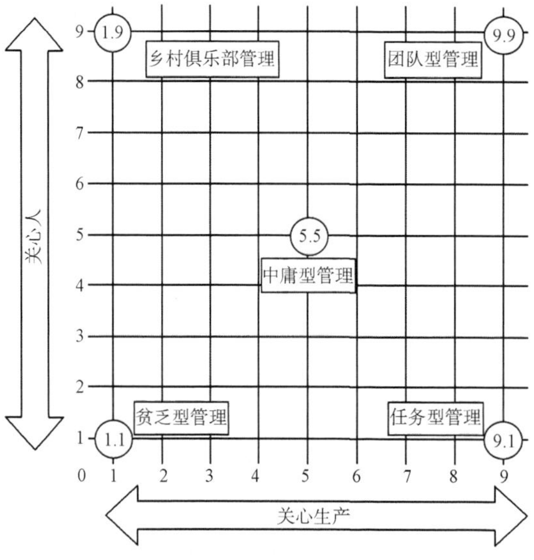

图 5-3 管理方格图

资料来源：Blake R R，McCanse A A. The leadership grid figure for leadership dilemmas-grid solutions [A] . *In*：Blake R R，Mouton J S. Formerly the Managerial Grid [C] . Houston：Gulf Publishing Company，1997：29

在多种可能的领导行为中，尤其要注意以下五种典型的领导行为类型。

(1.1) 型为贫乏型管理，领导者用最少的努力完成工作，对员工和生产都缺乏关心，仅保持在组织中的身份。

(9.1) 型为任务型管理，领导者高度关心生产但很少关心人，尽量将人的干扰减小到最低限度，以求得高效率。

(1.9) 型为乡村俱乐部管理，领导者高度关心人但很少关心生产，注重建立满意的人际关系，创造舒适、友好的组织气氛和工作节奏。

(5.5) 型为中庸型管理，领导者对人和生产都保持适度关心，平衡完成工作和保持士气，实现正常但不突出的绩效水平。

(9.9) 型为团队型管理，领导者对人的关心和生产的关心最大化，强调员工承诺，将组织目标和员工个人目标有机结合，建立“共同利益”，相互尊重和信任。

管理方格理论认为，在五种典型的领导行为类型中，最理想的是 (9.9) 型，其次是 (9.1) 型，再次是 (5.5) 型和 (1.9) 型，最后是 (1.1) 型。为达到 (9.9) 型的领导行为风格，可以利用包括六个步骤的课程进行培训。虽然有不少的企业组织运用该理论获得了适度的成功，但是，依然缺乏科学证据的支持。近年来，罗伯特·布莱克和简·莫顿也承认，判断哪种领导行为类型最佳，要看实际效果，要根据领导环境、领导对象等情境因素进行判断和选择。

总体来说，在领导行为类型和群体工作绩效之间的一致性关系方面，众多的领导行为理论达成了共识。但是，领导行为理论也存在相应的缺陷。一是领导行为理论并没有给出不同行为模式之间清晰的联系，导致行为模式的概念过于宽泛，从而使每种行为模式下的具体行为描述显得非常模糊，而具体的行为往往比宽泛的模式更加重要；二是适当领导行为的选择可能是依情况而定的，在不同情况下要求领导者采用不同的行为模式。但是，领导行为理论对影响领导成功与失败的情境因素没有给予足够的重视，即使一些领导行为理论将研究视角扩大到了影响领导有效性的情境因素，其研究也不够深入具体。在这一点上，领导权变理论有效地弥补了领导行为理论的不足。

第四节 领导权变理论

由于领导特质理论和领导行为理论都没有从根本上解决领导的有效性问题，人们开始重视情境因素对领导活动的影响。20 世纪 60 年代之后，领导理论研究进入了第三阶段，即领导权变理论阶段。权变则意味着某事物依赖于其他某些事物，因此，领导者要进行有效领导，必须在领导行为、风格和环境之间找到平衡。领导权变理论认为，领导是一种动态的过程，适用于某一环境的领导风格也许并不适合另一种环境，不存在一种“普适”的最佳领导方式。领导在实际工作中是否有效不仅取决于他们的领导行为方式，还取决于具体的情境和场合，其有效性会随着领导者的特点、被领导者的特征，以及所处情境的变化而变化。因此，领导行为方式 (S) 与领导者特征 (L)、被领导者特征 (F) 和领导情境 (E) 这些变量之间具有相应的函数关系，即 $S=f(L, F, E)$。领导权变理论的目标是找到关键的情境因素，研究它们之间如何相互作用决定适当的领导行为方式。根据分离独立情境变量的不同方法，形成了多个领导权变理论。其中，最重要、最具有代表性、被广泛应用的有费德勒模型、路径—目标理论、领导情景理论、领导者—参与模型。

一、费德勒模型

作为最早对领导权变理论做出贡献的心理学家弗雷德·费德勒（Fred Fiedler）于1962年提出了第一个综合性的权变模型——费德勒模型。该模型认为，优秀的群体绩效取决于领导者是否采用最佳的领导行为方式，而领导行为方式是否最佳又是由领导情境的有利性决定的。

（一）定义领导风格

费德勒认为，领导者的领导风格是影响领导是否成功的关键因素之一。因此，他设计了如表5-4所示的最难共事者量表（least preferred coworker questionnaire，LPC Questionnaire），通过测量领导者是偏向任务导向还是关系导向从而确定领导者的领导风格，即根据被调查者对最难共事者量表的回答来判断他们的领导风格。

表5-4 最难共事者量表

序号	问题	得分
1	快乐—— 8 7 6 5 4 3 2 1 ——不快乐	
2	友善—— 8 7 6 5 4 3 2 1 ——不友善	
3	拒绝—— 1 2 3 4 5 6 7 8 ——接纳	
4	有益—— 8 7 6 5 4 3 2 1 ——无益	
5	不热情—— 1 2 3 4 5 6 7 8 ——热情	
6	紧张—— 1 2 3 4 5 6 7 8 ——轻松	
7	疏远—— 1 2 3 4 5 6 7 8 ——亲密	
8	冷漠—— 1 2 3 4 5 6 7 8 ——热心	
9	合作—— 8 7 6 5 4 3 2 1 ——不合作	
10	助人—— 8 7 6 5 4 3 2 1 ——敌意	
11	无聊—— 1 2 3 4 5 6 7 8 ——有趣	
12	好争—— 1 2 3 4 5 6 7 8 ——融洽	
13	自信—— 8 7 6 5 4 3 2 1 ——犹豫	
14	高效—— 8 7 6 5 4 3 2 1 ——低效	
15	郁闷—— 1 2 3 4 5 6 7 8 ——开朗	
16	开放—— 8 7 6 5 4 3 2 1 ——防备	
合计		

使用最难共事者量表时，首先要求被试回忆他们曾经所有的同事，确定他们最不喜欢与之共事的人；其次让被试对此人进行描述，按照16对意义相反的形容词对此人进行评价，并将每项评价得分进行汇总。如果被试多用正面的词汇来进行描述，其领导风格属于关系导向型（最难共事者分数高）；反之，如果被试多用负面的词汇来进行描述，其领导风格属于任务导向型（最难共事者分数低）。

（二）定义情境

领导的有效性除了受到领导风格影响以外，还取决于领导情境。在使用最难共事者量表对领导者的基本领导风格进行评估之后，还要对领导情境进行分析。费德勒将影响领导情境的因素归纳为三个维度，即领导—成员关系、任务结构性和职位权力。

（1）领导—成员关系反映领导者和群体成员间关系的性质，即成员对领导者的信任、尊重和接受程度。如果领导者和群体成员之间相互信任、尊重、自信心高，并且相互认同和喜爱，则表明关系好；反之，关系就差。

(2) 任务结构性反映任务的明确性，即任务被清楚定义，接受程序化安排的程度。如果任务是例行的、常规性的、容易理解的，并且可以依照标准程序或步骤来进行，则称为结构化任务，即任务的结构性就高；反之，任务结构性就低。

(3) 职位权力反映领导者对群体成员拥有的正式权力的大小，即领导者对权力变量的影响程度，这些权力变量包括分配工作、招聘、解聘、处罚、晋升和加薪等。如果领导者的职位权力明确、充分，在组织中得到的支持有力，对群体成员在权力变量上享有直接决定权，则职位权力就强；反之，职位权力就弱。

如图 5-4 所示，好或差的领导—成员关系、高或低的任务结构性、强或弱的职位权力的不同组合形成了八种不同的情境。后来，费德勒将领导情境浓缩为三种，分别是控制力很高的有利情境、控制力一般的中等情境和控制力很低的不利情境。

领导—成员关系	好	好	好	好	差	差	差	差
任务结构性	高	高	低	低	高	高	低	低
职位权力	强	弱	强	弱	强	弱	强	弱
情境类型	1	2	3	4	5	6	7	8
情境有利性	有利			中等			不利	

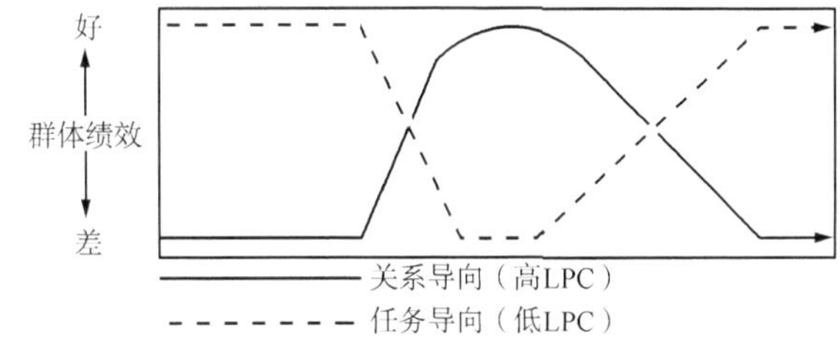

图 5-4 费德勒模型图

(三) 领导风格与情境匹配

只有领导风格与情境相匹配时，才会使领导的有效性达到最高。当费德勒在分析领导风格、情境优劣性和群体绩效之间的关系时发现：任务导向的领导风格在情境有利或不利（第 1、2、3、7、8 种）的情况下效果较好，而关系导向的领导风格更适合中等有利的情境（第 4、5、6 种），如图 5-4 所示。

费德勒模型在实际运用中，领导者首先可以按照最难共事者量表的评价分数来判断自己的领导风格，再根据领导—成员关系、任务结构性和职位权力等因素来判断所处的领导情境类型。如果两者不相匹配，可以通过两种途径来提高领导的有效性。一是改变领导风格。领导风格是同特定的人格特征联系在一起的，它基本定型且呈现出高度的稳定性。因此，领导风格的改变往往是通过调换领导者的方式来实现的。二是改变领导情境。所采用的方式是重新定义任务、改变工作程序、增加或减少结构化任务的比重，或调整领导者对权力的变量，如加薪、工作分配、惩罚等的权限。

后来，学者们对费德勒模型的总体效果进行了大量的研究，有相当多的研究结果支持这一模型的结论。同时，也发现该模型还存在一些需要进一步改进的地方，如忽视了同一个领导者可能会同时出现关系导向和任务导向相结合的行为模式、与现实不完全一致的领导者不会改变领导风格的假设等。但是，费德勒模型提出了领导方式必须与情境相配合的观点，并分析了权变因素中最为重要的三个变量对领导有效性的直接作用，这使领导行为的研究由二维模式演变为三维模式，为后续研究提供了重要的指引。所以，它仍被认为是领导理论研究的一个重要的里程碑。

二、路径—目标理论

罗伯特·豪斯（Robert House）将期望理论应用于领导的有效性研究，在四分图理论基础上提出了路径—目标理论。该理论认为，领导者的工作是帮助下属达成他们的目标，并提供必要的指导和支持以确保他们各自的目标与群体或组织的目标相一致。有效的领导者在工作场所中报告有价值的和符合期望的奖励，向下属明确导向工作目标实现的途径和奖励，并为下属清理各种危险和障碍，从而使下属实现工作目标变得更加容易。路径—目标理论认为，领导者的职能是提高下属的积极性，有效的领导行为必须具有激励性。领导行为的激励性表现在以下两个方面：一是使下属的需要满足与高工作绩效水平联系在一起，提高工作目标的价值，从而使下属感知的效价水平高；二是提供达成高工作绩效所必需的辅导、指导、支持和奖励，提高达成任务目标的可能性，从而使下属感知的期望值水平高。因此，高结构和高关怀组合的领导方式不一定是最有效的，领导方式的有效性还受到环境因素的影响，领导者应根据不同的情境来选择领导方式，如图 5-5 所示。

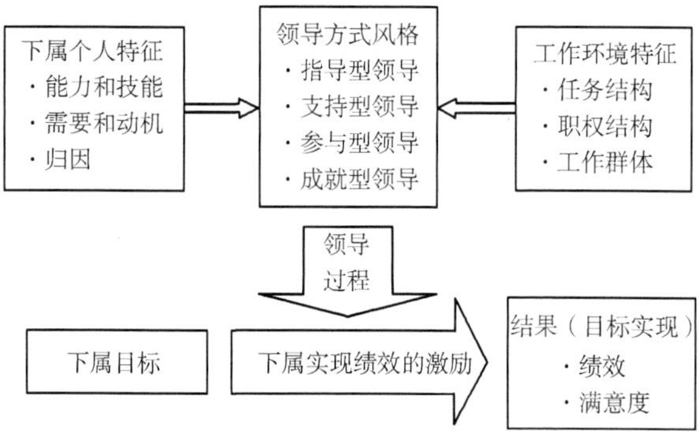

图 5-5　路径—目标理论

路径—目标理论提供了四种领导方式，供领导者在不同的情境下选择。

（1）指导型领导。领导者明确对下属的期望，为下属的工作方向、工作目标、工作程序做出决策，为下属指明方向和要求，提供指导和帮助，使下属能够按照工作程序和工作标准完成任务、实现目标。

（2）支持型领导。领导者对下属友好亲和，关心下属的需要和幸福感，平等对待下属，尊重下属，注意联络与下属的感情，注重建立和谐的人际关系和营造愉快的组织气氛。

（3）参与型领导。领导者在做决策时征求下属建议，让下属参与决策。平常注重与下属沟通信息，考虑和采纳下属的建议，允许下属对决策施加影响。

（4）成就型领导。领导者为下属设定富有挑战性的目标，强调高水平绩效和在现有绩效基础上的不断提高。对下属的能力表现出信心，相信下属能最大限度地发挥潜力。赋予下属更大的自主权，鼓励下属不断改进工作和帮助他们学习如何实现高水平的目标。

在对领导方式的研究中，同费德勒模型不同的是，路径—目标理论认为，领导者可以改变自己的领导风格和行为以适应特定情境的需要。例如，首先，在面对新的下属时，领导者可能会采用指导型领导方式，建立工作程序和标准，明确工作方向、目标和要求。其次，领导者会采用支持型领导方式促进成员间的协调，建立和谐的人际关系和积极的气氛。再次，采用参与型领导方式来鼓励群体成员。最后，领导者会选择成就型领导方式，赋予下属足够大的自主权，让下属产生持续的高绩效。

路径—目标理论将领导行为与效果之间的中间变量，即情境因素归纳为两个维度，即下属个人特征和工作环境特征。

下属个人特征包括能力、技能、需要和动机，以及他们对行为结果的归因。如果下属的能力和水平比较低，需要清楚的工作方向指引，领导者就应该采取指导型领导方式；如果下属的需要层次较低，领导者采用物质激励的方式效果会更好，而对于以自我实现需要为主的下属，可能成就型领导方式是最有效的；如果下属是需要更多自由和自主才能达到最佳工作状态的专业人士，如学者、医生、律师、教师等，参与型领导方式无疑是最有效的。相信结果是由本身努力和自身行为引起的下属，可能更偏好参与型领导方式，而将结果归于命运、运气或环境因素的下属，则更偏好指导型领导方式。

工作环境特征包括任务结构、职权结构和工作群体特征。任务结构特征是指工作方向、目标、程序和标准的明确情况。如果工作是例行的、常规的、具体的或易于执行的，指导型领导方式的效能就是最低的，因为下属不需要领导告诉他怎样完成这些工作。职位结构特征是指组织赋予领导者行使的正式权力的大小，以及组织政策和制度约束员工的程度。职权结构的正式化程度越高，指导型领导方式的效果越差。工作群体特征是指下属受教育的程度，以及下属之间的相互关系。如果下属能从工作群体中获得足够的社会支持和满足，支持型领导方式就显得不那么重要了。

领导者的责任是帮助下属明确如何才能获得奖励，或者增加奖励数量，或者改变奖励方式来提高下属的满意度和绩效水平，这就要求领导者应在分析评估所处领导情境的基础上选择适应的领导行为方式。图 5-6 列出了领导行为方式如何适应领导情境的四种情况。当然，现实存在的可能性不仅仅如此。

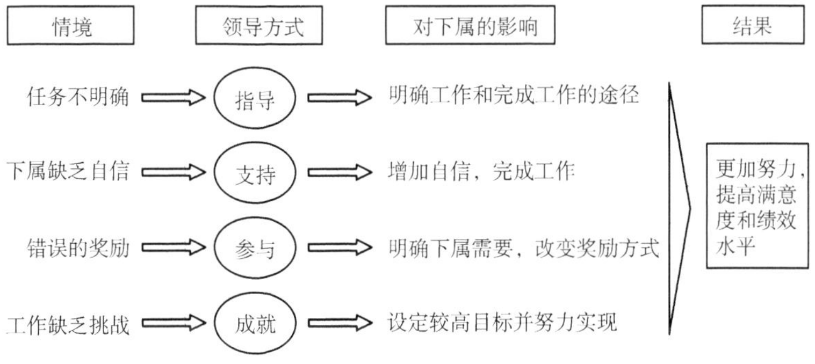

图 5-6　领导情境及相适应的领导行为方式

与费德勒模型相比较，路径—目标理论认识到了领导行为模式的广泛性和多样性，并将期望激励理论纳入领导有效性的研究中，丰富了关于有效领导问题的探讨。同时，它关于领导者能够根据面临的情境来选择、调整领导行为模式的观点有助于激励领导者提高自身的能力。此外，路径—目标理论尝试预测在具体情境下的最优领导模式，这对领导行为的抉择有很大帮助。当然，该理论也存在一些缺陷和不足。一方面它关于领导者仅能同时采用一种领导行为模式而不能形成混合多种模式要素的领导行为模式的隐含假设缺乏有效的证据支持；另一方面提供的有效领导定义过于狭隘，忽略了在领导过程中其他一些潜在的重要内容，如领导者在制定战略规划中的核心地位、领导者与外部利益相关者的协调需要等。

三、领导情景理论

在领导权变理论的发展中，越来越多的研究者注意到了下属对领导效果的重要影响。领导情景理论将下属的成熟度作为情境权变因素，探讨不同的领导行为方式在不同情境的有效性，形成了一系列的研究成果。其中，最具代表性的理论有不成熟—成熟理论和领导生命周期理论。

（一）不成熟—成熟理论

在领导行为的有效性研究中，最早注意到下属成熟度和领导行为之间关系并进行系统研究的是美国行为学家克里斯·阿吉里斯（Chris Argyris），他于1957年在《个性与组织：互相协调的几个问题》中提出了不成熟—成熟理论。克里斯·阿吉里斯认为，一个人由不成熟转变为成熟的轨迹主要表现在以下七个方面。

（1）由被动发展为主动。

（2）由依赖发展为独立。

（3）由少量行为方式发展为多样行为方式。

（4）由分散、多变、浅薄的兴趣发展为集中、稳定、深刻的兴趣。

（5）由只顾眼前发展到能总结过去和谋划未来。

（6）由从属地位发展为平等或优越地位。

（7）由缺乏自觉发展为自觉和自制。

不成熟—成熟理论认为，每个人随着年龄的增长，会逐步从不成熟走向成熟，但成熟的进程不尽相同。个人的成熟进程受到多种因素的影响，如组织因素、群体因素和个人因素，以及工作性质和任务结构等，但领导方式是否得当是其中的重要因素之一。正式组织所遵循的专业化分工、等级层次结构、集中统一领导等完全理性的纯逻辑化原则和个体之间存在矛盾，会阻碍个人的成熟进程，从而导致组织混乱。如何解决个体成长和组织原则之间的矛盾是组织领导者长期面临的挑战，领导者的任务之一就是努力减少这种不协调。有效的领导者应针对下属不同的成熟程度采取不同的领导行为方式促进下属尽快成熟。这些方式包括进行指导、增强下属的自信心和能力、扩大工作范围、增加工作责任、参与式的以下属为中心的方式等。克里斯·阿吉里斯特别强调要更多地依靠下属的自我指挥和自我控制，为此，他提出了“以现实为中心”的领导方式。这种领导方式具有诊断的技术，对自己和对别人均有所认识，在任何时候都能了解个人和组织的价值。通过这种了解和改进，成熟的个人能在健康的组织之中培养出来，并使个人和组织都能实现自己的目标和需要。

（二）领导生命周期理论

领导生命周期理论是由美国管理学家科曼（A. K. Korman）在1966年首先提出，后经保罗·赫西（Paul Hersey）和肯尼斯·布兰查德（Kenneth Blanchard）发展完善而形成的，是对管理方格理论和不成熟—成熟理论的延伸和发展。该理论把注意力放在对下属的研究上，并将其作为领导情境因素的一个很重要的组成部分，因此，也是影响领导有效性的决定因素之一。

1. 定义情境

保罗·赫西和肯尼斯·布兰查德采用成熟度的概念来定义下属特征。所谓成熟度是指个体对自己的直接行为负责任的能力和愿望，它取决于两个方面，即工作成熟度和心理成熟度。工作成熟度是相对于个体完成工作的知识和技能而言的，如果个体拥有足够的知识、能力和经验完成自己的工作而不需要其他人的指点时，那么他的工作成熟度就高；反之则低。心理成熟度则与工作的愿望和动机有关，如果个体不需要太多外部激励，主要靠自身内在激励就能自觉工作，就会被认为具有较高的心理成熟度；反之则低。

根据工作成熟度和心理成熟度高低的不同组合，领导生命周期理论将下属的成熟度由低到高分成了四个阶段，即不成熟（M1）、稍成熟（M2）、较成熟（M3）和成熟（M4）。

（1）不成熟（M1）：下属缺乏接受和承担任务的能力和愿望，既不能胜任工作又缺乏自信和自觉，不能被信任。

（2）稍成熟（M2）：下属愿意承担任务但缺乏足够的能力，有积极性但欠缺完成任务所需的技能。

（3）较成熟（M3）：下属具有完成工作任务所需的能力和技能，但缺乏承担任务的愿望和积极性。

（4）成熟（M4）：下属既有完成工作任务的知识和能力，又具有承担任务的愿望和积极性。

2. 定义领导方式

领导生命周期理论用任务行为和关系行为两个维度来分析领导行为。任务行为是指领导者和下属为完成任务而形成的交往形式，关系行为是指领导者给予下属帮助和支持的交互形式。根据领导行为在任务行为和关系行为上强度大小的不同组合，形成了四种领导方式，即命令式、说服式、参与式和授权式。

（1）命令式（高任务—低关系）：领导者决策，负责对下属进行分工，指点下属应该干什么、怎么干、何时干等，强调直接指挥和控制。

（2）说服式（高任务—高关系）：领导者决策，既给下属以较多的指导，又注意保护和鼓励下属的积极性。

（3）参与式（低任务—高关系）：领导者与下属共同参与决策，着重给予下属支持和肯定，同时注重搞好内部的协调沟通。

（4）授权式（低任务—低关系）：领导者将决策权、控制权授予下级，只给下属明确目标和工作要求，对下属几乎不加指点，由下属独立自主地开展工作、完成任务。

3. 领导方式与情境匹配

保罗·赫西和肯尼斯·布兰查德认为，高任务—高关系的领导方式并不总是有效的，同样，低任务—低关系的领导方式的效果也不一定总是最差的，关键是要看下属的成熟度。成功的领导者应根据下属的成熟度选择适当的领导方式。如图 5-7 所示，当下属成熟度为不成熟时，应选择高任务—低关系的命令式领导方式；当下属成熟度为稍成熟时，应选择高任务—高关系的说服式领导方式；当下属成熟度为较成熟时，应选择低任务—高关系的参与式领导方式；当下属成熟度为成熟时，应选择低任务—低关系的授权式领导方式。由此可见，随着下属从不成熟走向成熟，领导者不仅要减少对活动的控制，而且也要减少对下属的

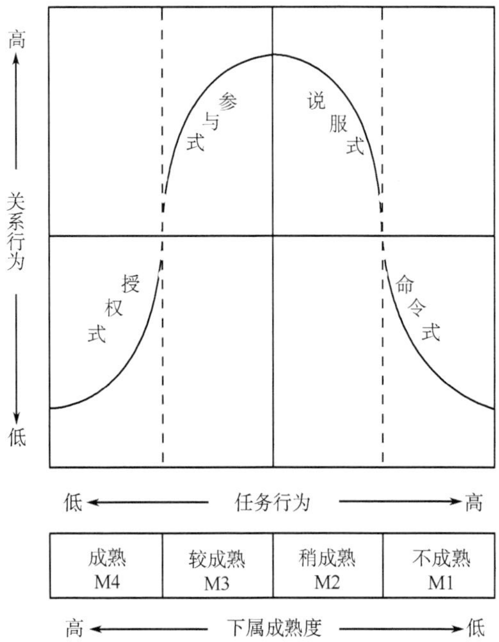

图 5-7 领导生命周期理论

资料来源：Hersey P，Blanchard K H. Management and Organizational Behavior［M］. Englewood Cliffs：Prentice-Hall，1996：200

帮助。

领导情景理论是一个重视下属的权变理论，它提供了一种有用而且易于理解的模型，强调不存在一种万能的领导方式适应各种不同的情境，必须结合下属的成熟度来选择适宜的领导方式，只有这样才能提高领导的有效性。但是，这也可能会导致对领导情境因素简单化认识的倾向，从而忽略其他因素对领导有效性的影响。

四、领导者—参与模型

1973 年维克多·弗罗姆（Victor Vroom）和菲利普·耶顿（Phillip Yetton）提出了领导者—参与模型（leader-participation model），该模型将领导行为与参与决策联系在一起。该模型的出发点是，所有的领导者都要通过决策解决问题，解决问题的决策可能由领导者独自做出，也可能由许多下属一起参与做出。所以，该模型着重研究一项领导行为，即决策中下属的参与，重点分析不同程度参与决策的领导模式和不同程度的参与如何影响决策的质量和可靠性，以及适合于给定情境的领导模式选择和匹配。

（一）领导者参与模式

根据下属决策参与程度的差异，领导者—参与模式将领导行为分为五种模式，按下属参与决策程度由低到高排列如下。

（1）专断型。领导独自进行决策，然后向团队成员宣布或“劝说”团队成员接受决策。决策中领导者可能会运用自己的专业知识从下属或其他人身上收集与问题相关的信息。

（2）磋商型（逐个）。领导向团队成员逐个地介绍问题，听取建议，然后进行决策。

（3）磋商型（群体）。领导者通过会议形式向整个团队提出问题，听取建议，然后进行决策。

（4）促进型。领导者通过会议形式向整个团队提出问题，界定问题及决策范围，然后以促进者的角色推动决策，从而获得一致的解决方案。

（5）授权型。领导者允许团队在设定的范围内进行决策，由团队成员自己定义问题的性质和参数，研究出解决问题的多个可行方案，并最终确定一个或多个解决方案。领导者作为重要的幕后人员为团队成员提供所需资源和鼓励，应团队要求进行决策咨询。

（二）检测性问题

领导者—参与模型认为，恰当的决策参与程度取决于环境特征，不存在适合于所有情境的领导模式。领导者可以通过对以下七个方面的检测性问题特性的评估，决定采用何种下属参与程度的领导模式。

1. 决策重要性

这个决策对项目或组织有多重要？如果这个决策对项目或组织的成功很重要并需要进行更高水平的决策时，那么，领导者就必须更加积极地参与其中，下属的参与度就会变低。

2. 承诺重要性

下属对这个决策的认可和接受有多重要？如果下属的承诺对决策效果和解决方案的实施影响程度不大，那么，领导者会考虑选择下属低参与度的决策模式。

3. 领导者专长

领导者解决这个问题，制定高质量决策的相关专业知识和掌握的信息如何？如果领导者没有足够的信息、知识或专业技术，那么，应该让下属更多地参与决策。

4. 承诺可能性

在领导者独自决策的情况下，下属支持这个决策的可能性有多大？如果下属总是一贯性地支持领导的决定，那么是否让他们参与决策过程就显得没那么重要了。

5. 目标支持度

下属对组织或团队目标的支持度对这个决策有多大的影响程度？如果下属对组织目标的支持度较低，那么领导者就应该降低下属参与决策的程度，尽量不让团队独自对这个问题进行决策。

6. 下属的专长

下属拥有多少与这个问题相关并能做出高质量决策的信息、知识和专业技术？如果他们拥有很多与决策问题相关的信息，具有做出高质量决策的知识和专业技术，那么领导者应该选择下属参与度高的领导模式，把决策的大部分权力下放给下属。

7. 团队的能力

团队成员合作解决问题的决心和技巧如何？下属对于优选的决策发生冲突的可能性多大？如果下属有很强的合作愿望并善于合作，对于优选的决策发生冲突的可能性较小，那么领导者可以将大部分决策权力授予他们。

维克多·弗罗姆和亚瑟·加哥（Arthur Jago）后来又对该模型进行了修订，增加了问题结构性、时间的限制、下属分布性、动机—时间和动机—发展五个方面的检测性问题，使模型的权变因素增加到了 12 个。

（三）决策规则

领导者—参与模型的进一步发展，增加了动机—时间（在最短的时间内做出决策的重要性）和动机—发展（为下属发展提供思考和决策技能培养的重要性）的考虑，将它们作为判断决策参与度的两个明确标准，对两者相对重要性的考虑产生了如图 5-8 和图 5-9 所示的两个决策矩阵，即以时间为基础的模型和以下属发展为基础的模型。在决策矩阵中，领导者先填写左边的问题描述，然后从左到右依次回答七个情境问题，根据对每个问题对应程度“高”或“低”的判断得出与特定情景相适合的领导模式。

决策判断顺序 →

<table>
<tr><th>检测性问题</th><th>决策重要性</th><th>承诺重要性</th><th>领导者专长</th><th>承诺可能性</th><th>团队支持度</th><th>团队的专长</th><th>团队的能力</th><th>领导模式</th></tr>
<tr><td rowspan="22">问题描述</td><td rowspan="18">高</td><td rowspan="13">高</td><td rowspan="5">高</td><td>高</td><td>—</td><td>—</td><td>—</td><td>专断型</td></tr>
<tr><td rowspan="4">低</td><td rowspan="3">高</td><td rowspan="2">高</td><td>高</td><td>授权型</td></tr>
<tr><td>低</td><td rowspan="3">磋商型（群体）</td></tr>
<tr><td>低</td><td>—</td></tr>
<tr><td>低</td><td>—</td><td>—</td></tr>
<tr><td rowspan="8">低</td><td rowspan="4">高</td><td rowspan="3">高</td><td rowspan="2">高</td><td>高</td><td>促进型</td></tr>
<tr><td>低</td><td rowspan="3">磋商型（逐个）</td></tr>
<tr><td>低</td><td>—</td></tr>
<tr><td>低</td><td>—</td><td>—</td></tr>
<tr><td rowspan="4">低</td><td rowspan="3">高</td><td rowspan="2">高</td><td>高</td><td>促进型</td></tr>
<tr><td>低</td><td rowspan="3">磋商型（群体）</td></tr>
<tr><td>低</td><td>—</td></tr>
<tr><td>低</td><td>—</td><td>—</td></tr>
<tr><td rowspan="5">低</td><td>高</td><td>—</td><td>—</td><td>—</td><td>—</td><td>专断型</td></tr>
<tr><td rowspan="4">低</td><td rowspan="4">—</td><td rowspan="3">高</td><td rowspan="2">高</td><td>高</td><td>促进型</td></tr>
<tr><td>低</td><td rowspan="3">磋商型（逐个）</td></tr>
<tr><td>低</td><td>—</td></tr>
<tr><td>低</td><td>—</td><td>—</td></tr>
<tr><td rowspan="4">低</td><td rowspan="3">高</td><td rowspan="3">—</td><td>高</td><td>—</td><td>—</td><td>—</td><td>专断型</td></tr>
<tr><td rowspan="2">低</td><td rowspan="2">—</td><td rowspan="2">—</td><td>高</td><td>授权型</td></tr>
<tr><td>低</td><td>促进型</td></tr>
<tr><td>低</td><td>—</td><td>—</td><td>—</td><td>—</td><td>—</td><td>专断型</td></tr>
</table>

图 5-8　以时间为基础的模型

资料来源：Vroom V H. Leadership and the decision-making process [J]. Organizational Dynamics，2000，28 (4)：82-94

决策判断顺序 →

<table>
<tr><th>检测性问题</th><th>决策重要性</th><th>承诺重要性</th><th>领导者专长</th><th>承诺可能性</th><th>团队支持度</th><th>团队的专长</th><th>团队的能力</th><th>领导模式</th></tr>
<tr><td rowspan="15">问题描述</td><td rowspan="12">高</td><td rowspan="8">高</td><td rowspan="8">—</td><td rowspan="4">高</td><td rowspan="3">高</td><td rowspan="2">高</td><td>高</td><td>授权型</td></tr>
<tr><td>低</td><td>促进型</td></tr>
<tr><td>低</td><td>—</td><td rowspan="2">磋商型（群体）</td></tr>
<tr><td>低</td><td>—</td><td>—</td></tr>
<tr><td rowspan="4">低</td><td rowspan="3">高</td><td rowspan="2">高</td><td>高</td><td>促进型</td></tr>
<tr><td>低</td><td rowspan="2">促进型</td></tr>
<tr><td>低</td><td>—</td></tr>
<tr><td>低</td><td>—</td><td>—</td><td>磋商型（群体）</td></tr>
<tr><td rowspan="4">低</td><td rowspan="4">—</td><td rowspan="4">—</td><td rowspan="3">高</td><td rowspan="2">高</td><td>高</td><td>授权型</td></tr>
<tr><td>低</td><td>促进型</td></tr>
<tr><td>低</td><td>—</td><td rowspan="2">磋商型（群体）</td></tr>
<tr><td>低</td><td>—</td><td>—</td></tr>
<tr><td rowspan="3">低</td><td rowspan="2">高</td><td rowspan="2">—</td><td>高</td><td>—</td><td>—</td><td>—</td><td>专断型</td></tr>
<tr><td>低</td><td>—</td><td>—</td><td>—</td><td>授权型</td></tr>
<tr><td>低</td><td>—</td><td>—</td><td>—</td><td>—</td><td>—</td><td>专断型</td></tr>
</table>

图 5-9　以下属发展为基础的模型

资料来源：Vroom V H. Leadership and the decision-making process [J]. Organizational Dynamics，2000，28 (4)：82-94

试想一下，一个小型化工厂只有一台合成产品的反应设备，如果这台设备坏了，工厂的整个生产马上就要停下来，此时决定是否购买一台新设备的决策就很关键、很急迫，因为这关系到能否马上恢复生产。在这种情况下，领导者需要根据基于时间的模型对下属的决策参与度进行抉择。但是，如果设备要在三个月内进行常规检修，那么是否马上做出决策就显得不那么重要了。此时，领导者就需要考虑是否让下属参与决策，从而培养他们的技能，领导者会根据基于下属发展的模型对下属的决策参与度进行抉择。在今天的组织中，知识分享和下属的广泛参与已被看做组织成功的关键因素，与下属的发展相比较，时间和效率反而显得不是那么重要。

领导者—参与模型是一种具体和复杂的领导理论。为了减少使用中的困难，研究者开发了一种精致的专家系统软件帮助领导者准确和快捷地评估领导情境，对领导者参与模式做出适当的决策。尽管有人批评该模型不够完善，但它对决策者十分有用，最初的模型和后续的修改引起了大量的注意，模型的支持性研究也在不断发展。

第五节 领导理论的新发展

20 世纪 80 年代以来，随着技术革新速度的加快，个体需要日益多样化和个性化，全球经济社会日趋一体化，领导活动的环境也发生了巨大变化，这一变化突出地反映在领导实践活动得以开展的组织的结构与特征的变迁上。研究者逐渐摆脱了通过对领导者个体的剖析或对领导者行为方式的审视，发现提高领导效能的可能路径的思维模式，而是从更广的视角来研究、探索提高领导有效性的途径和方法，以至于新的思想、观点和方法不断被提出来，领导理论的发展进入了一个新的时期，形成了一些有代表性的前沿理论，如领导—成员交换理论（leader-member exchange theory，LMX theory）、魅力型领导理论、价值领导理论、服务型领导理论、交易型—变革型领导理论、领导替代理论等。

一、领导—成员交换理论

大多数领导理论都认为采用某种领导行为风格的领导者会以同样的方式对待所有的下属。但事实上，从现实的领导过程中，能够很容易地发现相当多的领导者对待不同下属的领导行为方式是有差异的。1976 年，以乔治·格里恩（George Graen）为代表的学者们提出的领导—成员交换理论对此进行了深入系统的分析。

该理论以角色承担和社会交换为基础，认为领导者与成员之间会建立起异质的垂直二元关系（vertical dyad linkage）。所谓二元，是指领导活动是一系列的成对关系，或者说是领导者与某一特定下属一系列的互动；所谓异质，是指领导者与处于同一团队中的每一成员个体都会形成各不相同的交换关系。例如，团队由一个领导者和十个成员构成，领导者就会和这十个成员形成十种各异的交换关系。这种交换关系的差异既表现为类型差异（是否同时包含社会交换和经济交换），也表现为程度差异（交换水平的高和低）。由于组织目标是通过组织中的各种不同角色来实现的，成员在实现组织目标过程中扮演什么角色，是由他和领导者之间的人际交换关系来决定的，领导过程就是领导者和下属的交换行为。

领导—成员交换关系的形成是一个伴随着时间的演变而发展变化的过程，发生在领导者与某个特定下属互动的早期，甚至可以追溯到面试的过程。在招聘的过程中，作为考官的领导者会通过笔试、面试等形式，对应聘者的反应和回答进行现实预览（realistic preview）[①]，以此作为是否招聘的依据。一旦新员工加入组织中，领导者和下属之间会经历一个确定角色和角色扮演的博弈过程，上下级之间通过对话、谈判等形式来明确彼此之间的工作期望和需要，而上下级之间的关系也就是在对话、谈判和博弈过程中建立和发展起来的，相互信任、忠诚和尊重是这一阶段交换关系的重要标志。因此，初级阶段的LMX关系主要取决于上下级之间工作期望的一致性，较高的工作期望一致性有利于高质量LMX关系的形成。此外，积极的工作绩效评价、更强的能力、上下级之间个性特征等方面的相似性都有利于LMX关系质量的提高。所以，LMX关系的形成虽然是由领导者主导的，但是下属的个人特征也能够影响领导者的决策。当双方之间的关系稳定之后，LMX交换便进入一个新的阶段，在这一过程中会形成高质量的LMX关系和低质量的LMX关系。随着LMX关系的进一步发展，工作群体的大小、工作负荷、职位权力、工作氛围、群体凝聚力、工作中可利用的资源及群体内信息交流的方式等情境因素对LMX关系质量的影响会越发显著，此时的LMX关系已经从领导和成员之间的垂直二元结构方式上升为群体和团队方式，形成基于群体层面甚至组织层面的领导—成员交换关系。

由于领导者拥有的时间、精力及其他资源的有限性，他们是不可能采用均衡的方式对待每一个下属的，会根据与下属之间形成的LMX关系的差异，将下属划分为圈内（in-group）和圈外（out-group）两种，如图5-10所示。圈内人的LMX关系往往要高于圈外人，这种关系不仅仅包括建立在工作契约基础上的经济交换，可能还包括以信任和尊重为基础的人际互动的社会交换。圈内与圈外的划分在一定时期内是相对稳定的，但从长远来看，可能表现为一个动态的转换过程，一些圈外人可能由于自身工作表现、组织环境变化等因素受到领导重视，转化为圈内人；反之，圈内人也可能转化为圈外人。与此同时，一个组织在进行领导更替的过程中，圈内人和圈外人的界限也会常常被打破而进行重组。

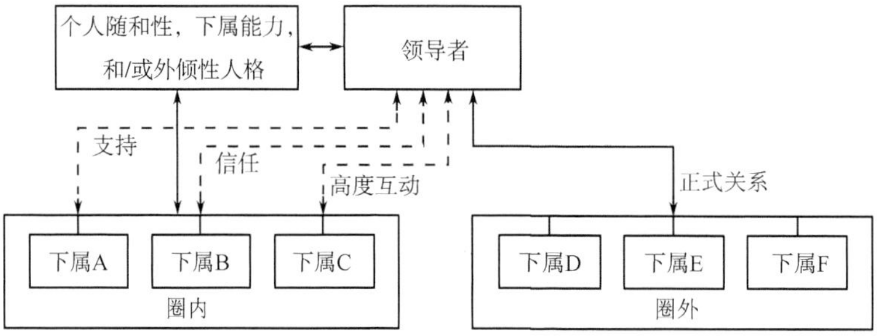

图5-10　领导—成员交换理论

由于领导者与圈内人之间建立的是一种高质量的LMX关系，领导者往往倾向于投入更多的时间、感情及更少的正式领导权威，这些成员被赋予额外的奖励、责任和信任，并且更可能得到特殊关照；而领导者与圈外人建立的是一种低质量的LMX关系，领导者往往倾向于投入更少的时间和精力及更多的正式领导权威，很少与下属进行情感交流，下属得到的奖励和关注较少，双方可能表现出较少的信任和尊重及责任感。领导者对圈内人和圈外人的领导行为方式差异的比较，如表5-5所示。

① 现实预览：通过提供工作内容、条件和所在组织等准确信息，以确保潜在的求职者形成恰如其分的工作期望，并以此来提高工作的吸引力和降低员工离职率。

表 5-5 领导者对圈内人和圈外人的领导行为方式差异的比较

圈内人	圈外人
1. 讨论目标；成员可自由地采用自己的方法解决问题，实现目标 2. 听取成员有关如何工作的建议和想法 3. 将错误视为学习机会 4. 给员工布置有趣的任务；可以让员工选择任务 5. 有时听从下属意见 6. 对任务完成给予表扬	1. 就如何完成任务和实现目标给予成员严格的指导 2. 对成员的意见和建议毫无兴趣 3. 批评或处罚错误 4. 布置常规任务并密切监督 5. 通常把自己的想法强加给员工 6. 关注不好的业绩表现

资料来源：Manzoni J F，Barsoux J L. The set-up-to-fail syndrome [J]. Harvard Business Review，1998，76（2）：101-113

为了提高理论的实用性，乔治·格里恩和尤尔-拜因（Uhl-Bien）还建立了 LMX 的测量方法，他们认为可以从以下七个方面来测度 LMX。

（1）领导者了解下属工作上的问题及个人需要的程度。

（2）领导者对下属潜能了解的程度。

（3）领导者运用他的职权帮助下属解决工作困难的可能性。

（4）领导者牺牲自身的利益来帮助下属的机会有多大。

（5）上下级工作关系的有效性。

（6）下属愿意为领导者所做出的决策辩护和解释的可能性有多大。

（7）下属是否知道领导者对他工作的满意度。

因为 LMX 是成对出现的，所以在测量的过程中不仅要了解下属对 LMX 的看法（即 M-LMX），也要关注领导者对 LMX 的看法（即 L-LMX）。

领导—成员交换理论认为，基于高质量的 LMX 关系的领导行为会为成员带来更好的绩效、更高的工作满意度、更低的离职率，以及展现出热心助人的行为和组织公民行为，高质量的 LMX 关系对领导者、下属、组织和团队的产出来说都是积极有效的。对下属而言，高质量的 LMX 关系可能意味着更富有挑战性和更有趣的工作任务、更大的责任和权力，以及更多的奖励（如加薪和升职），下属会有更大的主动性和更强的责任感并更加努力工作，从而成功地完成工作任务。领导—成员交换理论后续研究中开始关注领导者能否和所有下属建立高质量的 LMX 关系，尽管这种关系可能有各种不同的形式。当这种关系逐渐成熟时，双方将建成具有共同工作生活远景的伙伴关系，领导者应推动 LMX 转化发展为团队—成员交换关系（term member exchange，TMX）。团队—成员交换关系的建立需要从以下两个方面进行：①在团队领导者方面，可以将领导者的属性区分为专业能力（professional capability）与合群特质（agreeableness）分别进行研究；②在团队成员方面，可以将团队成员组成区分为专业能力互补性（professional capability complementarity）与合群特质同构性（agreeableness homogeneity）两个方面分别进行研究。加强高质量 LMX 关系的建立，将大大促进组织中信任、尊重和支持为导向的文化价值观的形成，营造真诚、开放和平等的团队氛围，激发下属积极地表现出团队所期望的行为。当 LMX 转化为团队—成员交换关系时，团队关系的质量将产生显著的增量效果。相关的实证研究说明，组织中的关系冲突和团队的生产力及团队成员的满意度呈负相关，关系冲突往往破坏了人们之间的善意及相互理解，妨碍了团队任务的完成，而组织中团队—成员交换关系的倡导，将有助于缓解团队关系冲突，以保持团队的持久团结和合作，将会使整个组织变得更加有效率。

二、魅力型领导理论

20 世纪初，德国社会学家马克斯·韦伯将魅力（charisma，起源于希腊语“天分”）定义为，“个体人格的一种特质，这种特质令此人与众不同，并被认为具有超自然的、超人性的，或者至少可以说是具有特别的权力或者素质”。韦伯认为，魅力型领导是一种理想型的权力，是基于对一个个体的超凡神圣、英雄主义或者模范性品质的热爱及由他揭示或者颁布的规范性形态或者命令的权威。最早从组织行为学的观点来思考魅力型领导的研究者是罗伯特·豪斯，他于 1977 年首先引进实证的观察法以去除理论中的神话部分，认为魅力是领导者对下属的一种先天的吸引力、感染力和影响力，可分为人格式魅力、关系式魅力和社会性结构魅力；并确认了魅力型领导所具有的一些品质和技能、他们如何采取行动，以及魅力型领导最可能出现的时期和条件。根据豪斯的魅力型领导理论（charisma leadership），魅力是一种归因现象，当下属观察到领导者的某些行为时，他们会将其归结为英雄主义气质或者杰出的领导能力。领导者的魅力主要是由领导者品质和行为、领导技能及情景因素共同决定的。随后的一些研究发现了魅力型领导者具备的关键特征，如表 5-6 所示：他们都有愿景，能明确地对下属讲清楚，并使之认同；执著追求实现愿景，并愿意承担个人风险；敏感体察下属需要，而且能够做出不平凡的行为。

表 5-6 魅力型领导者具备的关键特征

关键特征	具体阐述
愿景及陈述	提出的愿景应当表达为一个理想的目标，提出未来要远远好于现状的观点，能够清晰地描述愿景的重要性，使下属理解并认同
个人风险	愿意承担高度个人风险和高成本，为了达到愿景而自我牺牲
敏感体察下属需要	能够感知他人的能力，对他人的需要和情感及时做出回应
不平凡行为	行为是新奇的、异乎寻常的、反传统规范的

1987 年，加拿大麦吉尔大学的康格（J. A. Conger）与卡纳果（R. N. Kanungo）对魅力型领导者进行了系统的研究，概括出魅力型领导者在以下九个方面与无魅力领导者存在显著差异。

（1）他们反对现状并努力改变现状。

（2）设置与现状距离很远的目标前景。

（3）对自己的判断力和能力充满自信。

（4）能深入浅出、言简意赅地向下级说明自己的理想和远大目标，并使之认同。

（5）采取一些新奇、违背常规的行为，当他们成功时，会引起下级的惊讶和赞叹。

（6）对环境的变化非常敏感，并采取果断措施改变现状。

（7）经常依靠专长权力和参照权力，而不仅只用合法权力。

（8）经常突破现有秩序的框架，采用异乎寻常的手段达到远大的目标。

（9）被认为是改革创新的代表人物。

不难发现，魅力型领导者的特征虽然包括个体先天就拥有的一些特质，如自信和成就导向等，但依然可以通过培训的方式令个体展现出魅力型行为，如维持乐观情绪和触发其他人的情绪从而激发他们的潜力；掌握有效沟通的技巧，用激情去感染他人；等等。

魅力型领导理论引入了下属对领导者魅力的归因解释，并提出了领导者对下属影响的四阶段模型。

第一，对环境做持续评估，形成令人着迷的愿景。愿景能够鼓舞人心，吸引、留住、凝聚人才。如果一个领导者没有愿景，没有目标，那么下属对组织的未来发展就会感到茫然，甚至失去信心。魅力型领导者具有战略远见，通过提出吸引人的组织愿景吸引、凝聚下属。

第二，运用动听的、说服性的语言和行为与组织成员进行愿景沟通。魅力型领导者会向下属陈述愿景，令下属清晰地感知组织目标、使命和宗旨，与下属沟通高绩效期望并传达对下属的信心，建立新的价值观并且以身作则成为下属的榜样。

第三，构建组织成员的信任和忠诚。魅力型领导者的战略远见、游说力、自信、冒险精神、非传统知识和经验及自我牺牲，会令下属将魅力型领导者作为自己的偶像进行模仿，形成对领导者的个人认同。下属出于自愿而非被强迫地支持并追随领导者实现愿景。领导者进而构建下属对他本人及组织愿景和目标的信任和信心，对下属行为和成就给予认同和表扬，并对下属表达实现更高目标的期望。

第四，运用角色模范、授权及一些非传统的技术实现愿景。魅力型领导者会激发下属的情绪，通常表现出不循规蹈矩的行为并展示出对愿景的勇气和信念。

魅力型领导者的影响力在于下属内化了领导者的信念和价值观。下属不仅模仿领导者的造型、姿势和演说方式等外在行为，而且还将领导者的态度、信念内化，从而成为实现组织目标的内在动力，并最终实现组织愿景。研究显示，魅力型领导与员工高绩效、高满意度之间存在高度的正相关性，其领导有效性反映在以下三个层面。

第一，个体层面。作为一种有效的领导风格，魅力型领导不仅能够提高下属的工作绩效，还能改善员工的工作态度。魅力型领导对下属工作态度的影响主要表现为三个方面：一是领导者和下属之间的关系，如下属对领导者的认同度和满意度的提高，下属能知觉到更强的领导效能等；二是下属对自身角色和任务的知觉，如下属额外的工作投入、更高的工作满意度和更强的内在激励等；三是下属与群体的关系，如下属对群体的认同、对组织的承诺等。

第二，群体层面。魅力型领导通过改善群体成员的工作态度、增强群体凝聚力、提高群体效能感等途径，对群体绩效产生积极的影响。

第三，组织层面。一些研究发现，魅力型领导能够对组织外部的追随者产生积极的影响，进而影响组织绩效。

魅力型领导的有效性还会受到情境的影响。当下属的任务中含有意识形态的内容时，或情境中充满压力和不确定性时，魅力型领导的作用会更加明显。所以，魅力型领导者往往出现在政治、宗教和战争中，或者是初创或面临破产危机的企业中。另一个影响因素是领导者在组织中的管理层级，高层管理者基于愿景的魅力型领导的有效性远远高于基层管理者，因为高层管理者提出的愿景更容易让下属与组织更远大的目标结合起来，从而对下属产生更强的影响力。不可否认的是，魅力型领导也存在相应的缺点。由于领导者更多的是基于英雄式和非凡的个人特性对下属产生影响，使下属不可避免地会产生对领导者个人的高度忠诚和认同，绝对服从和一味盲从，从而丧失自己的特性。一旦领导者将自己的私人利益和目标凌驾于组织目标之上，他对下属的巨大影响力就可能给组织、群体和下属个人带来相当大的损害。因此，魅力型领导成功与否在很大程度上还要取决于情景因素和领导者的愿景。

三、价值领导理论

有意思的是，在魅力型领导理论的后续研究中，研究者十分关注价值观对领导有效性的影响。以罗伯特·豪斯为代表的学者对20世纪70年代以后的领导学理论和实践进行了高度的综合，于1996年提出了价值领导理论（value based leadership theory，VBL theory）。该理论假定个体能被以下三项因素所激发：第一，唤醒个体的归属、成就和社会影响这样一些潜意识需要的领导者行为；第二，坚守终极价值，并坚信这些价值是领导者共有的；第三，能够对下属的自我概念产生如下影响的领导者行为，即下属依据他们对愿景、使命、共同价值及集体的认知，对自我价值进行评价。因此，豪斯认为价值导向的激励比实际导向的激励作用更强、更广泛、更持久。在研究中，他们又发现，社会文化价值观不仅能影响领导行为、领导风格的选择，而且还包含了下属对领导者的行为、品德、成就等的期待；而领导者个人的价值观能对组织文化和员工价值观发挥巨大的作用，甚至能改变下属的价值观，从而产生强有力的凝聚效应。所以，领导者与其下属之间是以价值观为基础的关系，以价值为基础的领导行为具有更好的激励效果和有效性。VBL理论认为领导活动就是持有明确而崇高价值观的领导者向组织注入核心价值观，并以此作为种子要素孕育组织文化，在此文化中通过沟通信仰、传递愿景和从事所有组织实践，强化领导者提出的核心价值观，使下属认可并内化组织核心价值观以形成持久的行为动机，鼓励下属做出岗位要求以外的努力。

（一）构成要素

完整有效的价值领导应包括种子要素、基本要素、衍生要素和强化要素。

1. 种子要素：领导者价值观

领导者所持有的价值观是VBL理论的核心。领导者的价值观是VBL的基础，是种子要素，是组织运作的灵魂所在。VBL理论强调领导者必须具有明确而又崇高的价值观，这是实施基于价值的领导的前提条件，只有具有明确崇高价值观的领导者，才能向组织注入价值观并形成组织核心。领导者对于自身行为和下属行为需要有明确的价值标准，以帮助下属澄清他们在组织中的角色及他们对组织发展的巨大价值，从而将实现个人价值与组织目标结合起来，使他们工作有激情、生活有意义。

2. 基本要素：组织文化、领导者素质

个体只有在适合自己成长需要的组织里才能健康成长、发展。组织文化作为VBL理论的基本要素，其影响领导过程的因素有下属特性、组织特性与组织环境等。而VBL理论的另一基本要素——领导者素质可以说对于任何领导过程都是基本的、必不可少的。价值观型领导者的精神对组织成员有长久的激励作用，在灌输价值观和组织愿景的过程中，领导者的自信、果断与雄心能帮助下属建立必要的自信与实现组织目标的决心。

3. 衍生要素：组织核心价值观、愿景

组织核心价值观是领导价值观的衍生，愿景又是对组织核心价值观的衍生。愿景是指领导者对带领的组织成员的方向目标是什么的正式陈辞表述。领导者将个人价值观传递给组织成员，从而对他们形成领导，并结合组织目标和实践，用集体行动的强化使个体价值观成为组织的共享价值观。组织成员在为实现组织愿景而工作和努力的过程中，形成对组织核心价值观的认可与内化，成为时刻指导个体行为的价值标准。

4. 强化要素：领导动机、领导行为

领导者有强烈的将个人价值社会化（团体化）的倾向，因为光凭自身努力是难以实现社会价值的。在强烈的领导动机驱动下，领导者将个体价值观注入组织，并通过各种努力使组织成员认可进而形成自我激励，所有组织成员努力的目标则是实现领导者、下属与组织三方的价值。这种强化作用是潜在的、持久的，并形成对领导者本人的激励。

（二）核心行为及特征

VBL 理论认为价值型领导者的核心行为及特征包括人格完整（integrity）、高瞻远瞩（visionary）、自信（self-confidence）、信任下属（follower confidence）、智力激发（intellectual stimulation）、鼓舞人心（inspiration）、魅力影响（charismatic）、有效管理技巧（effective administration），并可以通过以下行为影响下属。

（1）表达一种与下属所期望的未来一致的理想，阐述能给组织成员提供有趣的、富有挑战性的工作和个人发展的愿景。

（2）展示对理想的热情和为了这个理想和集体的自我牺牲精神；展示自信心和实现理想的信心及追求理想的决心与恒心；为了理想和集体利益，个人和组织都需要冒很大的风险。

（3）为实现愿景及愿景包含的价值观所表现出的非凡的领导决断力、毅力及自我牺牲精神。

（4）表达对集体及员工利益的关心，多方努力来帮助下属完成其职业发展和事业成长。在实现集体目标的同时，实现个体价值。

（5）正面评价员工和集体，表现出对下属的高期望值和对他们能力的信心。

（6）领导者行为总是围绕强化根植于集体理想中的价值观，旨在调节员工对集体愿景的态度和认识，这种行为被表达为正直的表现、领导者自我参与的积极行动、树立符合理想价值观的个人样板、通过口头交流来教育与劝导。

（7）利用核心价值观对下属进行激励，建立与组织核心价值观相一致的奖惩制度，以各种方式奖励那些拥护并认真贯彻核心价值观且在实际工作中取得优秀业绩的下属。

这些基于价值的领导行为方式，将提高下属在实现组织愿景和为组织做出贡献时，对领导及下属共同享有价值的认识；增强下属的工作热情和自信心；增强其综合性的自我功效及自尊，实现强烈的自我约束及与组织和组织愿景的高度一致。后期的实证研究证明，基于价值的领导对下属、群体、组织的表现具有重大影响，不仅能直接引发领导者和下属的感情共鸣，对下属产生长久而有效的激励效果，从而导致下属的积极反应。而且领导者的强烈自信和对下属及愿景的信心，能有效克服下属的焦急与疑虑，带领组织成员使变革成功。在环境压力及不确定性较强、有机会关注道德、目标不清晰和绩效-奖励关联不明确等特定的情境下，基于价值的领导更容易出现，也会具有更好的领导效能。例如，当组织的任务与社会中占主导地位的价值观相一致，基于价值的领导所提出的努力和目标的含义与追随者自身的理念和价值观紧密相连时；或者面对危机、压抑、歧视、恶劣的工作环境及管理层不公正和粗暴的对待时；或者下属的物质满足程度已有较大的提高，通过金钱与物质刺激不能有效地激励时；或者组织边界无限扩大，组织成员自由度加大，文化背景、社会经历和生活习惯也各不相同时。

尤其值得注意的是，价值观和社会文化紧密相连，是文化的核心概念之一。VBL 理论只能给出基本的准则——基于价值观进行领导，各种文化背景下的领导者应当根据各自文化的不同特点及领导者自身特点开发有效的领导行为，以唤起下属对领导价值观的强烈认同与共鸣，各个国家（民族）也应当根据各自的文化根基定义基于价值的领导。由此可见，价值领导理论是一种开放的、更具灵活性和适应性的领导理论。

四、服务型领导理论

服务型领导（servant leadership）也称为仆人式领导，它是一种促使将注意力从自身转移至其追随者的领导方式。服务型领导建立在这样一种假设之上：领导的工作是因员工的发展而存在的，正如员工的存在是因工作而存在一样。罗伯特·格林里夫（Robert K. Greenleaf）于1970年在《服务型领导》（*The Servant as Leader*）一书中首次提出了服务型领导的概念，并做了一般性描述。在书中，格林里夫表明了对领导的认识："一位伟大的领导首先应被看做一个仆从，这样一个简单的事实正表明他的伟大所在……我们假定，领导身份是一种赐予之物——它可以被收回。但领导的仆从身份却是本质所在——它不可赐予，不可假定，不可收回。领导首先是仆从。"他认为："服务型领导者首先是一名服务者。它始于人的乐于服务的天性，服务是第一位的。然后才是通过有意识的选择，促使一个人渴望去领导别人。他的与众不同之处就表现在这位做仆人的对别人的关心上，即确保别人最迫切的需要得到优先满足。检验一个人是否是服务型领导者最好的办法是，在他的领导下，得到他的服务的人是否真正在进步？是否变得更健康、更自主、更自由、更聪明和自发性更强？自己是否有可能变成服务型领导者？社会中权力最小的人群受到怎样的影响？他们获得利益了吗（或者至少没有因此受到更大损失）？"后来，拉里·斯匹尔斯（Larry C. Spears）、吉姆·劳布（Jim Laub）、理查德·达夫特（Richard L. Daft）等学者在格林里夫的基础上进一步发展了服务型领导理论。

（一）服务型领导特征

服务型领导理论认为服务型领导者超越个人利益的局限，为他人服务，帮助他人成长和发展，并取得物质上和情感上的收获。在组织中，这类领导者的最高目标就是为员工、顾客、股东、大众及其他利益相关者服务。在他们心中，自己存在的目的就是为他人服务，使他人不断成长，帮助他们发挥潜力，成就自己。在对格林里夫的原著进行潜心研究的基础上，拉里·斯匹尔斯认为，服务型领导应具备以下十个特征。

（1）倾听。服务型领导需要了解群体的愿望，并使这些愿望清晰可见。这种倾听不仅包括对他人说出来或未说出来的话虚心静听，而且还包括倾听自己内在的声音，从而与自己的身体、精神、心灵沟通，也就是一种内省。

（2）移情。服务型领导力求理解他人，并对他人移情思考。在工作场所，预设同事的善良愿望，即使拒绝某种行为或表现，也并非拒绝某一个人。最成功的领导是移情倾听的领导。

（3）愈合。愈合是促进更新（transformation）与整合（integration）的强大力量。服务型领导强大的内在力量就在于他能愈合自我，也能愈合他人。罗伯特·格林里夫认为："当一个人得到恭敬的服务并受到引导时，他和服务型领导之间就会传递一种微妙的东西——一种心照不宣的对整体的追求。"

（4）觉醒。格林里夫认为："觉醒不是提供精神的安慰，而是一种搅动不安、使人清醒的东西。干练的领导总是异常清醒并冷静地激起人们的不安。"

（5）劝导。在组织内部的决策过程中，服务型领导依赖劝导，而不是职位所赋予的权威。服务型领导追求的是他人的信服，而不是威势下的服从。

（6）构想。从构想的角度看待问题，意味着一个人必须超越日常琐事，进行长远思考。服务型领导力图培养下属"描绘宏伟蓝图"的能力。

（7）远见。它与构想密切相关，是预见在未来的某种情形下获得可能结果的能力。具备这一特征意味着服务型领导从过去的经历中获得教训，从现在的情形中了解现实，从未来的趋势中预见决策的可能结果。服务型领导的其他特征往往可以有意识地培养，但这一特征似乎具有某种先天性。

（8）管家。《管家与授权经理》的作者彼得·布洛克（Peter Block）把“管家”解释为“忠实地为他人保管某些东西”。它直接来源于希腊语“oikonomia”，用来专指那些受主人之托管理一切家庭事务的人。他不仅管理主人的房舍、财务和其他仆人，就连主人不便向自己子女公开的遗产、遗嘱也交其保管，是一种职业受托人，而格林里夫则将任何一个组织都看做由总裁和员工等受托人组成的、为广大的社会利益而忠实地管理的组织机构。服务型领导就像管家一样，为了他人的需要而竭诚服务。

（9）致力于员工的成长。服务型领导认为，在其管理的组织机构中，组织成员的内在价值远远超越他们作为一般成员所做的表面贡献，因而服务型领导会在其权力范围内，尽其最大努力来培养、促进组织成员的个性、职业和精神等方面的成长与进步。

（10）建立社群。在人类历史的进程中，那些庞大的组织机构（而不是社群），如国家、军队、跨国公司等极大地改变了人们的生活；在特定条件下存在的互助共济的社群意识则趋于离散、解体。服务型领导应该在自己的组织内部建立以社群关系为导向的群体。

后来，罗伯特·罗素（Robert F. Roussel）和格雷戈里·斯通（A. Gregory Stone）对20世纪90年代以来近100位学者的研究进行了统计，从中归纳出服务型领导的20个特征，包括9个功能性特征和11个派生性特征，如表5-7所示。

表5-7　服务型领导的功能性特征与派生性特征

功能性特征	派生性特征
（1）愿景（vision） （2）真诚（honesty） （3）诚实（integrity） （4）信任（trust ） （5）服务（service） （6）垂范（modeling） （7）充当先锋（pioneering） （8）欣赏他人（appreciation of others） （9）授权（empowerment）	（1）沟通（communication） （2）信赖（credibility） （3）干练（competence） （4）管家（stewardship） （5）预见性（visibility ） （6）影响力（influence） （7）劝导（persuasion） （8）倾听（listening） （9）激励（encouragement） （10）教导（teaching） （11）谈判（delegation）

资料来源：万君宝．知识经济时代的领导——仆从领导的特征、模型及其在组织中的应用[J]．外国经济与管理，2005，(1)：7-14

（二）服务型领导过程

如图5-11所示，服务型领导理论认为领导过程并不仅是一个单向的服务过程，领导者和追随者彼此向对方提供服务，可以在相互之间建立信任、分享权力及产生利他主义行为，从而提高服务型领导的作用。图5-11中上半部分称为领导者—追随者模型，包括七个变量，分别是领导关爱、谦卑、利他主义、远景、信任、授权和服务，用于解释领导者向追随者提供服务的原因。服务型领导理论认为领导者具有对追随者的关爱，会产生谦卑和利他主义的行为，这种行为会驱使领导者制定正确的公司远景规划，并且将员工的个人目标与组织目标结合起来；与此同时，领导者也会对追随者产生信任感，在共同愿景和相互信任的基础上，领导者会与追随者分享权力和权威，为追随者达成目标提供各种服务。图 5-11 中下半部分的追随者—领导者模型很好地解释了追随者如何向领导者提供服务，追随者关爱提高了其对于领导者的承诺度，追随者的自我效能感又使领导者对他们产生信任并且向他们授权，在对领导者的承诺及追随者自我效能感的交互作用下，追随者将会与领导者在目标上保持一致性，这种情况下，会让追随者对领导者产生利他主义的行为，从而为领导者提供服务。

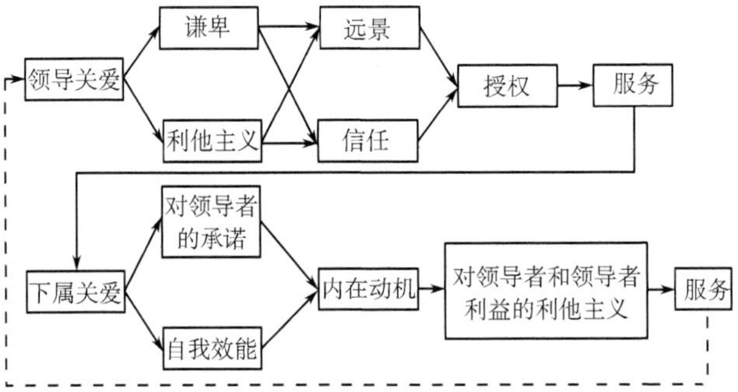

图 5-11 帕特森（Patterson）和温斯顿（Winston）的服务型领导模型

资料来源：Winston B E. Servant leadership at Heritage Bible College：a single-case study[J]. Leadership & Organization Development Journal，2004，(25)：600-617

（三）服务型领导原则

为提高实用性，服务型领导理论还提出了如下四条基本原则。

第一，把服务置于个人利益之上。服务型领导者做出了一个清楚的抉择，即发挥自己的才能来帮助下属与组织改变和发展。与得到正式职位和对下属的控制权相比，他们更热衷于帮助下属。服务型领导者总是做一些对下属有利且正确的事，哪怕这些事情并不能给他们带来经济上的回报。从这个角度来看，组织之所以存在，是为了给个人提供尽可能多的有意义的工作，而个人之所以存在，则是为了替组织完成这些工作。

第二，认识下属从倾听开始。服务型领导者给予下属最好的礼物之一就是倾听，完全了解下属所面临的问题，并坚定对他们的信心。服务型领导者努力明确集体的意愿，然后尽可能地实现这一意愿，他们决不把自己的意愿强加于人，而是通过对下属的了解，引导出下属的最佳表现。

第三，通过诚信待人，赢得下属信任。服务型领导者可以获得他人的信任是因为他们能做到言必信、行必果，能以诚待人，放弃控制下属的权力，并关注下属的幸福。他们分享所有信息，不论是好是坏；他们做出的决定有利于组织而不是自己。此外，他们还充分相信下属独立决策的能力，从而增强下属的自信心。服务型领导者得到信任，是因为他们放弃了一切——权力、控制、奖励、信息和认同。

第四，培养下属，帮助下属成长发展。服务型领导者不仅关心下属的身体健康和心理状况，还十分关注下属的精神世界，相信每个下属独特的潜能都能给世界带来积极的影响。服务型领导者以开放的态度，通过与下属分享自己的痛苦和困难，帮助下属发现人类精神的力量，并承担自己的责任，不掩饰自己的弱点。

研究表明，服务型领导不仅会带来下属对领导者的高度承诺、更高的自我效能和对公正性的认知度，以及领导者和下属之间更强的组织公民行为关系，还能提高团队能力（一种关于团队拥有超常技能和能力的信念），从而提高团队绩效。同时还发现，服务型领导在某些文化背景下可能特别广泛和有效，如东亚地区。

五、交易型和变革型领导理论

1978年，美国社会学家詹姆斯·伯恩斯（James M. Burns）在对政治型领导人进行定性分类研究的基础上，在其经典著作《领袖论》中提出领导过程应包含交易型领导行为（transactional leadership）和变革型领导行为（transforming leadership），这一分类为领导行为的研究开辟了新的思路。根据他们与下属之间关系的倾向，任何领导者都可以将其领导风格划分为交易的还是变革的。伯纳德·巴斯（Bernard M. Bass）发展了詹姆斯·伯恩斯的思想，于1985年正式提出了交易型领导行为理论和变革型领导行为理论，它比以往理论采取了更为实际的观点，是以一个"走在大街上的"普通人的眼光看待领导行为，具有很强的实际应用价值，在实践中得到了广泛应用。

（一）交易型领导

交易型领导是指在领导者与下属之间存在着一种契约式的交易，领导者以下属所需要的报酬换取自己所期望的下属的努力和绩效。领导者和下属之间是基于经济的、政治的及心理的价值互换关系，这种关系以一系列的交易和隐含的契约为基础。

詹姆斯·伯恩斯认为，领导者行使权力而不是只作为象征性权威的程度，依赖于领导者对资源的占有，这些资源可以被领导者用来调动其他群体成员的各种动机、基础欲求、需要、动机、期望、态度和价值观念，以便迫使这些成员按照领导者所希望的那样去行动。总之，领导者权力的根本并不在于他们符合有关领导者的风格、角色及类似方面的一般看法的程度，而在于他们能够满足（或看上去要满足）追随者特定需要的程度。在领导活动中，领导者为下属提供报酬、晋升、荣誉等，以满足下属的需要和愿望；而下属则以服从领导命令、努力工作、完成任务等作为回报。这种交换更多的是物质、金钱或利益上的交换，但也不排除精神和情感的交换。例如，领导者对下属的信任和关怀会换取下属对组织的忠诚和热爱。

1. 交易型领导特征

交易型领导是一种以履行约定义务为基础的相互交易过程，领导者在了解员工需要的基础上定义交换的过程，通过设置目标、监督和控制产出来帮助组织达成当前制定的目标。其主要特征如下。

第一，领导者通过明确角色、任务要求和达成目标时所能获得的奖励，指导和激励下属向着既定目标行动。领导者向下属阐述绩效标准，明确领导者希望从员工那里得到什么，一旦满足了领导的要求，下属也将得到相应的回报。

第二，领导者以组织管理的权威性和合法性为基础，通过组织的奖惩影响下属的绩效。

第三，领导者强调工作标准、任务的分派及任务导向目标，重视任务的完成和下属的遵从。

2. 交易型领导行为方式

詹姆斯·伯恩斯认为，交易型领导行为建立在一个交换过程的基础上，主要包括权变性与非权变性两种奖励行为和权变与非权变性两种惩罚行为，实施不同的奖励和惩罚会导致不同的结果。所谓权变性奖惩是指根据下属的绩效进行奖励和惩罚，非权变性奖惩是指领导者不依据下属的绩效进行奖励和惩罚。伯纳德·巴斯则将交易型领导行为分为权变式奖励领导行为和例外式管理领导行为两种，并随着领导者活动水平及员工与领导相互作用性质的不同而不同。权变式奖励领导行为是指领导和下属间的一种主动、积极的交换，领导认可下属完成了预期的任务，下属也得到了奖励，包括承诺的权变奖励和实质的权变奖励；例外式管理领导行为是指领导者对下属的失误、延期决策、差错、不符合标准的行为加以纠正、反馈或处罚的过程，按领导者介入时间的不同分为积极的和消极的两种类型。在后续大量研究的基础上，伯纳德·巴斯将交易型领导行为方式划分为四种类型，即权变式奖励、例外式管理（积极）、例外式管理（消极）和放任式管理。

1）权变式奖励

领导者和下属间的一种主动、积极的交换，采用契约的方式将奖励与下属的绩效和努力联系在一起，为取得下属的支持而提供一种有价值的资源，对绩效表现优秀的下属给予奖励。

2）例外式管理（积极）

领导者在下属开始工作时，就向下属说明具体的标准，并以此标准持续监督下属的工作，以防止问题的发生。积极搜寻有可能发生的问题或与预期目标偏离的问题，一旦发生问题，立即采取必要的纠正措施。

3）例外式管理（消极）

领导者平时不会对下属的工作进行干预，只有在问题已经发生或没有达到规定的标准时，才会以批评和责备的方式介入。一般情形下，领导者一直等到任务完成时才对问题进行确认，并以此提醒员工，也往往是在错误发生之后才说明自己的标准。

4）放任式管理

这是一种无领导的行为，领导者不承担责任，不行使职权，避免做决策。

在这四个维度中，放任式管理是最消极被动的领导行为，因此也是最低效的领导行为；例外式管理（消极）比放任式管理的效果稍好一些，但领导者只有在出现问题时才着手解决，往往为时已晚，因此也被人们认为是低效的；例外式管理（积极）只有当员工所处的工作及环境已不能为员工提供激励、指导和带来满意感时才会发挥效果，所以，其有效性也是较为有限的；相比较而言，权变式奖励是一种有效的领导方式，但无法令员工做出超越期望绩效标准的努力。

交易型领导可以有效地保证组织绩效目标的实现，它强调工作目标、工作的标准和结果，努力维持组织秩序，保持平稳运行，但不会尝试变革组织。以往大多数的行为理论和权变理论，如领导类型理论、四分图理论、费德勒模型、路径—目标理论等都是采取交易型领导的视角，即关注在一个特定的环境下提高下属满意度和绩效的领导行为，这也使交易型领导理论得到了广泛的验证。

（二）变革型领导

詹姆斯·伯恩斯以亚伯拉罕·马斯洛（Abraham H. Maslow）的需要层次理论来界定变革型领导的概念，他认为相对于基于私利引导的交换、满足下属较低层次需要的交易型领导，变革型领导是使领导者与下属将道德及动机提升到更高层次的过程。变革型领导者和下属之间是基于信任的相互激励的关系，领导者通过定义并准确描述有吸引力的愿景并积极地进行宣传，激发下属更高层次的需要和内在动机，培养下属对组织的认同，增强下属的团队精神以建立互相信任的氛围，鼓励下属超越个人利益或将个人利益与组织利益结合起来，从而为实现组织更高的目标奋斗。

变革型领导是向下属灌输共同的理想和价值观，并激励下属的过程。在这个过程中，领导者除了引导下属完成各项工作外，常以领导者的个人魅力，通过对下属的激励、刺激下属的思想、对他们的关怀去变革员工的工作态度、信念和价值观，使他们更加投入于工作。变革型领导可以使下属产生更强的归属感，满足下属高层次的需要，获得高的生产率和低的离职率。

1. 变革型领导特征

变革型领导把领导者和员工的角色相互联系起来，更加注重下属的需要而不是领导者的个性特征或需要，并试图在领导者和下属之间创造出一种能提高双方动力和道德水平的互动过程。领导者通过优化组织内的成员互动及对组织愿景的共同创造和宣扬，在组织内营造出变革的氛围，在富有效率地完成组织目标的过程中推动组织的适应性变革。变革型领导具有以下主要特征。

第一，超越了交换的诱因，领导者通过个人魅力、对下属的智力开发、需要层次和价值目标的提升激励下属为组织的目标、任务及发展前景超越自我的利益，实现预期的绩效目标。

第二，关注长期目标，强调发展的眼光，鼓励下属创新，并改变和调整整个组织系统，为实现预期目标创造良好的氛围。

第三，引导下属为了自身、他人和组织的发展承担更多的责任，并亲自参与到实现组织愿景的执行过程中。

2. 变革型领导结构

1993年，伯纳德·巴斯和布鲁斯·艾沃立欧（Bruce J. Avolio）提出了变革型领导的四维结构，即理想化影响（idealized influence）、鼓舞式激励（inspirational motivation）、智力型刺激（intellectual stimulation）和个体化关怀（individualized consideration），并建立了变革型领导的测评工具——多因素领导问卷（multifactor leadership questionnaire，MLQ）。

（1）理想化影响。提出愿景并营造使命感，令下属感到自豪，以及能使下属产生崇拜、尊重和信任的一些行为，包括承担风险、关注高层次的理想和道德要求。

（2）鼓舞式激励。向下属沟通对他们的高度期望，使用象征符号令人们将力量集中到一处，关注自己所付出的努力，用简单的方式表达重要的目标，包含明确描述预期目标，而且该目标受到整个组织目标的约束；向下属提供富有意义和挑战性工作的行为，同时通过积极乐观的态度唤起团队精神。

（3）智力型激励。提供智力、理性，启发员工发表新见解和从新的角度或视野寻找解决问题的方法与途径，鼓励员工采用新的方式完成任务。

（4）个体化关怀。用个性化的方式关心每一个下属，仔细倾听并关注下属的需要。

在一项关于中西方企业领导行为的研究中曾提出包括六个维度的变革型领导结构，分别是远见卓识、智力激励、寄予厚望、树立榜样、促进合作和提供个人支持。研究结果表明，在中国的文化背景下，促进合作（促进员工合作，使他们为共同目标而工作的程度）、提供个人支持（领导关心下属个人感受和需要的程度）和树立榜样（领导树立与之力求推广的价值观相一致的行为榜样）与中国文化特征和传统中国领导哲学相一致；而远见卓识、寄予厚望和智力激励三个维度则在中国文化中不是很受重视。由此可见，变革型领导是一种动态性的结构，具有多维性，在不同的文化背景和工作环境下，它的维度具有权变性。但有一点可以肯定，即变革型领导着重突出了领导者对组织和个人的变革效应。

有的学者从应用的角度出发提出了变革型领导的行为策略，具体如下。

（1）勾画出在他们领导下组织的一个不同的全新愿景规划。

（2）持续不断地将这个新的愿景传达给下属。

（3）能够成为下属行为的典范。

（4）授权下属亲身实施他们所构建的战略愿景。

（5）针对组织的活动和架构做出有意义的先期改变。

（6）以诚信领导员工。

（7）创造出一个持续发展的组织，即使在他们离去后也能高效有序地长期运营下去。

有研究表明，与交易型领导相比，变革型领导与员工离职率低、工作效率高、员工压力低和员工满意度高等之间具有更高的正相关性。变革型领导之所以是高效的，是因为他们对组织和下属而言都是极具影响力的。变革型领导能有效提高组织的创业精神和下属的创造力，相互之间也更容易就组织目标达成一致意见，从而提高组织绩效。变革型领导的下属会更满足，更信任领导者并能向组织做出承诺；同时，下属的自我效能会得到提高，自信心会增强，更利于组织公民意识，并趋向于制定更有创造力的决策，提高组织的适应性。值得注意的是，变革型领导的有效性也会受到情境因素的影响。变革型领导可能更适合组织处于困境、急需提高绩效和适应变化了的环境的时候；而对于在一个稳定的环境下运行正常、绩效良好的组织而言，交易型领导可能是更好的选择。但是，在环境多变、竞争日趋激烈的今天，对变革型领导给予更多的关注和进一步深入的研究显得尤其重要。

六、领导替代理论

传统领导理论都隐含着这样的假设：领导对下属的满意度和绩效有着重要的影响，在很大程度上决定了组织的活动与发展。但实际上，领导者对组织绩效的影响很复杂，其作用可能是关键性的，或无关紧要的，还可能是有害的。史蒂文·科尔（Steven Kerr）认为，除正式领导外，对员工的能力指导和动机激励可能有其他的来源，只有在权力影响的广泛背景中才能更好地理解领导过程。1978 年，史蒂文·科尔和约翰·贾米尔（John Jermier）提出了领导替代理论（leadership substitutes theory），其强调正式的层级领导之外的个体、群体、任务和组织因素对下属行为的影响，以全新的视角研究领导有效问题，为领导理论的发展提供了新的视角。

（一）定义变量

领导替代理论对领导行为与下属行为效标的低相关情况做出了解释，即个体方面的、任务方面的和组织方面的因素抵消（neutralize）或替代（substitute）领导行为，从而降低了正式领导的重要性。抵消是指在某些情况下正式领导者的影响力会受到阻碍或者削弱，使其无法对下属的工作成果产生任何影响，而替代是指在某些情况下正式领导者的影响力可以被取代，不仅使领导者的作用不可能发挥而且使其变得没有必要。引起抵消的因素称为抵消变量（neutralizers），导致替代的因素被定义为替代变量（substitutes）。这些因素分别在某种程度上缓冲了领导作用的发挥，减弱了传统领导的作用。潜在的领导替代变量首先必须是抵消变量，而且一定要对下属行为效标有影响，提高替代的水平会导致下属更高的效标水平。史蒂文·科尔和约翰·贾米尔从个体因素、任务因素和组织因素三个维度归纳了十三个抵消变量和替代变量：能力、经验、培训和知识，独立性需要，专业化导向，对奖励的淡漠；工作任务的结构化、绩效反馈、工作满意；组织规范化、组织刚性、工作指导和同事支持、工作群体凝聚力、组织奖励不受领导者控制、上下级空间距离。这些替代变量和抵消变量并非针对整体意义的领导，而是针对某种具体的领导行为。

1. 个体因素

1）能力、经验、培训和知识

在知识经济时代，员工受教育的程度普遍提高，工作中的学习和培训大量增加，专业知识较为丰富，工作能力和个人素质有极大提高，能够自我总结工作经验，具有独立处理问题的能力。在完成具体任务的过程中，他们对领导者的依赖程度较低，自主性和独立性较强，可以自己从已有的知识、培训和经验中获得工作活动帮助，依靠自己的能力而不是领导者的指导和帮助来完成工作。

2）独立性需要

综合素质高的下属有依靠自己的能力独立完成任务的强烈愿望。他们在独立工作的过程中获得成就感，满足自尊、自我实现等高层次需要。他们强烈的独立愿望会不断激励自己认真工作、达成目标。在这种情况下，领导者指导和激励下属的作用就被代替了。

3）专业化导向

专业导向性的员工侧重从自己职业生涯的长期发展考虑工作中的问题，注重培养横向而非纵向的社会关系网络。他们更多地从专业成就的角度审视工作过程与成效，并不是很在意组织内部正式的绩效评估；倾向于从组织外部寻找参照物分析自己的现状与发展前景，这些态度和行为降低了领导者的影响力。

4）对奖励的淡漠

领导者经常利用手中的奖励权来激励、约束和控制下属，但当下属对某种奖励形式不太关心或认为无关紧要时，领导者便无法利用奖励来影响他们，此时的激励活动也往往会失去应有的效用。

2. 任务因素

1）工作任务的结构化

当下属重复执行明确清晰的工作任务，并且完成该任务的技术和方法也固定不变时，下属完全可以凭借已有的工作经验独立完成任务而不需要领导的指导。

2）绩效反馈

可提供绩效反馈的工作是传统领导行为的另一种替代，下属可以直接、清晰地从工作结果反馈中得到内部激励、满意、工作效率等心理上的优势，而领导者作为绩效反馈提供者的组织角色就变得不是很重要了。这种情况在高成长需要的员工身上表现得尤为突出。

3）工作满意

令人满意的工作任务会对员工产生一种“拉动”作用，激发员工自我实现等高层次的需要，从而使员工为完成任务而主动、自发付出努力。这时，领导的激励就显得不是那么必要了。

3. 组织因素

1）组织规范化

如果组织有非常清晰的目标和计划，每位员工都知道自己的工作任务和职责范围，那么领导者作为解释组织目标、辅导下属制订工作计划和解决角色冲突的组织角色就无须存在。

2）组织刚性

组织刚性是指组织内有明确和固定的规章制度、程序和方针。这些规章制度、程序和方针规定了员工可以做什么，不可以做什么，也规定了他们做事的方式和例常的决策模式。当下属遇到问题时，可以从这些明确固定的制度和程序中寻找处理问题的依据和解决方法，从而不需要领导的指导和帮助。

3）工作指导和同事支持

当组织中有充分且具体的工作指导和同事支持时，员工可以非常方便地获得具体工作任务、组织制度政策、人际关系处理等各个方面的指导，可以从同事那里得到充分的帮助支持和对自己工作绩效的反馈，必然会减少员工对领导的依赖，充分的工作指导和同事支持也就成为领导者的替代。

4）工作群体凝聚力

组织中的许多工作任务往往是基于工作群体而非个人展开的。志同道合的员工组合在一起，为某个项目而共同努力，工作群体成员在相互研究中自行找到解决问题的方法；同时成员间也可以互相监督和鼓励，并彼此提供反馈与指导。如果下属可以从工作群体获得归属感、满意感，以及前进动力和工作指导。那么，领导者的这些组织角色就被弱化或替代了。

5）组织奖励不受领导者控制

如果下属获得的奖励数量并不在领导者的控制范围内，如组织的奖励模式固定或奖励虽然是权变的，但其与某些因素（如工作绩效）的关系明确，那么领导者的奖励权力就会受到削弱，进而弱化领导作用。

6）上下级空间距离

当下属在距离领导较远的地方工作时，许多常规的领导行为就会受到限制。远程办公系统的开发使更多的工作人员能够在距上级很远的地方执行任务。在空间距离较远的情况下，领导无法直接给予下属工作指导和控制，也无法及时提供反馈和人文关怀，领导的指导和激励作用自然就被减弱了。

领导替代理论为领导效用的研究打开了新的视野。许多学者进行了大量的研究，分别验证了上述十三个变量，并发现了其他一些替代因素，如计算机信息系统的广泛应用、强有力的组织文化、业务用户的沟通和反馈。此后，研究者还提出了领导强化和补充的概念，进一步完善和发展了领导替代理论。所谓领导强化是指在工作环境中那些可以加强某种领导者行为的影响因素，如支持性的、紧密结合的团队规范等；领导补充是指能够对下属工作绩效产生影响，但是并不取代或增强领导者的作用，只在领导者不能发挥作用的方面对员工绩效产生影响的因素，如信息化的决策系统虽然能影响下属的态度和行为，但并不能影响领导行为对下属工作绩效的作用。

（二）领导替代的应用

1. 在绩效控制中的应用

领导的控制一般比较费时且不利于下属的发展，通过替代进行控制可能是更有效的机制。用于组织控制的层级领导的替代变量具体分为四类，即任务、职业定向、工作群体、组织发展和培训项目。在机械组织中，各种类型的领导行为是主要的控制来源，而在有机组织中替代变量是主要的控制来源。所以，在有机组织中，通过提高替代变量的水平，不仅能得到较好的控制效果，还能有效降低领导资源的投入，收到事半功倍的效果。

2. 对无效领导的替代

史蒂文·科尔等区分了替代无效领导的具体情景：当无效领导者的个人特质不够合适，而且由于某些原因更换领导是不可能的时候，应创造替代变量或提高变量水平；当无效领导者的个人特质是合适的，但是知识技能不够充分，而对领导进行培训不可能时，就要创造替代变量或提高变量水平；当领导的个人特质和知识技能都充分的时候，就应该创造强化变量或提高变量水平，撤销抵消变量。对领导行为的创造性替代包括开发有效的组织系统、改善绩效导向的形式、提高员工的能力等。创造性的强化包括增加下属对领导的影响和专长的知觉、提高领导岗位权力、创造高凝聚力的工作团队等。

领导替代现象在各类组织中广泛存在，在众多不同的组织环境中已经形成了各种各样的领导替代形式与状况。在管理实践中，通过充分培训提高员工能力和知识，员工从工作任务本身和客户那里获得持续有效的指导和积极感受等，都从不同侧面反映了领导替代因素所发挥出的“领导”作用。领导替代理论阐述了替代因素对领导行为的替代效应，解释了为什么领导在有些环境中可能无效但也无负面影响，而在有些环境中则可能制造混乱、阻碍工作开展。该理论的出现促使领导有效性的研究将不再仅局限于研究领导者对下属各类工作行为效果和满意度的影响，而是开始注意分析各类替代变量对下属态度、认知及行为的影响，为解决领导失效、改善组织效率，提供了新的视角和思路。

20 世纪 90 年代至今，对领导有效性的研究进入了一个新高潮，产生了相当丰富的研究成果。除了前述介绍的领导理论以外，比较有影响的领导理论还有愿景领导理论（visionary leadership theory）、自我领导理论（self-leadership theory）、超级领导理论（super-leadership theory）、柔性领导理论（flexible leadership theory）、互动式领导理论（interactive leadership theory）、电子化领导理论（e-leadership theory）、伦理领导理论（moral leadership theory）、第五级领导理论（level 5 leadership theory）等，同时也形成了一些新的领导概念，如差序式领导、和谐领导、家长式领导、创业领导、真诚领导、包容型领导等，可以毫不讳言地说，领导理论的发展正迈进“丛林”时期。

第六节　本章小结

本章共分六节，主要介绍了组织中的一种特殊行为——领导的相关知识，包括领导的内涵、权力和权术、领导与管理的关系、领导特质理论、领导行为理论、领导权变理论，以及领导理论的新发展。

所谓领导，是指领导者指引和影响他人在一定环境中实现群体或组织目标的过程。领导者必须要有追随者，必须拥有影响其追随者的能力和力量，领导的目的是通过影响群体和个人的行为来实现共同确定的目标。领导的基础是权力，包括来自于组织的正式权力和来自于领导者个人的个人权力。相比较而言，个人权力对领导者更加重要。领导者可以采用合理的权术增加自己的影响力。

领导和管理经常联系在一起，但两者是有区别的。管理是建立在正式权力基础上对下属的行为进行指挥的过程，领导更多的是通过个人权力来影响追随者的行为。在组织中，应做到管理和领导的有机结合。

领导理论就是关于领导有效性的理论。对领导有效性的分析主要是从三个方面进行的：领导特质理论着重领导者的品行、素质、修养，目的是要说明好的领导者应该具备怎样的素养；领导行为理论着重分析领导者不同的领导行为和领导风格对其组织成员的影响，目的是找出最佳的领导行为和领导风格；领导权变理论则着重研究影响领导有效性的情境因素，目的是要说明在不同情况下，哪一种领导方式才是最好的。

领导特质理论按其对领导特质来源的不同认识，可以分为传统领导特质理论和现代领导特质理论。传统领导特质理论认为领导者的特质来源于先天，而现代领导特质理论则认为领导者的特质可以通过后天习得，至少是部分特质可以通过后天习得。

不同的领导行为理论对领导方式和领导风格分析的维度是不一样的。库尔特·勒温的领导方式理论、伦西斯·利克特的领导类型理论、罗伯特·坦南鲍姆和沃伦·施密特的连续统一体理论是以权力在领导者和下属之间的不同配置来分析领导风格的，而拉尔夫·斯托格迪尔和卡罗尔·沙特尔的四分图理论、罗伯特·布莱克和简·莫顿的管理方格理论是将关心人（类似于以人为中心和关怀行为）和关心生产（类似于以工作为中心和结构行为）两个维度结合起来分析领导行为和领导风格，他们认为既高度关心人，又高度关心生产的领导方式的有效性最高。管理方格理论试图培养领导者在两个维度上表现出高水平。

不同的领导权变理论用于分析情境的变量是不同的。费德勒模型采用领导—成员关系、任务结构性和职位权力的不同组合来分析情境，罗伯特·豪斯的路径—目标理论采用下属个人特征和工作环境特征的不同组合来分析情境，领导情景理论采用下属的成熟度来分析情境，维克多·弗罗姆和菲利普·耶顿的领导者—参与模型认为领导者应根据决策重要性、承诺重要性、领导者专长、承诺可能性、目标支持度、下属的专长和团队的能力等权变因素来确定下属的参与决策方式。此外，还应考虑时间和下属发展这两个因素。

新兴的领导理论包括领导—成员交换理论、魅力型领导理论、价值领导理论、服务型领导理论、交易型和变革型领导理论、领导替代理论。它们在领导特质理论、领导行为理论和领导权变理论基础上增加了新的不同的研究视角，同时表现出领导特质理论、领导行为理论和领导权变理论的交叉和融合的倾向。

案例 1：麦卡锡的领导问题

Parlor 是旧金山一家经营三明治和小型晚餐的特许经营店，店内弥漫的气氛令人回想起“咆哮的 20 年代”。那个时期的装置和设备加重了这种气氛，而机械驱动的旧式钢琴的声调欢迎着进来的每个人。商店的主要吸引力在于高品质的、老式的苏打矿泉水制成的美味冰淇淋和苏打水，以及新鲜优质的三明治。经营七年来，Parlor 的生意一直稳步增长。

由于 Parlor 的生意如此成功，商店的所有者、管理者理查德·佩务斯决定雇佣一名营业经理，以便自己有更多的时间投入其他经营中。经过一个月的招聘和面试后，他选择了保罗·麦卡锡，麦卡锡之前曾在城中最好的滑稽表演剧场做过饮料贩卖亭的管理者。

麦卡锡第一天上班时没有人知道他要来，当他独自一人走入商店（佩务斯当时不在城内）并自我介绍时，员工们才知道他的身份。

在最初的几个星期里，他很认真地完成自己的管理工作，并且看起来很有效率。根据他和佩务斯的合同，他的报酬是固定薪水加上他每月为店里节省下的费用的一个百分比，节省的费用以上个月经营费用为基础来测算。除他以外，所有其他雇员都是拿固定的小时工资。

工作一个月后，麦卡锡全身心投入一项节约计划中，这项计划可以帮助他提高收入。他更换了肉类的供应商，并降低了产品成本和质量；他独断专行地减少了菜单上每种食品的尺寸和分量，包括这家店的特色冰淇淋和苏打水；他增加了那些低工资员工的工作时间，减少了那些高工资员工的工作时间。此外，他废除了为连续工作 5 个小时的员工提供价值 1 美元方便餐的做法，他还废除了雇员们购买店内商品享有的20%的价格折扣政策。

当所有者佩务斯问及麦卡锡这些新举措的影响时，他发誓说这些举措对商店业务没有任何负面影响。但事实是，顾客们开始抱怨女服务员的冷淡服务和卖苏打水的男店员的邋遢外表——“他们的头发都快插到冰淇淋中了”。原来的四个快餐厨师几乎都走掉了，现在只剩下两个快餐厨师轮班倒。

朗·夏普是附近大学会计系的学生，在麦卡锡来之前曾做过五个月的夜班厨师。夏普很尽责、有抱负，他的工作记录良好，甚至麦卡锡也认为他比其他厨师干得好——“他是我们最好的厨师”。

Parlor 的顾客流量很大，使每个轮班时间内都要有两个快餐厨师一前一后进行替换，这需要每个人的高度配合来完成食品订单。在长期的工作过程中，厨师之间形成了一条不成文的规定：每个厨师都必须在收工之前将自己的工作区域彻底清理干净。

一个特别繁忙的夜晚，与夏普搭档的厨师因为工作休息迟到了五分钟而与麦卡锡大吵起来。麦卡锡立即解雇了他，命令他立刻离开。这意味着夏普必须多待半个小时，将搭档厨师的用具和工作区域清扫干净。当这一切做完，夏普直到凌晨3点才上床睡觉，但是麦卡锡又要求他第二天早上9点钟来接替一位白班厨师，因为厨师妻子说他生病了，按照轮班规定，在上了夜班后，夏普应该在次日下午4点才上班。

第二天，当夏普困倦不堪地在上午10点钟到达时（8点钟他还上了一堂会计课），麦卡锡大发脾气，暴跳如雷。他警告夏普：“再有一次像这样的情况出现，你就可以去找另一份工作了。如果你为我工作，你就要按我的方式，否则你就不要在这儿工作了。”“这对我来说真是好极了！”夏普立即回击，并愤怒地将围裙扔到了水池里，“你知道你能在这儿干什么！”

次日，麦卡锡与老板讨论了他的问题。佩务斯也是心烦意乱：“我不知道到底是哪里不对劲。突然间，一切就变糟了。”

资料来源：达夫特 R. 领导学：原理与实践[M]．杨斌译．北京：电子工业出版社，2008：208-209

问题：

1. 什么是权力？领导权力有哪些？
2. 麦卡锡在领导过程中主要运用了哪些权力？
3. 麦卡锡的领导方式属于什么领导方式？该种领导方式的特点有哪些？
4. 运用相关领导理论分析麦卡锡的领导行为存在哪些问题？应该怎样改进？

案例2：戈尔公司的领导模式

W. L. 戈尔及合作人公司是一家专门从事化学类产品制造与销售的公司，在同类业务领域中排在世界前列。戈尔公司没有组织结构图，并且工作描述也只存在于非常高的职位层次。这种描述最多的是表现期望的清单，而这些期望来自于个人可以做出的一系列承诺。组织被描述为一个“网格”，一种没有老板和上级的无等级矩阵。作为团队的一分子，合作人自愿做出承诺来实现一定的结果。在必要的时候，网格中的每个人都会受到鼓励，直接与任何其他人相互作用。这种没有中间环节或批准环节的直接的人与人的交流是戈尔公司工作环境的标志。人们很快了解到，开放式的直接交流是该公司成功的关键。戈尔定义了该公司作为网格组织的一些特性：①没有固定或指定的权威；②支持人，而不是老板；③由追随者来定义的自然领导才能；④人与人的直接交流；⑤目标由那些必须使目标实现的人设定；⑥任务和部门通过自愿的承诺来组织。

戈尔声明："一个独裁组织的简单性和有序性使它几乎成为一种不可抗拒的诱惑。但是，这与个人自由相反，窒息了人的创造力。自由需要有秩序地限制。对合作的需要所施加的限制被网格组织降到最低限度。"

这种网格型的特点使 W.L. 戈尔及合作人公司被描述为没有领导者的组织，但这是一种误解。其实是"我们在这里不管理员工，员工管理自己"。也就是说，戈尔公司应该是一个有很多领导者的组织，在其中，没有等级和职位，权威来自尊重、信任和追随者，而不是来自地位和等级。在戈尔公司，领导才能是由追随者定义的，它在网格组织中自然发展。如果某人的贡献和能力得到其他合作人的承认，那么他/她就会作为领导者出现。戈尔公司很少任命领导者，而且领导者也没有等级和职位，成为领导者的机会遍布整个组织，一般会在下列情况下出现：在职能团队、在新产品团队、在特殊项目中、在一个全球业务部门或工厂。最近几年，在公司年度雇员调查中，当被问及"你认为自己是一个领导者吗?"这一问题时，接近 50%的合作人通常会回答"是的"。

在戈尔公司，领导者的流动性非常强，如果某个合作人想到了一个新的废物减少项目，那么他/她就可能在最初的时候领导该项目。在团队建设和远见确定阶段结束时，项目团队的详细工作就需要开始进行，这时候，领导者可能需要拥有不同的技能和经验。因为目前需要做的是具体关注过程的重新设计和资源分配，所以不再有必要出售项目及说服其他人参加。在这种情况下，另一个领导者可能会出现，使团队进入新的阶段。设立项目的领导者可以继续留在该项目中，也可能从事其他任务。由此可见，在戈尔公司，团队的构成和领导者可能会不断变化。

在戈尔公司，合作人因为领导者在围绕商业机会方面设定方向的能力而追随他们，领导者的主要任务是根据商业目标来调整团队的成员。这不是一个民主的过程，领导者不是投票选出来的，他们是由于追随者的一致意见而出现的，团队（或者商业小组）中的任何一名成员对于谁是其领导者均无法控制。在戈尔公司的任何一个工厂、销售办公室，都没有标准的领导才能说明。有些工厂支持本地的一个商业领导者，而另一个非常相似的工厂则可能选择追随一组领导者；一些工厂在它们的特殊要求和期望受到控制的时候，会在很短的时间内在不同领导才能模型之间左右摇摆。

资料来源：阿弗利 G C. 领导学：模式与案例[M]．邹琪译．上海：上海财经大学出版社，2005：230-248

问题：

1. 在戈尔公司，领导权力的来源是什么?
2. W.L. 戈尔及合作人公司的领导有哪些特点?
3. 运用相关领导理论分析 W.L. 戈尔及合作人公司领导行为的优缺点。

第六章　组织行为

本章导读：人们为了有效地进行生产和工作，总是要结成一定的关系，借助于一定的组织形式。任何企业对其人力、物力、财力的管理，都是依靠一定的组织去进行的。组织是发挥管理功能、实现管理目标的工具。现代的管理任务就是组织各类人员，协调各种关系，充分发挥组织系统的力量和各个组织成员的聪明才智，去实现组织的目标。然而，管理中许多棘手的问题大都是由于缺乏健全的组织机构而产生的。美中管理协会前副主席哈罗德曾经说过："人们向管理咨询工程师提出的问题中，有70％到80％是由于组织机构方面的缺陷而产生的。"可见，组织问题是事关管理成效的一个重大问题，日益为世界各国心理学家和管理学家所重视。因此，我们必须深入研究组织的性质、结构、文化及变革与发展的规律，从而提高组织运行的有效性，进而提高管理的效能。本章首先介绍组织的含义、特征、分类及其功能，对组织是什么，以及组织有什么作用有一个清楚的认识；其次介绍组织设计的原则、应该考虑的影响因素、组织设计的流程和组织结构的类型；再次介绍组织文化，着重从微观角度，探讨组织文化的建设及对组织行为的影响和作用机制；最后介绍组织变革，包括组织变革的内容、目的、模式、程序、阻力和发展趋势等，认识到组织只有在变革中才能求得生存和发展，在变革过程中遇到阻力时，必须加以克服，需要采用一些变革策略和方法来促进变革的顺利进行。

第一节　组织概述

一、组织及组织行为的含义

（一）组织

"组织"既是一个名词，也是一个动词。组织作为名词，是指组织结构，即为了实现某一共同目的所正式确定的使工作任务得以分解、组合和协调的权责结构和系统集合。组织的名词定义包含了三层含义：组织作为一个整体，具有共同的目标、组织必须有分工和合作、组织要有不同层次的权责制度。

组织作为动词，是指组织工作，即为了实现组织的目标，将所必须进行的各项工作和活动加以分类和归并，设计出合理的组织结构、配备相应人员、分配权力并进行整合与协调的过程。组织工作具体包含以下三方面的内容。

1. 组织结构的设计和变革

为了实现组织的目标，组织内部必然要进行分工与合作。如何合理设计和调整组织结构，建立分工合理、协作顺畅的组织模式，并使分工协作体系能够适应组织的发展，是组织保证不同时期的目标都能够得以实现所要解决的基本问题。

2. 人员的合理配置和使用

建立组织结构的目的是使组织成员能够协调开展工作，共同为实现组织目标而努力。在建立组织结构的基础上，通过对组织成员的明确分工及合理配置和使用，充分发挥组织成员的才能，最大限度地发挥群体的力量，才能更好地实现组织目标。因此，人员的合理配置和使用也是一项重要的组织工作内容。

3. 权力的分配和关系的协调

在建立组织结构、配置相应人员之后，为了使组织成员能为达成组织目标而履行其职责，就应当赋予其完成相应工作所需要的权力；同时，为了保证各项工作、各个岗位、各个部门之间能顺利地进行合作，就要对它们相互之间的责任和权力关系进行协调。通过分配权力和协调关系，才能保证各项工作的顺利开展，进而保证组织目标的实现。因此，权力的分配和关系的协调也是组织工作的一项重要内容。

（二）组织行为

组织行为学着重研究的就是组织行为，组织行为是指人们作为组织成员时表现出来的、体现在个体、群体、组织三个水平上的行为。

1. 个体的行为

个体的行为是指人们作为个体表现出来的行为，如人的正常工作行为、知觉行为、归因行为、决策行为、组织公民行为等。

2. 群体的行为

群体的行为是指人们作为群体成员整体表现出来的行为，如群体中的人际互动行为（包括沟通、谈判、冲突处理、领导等)、群体压力导致的从众行为、群体中的沟通交流等。

3. 组织的行为

组织的行为是指人们作为组织成员整体表现出来的行为，如组织发展、组织学习、组织变革，以及组织之间的合作、交流和冲突处理等。本章所研究的组织行为就是组织的行为这个层面。

二、组织的特征

组织既是有形的，也是无形的。我们可以看见各类组织，如政府、学校、企业和医院等，但组织的关键要素并不是一个建筑、一套政策和规章制度，组织是由人及其相互关系所构成的。下面从以下几方面来把握组织的特征。

（一）目的性

每个组织都有特定的明确的目标，其一切活动的开展都是为了实现相应的目标。从本质上来讲，组织本身就是为了实现共同目标而采用的一种手段或工具。有了共同的目标，组织成员的协作意愿才能发展，组织才能存续和发展。管理人员需要经常向组织成员灌输共同的目标和愿景，并根据环境的变化和组织的发展不断制定新的目标。

（二）整体性

组织作为一个系统，是由许多成员、岗位、部门和层级按照一定的联络形式排列组合而成的框架体系。系统整体所达到的功能大于其要素或组成部分的功能的叠加，因此，组织整体所具有的性质也大于其各要素性质的叠加。组织在各组成要素之间，还存在纵向等级关系、横向的分工协作关系及相互的沟通关系来维持其整体性。

（三）复杂性

组织是由若干个体和群体组成的，群体和群体之间、个体和个体之间都充满着差异，如能力、知识、气质、性格等。这些差异既是群体和个体之间冲突的因素，是人类合作的原因，也是社会进步和创造的因素。组织中的领导者如何运用这些条件，处理这些差异，建立一个合作的、高效率的集体，取决于领导的本领。因为如对差异不加控制，就容易造成组织破坏，如果控制过严，容易埋没人才，抑制创新。另外，组织要实现目标，就必须把目标分解成若干中、小目标，组织要做好协调工作。要使组织发挥作用，还需要建立权利层次体系、严格的规章制度，这些都体现出组织的复杂性。

（四）开放性

组织是开放的，具有不断与外界环境进行物质、能量、信息交换的功能。任何组织都不能孤立存在，组织总是处于一定的环境之中，并且同环境相互联系、相互影响。在经济一体化的时代，一个组织如果不与外界进行交流、联系，不取长补短，就不可能得到迅速发展。组织对环境的开放是组织得以稳定存续的条件，也是组织得以向前发展的前提。

三、组织的功能

组织以各种方式改变着人们的生活，对现代社会具有重大影响。组织的功能主要体现在以下几方面。

（一）力量汇聚功能

把分散的个体集合成为整体，汇聚各要素的力量，用“拧成一股绳”的力量去达成相应的组织目标。组织的力量汇聚作用体现为“1＋1＝2”。在日常生活中，组织的力量汇聚功能可以从许多实例中得到具体的体现，如多个搬家工人共同搬运一件大型家具，或多个纤夫合拉一艘船等。

（二）力量放大功能

力量放大功能是在力量汇聚功能基础上产生的，良好的组织还能发挥把组织力量汇集后再进行放大的功能，产生“整体功能大于各要素功能的叠加之和”的效果，表现为“1＋1＞2”。只有借助组织力量的放大功能，才能取得“产出”大于“投入”的效益。

（三）交换功能

个人之所以加入组织并对其投入时间、精力、知识和技能，是希望能够从组织中得到相应的利益和报酬，以满足个人的需求。组织之所以愿意满足个人的需求，则是希望个人能对组织有所贡献，达成相应的组织目标。组织的交换功能体现为成员为组织做出贡献，并能够从组织中获取相应的报酬作为交换。

从成员的层面来看，往往要求自己所在的组织对自己的报酬大于自己对该组织做出的投入；从组织的层面来看，通常要求来自于成员的贡献大于组织为成员所投入的相应成本。这就必须借助于组织力量的放大功能的发挥，使个人集合成的整体在总体力量上大于所有组成人员的个体力量的叠加。

四、组织的分类

在现实生活中存在着许多组织，可以按不同的分类标准对组织进行划分。主要的分类方式有以下几种。

（一）按组织是否营利分类

1. 营利性组织

所有的企业组织都属于营利性组织，企业成立及发展的目标就是追求利润最大化，否则企业将无法确定活动的目标和方向。根据罗纳德·科斯（Ronald H. Coase）在《企业的性质》中的阐述，企业组织之所以会产生，就是因为组织内交易比市场交易成本低，并且更为有效。这表明，企业组织的诞生本身就是追求成本最小化、收益最大化的结果。一个企业组织如果不能营利，它就不能改善员工的状况，也就不可能将投资回报的部分用于研究、开发新产品，为顾客提供更多、更有价值的新产品和服务，政府的税收也就成了无源之水，这将影响整个社会的发展。对于整个社会层面而言，利润动机不是自私的，因为在市场机制的诱导下，企业组织在追求自身利润的同时也会带来整个社会福利的增加。

2. 非营利性组织

与营利性组织相对的是非营利性组织，如政治组织、文化组织、群众组织和宗教组织等。非营利性组织的主要宗旨是向社会提供各种公共服务，如提供教育、医疗、安全等。对提供的相应服务可能要收取一定的费用，这些费用主要用于维持组织的生存。非营利性组织在一般情况下无须向政府纳税，有时还会受到政府的财政补贴。

（二）按组织的社会功能分类

美国著名社会学家帕森斯（T. Parsons）认为，可按照社会作用和社会效益对组织进行分类。

1. 以经济生产为导向的组织

这类组织以社会经济生产为核心，运用一切资源扩大组织的经济生产能力。这类组织的任务除生产物质产品以外，还要提供劳务等。因此，它们的范围很广，包括工厂、公司、饭店、银行等。

2. 以政治为导向的组织

这类组织的社会功能在于实现某种政治目的，因此它的重点是权力的产生与分配，如政府部门。

3. 整合组织

这类组织的社会功能在于整合社会秩序，协调各类冲突，引导人群向某种固定的目标发展，以维持一定的社会秩序，如法院、政党等。

4. 模型维持组织

这类组织的功能在于维持固定的社会形式，来确保社会的平衡发展，如学校、社团、教会等。

（三）按组织的形成方式和组织成员关系的不同分类

按照组织的形成方式和组织成员关系的不同，可以将组织划分为正式组织和非正式组织。

1. 正式组织

正式组织是指为了有效实现组织目标，明确规定组织成员之间的职责范围和相互关系的一种结构。正式组织是经过有计划的设计，将组织工作分配给各层次，做出系统的综合并由规则来支持职责，并强烈地反映出管理者的思想和信念，但其成员并不一定重视或接受管理者的社会、心理和行政的假设。它具有特定的结构，并要求指挥系统规范化、组织成员纪律化和管理科学化。

2. 非正式组织

非正式组织是指人们在共同工作或活动中，由于具有共同的兴趣和爱好，以共同的利益和需要为基础而自发形成的团体。组织成员之间的关系为非官方规定的，是在自发的基础上为满足某种心理需要而有意或无意形成的不定型组织，其中蕴涵着浓厚的友谊与感情的因素。

第二节　组 织 设 计

一、组织结构与组织设计

组织结构，是组织为了协调及控制成员的活动，以实现组织目标，通过分工协作，在职务范围、责任、权力等方面创设的结构体系，是组织对工作任务进行分工和协调的模式。从组织各部分的关系去界定，可以认为组织结构是组织各部分的有序排列；从组织成员的行为去界定，组织结构是组织参与者类型化的相互作用。

(1) 组织结构决定了正式的报告关系，包括层级数量和管理者的管理幅度。

(2) 组织结构确定了如何由个体组成部门，由部门构成组织。

(3) 组织结构包括了一套系统的运行制度和方法，以保证组织内外有效的沟通、合作与整合。

组织结构通常用组织结构图来表示。组织结构图通过直观的图示方式表明组织中的部门设置情况和权力层次结构，直观反映了组织内部的分工和各部门的上下隶属关系。

当管理者设计或变革一个组织的结构时，他们所进行的工作就是组织设计。组织设计，是以组织结构安排为核心的组织系统的整体设计工作，以形成一种由管理机制决定的、用以帮助达到组织目标的有关信息沟通、权力、责任、利益的正规体制，通过分解与结合使组织成为一个有机的系统。

二、组织设计的原则

组织设计的原则是组织设计时普遍适用的要求，它是针对组织设计的一般性评价标准。

(一) 目标原则

任何组织都有特定的任务和目标，因此必须根据组织目标来考虑组织结构的总体框架，组织及其每个部分都应当与其特定的任务目标相联系，组织的调整都应以其是否有益于实现目标为衡量标准。在组织设计时，首先要明确该组织的发展方向、经营战略和目标要求，这是组织设计的前提；其次要认真分析为保证组织目标的实现需要开展哪些活动、怎样才能做好等；最后围绕这些事务进行岗位设计、机构设立、人员配备。

(二) 分工与协作原则

分工与协作原则是社会化大生产的客观要求。分工是将组织的任务目标和整体工作从横向和纵向两个维度分解给不同的层次、部门及岗位，明确规定应做的工作及完成工作的手段、方式和方法，特别是对交叉、重叠工作的清晰界定。通过分工，能强化组织成员的专项个人技能，提高工作效率和组织绩效。协作是指层级之间、部门之间、岗位之间的协调与配合。通过协作，才能使不同层级、部门及岗位之间的工作形成一个有机整体，共同支持组织的目标和任务。在组织设计时，应做到分工合理清晰、协作明确有效。

(三) 统一指挥原则

统一指挥原则体现在组织设计过程中命令链的构建上。要求组织中的任何成员只能接受一个上级主管的领导。在确定管理层次时，保证上下级之间形成一条连续的等级链，还要明确上下级的职责、权力和联系方式。只能一个人负责一级组织，实行首长负责制。每个下级只接受一个上级的命令和指挥，下级向直接上级请示工作，下级必须服从上级的命令和指挥。在组织设计的过程中贯彻命令统一原则，实质是要进行统一领导，防止政出多门，消除多头领导和无人负责现象，保证有效地统一和协调各方面的力量，保证全部组织活动的正常进行。

（四）权责对等原则

为了保障分工与协作关系的落实，在明确分工与协作关系的同时，要明确每个部门和岗位的职责，并赋予相应的职权。职责是指组织对某部门或岗位的功能要求，或某部门和岗位应该完成的工作、应该达到的工作要求；职权是指组织成员为了履行岗位职责所拥有的开展活动或指挥他人的权力。拥有一定的职权是保障职责履行的条件之一，若职权大于职责会导致滥用职权而忽视其职权运作绩效；若职权小于职责会导致指挥失灵而难以达成相应目标。在组织设计过程中，要做到一定的职权与对应的职责相匹配。

（五）人岗匹配原则

组织设计的根本目的是保证组织目标的实现，使目标活动的每项内容都落实到具体的岗位和部门。因此，在组织设计中，既要考虑工作的特点和需要，也要考虑人员的可得性和人事匹配性，要有利于员工在工作中得到培养、提高和成长，发挥员工的积极性和创造性。根据人岗匹配原则，在组织结构设计时要根据不同的情况，采取按岗定人和按人定岗的方法。按岗定人是指根据岗位要求，选择最符合工作能力要求的人上岗，有利于发挥岗位的功效，适用于工作量较大且独立或工作性质要求专职的情况。按人定岗是指根据个人的各方面能力设置相应岗位，这样有利于发挥人的作用和调动员工积极性，适用于各项工作量较少且可以兼顾的情况。

（六）弹性结构原则

组织环境是不断变化的，目标和任务也必须随之经常调整，这就要求组织结构应具有弹性，能够及时调整，以保持对环境变化的高适应性。根据这一原则，组织设计时，要使部门结构和工作职位的设置富有弹性，使其在工作上具有较大的自主权和灵活性，以防止组织的老化、僵化。

（七）经济性原则

组织设计不仅要围绕任务和目标来进行，还要追求完成任务和实现目标的经济性。按照这一原则，组织设计要有利于提高组织的效率，为此必须尽量精简岗位、部门和管理层级。精简有利于建立良好的沟通，避免产生相互推诿和扯皮的现象，降低管理成本，从而提高组织效率。

三、组织设计应考虑的因素

（一）外部环境

环境的不确定性影响着企业组织的形态，有效的组织结构能与外部环境相适应。当外部环境的不确定性低时，组织结构偏于机械型，着眼于眼前的运作；不确定性高时，组织结构偏于有机型，重视计划与预测。机械型结构是设有严格的等级层次、决策高度程序化、权力高度集中化、操作高度标准化的组织；有机式结构是一种相对分散、分权化的、具有灵活性和适应性的组织。

理查德·达夫特（Richard Daft）关于环境影响企业组织结构化的分析框架如表6-1所示。

表6-1　理查德·达夫特关于环境影响企业组织结构化的分析框架

外部环境特点	组织结构特点
低不确定性	机械结构、正规、集权；较少的部门；没有整合角色；着眼于眼前
低中不确定性	机械结构、正规、集权；部门多，有些跨边界；较少的整合角色；有一些计划
高中不确定性	有机结构、团队、参与、分权；较少的部门、较多的跨边界；较少的整合角色；计划型的
高不确定性	有机结构、团队、参与、分权；许多部门、差异化、广泛的跨边界；许多的整合角色；广泛的计划、预测

环境的变化可能使组织中部门之间的地位及相互关系发生变化，即某些部门的地位变得重要，或者某些部门的地位变得相对次要。在这种情况下，部门角色的变化可能加剧部门间的隔阂和冲突。因此，当环境不确定性因素增强时，横向协调是十分必要的。

（二）发展战略

组织发展战略规定了组织的发展方向和总目标及实现目标所应采取的行动方案。作为实现组织战略的手段之一，组织结构由组织战略决定，是为组织战略服务的。如果一个企业的组织战略发生了重大变化，为其服务的组织结构也应做出相应的调整，以适应组织战略的变化。

随着组织战略的不同，组织的结构形式也必然会有所区别。迈克尔·波特（Michael E. Porter）曾在《竞争战略》一书中指出，大多数组织有三种竞争战略可供选择。

（1）成本领先战略，是指企业凭着高效率运营、劳动力成本、经济规模等，加之对生产过程的紧密控制，而形成比竞争对手更低的成本优势的战略。

（2）差异化战略，是指通过产品的创新设计等将产品或服务的独特性呈现于消费者眼前的战略。

（3）聚焦战略，是指企业将焦点放在一个狭窄而独立的市场，从不同方面去满足这个市场的顾客需要的战略。

组织选择不同的战略，便会据此选择不同的组织结构形式。如果组织采用成本领先战略，则要严格控制成本，限制不必要的发明创新和营销费用，压低产品价格，而增强竞争实力，这就要求组织采取一种高效、稳定的组织结构形式，而采用差异化战略的组织，由于它强调的是产品的创新和标新立异，这就要求组织采取一种有机、灵活的组织结构形式。

战略通常从两方面影响组织设计：一是从结构形式方面，不同的战略要求通过不同的组织方式开展不同的活动，从而决定组织结构形式；二是从力量配备方面，不同的战略决定了不同的工作重点，从而决定各部门的重要程度和岗位数量。

（三）技术特点

技术是在产品和服务的设计、生产和分销中所运用的技能、知识、工具和设备的结合。任何组织都需要采取相应的技术，将投入转换为产出。为了达到这一目标，组织要使用相应的设备、材料、知识和富有经验的成员，并将这些资源组合到一定的形式和活动之中，进而影响组织结构的设计。由于不同组织所处的环境和所经营的业务不同，因此其技术也呈现出不同的特点。

不列颠大学的琼·伍德沃德（Joan Woodward）教授认为，组织所采用的技术不同，对个人和组织的要求也是不同的，组织结构也应与这种要求相适应。她发现，组织结构与生产技术间的关系同公司绩效直接相关，绩效低的公司趋向于偏离合适的组织结构。

伍德沃德将企业组织的生产技术划分为如图 6-1 所示的三种类型。

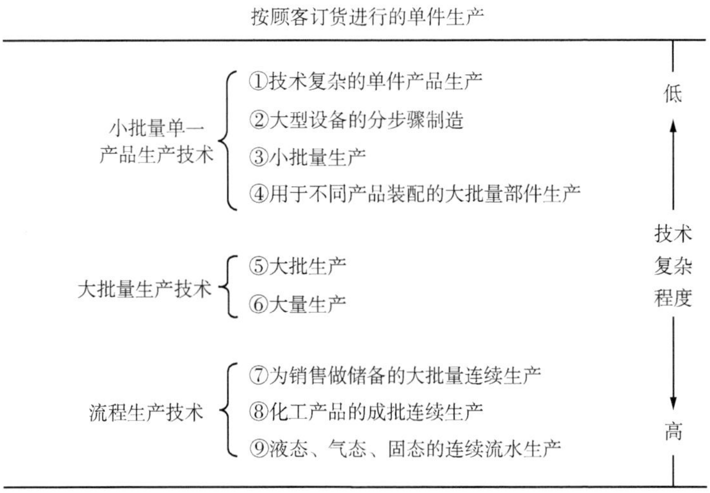

图 6-1 伍德沃德的企业组织的生产技术类型

（1）小批量单一产品生产技术，即用于生产定制化产品，并以小组中的员工的技能为基础。

（2）大批量生产技术，即基本上依靠使用自动化机器重复进行同一个程序化生产过程，用于生产标准化产品。

（3）流程生产技术，即产品由自动化机器按照既定流程生产出来，并且整个过程由中央监控室控制，连续进行。

以上三种生产技术的差异称为技术复杂性。技术复杂性以生产过程中将人排除在外的程度来衡量，在复杂的技术中，除了监视机器设备外很少需要工人的直接参与。

研究发现，对于大批量生产技术而言，其正规化和集权化程度较高。由于技术的复杂性，相应的高级管理人员比例和间接工人（如维修人员）比例也相应上升。间接人员比例上升是因为机器设备的复杂性，在流程生产中，工作具有很强的常规性，因此监工可以平均管理 48 个雇员，而对于小批量生产或连续性流程组织而言，则恰恰相反，其管理幅度相应较小。从总体上看，小批量生产和连续性流程组织有着有机式的组织结构，而大批量生产组织则有着机械式的组织结构。

耶鲁大学教授查尔斯·佩罗（Charles. Perrow）则将注意力放在知识技术上，而非生产技术上。佩罗认为，组织中每个部门都是由专门的技术组成的集合体，技术是常规的还是复杂的，主要取决于任务的多变性和任务的可分析性。

任务的多变性，即成员在工作中可能遇到的例外情况的多少。当任务可能遇到的例外情况很少时，工作就是高度常规化的，如生产装配线上的工人。当工作具有很多变化时，它就会有大量的例外情况发生，如高层管理职位、咨询工作及油井灭火等。

任务的可分析性，即为解决例外问题可采用程序化解决方法的程度。当任务的可分析性很大时，解决过程是高度确定的，人们可以使用逻辑和推理分析来寻找问题的答案。当任务的可分析性很小时，问题是高度不确定性的，必须根据先前的经验、判断和直觉来寻求答案，任何任务的可分析性都处于这两个极端之间。

任务的可分析性 \ 任务的多变性	少量例外	大量例外
确定的	常规型技术（象限Ⅰ）	工程型技术（象限Ⅱ）
不确定的	工艺型技术（象限Ⅲ）	非常规型技术（象限Ⅳ）

图 6-2　佩罗的技术分类

佩罗根据任务的多变性和任务的可分析性两项纬度标准，将技术划分为如图6-2所示的四种类型。

1. 常规型技术

常规型技术是指任务的多变性较小而可分析性较大，工作的标准化、规范化程度都较高的部门技术，如汽车装配部门的装配技术、银行出纳部门的出纳技术等。常规型技术对应的组织结构特点应是高度集权（命令统一、严格控制）与高度规范化（一致性、稳定性）。

2. 工艺型技术

工艺型技术是指任务的多变性和可分析性都较小，工作必须依靠直觉、经验判断灵活处理的部门技术，如烹饪师的烹调技术等。工艺型技术对应的组织结构特点是高度集权（任务指派）和低度规范化（作业的灵活性、适应性）。

3. 工程型技术

工程型技术是指任务的多变性和可分析性都较大，工作需要靠知识和能力并按照公式化、程序化方式操作的部门技术，如工程设计技术、会计做账技术等。工程型技术对应的组织结构特点是高度分权（灵活性、适应性）和高度规范化（一致性、稳定性）。

4. 非常规型技术

非常规型技术是指任务的多变性较大而可分析性较小，工作需要凭借丰富的知识和经验，运用综合性、创造性的方法来解决问题的部门技术，如战略计划的制订等。其对应的组织结构特点是高度分权（灵活性、适应性）和低度规范化（灵活性、适应性）。

（四）组织发展阶段

组织由小型组织向大型组织的发展过程需要经过若干阶段。美国学者托马斯·卡农（J. Thomas. Cannon）提出了组织发展的五阶段理论，并指出在发展的不同阶段，要求有与之适应的组织结构形态。

1. 创业阶段

新的组织面临着许多未知的挑战，在这个阶段，决策主要由高层管理者个人做出，组织结构相当不正规，对协调只有最低限度的要求，组织内部的信息沟通主要建立在非正式的基础上。

2. 职能发展阶段

当组织取得经验和自信后，决策开始越来越多地由其他管理者做出，而最高管理者亲自决策的数量减少，组织结构建立在职能专业化的基础上，各职能间的协调需要增加，信息沟通变得更重要，也更困难。

3. 分权阶段

组织采用分权的方法来处理职能结构引起的各种问题，组织结构以产品或地区事业部为基础来建立，目的是在组织内建立“小组织”，使后者按创业阶段的特点来管理。但随之出现了新的问题，各“小组织”成了内部不同的利益集团，组织资源转移用于开发新产品的相关活动减少，总部与“小组织”的许多重复性劳动使费用增加，高层管理者感到对各“小组织”失去了控制。

4. 参谋激增阶段

为了加强对各“小组织”的控制，组织各级的行政主管增加了许多参谋助手，而参谋的增加又会导致他们与直线的矛盾，影响组织中的命令统一。

5. 再集权阶段

分权与参谋激增阶段所产生的问题可能诱使公司高层主管再度高度集中决策权力。同时，信息处理的计算机化也使再集权成为可能。进一步而言，当组织由单一的业务走向多元业务、由一家公司发展为一个集团时，其组织结构也要随之调整。

总的来说，组织发展的不同阶段，领导方式、管理体制、员工心态、管理作风、人际关系、管理危机等各不相同，与之相适应的组织结构也不相同。表 6-2 反映了组织结构特征与组织发展阶段的关系。

表 6-2 组织结构特征与组织发展阶段的关系

结构特征	创业阶段	职能发展阶段	分权阶段	参谋激增阶段	再集权阶段
管理重点	生产、销售	效率	市场扩大	组织、协调	变革、创新
结构形式	非正式结构	职能制	事业部制	直线管理，超事业部制	矩阵制，任务分组
高层领导风格	个人业主式	指导式	授权式	监察者	参与者
控制系统	市场结果	标准规格，成本中心	汇报制度，利润中心	计划中心，投资中心	相互间的目标管理

（五）组织规模

组织规模是影响组织结构设计的一个重要变量，组织规模通常用成员数目来衡量。小型组织通常是非正式的，劳动分工少，正规化程度低，专业人员和办公人员少，甚至不存在正式的预算和业绩考核系统。随着组织的发展，组织规模的扩大，组织结构也就需要随之进行调整。组织规模越来越大，组织活动日趋复杂，会出现很多新的工作，需要设置相应的新的部门和岗位来完成；同时，随着组织规模的扩大，对不同岗位和部门之间的协调和控制的要求也逐渐提高，从而使组织也越来越倾向于规范化、分权化和专业化。大型组织的分工专业化较高，有大量专业人员来履行专门的职责；规范化程度较高，有大量的规章制度和书面文件来规定各部门和岗位的权责，并依据组织的规章制度实现工作的标准化及对各项工作进行有效的协调与控制；分权化程度较高，很多决策权都授予了中下级的管理者，如表 6-3 所示。

表 6-3 规模—结构关系

组织结构因素	组织规模小	组织规模大
专门化	低	高
正规化	较低	较高
集权与分权	集权	分权
标准化	高	低
权力等级	扁平	高陡
复杂性	低	高

四、组织设计的流程

尽管每个组织的目标不同，组织结构形式也不同，但一个组织的基本设计过程是相同的。具体而言，组织结构的设计一般包括以下几个步骤。

（一）岗位设计

组织结构设计的第一步是将实现组织目标所必须进行的活动分解成有机相连的部分，形成相应的工作岗位。

实现组织目标所进行的活动的基本要点是按工作性质的不同进行划分，即工作的专门化，使每个组织成员或若干个组织成员能执行一项明确的工作。

在进行工作专门化之后，通过估算每项工作所需的时间，就可以计算出完成组织目标所需的操作者人数。操作者人数等于各项工作所需时间之和除以每个成员的有效工作时间。

（二）部门化

当组织将任务分解成为具体的可执行的工作后，接下来就需要将这些工作按照某种逻辑合并成相应的组织单元，如部门、科室等，这就是部门化过程。通过部门化，将整个组织划分为若干个管理单元，其目的是据此明确各单元的权力和责任，并有利于不同的部门根据其工作性质的不同而采取有差别的管理方式。常见的部门化方法有职能部门化、地区部门化、产品部门化、顾客部门化和程序部门化等。

（三）确定管理幅度和层次

部门化解决了各项工作如何进行归类以实现统一领导的问题，接下来应当确立组织中每个部门的职位等级的数量，即组织层次问题。组织层次的多少与组织中管理幅度的大小有直接关系。在一个部门的成员数量一定的情况下，一个管理者能直接管辖的下属越多，该部门的组织层次也就越少；反之亦然。在管理幅度确定的情况下，可以根据成员数量的多少，计算出所需管理人员数和相应的组织层次。

（四）配置人员

组织结构的设计为实现组织目标所必须开展的工作奠定了基础，但若不能根据各岗位的要求选择合适的人员，即使是最好的组织结构也无法有效发挥作用。因此，在设计合理的组织结构的同时，还需要根据各单位和部门分管的业务工作和对人员素质的要求，挑选和配置称职的人员。

（五）规定职责与权力

进行人员配置之后，还应当根据组织目标的要求，明确规定各单位、部门及工作岗位应负的责任及评价其工作业绩的标准。在规定责任的同时，也要根据业务工作开展的实际需要，授予各单位、部门及负责人完成相应工作所必需的权力。

（六）整合联成一体

在完成以上组织设计的活动之后，还应当明确规定各单位、各部门、各岗位之间的工作关系，以及它们之间的信息沟通和相互协调等方面的原则和方法，把各个组织实体从多个角度连接起来，形成一个能够协调运作，从而有效地实现组织目标的管理组织系统。

五、组织结构的基本类型

组织结构的设计是为了实现组织的宗旨和目标。每个组织都要分设若干管理层次和管理机构，表明组织内各部分的排列顺序、空间位置、聚散状态、联系方式及各要素之间的关系。组织结构是随着生产力和社会的发展而不断发展的。由于每个组织的目标、所处的环境和所拥有的资源不同，因此其组织结构也必然会有所差异。在实际中并不存在普遍适用的最佳的组织结构形式，常见的组织结构包括直线制组织结构、职能制组织结构、直线-职能制组织结构、事业部制组织结构、矩阵制组织结构、虚拟型组织结构、团队结构和委员会结构。

（一）直线制组织结构

直线制的组织结构形式是最早使用也是最为简单的一种组织结构。如图 6-3 所示，直线制组织结构中各种职务按垂直系统直线排列，全部管理职能由各级行政负责人负责，不设职能和参谋机构，命令由最高层管理者经过各级管理人员直线式流动到基层人员；每个成员只接受最近的一个上级的指挥，仅对该上级负责并汇报工作。

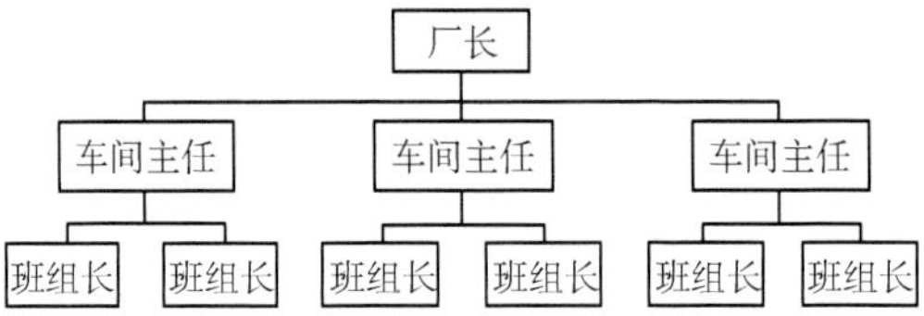

图 6-3　直线制组织结构示意图

直线制组织结构的优点是设置简单、权力集中、权责分明、指挥统一、决策迅速、信息沟通方便；目标清晰、责任明确；机构简单、沟通迅速、纪律和秩序容易维持；机动灵活、管理费用低。直线制组织结构的缺点是每个人只关注上级指示，每个部门只关心本部门工作，横向沟通差，协调困难；权力集中，对最高管理者的依赖性大，容易造成失误；要求各级行政负责人具有多种管理专业知识和业务技能知识，具有充足的时间和精力，但在现实中这种全能型管理者难以找到，导致管理工作简单粗放。

直线制组织结构一般适合于军队组织或产品单一、工艺技术比较简单、业务规模较小的企业组织，以及组织处于初建阶段、组织所处环境较简单且易变、组织突然面临困难甚至于敌对环境等情况。

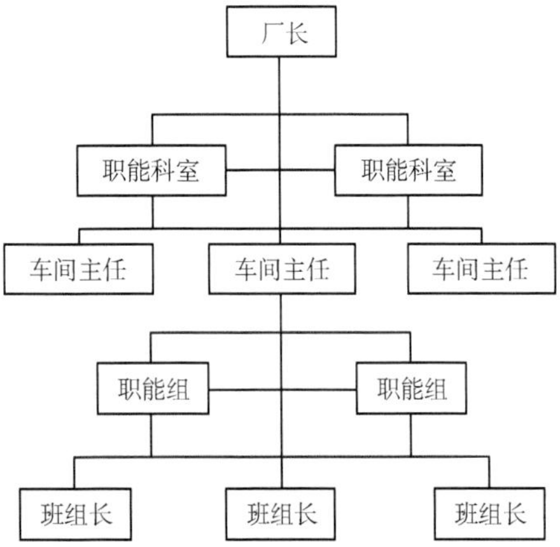

图 6-4　职能制组织结构示意图

（二）职能制组织结构

职能制组织结构将部门化的职能导向加以扩展，使之成为整个组织的主导结构。如图 6-4 所示，职能制组织结构内除直线主管外，还设立一些职能部门，各职能部门有权在自己的业务范围内向下一层级的部门和人员下达命令和指示。下级直线主管除了接受上级直线主管的领导外，还必须接受上级职能部门的指挥。

职能制组织结构的优点是能发挥职能机构的专业管理作用，对下级工作的指导更加细致深入；便于发挥组织各方面专家的作用，对专家具有激励性；减轻了直线主管的负担，可以弥补各级直线主管管理能力的不足；管理者实行职能分工，使对管理者的选拔和培养变得相对容易。

职能制组织结构的缺点是妨碍了组织必要的集中领导和统一指挥，造成多头领导，容易出现命令的重复和矛盾，从而导致管理混乱；不利于明确划分直线主管与职能部门的职责权限，容易造成争夺权力，推卸责任；部门之间难以站在对方的角度来思考问题。组织中常常会因为追求职能目标而看不到全局的最佳利益，没有一项职能对最终结果负全部责任；由于强调专业化分工，不利于培养全面的管理人才。

职能制组织结构通常在只有单一类型产品或少数积累产品面临相对稳定的市场环境的企业中采用。

（三）直线-职能制组织结构

直线-职能制组织结构设置了两套系统，一套是按命令统一原则设立的，由各层级的行政主管构成的直线指挥系统；另一套是按专业化原则设立的，由各职能管理部门所构成的职能管理系统。如图 6-5 所示，直线-职能制组织结构中只有各级行政主管才具有对下级进行指挥和下达命令的权力，各级职能机构只是作为同级行政主管的参谋和助手，只能对下级进行工作业务指导，无权对下级行政主管发号施令，除非有上级行政主管的授权，才具有指挥下级行政主管的职能职权。

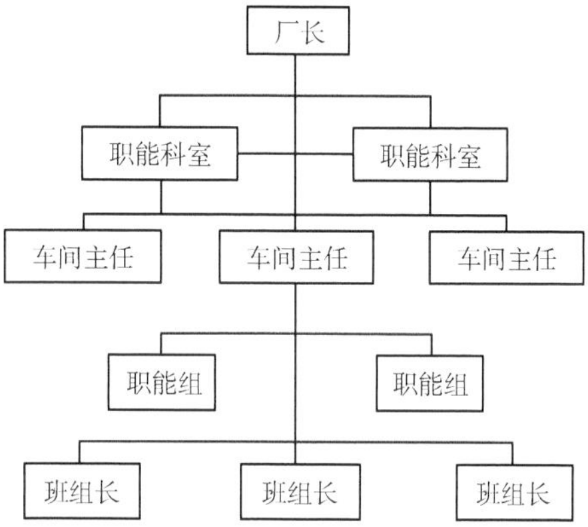

图 6-5 直线-职能制组织结构示意图

直线-职能制组织结构的优点：既能保证集中统一指挥，又能充分发挥各类专家的专业管理作用；分工明确，职责清楚，各部门仅对自己应完成的工作负责，效率较高；组织稳定性较高，在外部环境变化不大的情况下，易于发挥组织的集合效率。

直线-职能制组织结构的缺点：各职能单位自成体系，部门之间目标不易统一，引发组织运行过程中的矛盾和不协调现象，导致上层主管的协调工作量大；部门间缺乏横向信息交流，不能集思广益地做出决策；在完成需多部门共同参与的工作时效率低下；部门人员长期从事某一方面的工作，容易形成狭窄的视野和注重局部利益的思想，不利于从组织内部培养综合型管理人才；由于分工细、规章多，因而反应较慢，面对环境变化适应性较低。

直线-职能制组织结构主要适用于用标准化技术进行常规化大批量生产且环境比较稳定的组织，目前在我国绝大多数企业，特别是中小企业中被广泛采用。

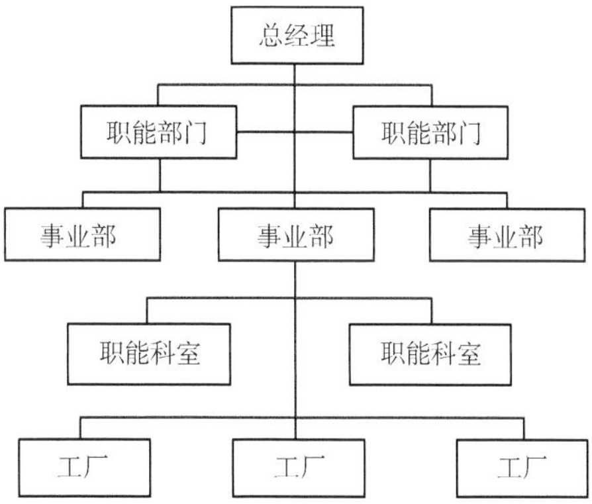

图 6-6 事业部制组织结构示意图

（四）事业部制组织结构

事业部制组织结构（M 结构）又称联邦分权结构，是一种高度（层）集权下的分权管理的企业组织结构形式，其主导结构单位是事业部。所谓事业部是指一个企业内对具有独立的产品或市场、独立的责任和利益的部门实行分权化管理的基本单位。它必须具备三个要素，即独立的产品或市场、独立的利益、独立的自主权。如图 6-6所示，事业部制组织结构把企业的生产经营活动，按产品和地区的不同，建立不同的事业部，在总公司领导下，实行统一政策，分散经营，独立核算，自负盈亏。总公司只保留预算、重要人事任免和重大问题的决策等权力，其他权力则尽量下放给事业部，事业部内部的经营管理具有较大的独立性，是完全自主的经营单位。总公司对各事业部提供支援服务，并作为外部监管者协调和控制各事业部的活动。这样，总公司就成为投资决策中心，事业部是利润中心，下属的生产单位是成本中心，使政策集中化和经营分散化有机统一起来。

事业部制组织结构的优点：公司高层管理者可以摆脱日常行政事务，真正成为坚强有力的决策机构，能调动各事业部的积极性和主动性，增强经营的灵活性，该组织结构既具有较高的稳定性，又具有较强的适应性；事业部经理对事业部绩效全面负责，容易形成高层管理人员所需的多方面才能和全局视野，有利于培养综合型高层管理人员；扩大管理幅度，使上层主管能有效控制下层单位数量的增加；各事业部的绩效明确，相互之间可以进行比较和竞争，有利于克服组织的僵化和官僚化，从而有利于增强企业对环境变化的适应能力；有利于组织专业化生产，提高生产效率，降低生产成本。

事业部制组织结构的缺点：机构重复设置，容易造成资源浪费；需要的管理人员多，导致管理成本上升，管理的经济性下降；容易使事业部过分强调自身利益而忽视公司的整体利益，并影响事业部之间的合作；公司和事业部之间信息不对称的可能性增大，影响公司的控制力。

事业部制组织结构只有当企业规模较大，产品种类较多，各产品之间的工艺差别较大，市场范围大且不同市场的差异明显时，企业具备按经营的领域和地域划分事业部的条件时才适用。

20 世纪 70 年代美国和日本的一些大公司又出现了一种新的事业部制组织结构形式——超事业部制结构。它是在组织最高管理层和各个事业部之间增加了一级管理机构，负责管辖和协调所属各个事业部的活动，在分权的基础上又适当地集中。这样做的好处是可以集中几个事业部的力量共同研究和开发新产品，有效避免各事业部执行相同职能所造成的不经济或低效率现象，增强组织的灵活性。

（五）矩阵制组织结构

矩阵制组织结构又称为规划-目标结构，是在工作小组基础上发展起来的一种组织结构形式。工作小组是根据任务要求，由一群不同背景、不同知识、不同技能且分别选自不同部门的人员所构成。任务完成后工作小组就解散，成员回原部门，以后按新的工作任务重新组合。典型的矩阵制组织结构如图 6-7 所示，在组织内部创造了双重指挥链，在直线-职能制结构垂直形态组织系统的基础上增加了横向的工作任务导向的领导系统，即工作小组。工作小组的成员一般要接受两个方面的领导：在工作业务方面接受原单位或部门的领导，在项目达成的具体工作任务方面接受工作小组或项目负责人的领导。

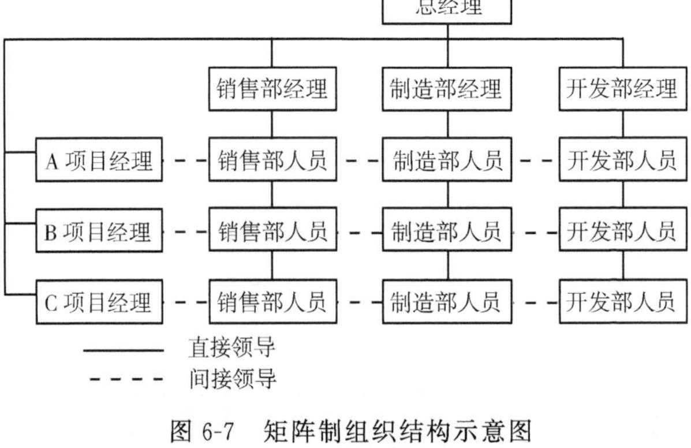

图 6-7　矩阵制组织结构示意图

矩阵制组织结构的优点：在组织的各种活动比较复杂又相互依存时，加强了职能部门之间、职能部门与任务之间的配合和信息交流，能促使一系列复杂而独立的任务取得协调，同时又保留将职能专家组合在一起所具有的经济性，提高了组织的协调性和整体性；以任务为导向机动灵活地组织人员，提高了组织资源的利用率，增强了组织的灵活性和应变能力；各种专业人员在项目组内共同工作，不同角度的思想相互激发，易获得创新性成果，并且有利于培养成员的合作精神和全局观念。

矩阵制组织结构的缺点：组织成员向多个领导汇报工作会带来角色冲突，不明确的角色期待会带来角色模糊；职能经理和项目经理之间的关系不是由规则和程序确定的，而是由两者相互协商，容易产生权力斗争；缺乏稳定性，使渴望安全感的员工在这种工作环境中会产生压力；由于各小组成员在完成任务后还需要回到原先的部门，小组成员容易产生临时观点，对工作产生一定的负面影响。

矩阵制组织结构形式适用于任务多且经常变化或工作具有创新性质的组织，如建设单位、科研单位等。

（六）虚拟型组织结构

虚拟型组织结构是一种只有很小规模的核心组织，它是以合同为基础，依靠其他商业智能组织进行制造、分销、营销或其他关键业务的经营活动的结构（图 6-8）。虚拟组织创造了各种关系网络，如果管理人员认为别的公司在生产、配送、营销、服务等方面比自己更好，或成本更低，就可以把自己的有关业务外包给它们。

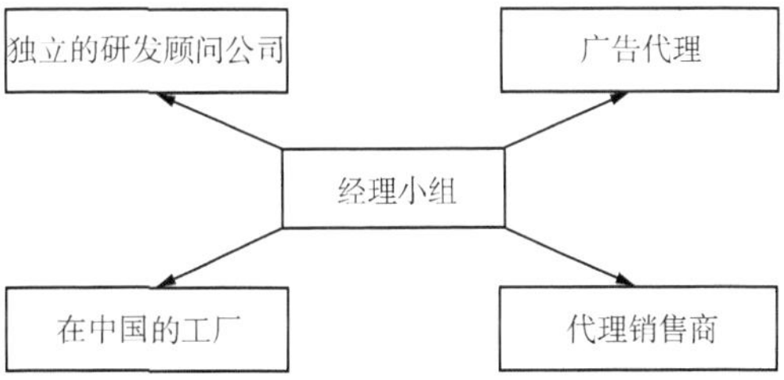

图 6-8 虚拟型组织结构示意图

虚拟型组织结构的优点：追求最大的灵活性，从而提高效率，降低管理成本；通过业务外包，把精力集中在自己最擅长的业务上，提升企业的竞争力。

虚拟型组织结构的缺点：虚拟组织管理层对业务外包的活动缺乏严密的控制力；产品设计上的创新容易被窃取。

虚拟组织适用于需要相当大的灵活性及对外部环境变化需要做出迅速反应的企业，它对小型组织来说是一个可行的选择。同时，也有一些大型组织采用了虚拟组织的思想，而把某些活动外包出去。

（七）团队结构

团队是指通过成员专业素质的有效组合和共同努力达到最高行为效能的群体，是由员工和管理层组成的一个共同体，它合理利用每一个成员的知识和技能协同工作，解决问题，实现共同的目标。当组织工作任务主要是以团队的形式完成时，组织的结构就是团队结构。该结构方式打破了部门界限，将决策权下放到团队成员手中，要求员工既是全才，又是专才。大多数小型公司可以把团队结构作为整个组织形式。对于大型组织而言，团队结构一般作为典型官僚结构的补充，这样既能得到官僚结构标准化的好处，提高组织运行效率，又能因团队的存在而增强灵活性。

（八）委员会结构

组织为达到特定的管理目的，还常常设立各种委员会加强和补充直线组织系统，其活动特点是委员会成员集体行动。委员会组织形式多样：有的既要讨论又要进行决策，有的只讨论而不做决策；有的执行管理职能，有的不执行管理职能；有的是正式的，有的是非正式的；有的是常设的，有的是临时的。

委员会结构的优点：可以集思广益，提高决策的准确性；可以作为制约或限制手段，防止个人或部门的权力过大；作为信息沟通和意见交流的机构，可以反映和听取不同利益集团的要求，协调计划和执行之间的矛盾；使基层员工有可能参与决策，从而更好地执行决策。

委员会结构的缺点：决策迟缓，时间长，决策效率低，成本高；出现意见分歧时，采取折中或多数制的解决办法，容易封杀创新性的主张和方案；成员责任不明确，责任感往往较差。

第三节 组织文化

一、组织文化的含义

组织文化是指组织在长期的生存和发展过程中逐步形成的，为内部多数成员所共同信奉和遵循的基本信念、价值标准和行为规范。组织文化从结构上可以分为三个层次。

（一）物质层

物质层是组织文化的表层部分，是形成制度层和精神层的条件，它往往能够折射出组织的经营思想、经营管理哲学、工作作风和审美意识等。物质层是组织文化的物质载体，主要包括企业面貌、产品的外观和包装与技术工艺设备特性等内容。

（二）制度层

制度层是组织文化的中层，主要是指对组织员工和组织行为产生规范性、约束性影响的部分，它集中体现了组织文化的物质层和精神层对员工和组织行为的要求。制度层主要是规定了组织成员在共同的工作活动中所应该遵循的行为准则。组织文化的制度层主要包括工作制度、责任制度、特殊制度、特殊风俗和行为规范等内容。

（三）精神层

精神层属于组织文化的内层，主要是指组织的领导和员工共同信守的基本信念、价值标准、职业道德及精神风貌等，它是组织文化的核心和灵魂，是形成组织文化的物质层和制度层的原因。组织文化中有没有精神层是衡量一个组织是否形成了自己的组织文化的主要标志和标准。组织文化的精神层包括组织愿景、经营哲学、核心价值观、精神、风气和道德等内容。

组织文化的三个层次是紧密相连的，它们相互影响，共同构成组织文化的完整体系。制度层是组织文化的外在表现，是物质层和精神层的物质基础；制度层则制约和规范物质层及精神层的建设，没有严格的规章制度，组织文化建设就无从谈起。精神层是形成物质层及制度层的思想基础，是组织文化的核心和灵魂。

二、组织文化的特点

组织文化是社会文化的组成部分，它既具有社会文化的阶级性和民族性属性，还具有以下特点。

（一）整体性

组织文化是组织全体成员，包括组织的领导者和被领导者共同认可并遵循的价值观体系。它是对组织管理中的标准管理和制度管理的补充和强化，潜移默化并贯注于组织成员的潜意识中，并体现在组织成员的行为过程中，使组织成员为实现组织目标自觉地组成团结协作的整体。

（二）独特性

每个组织都有自身的组织文化，都是组织根据自己的传统习惯及组织所处的外部环境和内部条件来建设和发展的。即使是同一类型的组织，由于其民族文化、传统习惯不同，也会形成不同的组织文化。组织文化是一个组织区别于其他组织的关键特征。这种独特的组织文化能产生神奇的力量，可以激励成员的工作热情，增强组织竞争力，提高组织的知名度，使组织在激烈的市场竞争中求得生存和发展。

（三）发展性

组织文化虽然具有稳定性的特征，但也绝非是一成不变的。当社会进步、环境变迁，组织将不得不通过变革以适应这种变化。组织文化也应当适应外部环境的变化才能为组织变革提供支持；反之，组织文化如果不发展将会变得僵化，使组织的发展陷入困境。因此，组织文化必须注意吸收其他先进的文化不断充实自我，这是发展的要求。

（四）导向性

组织文化的导向性，体现为成熟的组织文化可以成为组织成员的思想指南，能把组织成员的行为引导到与实现组织目标相一致的轨道上来，也促使组织成员不断追求自己的价值，在实现组织目标的同时促进员工自身目标的实现。

（五）人本性

组织文化强调在管理中关心人、尊重人、信任人，提高员工的归属感和自信心。组织文化强调激发人的使命感，依靠精神动力激发员工的热情，增强工作动力，推动组织的发展，提高组织的市场竞争力。因此，以人为核心是组织文化的重要特征。

（六）凝聚性

组织文化为员工确定了一种共识，即组织价值观及体现其组织目标、组织精神、组织道德等而产生的共同语言。共同的目标和语言，能在组织中产生强烈的向心力、鼓舞力和凝聚力。优秀的组织文化就像一种“精神黏合剂”，能把组织成员的理想、目标维系在同一价值目标和社会责任上，产生巨大的凝聚力量，把全体员工的行动吸引到实现组织目标的过程之中，从而发挥出单独依靠制度和激励无法达到的作用。

（七）历史性

组织文化与组织的长期发展紧密相连，有一个逐渐形成和发展的过程。一个组织现行的惯例、传统和做事的一般方式，在很大程度上归因于它以前的行为方式及由这些行为方式所带来的成功。因此，组织文化的最初源头就是组织的创始人。在组织成长变革和发展的长期实践中，组织文化也在不断丰富。每个组织都需要通过文化的积累和继承，把过去、现在和未来联合起来，把组织精神不断地传承、完善和发展下去。

三、组织文化的类型

根据不同的标准，对组织文化有不同的划分方法，最常见的划分有以下几种。

（一）按照不同的文化氛围进行分类

杰弗里·桑南菲尔德（Jeffrey Sonnenfeld）通过对组织文化的研究，依据不同的文化氛围，确认了四种组织文化类型。

1. 学院型组织文化

学院型组织文化是为那些试图全面掌握每种新工作技能的人而准备的组织文化。在这类文化氛围中，成员能不断地成长与进步。该类型的组织喜欢雇用年轻的大学毕业生，并为他们提供大量的专门培训，然后指导他们在在特定的职能领域内从事各种专业化工作。采用学院型组织文化的例子有 IBM 公司、可口可乐公司、宝洁公司等。

2. 俱乐部型组织文化

采用俱乐部型文化的组织非常重视成员的适应、忠诚感和承诺。在俱乐部型组织的氛围中，资历是关键因素，年龄和工作经验也非常重要。该类型组织试图把管理人员培养成全面型人才。俱乐部型组织文化的例子有联合包裹服务公司、德尔塔航空公司、贝尔公司、政府机构和军队等。

3. 棒球队型组织文化

棒球队型组织文化鼓励冒险和创新。组织在招聘时，从不同年龄、知识和经验结构中寻求合适的人，根据员工的绩效水平支付薪酬。由于该类型组织对工作出色的组织成员给予高额的奖酬和较大的工作自由度，其组织成员一般都具有较高的工作积极性。棒球队型文化的组织在会计、投资银行、咨询公司、软件开发、生物研究等领域比较普遍。

4. 堡垒型组织文化

堡垒型组织文化则更着眼于公司的生存。堡垒型文化的组织以前多采用学院型、俱乐部型或棒球队型的组织文化，但在运行过程中遇到了一定的困难并开始衰落，现在需要尽力保证组织的生存。通常，该类型的组织工作安全缺乏保障，但对于喜欢挑战的人来说，这类组织具有一定的吸引力。堡垒型文化的组织主要包括大型零售店、林业产品公司、天然气探测公司等。

（二）按文化对成员影响力的大小进行分类

哈佛商学院的两位教授约翰·科特（John P. Kotter）和詹姆斯·赫斯科特（James L. Heskett）根据组织文化对组织成员影响力的大小，将组织文化分为三类。

1. 强力型组织文化

在具有强力型组织文化的组织中，组织成员的目标清晰、方向明确，并且步调一致。组织成员拥有共同的价值观念和行为方式，因此他们愿意为组织投入和奉献；同时，这种心态又促使组织成员在工作中更加努力。强力型组织文化提供了必要的组织机构和管理机制，从而避免了组织对那些制约组织活力和改革思想的官僚们的依赖，因此强力型组织文化能够促进组织业绩的提升。

2. 策略合理型组织文化

具有策略合理型组织文化的组织，不存在放之四海而皆准的适合所有组织的文化。约翰·科特和詹姆斯·赫斯科特认为，只有当组织文化“适应”于组织发展过程中的具体环境时，这种文化才是好的、有效的文化。不同的组织需要不同的组织文化，只有文化适应于组织，才能发挥其最大的功能，改善组织的经营状况。

3. 灵活适应型组织文化

市场适应度高的组织文化必须具有同时在组织成员的个人生活中和组织生活中都提倡自

信和信赖、不畏风险、注重行为方式等特征，组织成员之间相互支持，善于发现问题并解决问题。在灵活适应型组织文化下，组织成员具有高昂的工作热情，愿意为组织牺牲一切。

（三）按文化所涵盖的范围进行分类

作为一个系统，组织是由各子系统组成的，各子系统又是由单个的具有文化创造力的个体组成。在一个组织中，除了整个组织作为一个整体外，还存在各种正式的、有严格划分的子系统，或非正式群体，它们相对于组织来说也都能够作为一个小整体。从这个角度来说，组织文化又可以分为两类。

1. 主文化

主文化体现的是一种核心价值观，为组织大多数成员所认可。当我们说组织文化时，一般就是指组织的主文化，正是这种宏观角度的文化，使组织具有区别于其他组织的个性。

2. 亚文化

亚文化是某一社会主流文化中一个较小的组成部分。在组织中，主文化为大多数成员所接受，但主文化并不能包含组织中所有层面的文化。组织中存在各类小整体，在认同组织主文化的前提下，它们也有自己的独特的亚文化。亚文化或者是对组织主文化更好地补充，或者虽然与主文化有区别，但对组织来说是无害的。

（四）按权力的集中程度进行分类

卡特赖特（Cartwright）和科伯（Cooper）提出了组织文化的四种类型，这四种组织文化的区别在于组织权力是集中的还是分散的，以及组织运行过程是以关键人物还是以要完成的职能或任务为中心的。

1. 权力型组织文化

权力型组织文化也称为独裁文化，是指由一个人或一个很小的群体领导这个组织。组织往往以最高领导者为中心，而不太看重组织中的正式结构和工作流程。随着组织规模的逐渐扩大和外部环境的动态变化，权力文化会感到很难适应组织的发展，于是逐渐分崩离析。

2. 作用型组织文化

作用型组织文化也称为官僚文化。在这样的组织里，你是谁并不重要，你有多大能力也不重要，重要的是你在什么位置，你与什么人的位置比较近。在作用型组织文化中，做每件事情都有固定的程序和规矩，人们喜欢的是稳重、长期和忠诚，有时甚至是效忠。作用型组织文化在单一的环境中显得比较安全和稳定，但是当组织需要变革的时候，这种文化则会受到较大的冲击。

3. 使命型组织文化

使命型组织文化也称为任务文化。在使命型组织文化中，团队的目标就是要完成设定的任务。组织成员之间是平等的，没有所谓的领导者，唯一的领导者就是任务或者使命本身。有的观点认为这是最理想的组织模型之一，但使命型组织文化要求公平竞争的环境，而且当不同利益群体争夺重要的资源或有利的工作任务时，很容易产生恶性的政治紊乱。

4. 个性型组织文化

个性型组织文化是一种既以人为导向又强调平等的文化。这种文化富于创造性，孕育着新的观点，允许每个人按照自己的兴趣工作，同时保持相互有利的关系。在个性型组织文化的组织里，组织实际上服从组织成员的意愿，但是很容易被个人左右。

四、组织文化的要素

组织文化是一个有着丰富内涵的体系，其中包含了许多相互联系、相互制约的基本要素。特伦斯·迪尔（Terrence Deal）和阿兰·肯尼迪（Allan Kennedy）认为构成组织文化的要素有如下五种。

（一）环境条件

环境条件是承载组织文化的各种客观条件，是组织文化赖以形成的氛围。组织的基本行为方式在很大程度上受到组织环境的影响。

组织环境可分为硬环境和软环境。硬环境是指组织文化的主要外在表现形式和物化形式，通常包括组织的整体容貌、生产条件、技术条件、劳动环境、文化娱乐设施等物质条件。硬环境是组织历史、经济、文化等方面状况的综合反映，也是人们评价组织的一种价值尺度。硬环境较好的组织通常都使人向往，良好的组织外观环境能够使组织成员产生安全感和自豪感，进而萌发对组织的归属感和依存感，让人深刻感受到组织文化的形成与存在。

软环境是指组织内部的人际关系及维系这种人际关系的各种管理方式，如人与人之间的感情平衡、领导者实行的管理方式、决策的透明度和民主性等。组织软环境是组织内部人际关系正常化，形成组织内聚力的重要条件，是组织环境的精神表现。软环境与硬环境一样，具有稳定组织成员情绪、形成组织内聚力、增强组织成员满意度的重要功能，因此，在组织文化中占有重要的地位。

（二）价值观

价值观位于组织文化的核心。组织的价值观反映了组织大多数人对于事物形态的偏好程度。根据罗克奇的定义，价值观代表着一系列基本的信念，即个人或群体认为，某种具体的行为类型或存在状态比与之相反的行为类型或存在状态更好。也就是说，组织中大多数人喜欢和习惯于某种具体的行为类型或存在状态，而不喜欢和习惯与之相反的行为类型或存在状态，那么，这种具体的行为类型或存在状态就是这个组织的一种价值观。当然，一个组织会有多种价值观。组织的价值观不容易直接观察到，一般是通过观察外面的符号系统、英模人物与习俗和礼式，并通过与组织领导者和员工的交流，才能进行分析、归纳和推理得出。

（三）英模人物

组织的英模人物是组织树立起来的典范。英模人物可以是组织的领导人，也可以是一线的普通员工；可以是组织历史中的人物，也可以是现在的人物；可以是真人，也可以是虚构的人。英模人物总是和其传奇故事联系在一起，这些故事反映了他们特殊的经历、取得的成就。总之，组织树立起来的英模人物必须能够反映出组织所崇尚的个性、品质、能力、价值观和精神内涵，可以成为组织其他员工的学习榜样，是对组织文化的另一种表达和传播。这些英模人物往往以符号系统的方式表现出来，如照片、光荣榜等。许多组织的英模人物是其创始人或领导人，如微软公司的总裁比尔·盖茨、长江实业集团主席李嘉诚、海尔集团总裁张瑞敏等。优秀的基层员工也可以成为英模人物，如邮政员工王顺友等。

（四）习俗和仪式

习俗和仪式是组织文化的重要表征，是构成一个特别事件并经常以有益于观众的形式运作的精心设计、周详计划的活动。组织在日常生活中向组织成员渲染和灌输价值观念的各种宣传、活动的形式。在组织内部，习俗和仪式体现为庆祝会、表彰会、典礼、总结、汇演等活动。习俗和仪式的意义深远，不仅可以鼓励先进分子，还可以为更多人在思想上播下“一定要争取成功”的价值取向的种子，形成一种令人向上、不甘落后的文化氛围。习俗和仪式是组织渲染自身文化的一种传统，是传播和灌输文化的一种有效的形式，这将为其他组织成员提供强大的精神激励。

(五) 文化网络

文化网络是指组织内部各种正式和非正式的文化沟通手段和渠道，这是组织文化要素的“载体”和传递途径。文化网络运载水平的高低决定着一个组织文化氛围的强弱及这种组织文化影响力的大小。发达而健全的文化网络，能使人时刻体验到组织文化的存在，并深受它的影响；同时，它还是组织内部各种信息传播的工具，担负着组织内部成员思想、感情和价值观念等方面的交流。运行健全的文化网络信息交流频率高，每个成员都能在最快的时间里了解组织发生的大事和领导人的决策，组织信念能够及时传递给每个组织成员，促使大家把自己的行为同化在组织整体行为之下。

除了正式文化网络之外，还存在着许多非正式文化网络。非正式文化网络对员工形成忠诚和信任很关键，在组织中的作用不可低估。组织文化强大的组织，总是能有意识地发展非正式文化网络，使之与正式文化网络相一致，以充分发挥组织文化的强大功能。

五、组织文化的作用

组织文化对组织、组织员工及社会都有着重要作用，其作用大多是正面的，当然我们也不能忽视其负面的作用。

(一) 组织文化的正面作用

1. 组织文化对企业的作用

1) 导向作用

组织文化能对组织整体和组织的每个成员的价值取向及行为表现起着引导的作用，使之符合本组织所确定的目标。组织文化作为组织成员共同的价值观，对全体员工是一种软性的理智约束。与明文规定的制度规范的硬性约束不同，这种软性的理智约束是通过组织共同的价值观不断向个人价值观渗透，以不断塑造和引导员工的心理行为，使员工从内心接受组织的共同价值观念，自觉地把组织的目标作为自己追求的目标。

2) 凝聚作用

组织文化通过培养组织成员的认同感和归属感，使组织与成员之间、成员与成员之间建立起相互信任和依存的关系。共同的价值取向使组织形成一种相对稳定的文化氛围，使组织文化成为一种黏合剂，把不同社会背景、知识修养、生活习惯的组织成员凝聚在一起共事，使每个人的思想感情和命运都与组织的命运紧密相连，从而形成强大的组织力量。

3) 激励作用

组织文化的激励作用是指其具有使组织员工从内心产生一种高昂情绪和奋发进取精神的效应。组织文化强调以人为中心的管理方法，注重对员工内在的引导。以尊重个人思想和感情为基础，通过持续的文化塑造使每个员工从内心深处自觉产生为组织拼搏的强大使命感和持久驱策力。

4) 约束作用

为了保证组织的正常秩序而制定出必要的规章制度，这是完全必要的。但是，无论怎样完善的规章制度也无法保证每个成员在任何时候都能遵守。而组织文化则是通过创建一种为其成员共同接受并自觉遵守的价值观体系，具体体现为一些非正式的、约定俗成的群体规范或行为准则，用无形的文化的约束力量，形成一种软约束，不但可以降低组织成员对制度约束的逆反心理，而且也可以创造出一种和谐的、自发奋进的组织氛围，提高组织的整体绩效。

2. 组织文化对员工的作用

1）满足员工的心理需要

需要是包括人在内的一切生命体的本能。对于人来说，每个人的活动都是自觉或不自觉地为了满足某种需要，并且当人的生理需要得到满足后，就会产生更高层次的心理需要，如社交需要、尊重需要等。组织文化体现着全体成员共同遵循的价值观，在此条件下，组织成员相互之间能够顺利沟通，建立起相互信任和依存的关系，使员工在组织中找到认同感和归属感，从而满足员工的心理需要。

2）强化团队精神

这是由组织的凝聚导向功能决定的。组织文化作为组织成员共同的价值观，不仅使员工把组织的目标作为自己追求的目标，而且也使成员之间相互信任和依存。建立在互信基础上的组织成员必然会为了共同的目标追求而协同合作。

3）提升综合素质

需要是产生行为的原动力。组织文化通过向个人价值观渗透，潜移默化地改造员工的个人价值观，使员工的需求由低层次向高层次跃升。需要的跃升促使员工做出组织所期望的行为，即必须不断地提升自己的思想素质、业务素质和知识水平，以满足自己更高层次的需要。

3. 组织文化对社会的作用

1）深化社会文化的内涵

组织文化是社会文化的组成部分。建设优秀的组织文化，使之得到丰富和发展，必然会深化社会文化的内涵。

2）提高全民综合素质

组织文化具有辐射功能，它不仅在组织内发挥作用，也会通过各种渠道对社会产生影响。组织文化向社会辐射的渠道很多，但主要可分为利用宣传手段传播和个人交往两大类。优秀的组织文化通过辐射进而深化社会文化的内涵，进而对提高全民综合素质产生积极作用。

（二）组织文化的负面作用

组织文化的正面作用说明了文化对组织的重要价值，它有助于提增强员工行为的一致性，提高管理的效果和工作效率。但我们也不能忽视组织文化对组织发展的潜在负面影响，组织文化的负面作用主要体现在以下几方面。

1. 变革的障碍

如果组织的共同价值观与进一步提高组织效率的要求不相符合时，就成了组织的束缚。这是在组织环境处于动态变化的情况下，最有可能出现的情况。当组织环境正在经历迅速变革时，根深蒂固的组织文化可能就不合时宜了。因此，当组织面对稳定的环境时，行为的一致性对组织而言很有价值，但组织文化作为一种与制度相对的软约束，更加深入人心，极易形成思维定势，这样组织有可能难以应付变化莫测的环境。当问题积累到一定程度时，这种障碍可能会对组织的发展造成很大的负面影响。

2. 多样化的障碍

由于种族、性别、道德观念等差异的存在，新聘员工与组织中大多数成员不一样，这就产生了矛盾。管理人员希望新成员能够接受组织的核心价值观，否则，这些新成员就难以适应或被组织接受。但是组织决策需要成员思维和方案的多样化，一个拥有强势文化的组织必然要求成员和组织的价值观一致，但这会导致决策的单调性，抹杀多样化带来的优势，这样组织文化就成了组织多样化、成员多样化的障碍。

3. 兼并和收购的障碍

以前，管理人员在进行兼并或收购决策时，所考虑的关键因素是融资优势或产品协同性。近几年，除了考虑产品线的协同性和融资方面的因素外，更多的则是考虑文化方面的兼容性。如果两个组织无法成功地整合，那么组织将出现大量的冲突、矛盾乃至对抗。所以，在决定兼并和收购时，很多经理人往往会分析双方文化的相容性，如果差异极大，为了降低风险，则有可能会放弃兼并和收购行动。

六、组织文化的培育

组织文化对组织成功有着强大的影响，组织文化在集体精神状态下是根深蒂固的。成型的组织文化可以使组织成员不会有意识地去质疑它们，并依赖它们来做决定或行动。因此，培育一个组织的文化是管理人员重要的工作内容。管理人员培育组织文化应当从以下方面进行。

（一）选择价值标准

由于组织价值观是组织文化的核心和灵魂，因此，选择正确的组织价值观是塑造组织文化的首要问题。组织选择价值标准有以下两个前提。

第一，要立足于本组织的具体情况。不同的组织有不同的目的、环境、习惯和组成方式，由此构成的组织类型千差万别，因此组织需要根据具体情况，准确地选择适合自身发展的组织价值观，否则就不能得到广大员工和社会公众的认同和理解。

第二，要把握组织价值观与组织文化各要素之间的相互协调。因为组织文化的各要素只有经过科学的组合与匹配才能实现系统整体优化。在此基础上，选择正确的组织价值标准要抓住四点：组织价值标准要正确、明确、科学并具有鲜明的特点；组织价值观要体现组织的宗旨、战略和发展方向；要切实调查本组织成员对价值观的认可程度和接纳程度，使价值观与成员的基本素质相协调，过高或过低的标准都很难奏效；选择组织价值观要认真听取成员的各种意见，并经过自上而下和自下而上的多次反复，审慎筛选出既符合本组织特点又反映员工心态的组织价值观。

（二）关注创始人和领导者的行动

组织文化始于创始人和领导者。组织的创始人定下基调，强调在组织中，什么是最重要的，什么是次重要的。他们通常都是理想家，给别人提供有力的可以效仿的行为榜样。有时候专家提出的公司文化反映出创始人的个性，而且这种文化烙印通常会留在组织里一段相当长的时间。创始人建立了组织文化，有时候他们和继任的首席执行官可以重塑这种文化。

领导者象征性的语言和行动有些时候在正式的事件中彰显出来；但用更平凡的方式表现出来也同样重要，如会议怎样举行，管理人员让他的办公室怎么安排，谁安排管理者的时间表，员工观察组织各个层次的管理者来决定他们对变革文化这件事有多严肃，以及文化怎样转变成为行为等。因此，管理者行为与期望的文化相一致，就会潜在地引导组织向这种组织文化进行发展。

（三）营造合适的环境和氛围

培育组织文化需要在组织内部营造与核心价值观相适应的环境和氛围。这可以从组织中可观察的各种迹象入手，如接待来宾的方式、布局和怎样奖励员工。与核心价值观相应的环境与氛围不只是代表了组织文化的有形的建筑、设备和行为，也包含了保持文化与环境适应的机制。通过营造适当的环境和氛围，管理者可以潜在地调整组织文化，如组织过去发生的事情能够帮助其培育组织文化。领导者在创造未来的纪念性事件上，可以把这些事件编成故事，这些故事应该是全体组织员工都应当知道的，并且新员工进到公司时必然会重复讲述的故事。领导者也是讲述故事的重要角色，他们需找那些与期望的文化相一致的员工的经历，并告诉其他人这些故事。

管理者也可以通过改变仪式或典礼来适应新文化的要求。如果管理者想要灌输更为开放的沟通思想，他可以让办公室的门常开着，或者将办公室搬到开放的地点。为了抑制官僚主义，一些管理人员举行仪式，当着全体员工的面把大量的官僚化指南烧掉。

同时，建筑物和装饰也属于培育组织文化环境的一部分，如一些领导者搬进了那些可以反映他们期望的组织文化的办公场所。国立澳大利亚银行的新办公楼就是这样的一个例子，在墨尔本港区一座不高的校园风格建筑，其开放的设计和多彩的装饰标志着一种开放、平等和具有创造力的文化，国立澳大利亚银行的管理者想通过这种方式来摆脱封闭的等级文化。

（四）挑选并培训组织成员

一般来说，从外部雇来的管理人员很难像从内部提升的管理人员一样成功。很多从外部雇来的管理人员在不长的时期内都会辞职或被解雇，他们要么对新组织的文化感到不适应，要么违背新组织价值观系统的一些核心部分。从这一点出发，组织在招聘的时候通常都需要仔细筛选求职者，确定他们有着与公司相匹配的价值观。

组织可以通过雇用与组织文化有着相似价值观的成员，来加强或重塑组织文化。组织意识到，个人与组织的价值观相适应能够让组织成员更容易认同组织文化。个人与组织较好的价值观整合也可以提高工作满意度和组织忠诚度，这是由于有着与公司文化相似价值观的新员工能够更快进行调整以适应组织。例如，罗伯特·纳德利（Robert Nardelli）对家得宝文化的变革是靠雇用大量信奉绩效导向的组织文化的管理人员而得以顺利推行的；同时，他也鼓励雇佣前服役军人，原因是他们往往赞同用结构性、纪律性更强的方式来开展商业活动。

求职者在求职过程中也应该注意组织文化。他们意识到，作为员工，必须适应组织文化，而不是只关注工作职责和工作时间。所以，当求职者决定是否加入某个特定的组织时，他们往往会关注代表组织文化的环境和氛围。通过分析组织的主导文化，他们可能会更确定组织的价值观是否与自身相一致。

除了选择那些有着一致价值观的员工，公司还可以通过对组织成员进行培训来保持强大的文化。组织成员可以学习价值观、预期行为及在组织中承担角色的必要的社会知识。如果组织的主导价值观表达清晰，求职者和新员工就可以更迅速、更深入地把这些价值观内在化。

（五）开展团队学习

组织文化的形成，可以建立在组织内成员进行团队学习的基础上。团队是指若干人组成的为完成某一特定目标或任务的小团体，这一小团体是组织的基本构成单位，如车间、班组、部门、项目组等。团队学习是指这一个小团体的群体性学习，是组织内进行学习的基本单位。团队学习之所以对培育组织文化很重要，一方面是因为它可以把组织文化转化为团队努力的动力，从而克服小团体的局部利益，坚持组织的共同价值观；另一方面也因为对于组织最终目标的实现来说，一项决策的执行大都直接或间接地由团队来完成，而不是靠单个个人就能够完成的。“在某些层次上，个人学习与组织学习是无关的，即使个人一直都在学习，但并不表示组织也在学习。但是如果是团队在学习，团队变成整个组织学习的一个单元，通过团队学习可以将所得到的共识转化为行动，甚至可将这种团队学习技巧向别的团队推广，进而建立起整个组织一起学习的风气与标准。”事实上，只有群体一起学习时，才能更容易形成共同语言，因为群体学习过程也是一个群体沟通的过程，这样更有利于培育组织文化。

七、组织文化的传播与变革

（一）组织文化的传播和学习

组织文化可以通过多种形式传递给员工，常用的方式有故事、仪式、实物象征和语言。

1. 故事

每一个组织都有自己的故事，故事的内容大都是与组织的创业者、重大经营事件联系在一起的。例如，创始人创业的故事、让顾客满意的故事及节俭的故事等。这些故事无论发生在领导者身上，还是发生在普通员工身上，只要故事本身的内容能体现组织的价值观，为组织的政策提供解释和支持，就应当收集、整理，并使它在组织内传播，以便让所有组织成员都能从中得到学习。通过适当的故事表达可以起到一般思想工作所无法取代的作用，同时也可以为组织的有关措施观测提供一定的解释和支持。

2. 实物象征

组织为其成员提供的办公室的大小和摆设、装饰物的档次、交通工具、高层管理人员的着装和额外津贴及组织部门的建筑格局等都可以作为组织文化的物质象征，告诉员工恰当的行为类型、高层管理者所希望的平等程度，甚至谁是重要人物。当一个组织的总部修建篮球场、舞厅和游泳池等文化体育设施，并经常出资举行聚会等沟通活动时，这就等于告诉人们：该组织重视的是公开性和平等性。

3. 仪式

通过一系列重复性的活动表达并强化组织的核心价值观。例如，每天上班后的第一项工作是升国旗、唱厂歌，就表达了爱国主义和集体主义倾向。有许多组织拥有其独具特色的年终奖大会，公开奖励业绩突出或有重大贡献的员工，以此告诉员工实现工作业绩的重要性。

4. 语言

随着时间的推移，组织往往形成自己特有的词汇来描绘与业务有关的设备、关键人物、顾客等。对于一个新成员来说，工作一段时间以后，起初令他们困惑的新名词就成为他们语言的一部分了。这些专用词汇一旦为员工掌握，就成为特定文化中将组织成员联结在一起的共同特征。图书馆管理学者在谈话中会使用一些外行人无法听懂的缩略语，如 OPAC 为用户专用目录、ARL 为图书馆研究协会等。而 IBM 公司的“果园”（指其纽约总部，以前是一个苹果园）和“大烙铁”（计算机主机）当然更会令外人不知所云。

（二）组织文化的变革

在组织面临危机、人们对现存文化的信心发生动摇，以及组织文化根基尚浅的组织中，比较容易推行组织变革，树立新的价值观。相对于拥有牢固根基的强文化而言，没有广泛、深入地为组织成员所拥护的组织文化称为弱文化，这种文化易于变革。但由于组织文化随着时间的流逝而逐渐趋于稳定，并在组织成员的深层价值观中根深蒂固，这就使当环境发生变化时对成熟的组织文化的变革相当困难。但这并不是说成熟的组织文化不可改变，只不过改变组织文化是一个长期而细致的工作，不能一蹴而就。

无论是属于强文化还是弱文化，进行组织文化变革时均可以考虑以下措施。

（1）创造出新的仪式和物质象征，作为组织新价值观体系的载体。

（2）组织的高层管理人员以身作则，成为新文化的典范。

（3）提拔、支持那些拥护新价值观的组织成员。

（4）通过所有组织成员的参与，创造出统一的组织舆论。

（5）用正式的组织规章制度代替旧的、不成文的行为准则。

组织文化通常历经多年而形成，并根植于组织成员所坚信的深层价值观中，这意味着变革组织文化会威胁到组织成员的价值观或切身利益。因此，管理者在重塑组织文化时，不但要选择恰当的时机，还必须取得组织成员的理解和支持，否则就有可能会引起组织动荡。

第四节　组 织 变 革

组织要想维持和发展，必须要根据内外部环境的变化，不断地对组织进行变革，组织只有在变革中才能求得生存和发展。当然，变革过程中存在着阻力，必须加以克服，需要采用一些变革的策略和方法来促进变革的顺利进行。

一、组织变革的定义及原因

每当组织的外部环境与内部条件发生较大变化时，组织就需要通过进行变革来求得生存和发展。组织变革是指组织管理人员自发对组织的原有状态进行改变，以适应内外环境的变化，以便更好地促进组织目标实现的活动。组织变革的内容涉及组织的多个方面，如组织结构、组织活动、组织成员和组织文化等。

组织需要变革的主要原因可以归纳为两个方面。

第一，组织外部环境的变化。组织是从属于社会大环境系统中的一个子系统，因此，组织无力控制外部环境，而只能主动适应外部环境。正在发生变化的竞争环境带来了诸多的挑战。组织需要通过变革来适应外部环境的变化，这些外部环境因素主要包括：①科学技术的进步；②全球宏观经济形势的变化；③国家有关法律、法规的颁布和修订；④国家宏观经济调控政策的改变；⑤国内外市场需要的变化及竞争激烈程度的加剧；⑥国内外政治形势与外交形势的变化。

第二，组织内部条件的变化。组织内部条件的变化也是需要组织进行变革的重要原因。组织内部条件的变化包括：①组织战略和目标的改变；②组织规模的扩大和结构的调整；③组织内部运行机制的优化；④管理技术条件的进步；⑤管理人员的调整和管理水平的提高；⑥组织成员能力和期望的提高。

二、组织变革的内容

美国管理学家莱维特提出，一个组织的变革一般需要从三个方面着手，即组织结构变革、技术变革和人员变革。

（一）结构变革

从组织结构入手进行变革就是从一个组织内部的部分或整个组织来进行变革。

第一，组织结构的变革涉及三个维度：复杂性包括分工程度、协作方式、工作设计、管理幅度等；集权度是指决策权的集中、分散程度；规范性是指通过规则和标准处理方式规范工作行为的程度。

第二，整个组织规划的变革涉及行政类型与系统组织规划变动，简单式、机械行政式、专业行政式、部门化的变革，矩阵组织结构的改革。

第三，与组织结构有关的问题包括报酬制度、绩效考核制度、控制指挥系统的改革等。

（二）技术变革

组织的技术水平是指把原料的投入转变成产品的整个过程的能力。在技术飞速发展的时代，技术变革对一个组织来说具有重要的意义。技术变革的内容包括如下几个方面。

（1）机器——新机器或仪器的发明是技术创新的基础。

（2）系统过程——是指组织如何将输入转变为输出。

（3）信息传递过程——管理信息系统用来收集、传递和处理所需信息，以帮助管理者进行决策的系统。

（4）自动化——以机械取代人力的一种技术变革，可以使工作更简单，减少人员的劳动。

大多数有关管理的早期研究，如泰勒的科学管理、福特的流水线生产都着眼于技术变革的基础上。如今，许多技术变革直接涉及新设备、新工艺和新方法的引进，包括日益普及的自动化和计算机系统。

（三）人员变革

组织中的人是设计和执行的主体，是组织中最重要的资源。没有人员的参与，其他任何方面的变革都无法发挥作用。组织变革需要通过对组织成员的态度和观念，以及人际间的工作关系进行改变，以推动组织目标的实现。

从另一个角度来看，组织成员的工作任务会随着组织结构和技术的变化而做出相应的改变。当任务改变后，组织成员的工作技能和工作内容，乃至工作的态度和行为也需要做出相应的变革。

三、组织变革的目的

组织变革是一种必然的趋势。组织变革应有效推动组织目标的实现，实行组织变革应努力实现以下目标。

（一）提高组织适应环境的能力

适应环境是组织生存的前提。随着内外环境的变化，组织自然也需要进行变革，组织的变化需要以对环境变化的正确认识为基础。组织要想在动荡的环境中生存并得以发展，就必须顺势调整自己的任务目标、组织结构、决策程序、人员配备、管理制度等。只有这样，组织才能有效地把握各种机会，识别和应对各种威胁，提高组织适应环境的能力。

（二）增强组织的竞争实力

通过变革提高组织的适应能力，仅仅是组织变革的基础目标。在经济全球化和信息化浪潮席卷而来的今天，组织所面临的竞争也逐渐日趋激烈。组织的管理层必须对此迅速做出反应，对组织进行适当地变革，在提高适应能力的基础上，促进组织自我创新，不断更新组织的知识、技能、结构和行为，以获得更高的效率，并通过绩效的提高，在日益激烈的竞争环境中不断发展、壮大。

（三）改善组织的工作氛围

组织在进行变革的时候，需要把创建良好的工作氛围作为重要的着眼点。一个组织如果不能充分发挥组织员工的主观能动性，那么它适应环境的能力和竞争实力的提升就会大打折扣。要发挥组织员工的积极性，就离不开一个良好的工作氛围。通过组织变革，改善组织的工作氛围，可以使组织成员感到自己有归属感和安全感。否则，有可能发生组织内、群体间、个体间的冲突，影响组织工作的有效性。因此，改善组织的工作氛围也是组织变革的一个重要目标。

四、组织变革的两种模式

（一）渐进式变革

渐进式变革将组织设想为一艘在风平浪静的海洋中航行的大船，船上的成员们都清楚地知道他们的方向，只是偶尔遇到风暴时才会出现变化。库尔特・勒温（Kurt Lewin）的三步骤变革理论，是对渐进式变革模式最好的阐释。勒温曾参加过大量的组织变革行动，由此他得出了两个结论：第一，即使组织成员对变革的目标达成了普遍共识，变革行动仍然会遭遇强大阻力；第二，对于那些表面上克服了阻力并已取得成功的变革往往是不稳定的，一段时间后组织又会回到原来的状态。按照勒温的观点，组织变革通常包括解冻、变革和再冻结三个阶段。

1. 解冻阶段

解冻就是打破组织原有的平衡状态，以便实施变革。解冻前的组织处于一种平衡状态，这是由于变革的推动力和变革的阻力共同作用，势均力敌的结果。因此，必须采取措施，通过加强变革的推动力或减轻变革的阻力来打破原有的平衡状态。勒温认为，解冻的重点放在减轻变革的阻力上效果更好，因为增加变革的推动力容易导致组织成员的紧张和不安，使变革的阻力增大。实践也证明，设法减轻变革的阻力是为变革活动铺平道路的有效方法。

2. 变革阶段

解冻一旦完成，就可以推行变革，这是变革过程中的行为转换阶段。在变革阶段，组织上下已对变革做好了充分的准备，变革措施可以开展。组织的任务是把激发起来的变革热情转换为变革的行为，关键是要能运用一些策略和技巧来减少抵制变革因素的影响，进一步调动员工参与变革的积极性，使组织变革成为全体员工的共同事业。

3. 再冻结阶段

再冻结阶段是变革后的行为强化阶段，新的状态需要加以再冻结，这样才能使变革的行为保持一段很长的时间。由于人们的传统习惯、价值观念、行为方式、心理特征等的形成是一个长期的过程，并非一次变革就能彻底改变的。因此，改革措施顺利实施后，还应该采取各种方式对员工的心理状态和行为方式进行不断地巩固和强化，否则，变革很可能是短暂的，组织成员又会回到变革之前原有的平衡状态中。因此，再冻结的目的就是通过强化新产生的行为，使新的状态稳定下来。

值得注意的是，勒温的三步骤变革理论是将组织变革看做对组织平衡状态的一种打破。

打破现状之后，就需要经过变革而建立起一种新的平衡状态。这类渐进式的变革适合于在较为稳定且可预见性较高的环境中进行。

（二）激进式变革

当组织的外部环境复杂且不确定性较高的时候，激进式变革的模式或许更为合适。越来越多的管理人员认识到，渐进式变革模式假设下的稳定性和可预见性是难以存在的，他们的工作或多或少都是在充满变化的环境中进行的，对现状的打破并不是偶然的，也不是暂时的。当今的管理者并不能躲开工作中的“激流险滩”，他们面临不断地变化，需要面对各种无序的状态。在采取激进式变革的模式中，关键是建立新的吸引子，如新的市场定位、新的激励约束机制等。如果打破原有组织的稳定性之后，不可能尽快建立新的吸引子，那么组织将陷入混乱甚至毁灭，而且应当意识到变革只是手段，提高组织效能才是目的。如果为了变革而变革，那么会影响组织功能的正常发挥。

激进式变革的一个典型实践是“全员下岗、竞争上岗”。改革开放以来，为了适应市场经济的要求，许多国内企业进行了大量的管理创新和组织创新。“全员下岗、竞争上岗”的实践就是其中之一。为了克服组织保守带来的种种弊端，一些企业在组织实践中采取全员下岗，继而再竞争上岗的变革方式，这种方式有些极端，但其中却体现了深刻的系统思维。稳定性对于组织至关重要，但是当组织由于管理者风险意识差、组织成员安于现状而陷于超稳定结构时，组织将趋于僵化、保守，会影响组织的发展。此时，小调整不足以打破原始状态的稳定性，也就很难达到期望的状态。“不过正不足以矫枉”，只有通过全员下岗，粉碎长期形成的关系网和利益格局，摆脱原有的吸引子，才能彻底打破原始状态的稳定性，再通过竞争上岗，激发组织成员的工作热情和对组织的关心，只要竞争是公平、公正、公开的，就有助于形成新的吸引子，把组织引向新的稳定态。激进式变革如能成功，其成果具有彻底性。

由于激进式变革模式对组织进行的调整是大幅度的、全面的，因此这种变革能够以较快的速度达到所期望的变革状态。与此同时，较大的调整量容易导致组织的平稳性差，严重的时候甚至可能导致组织崩溃。许多组织在激进式变革中由于没有把握好各个方面，反而加速了组织的衰落和崩溃。与之相反，渐进式变革依靠持续的、小幅度变革来达到目的，即调整的范围和内容较少，但调整的次数多，变革持续的时间长，这样有利于维持组织的稳定性。两种模式各有利弊，但也都有着丰富的实践，组织应当根据组织的承受能力来选择变革模式。

五、组织变革的程序

一般认为，组织变革须经过五个步骤，其程序如图 6-9 所示。

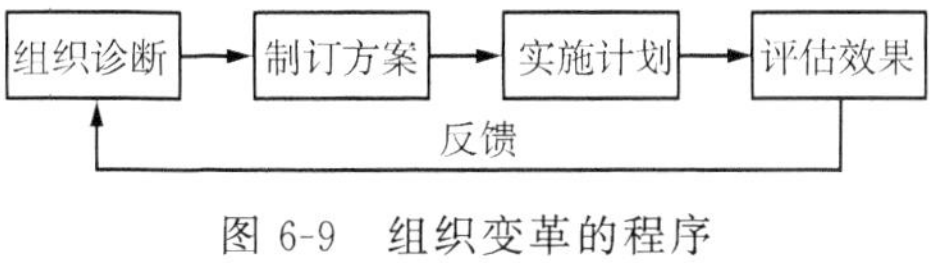

图 6-9　组织变革的程序

（一）组织诊断

组织变革的第一个步骤是对组织进行全面的诊断。为了准确掌握组织需要变革的事实和程度，就有必要对组织进行诊断。组织诊断可以分为两步进行：第一，将组织现状调查清楚；第二，科学分析掌握的材料，找出现实与期望的差距，进一步确定要解决的问题和要达成的目标。在组织诊断的过程中，组织除了要从对外部环境的分析中发现对自己产生影响的因素之外，还要从各种内在的征兆中找到导致绩效差距的具体原因，并确立需要进行变革的对象和内容。

（二）制订方案

在组织诊断之后，就要对组织变革的具体内容进行分析，如职能的设置是否合理、组织权力的分配程度如何、员工参与变革的积极性如何、业务流程衔接是否紧密、各部门之间的协调程度如何等。在此基础上制订多个可行方案，以供选择。方案中须明确问题的性质和特点、解决问题需要的条件、变革的途径及方案实施可能带来的后果等内容。然后综合考虑各方案的可行性、针对性和综合效益，从中选择一个较优的方案。

（三）实施计划

在选定方案的基础上，组织必须制订出一个较为具体、全面的计划并实施。计划应该包括变革的时间安排、人员的培训、人员的调动、财力和物力的筹备等方面的内容。在计划实施的过程中，要有步骤、有控制地进行。在实施过程中遇到阻力的时候，要采取一定的措施将阻力化解，以保证变革计划实施的有效性。

（四）评估效果

组织变革涉及众多复杂的因素，再完善的变革计划也不能完全保证能够取得理想的效果。因此，在变革结束之后应对变革的效果进行评估。具体来说，变革效果的评估就是检查计划实施后是否达到了变革的目的、是否解决了组织中存在的问题、是否提高了组织的竞争实力。

（五）反馈

反馈是组织变革程序中一个关键的环节。在对变革效果进行评估之后，管理者需要对变革的效果进行及时的反馈。对于没有取得理想效果的改革措施，应当给予必要的分析和评估；当反馈的信息所揭示的问题较为严重时，需根据上述步骤，再次循环，直到取得满意的结果为止。

六、组织变革的阻力及其克服

（一）组织变革的阻力

任何变革都会遭到来自各种变革对象的阻力反抗。变革意味着改变组织的现状，改革组织成员的习惯和观念，甚至对原有的利害关系产生重大冲击。因此，只要进行有计划地变革，就不能忽视变革的阻力，变革的阻力主要个人和组织两个层面。

1. 来自个人的阻力

个人的阻力来自于个人内心的反抗，概括起来，主要有以下五个方面。

1）习惯

习惯是一个很普遍的现象。人们喜欢维持现状，习惯于过去的工作和生活方式，依赖于习惯化或模式化会对刺激做出反应。习惯一旦形成，它就可能变成一个人获得满足的根源。但是，当你面对变革时，以习惯的方式做出反应的趋向则会对变革产生巨大的抵抗力量。

2）对未知的恐惧

面对模糊的、不确定的、未可预知的情况，大多数人会感到焦虑。变革是用不确定性代替已知的东西，组织中的员工由于情况的不明确而抵制变革，如财务电算化的引进，意味着财务人员不得不学习使用计算机，一些人会担心他们不能胜任，因此，财务人员会对财务电算化产生消极抵触情绪。

3）有选择的注意与保留

一个人一旦确立了自己的态度后，他会对信息进行有选择的加工，他只听与他的现有观点相一致的言论，而忽视那些对自己的观念、行为形成挑战的信息，如上例中的财务人员，他们可能充耳不闻财务电算化会给他们带来轻松的工作和潜在的收益。

4）利益冲突

组织变革会使一些人的利益受到影响，组织成员通常会更加关注自己的利益而不是组织的利益，个人利益受到损害的人会联合起来反对变革。这种利益除了经济上的收益外，还包括原有的权力、地位等。

5）安全和倒退

安全需要较高的人可能会抵制变革，因为变革可能给他们带来失去工作的威胁，寻找新工作的压力，医疗、养老等保证的丧失。他们总是想起过去安全幸福的时刻，留恋过去的行为方式。例如，我国的国有企业进行结构调整时，受到新观念、新工作规范挑战的员工，有些人会感到工作生活受到了威胁，总会将过去的好时光和现在的压力相对比，希望倒退到计划经济时代去。

2. 来自组织的阻力

1）结构惯性

大多数组织的结构设计是稳定的、保守的、是抵制变革的，如大多数组织设计的分工明确、配合紧密、稳定可靠。为了确保工作质量和产品质量的可靠性和稳定性，组织制定严密的工作说明书、工作程序和制度规范，甄选过程，系统地选择符合要求的员工进入组织，组织会通过培训、教育、塑造和引导员工的行为方式。当组织面临变革时，结构惯性就充当起维持稳定的反作用力。

2）对权力的威胁

观念的更新，决策权力的重新分配，都会威胁到组织内长期形成的职权关系。拥有权力就意味着对别人所需要的东西，如信息、金钱或工作安排等拥有控制权，你的权力地位一旦在组织中确立起来，就会对可能降低你的权力地位的变革进行反抗。事实也证明，那些过去非常成功的变革推动者，可能最热衷于反对变革，因为为了达到目前的权力地位，他们付出了许多，变革则意味着对自己权力地位的威胁。

3）资源的限制

首先，资金不足是变革的一种重要阻碍，如有计划地进行设备更新，进行物质环境的重新设计，为适应变革而进行的人员培训和教育，都需要充足的资金。其次，资源的重新配置也可能形成变革阻力。组织中控制一定数量资源的部门常常视变革为威胁，变革可能意味着预算的减少或人员的减少，那些最能从现有资源配置中获得利益的部门，常常会对影响未来资源配置的变革感到忧虑，进而抵制变革。最后，留滞成本是变革的重大阻碍，如果企业的固定资产占用了大量的资金，当企业从一个行业转向另一个行业，或从一种产品转换成另一种产品时，需要支付大量的留滞成本，如购置新的设备、产品再设计的成本、职工再培训的成本。如果留滞成本过高，组织或者冒着成本过高的危险进行变革，或者停滞不前。

4）有限的变革

组织由一系列相互联系、相互依赖的子系统组成。你不可能只对一个子系统实施变革而不影响到其他的子系统。例如，如果只改革技术工艺而不同时改革组织结构与之配套，技术变革就不可能获得成功，所以子系统中的有限变革很可能会因为更大的系统问题而变得无效。

5）组织文化

如果组织的共同价值观与进一步提高组织效率的要求不相符时，它就成了组织的束缚。这是在组织环境处于动态变化的情况下，最有可能出现的情况。当组织环境正在经历迅速的变革时，根深蒂固的组织文化可能就不合时宜了。

6）组织之间的协议

组织之间的协议常常规定了组织的责任和义务，对组织的行为产生约束，如组织与竞争对手的协议、对供应商承担的义务、对用户的承诺、为获得某种特权或履行政策规定而对政府官员所做的保证、与员工的劳动合同等。变革推动者可能发现变革计划由于某项协议而需要推迟执行，尽管协议可以弃置不顾或违反，但这样一来，可能需要付相应的法律责任，组织的信誉也可能会受到影响。

（二）克服阻力的策略

面对组织变革中的阻力，应注意变革实施中的艺术性，积极创造条件，采取措施，消除阻力，保证组织变革的顺利进行。有六种策略可以帮助管理者应对变革的阻力，即教育与沟通、提高员工参与度、促进与支持、谈判、操纵与合作、强制，根据阻力的来源和类型不同，管理者可选用其中的不同策略（表 6-4）。

表 6-4　克服变革阻力的六种管理策略

策略类型	评价
教育与沟通 与员工沟通，帮助他们了解变革的缘由，通过个别会谈、小组讨论或报告会等教育员工	这种策略适合在变革阻力来源于不良的沟通或误解时使用，要求组织与员工双方相互信任
提高员工参与度 吸收反对意见者参与制定决策	假定参与者能以其专长为决策做出有益的贡献，这种策略能降低阻力，取得支持，同时提高变革决策的质量
促进与支持 提供一系列支持性措施，如员工心理咨询和治疗、新技能的培训等，帮助员工改善态度、知识和技能	需要时间，花费也较大
谈判 以某种有价值的东西来换取阻力的减少	在阻力来自少数有影响力的人物时是必要的措施 潜在的高成本，并可能面临其他反对者的勒索
操纵与合作 操纵是将努力转换到施加影响上，如公开某些信息可能阻挠变革，则对其进行隐瞒 合作是介于操纵与参与之间的一种形式	使用成本较低，也便于争取反对派的支持 使用不当容易造成反效果
强制 直接使用强制的手段	取得支持的花费较低 容易引起接受者的不满

七、组织变革的发展趋势

经济的全球化和信息技术的迅速发展，使迅速、激烈、复杂和不确定的变化成为所有组织不得不面对的现实。组织在未来都必须得面对不确定的环境、科学技术的迅猛发展、人们工作方式的改变、对人性的新关注及持续地学习等关键点。在这样的背景下，组织变革朝着扁平化组织发展趋势、有机式组织发展趋势、学习型组织发展趋势和人本管理发展趋势的方向发展。

（一）扁平化组织发展趋势

传统组织通常采用直线结构，当组织规模扩大时，极易形成臃肿的结构，严密的等级层次阻碍了信息的流通与反馈，传统的层级结构已经无法满足组织有效运作的需要。因此，减少管理层次，扩大管理幅度，成为组织变革的一个趋势，这也就是组织结构的扁平化发展趋势。例如，学习型组织理论、企业再造理论等，均提出建立扁平式组织的主张。事实上，在美国、日本、中国台湾等地，已有不少企业开始对传统的组织结构进行了大胆地改革，使组织结构呈现扁平化的发展趋势，以适应企业面临的内外环境的变化要求。

随着组织所处内外环境的不断变化，组织扁平化之所以能成为现代企业组织发展的趋势之一，除了复杂多变的外部环境导致企业对其产生需求外，还有两个必不可少的条件。

1. 需要成熟的技术支撑

通过计算机技术、网络技术及其他管理技术的支持，可以实现对大量繁杂信息进行快速而及时地处理、传递，这是缩减原有从事日常信息处理和传递工作的中间管理层的关键的第一步。可见，现代信息技术的巨大进步，为扁平式组织结构的高效运行提供了重要的功能支持。

2. 组织成员的素质需要达到较高水平

扁平化组织对人员素质提出了更高的要求。大量的授权行为要求组织工作团队中的每个成员都需要具备相应的工作技能，并能承担相应的工作责任。扁平化组织有助于培养有能力、自信、独立的下属。上级管理者要特别注意放权的艺术，既要敢于放权，又要善于放权，也要保持必要的权威性。可见，组织成员独立工作能力的提高，为扁平式组织结构的高效运行提供了重要的能力保证。

（二）有机式组织发展趋势

任何组织结构都必须具有一定的稳定性，以使生产经营活动处于有秩序、可预见、可控制的状态之中。稳定性是确保组织现行业务高效运作和近期目标得以顺利实现的客观要求。但是稳定性并不是僵硬性，僵化的组织势必难以确保组织在不断变化的环境中求得长久的生存和发展。面对不断变化的外部环境，组织需要不断提高自身的灵活性，以促进业务的创新和长远目标的实现。为了增强组织的灵活性，许多组织的结构有向有机式组织转变的趋势。有机式组织是一种松散、灵活的具有高度适应性的形式，它不设置永久的固定的职位，部门之间职能界限也不严格，从而增强组织的灵活性。

有机式结构更强调组织对环境的适应能力。未来组织也许是一种网络结构，如之前提到的虚拟型组织。它只保持很小的中心组织，它与其他公司和供货者订立合同从事其制造、分销或其他关键的业务经营活动。其灵活性在于，管理当局可以采取迅速的行动，利用新技术，开发新市场。其本身是在需要的时候去“租用”需要的资源、人力及服务。

有机式组织结构适用于如下一些条件：①环境相对不稳定和不确定，组织必须充分对外开放。②任务多样化且不断变化，完成任务使用探索式的过程。③各种技术复杂而又多变。④面临许多非常规活动，需要有较强的创造能力和革新能力。

有机式组织与传统的机械式组织代表着一个连续统一体的两个极端，它们之间存在着多种不同的具体形式，对具体设计方案选择的依据是每一方案适用的条件。面对外部整体环境的复杂性和不确定性持续增加的情况，越来越多的组织会倾向于有机式组织发展趋势的设计。

（三）学习型组织发展趋势

1990年麻省理工学院斯隆管理学院彼得·圣吉出版《第五项修炼：建立学习型组织的艺术与实践》一书，掀起了组织学习和建立学习型组织的热潮。美国的福特汽车、通用电气、摩托罗拉、科宁、联邦快递、欧洲的罗福、ABB等都在积极地创建学习型组织。

所谓学习型组织，是指通过培养弥漫于整个组织的学习气氛，充分发挥员工的创造性思维能力而建立起来的一种有机的、高度柔性的、扁平的、符合人性的、能持续发展的组织。学习型组织具有以下特征：成员具有共同的愿景或目标；组织由多个具有创造精神的个体组成；善于不断学习；具有扁平式结构；具有自主管理能力；追求员工家庭与事业的平衡；领导具有全新的角色。这种组织具有持续学习的能力，能通过各种途径和方式不断地获取知识、传播知识，具有高于个人绩效总和的综合绩效。

圣吉提出了有助于组织学习的五种方法，即五项修炼：一是实现自我超越，不断地发现自己的真实情况，在个人和目标之间形成有创造性的张力，集中精力实现自我超越；二是改变心智模式，改变由旧事物的影响而形成的特定思维定势；三是建立共同愿景，形成员工共同具有的目标和期望；四是进行团队学习，成员之间互相配合、互相学习，以实现共同目标；五是进行系统思考，要求员工用系统的观点对待组织地发展。

学习型组织尝试并不断期待吸收新的知识，在学习的过程中不应该局限于个人学习，成员可以从组织内外学到许多知识和经验；组织应鼓励个人或团队将学习到的经验与知识在组织内与其他成员进行交流与分享；学习到的知识必须加以应用，要使组织成员的行为方式发生相应的改变，否则建立学习型组织就是徒劳的。

（四）人本管理发展趋势

人本管理是指以人的全面发展为核心，创造相应的环境、条件和工作任务，以企业共同理想为引导，以员工自我管理为基础的一整套管理模式。人本管理是现代组织管理的新模式，其核心价值观是尊重人、关心人、实现人的价值。现代组织管理理念中人是最重要的资源，是组织生存和发展的根本。面对全球经济一体化、知识经济和信息化社会的到来，人的作用越来越突显出来。要在新一轮的市场竞争、国际竞争中立于不败之地，组织必须从构建有效实施人本管理的平台开始，强化人本管理，并使之落实到实际工作中去。实行人本管理，把人作为组织管理活动的出发点和归宿，是现代组织制度的本质要求。

人本管理实际假设人是追求“自我实现”的社会人，正因为人们追求自我实现，才有动力对自身进行约束和激励。人本管理的核心是通过自我管理来使员工发展自己，进而达到全面自在的发展。自主管理的一个重要前提就是授权，即管理者在给组织成员任务时也要给予其相应的权力，让组织成员在权力范围内自主管理，以便适当完成所交付的任务。当组织成员的需求向高层次发展时，工作积极性主要来自与工作本身相关的因素，追求更高层次的需要成为驱使行为的动力。管理者在进行工作设计时必须充分考虑人的内在性需要，做到人尽其才，最大限度地发挥人力资源潜力。在追求经济效益和社会效益统一的同时体现对组织中人的关注，这是现代组织管理的一大进步。

第五节　本章小结

组织既是名词，也是动词。作为名词时，组织是指为了实现某一共同目的所正式确定的、使工作任务得以分解、组合和协调的责权结构和系统集合。作为动词时，组织是指组织工作，其是指为了实现组织的目标，将所必须进行的各项工作和活动加以分类和归并，设计出合理的组织结构、配备相应人员、分工授权并进行协调的过程。

组织具有目的性、整体性、复杂性和开放性。

组织的功能包括力量汇聚功能、力量放大功能和个人与组织之间的交换功能。

组织根据不同的划分标准可有多种类型：按是否营利，可分为营利性组织和非营利性组织；按社会功能，可分为公共组织和私人组织；按组织的形成方式，可分为正式组织和非正式组织。

组织结构，是指组织的框架体系，是一个由工作、责任关系、沟通渠道所构成的系统。组织结构通常用组织结构图来表示。组织设计，是指进行专业分工和建立，使各部分相互有机协调配合的系统结构的过程。

组织设计应满足目标原则、分工与协作原则、统一指挥原则、权责对等原则、人岗匹配原则、弹性结构原则和经济性原则。

组织设计应考虑外部环境、发展战略、技术特点、组织发展阶段及组织规模的影响。

组织设计的流程由岗位设计、部门化、确定管理幅度和层次、配备人员、规定职责与权力、整合联成一体构成。

组织结构的基本类型包括直线制组织结构、职能制组织结构、直线—职能制组织结构、事业部制组织结构、矩阵制组织结构、虚拟型组织结构、团队结构和委员会结构。

组织文化是指组织在长期的生存和发展过程中逐步形成的，为内部多数成员所共同信奉和遵循的基本信念、价值标准和行为规范。组织文化从结构上可以分为物质层、制度层和精神层三个层次。

组织文化具有整体性、独特性、发展性、导向性、人本性、凝聚性、历史性的特征。

根据不同的标准和不同的用途，组织文化有不同的划分方法：按照不同的文化氛围，可分为学院型组织文化、俱乐部型组织文化、棒球队型组织文化和堡垒型组织文化；按文化对成员影响力的大小，可分为强力型组织文化、策略合理型组织文化和灵活适应型组织文化；按文化所涵盖的范围，可分为主文化和亚文化；按权力的集中程度，可分为权力型组织文化、作用型组织文化、使命型组织文化和个性型组织文化。

组织文化包括环境条件、价值观、英模人物、习俗和礼仪与文化网络五种要素。

组织文化具有正面作用和负面作用。正面作用包括组织文化对企业、对员工和对社会的作用；组织文化的负面作用包括变革的障碍、多样化的障碍与兼并和收购的障碍。

培育组织文化，需要从选择价值标准、注重创始人和领导者的行动、营造合适的环境和氛围、挑选并培训员工和开展团队学习等方面入手。

组织变革是指组织管理人员自发对组织的原有状态进行改变，以适应内外环境的变化，更好地促进组织目标实现的活动。

组织需要变革的主要原因在于组织外部环境和组织内部条件的变化两个方面。

组织变革的内容主要包括结构变革、技术变革及人员变革三个方面。

实行组织变革应努力实现提高组织适应环境的能力、增强组织的竞争实力、改善组织的工作氛围的目标。

组织变革的实施包括渐进式变革和激进式变革两种模式。

组织变革须经过组织诊断、制订方案、实施计划、评估效果和反馈五个步骤。

组织变革遇到的阻力主要表现为来自个人和来自组织两个层面。面对组织变革中的阻力，应注意变革实施中的艺术性，积极创造条件，采取措施，消除阻力，保证组织变革的进行。

在经济的全球化和信息技术的迅速发展的背景下，组织变革主要朝着扁平化组织发展趋势、有机式组织发展趋势、学习型组织发展趋势及人本管理发展趋势的方向发展。

案例：青岛啤酒的组织文化变革

青岛啤酒百年基业，其文化沉淀厚重精深。1999 年，青岛啤酒兼并 X 城啤酒厂，青岛啤酒（X 城）有限公司挂牌成立。2000 年，青岛啤酒淮海事业部正式成立，青啤 X 城公司划归淮海事业部管理，因为青岛啤酒实行产销分离的经营管理体制，作为啤酒生产单位的 X 城公司只有生产任务不能直接干涉市场，在大大小小啤酒厂密集分布的淮北地区市场是有限的，因此竞争异常惨烈，这使具有 12 万吨产能的 X 城公司几乎有一半以上的资源处在闲置状态，企业连年亏损。

青岛啤酒有限公司为了改变这一现状，在 2001～2004 年的 3 年时间里，先后派去了 5 届领导，每一届领导到任后都不约而同大刀阔斧地对组织机构进行了调整，于是部门与岗位设置频繁更替，一次又一次的裁员与竞岗，导致公司风气日益恶化，员工怨声载道，青岛啤酒文化也受到了前所未有的抵制，加之市场萎缩，人心涣散，企业形象受到严重影响，这个因青岛啤酒入驻而一度激情澎湃、焕发勃勃生机的当地支柱性企业处在倒闭的边缘。青岛啤酒文化在 X 城公司频繁的组织变革中无奈地叹息，这种情况直至第 5 任的 Y 经理时期才所有改观。第 5 任的 Y 经理到任后，抵制住一些压力进行了大幅度的调整，内部实行服务链管理，按生产流程确定部门之间的权责关系，倡导“上级服务下级、部门服务一线”的管理理念，并明确提出“创建青岛啤酒在鲁西南地区的精益加工基地”企业使命，公司发展状况日渐好转。

青岛啤酒 X 城公司的第一个组织变革就是青岛啤酒入驻 X 城，全盘接管 X 城公司。兼并以后，青岛啤酒对 X 城公司重新进行了规划，投资扩建厂房，花大力气进行技术改造，使这个原来只有 7 万吨产能的小厂迅速提升了 1 倍。青岛啤酒生产工艺的引进是尤为重要的，一下子使这个普通小厂具备了核心优势，截至目前，产品质量仍然是 X 城啤酒巩固和开拓市场的利器。可以说，青岛啤酒品牌和文化的全面复制开始让这个濒临破产的当地支柱性企业又走了复兴之路。

在这一次变革中表现为两种文化的激烈交锋，即外来的青岛啤酒文化和以原 X 城公司为主体的地区性文化的较量，无疑地区性文化落了下风。原有的品牌被压缩，人员由原来的 1 700 多人骤减至 700 人，组织结构完全按着青岛啤酒模式设置，可以说，青岛啤酒文化的引入和培植是突飞猛进的，相应的地区性的原有文化一路败退。当然，问题是不可避免的，前景一片大好中也或多或少表现出许多不和谐，新旧势力的角逐，下岗人员的骚动，甚至高高耸立的啤酒罐上居然出现两块广告牌：一个是青岛啤酒的“激情成就梦想”，另一块则是“XX啤酒，家乡的酒”，X城人的矛盾心理可见一斑，这也为日后的一些工作埋下了隐患。

问题：

1. 青岛啤酒组织变革中遇到的最大的阻力是什么？
2. 你如何看待领导者在组织变革中的作用？
3. 结合本案例，谈谈你对排除组织变革中阻力的看法。

第七章　激　　励

本章导读：激励不仅是组织行为学研究频率最高的主题之一，也是个体行为管理的核心问题。企业的管理者应了解影响士气的因素，充分激励员工的积极性。员工的工作积极性是决定组织成败的关键因素，因此，充分调动员工的积极性是每一位管理者面临的重要问题。

学习完本章后，首先要对激励的内涵和过程有基本了解，其次理解并掌握内容型激励理论、过程型激励理论和行为改造型激励理论各自的特点和相互联系，最后能运用所学理论诊断所在组织中存在的激励问题，进而提出合理的激励建议。

第一节　激励的本质

“激励”一词来源于古拉丁语“movere”，其原意是“移动”。现在，人们已经将其引申至有关员工的激励方面，并且将其定义为鼓舞、导向人的行为，使人们朝向某一特定目标行为的倾向。激励可以激发人的潜能，使其充分发挥积极性和创造性。因而，一个组织要卓有成效，就必须重视能够使人加入某一组织并在其中努力工作、成绩突出的激励问题。

激励是管理中最重要的职能，是人群管理的核心。人的一切行为都是受激励而产生的，一个组织的发展历史，其实质就是一部激励人的历史。

一、激励思想的发展阶段

在西方管理理论中，激励思想大致经过了四个发展阶段。

（一）以“恐吓与惩罚”为主的激励思想

以“恐吓与惩罚”为主的激励思想盛行至20世纪初，以泰勒制为代表。这种思想坚持“经济人”的人性假设，以恐吓和惩罚作为激励的主要措施，而以奖赏作为较为次要的措施。

（二）以“奖赏”为主的激励思想

以“奖赏”为主的激励思想流行于20世纪20年代至40年代，以霍桑实验为代表。这种思想坚持“社会人”的人性假设，更为重视对雇员的关心，提供各种福利和良好的工作条件，以使雇员心情愉快，对工厂“感恩戴德”，从而起到激励的作用。

（三）以“工作中的奖赏”为主的激励思想

以“工作中的奖赏”为主的激励思想第二次世界大战后开始流行于美国，强调工作本身的激励作用。这种思想实际上是坚持了“自我实现的人”的人性假设，认为有利于员工交往的工作组织形式和工作内容的丰富化就是对员工的激励。

（四）以“激励特征”为主的激励思想

以“激励特征”为主的激励思想始于20世纪70年代，中心内容是建立具有期望的激励特性的组织。其包括设计具有激励特征的工作，培养有利于员工发挥主动性和创造性的组织气氛，建立扁平化的组织结构，注重员工自我激励等。这种思想以“复杂人”的人性假设为基础和前提。

二、激励的内涵

激励，又称动机的激发，是指通过精神或物质的某些刺激，激发人的行为动机，以促使人朝着组织所期望的目标前进的过程。管理中的“激励”，就是通常所说的调动人的积极性的问题。通过激励，在某种内部或外部刺激的影响下，使人始终维持在一个兴奋的状态中。要全面理解激励的概念，应把握以下几个要点。

第一，激励必须有一定的物质或精神的外部诱因。

第二，激励必须以满足个体的特定需要为条件。

第三，激励是一个过程，包括识别个体需求、设立组织目标、激发和维持个体高水平的努力等环节。

第四，科学的激励工作需要奖励和惩罚并举，既要对员工表现出来的符合企业期望的行为进行奖励，又要对不符合企业期望的行为进行惩罚。

第五，激励的最终目标是在实现组织预期目标的同时，实现组织成员和个人的目标。

激励一般由五个要素组成：①激励主体，指施加激励的组织或个人；②激励客体，指激励的对象；③目标，指主体期望激励客体的行为所实现的成果；④激励手段，指能激励客体的物质或精神的因素；⑤激励环境，指激励过程所处的环境因素，它会影响激励的效果。

拓展阅读

一分钟管理法则

目前，西方许多企业纷纷采用一分钟管理法则，具体内容为一分钟目标、一分钟赞美及一分钟惩罚。

一分钟目标，就是企业中的每个人都将自己的主要目标和职责明确地记在一张纸上。每一个目标及其检验标准，应该在250个字内表达清楚，一个人在一分钟内能读完。这样，便于每个人明确认识自己为何而干、如何去干，并且据此定期检查自己的工作。

一分钟赞美，就是人力资源激励。具体做法是企业的经理经常花费一定的时间，在职员所做的事情中，挑出正确的部分加以赞美。这样可以促使每位职员明确自己所做的事情，更加努力地工作，使自己的行为不断向完美的方向发展。

一分钟惩罚，是指某件事应该做好，但却没有做好，对有关的人员首先及时进行批评，指出其错误，然后提醒他，你是如何器重他，不满的是他此时此刻的工作。这样，可使做错事的人乐于接受批评，感到愧疚，并注意避免同样错误的发生。

一分钟管理法则妙就妙在它大大缩短了管理过程，有立竿见影的效果。一分钟目标，便于每个员工明确自己的工作职责，努力实现自己的工作目标；一分钟赞美可使每个员工更加努力地工作，使自己的行为趋向完善；一分钟惩罚可使做错事的人乐意接受批评，促使他今后工作更加认真。

资料来源：佚名．管理者，你要懂这十大黄金法则[EB/OL]．http://manage.nip.cn/art/storg/74422.html，2013-04-10

三、激励的过程

行为学家认为，人的行为是动机性的行为，具有导向性。需要引起动机，动机支配行为，行为寻求目标以满足需求。因此，动机是行为的直接原因，它驱使和诱导人们从事某种行为，并规定了行为的方向。因此，从心理学的观点来看，激励是引起、维持个体行为，并将此行为导向某一目标的过程。

激励的过程主要有四个部分，即需要、动机、行为、目标。首先是需要的产生，在个人内心引起不平衡的状态，产生了行为的动机。通过激励，使个人按照组织目标去寻求和选择满足这些需要的行为，最后达到提高目标的目的（图 7-1）。

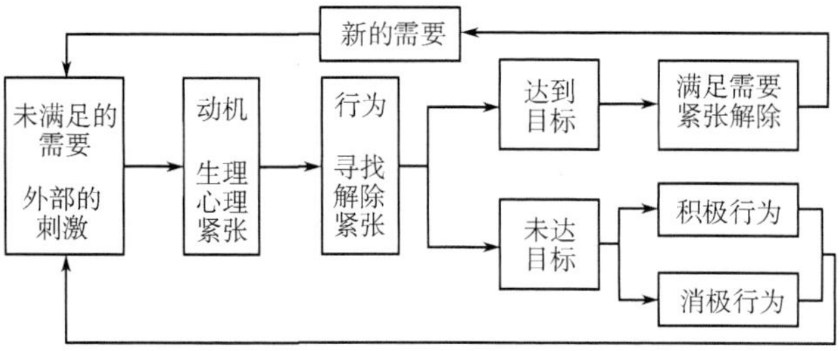

图 7-1　激励过程图

从上述内容中，我们对于激励理论可以得到如下结论。

第一，激励是一种使人产生行为的动机的过程。

第二，激励始于未满足的需要。

第三，人的需要是多样的、变化的，激励的方式也应有所不同。

第四，外部激励只是行为的条件和环境，激励要通过内因起作用。

第五，组织中人的行为受到两种力的作用，即遏制力和驱动力，激励就是减少遏制力，增强驱动力，改善员工行为，实现组织目标。

四、激励的作用

激励是与人的行为过程紧密联系在一起的，激励的作用主要表现在以下三个方面。

（一）需要的强化

人的需要不仅复杂，有时还相互矛盾。不仅不同种类的需要之间存在着矛盾（如是用这笔钱来学习业务，还是用它去旅游），即使同类需要之间也存在着矛盾（如是先买一台空调呢，还是先购置一套音响）。而激励工作需要强化的是那些有利于组织目标实现的人的需要。例如，一个销售人员可能既想好好地去干一番事业，又想多花点时间享受家庭生活，对于处在这种矛盾状况中的销售人员，销售经理可以通过制定奖励措施、说服等手段来激发其事业心，强化其前一种需要，从而使其产生有利于组织目标的行为。事实上，人们做出选择并非完全偏向一种需要，而是多种需要的调和与相互妥协。如何能在这种调和中去强化最有利于组织目标的需要，这里就包含着激励艺术。

（二）动机的引导

强化了需要不一定就能得到预期的行为，可能有多种行为都能提供同一满足。例如，一名销售员想要得到更多的报酬，他可以更加努力地工作以获得更多的提成或奖励，也可以考虑保持现状而业余再兼职一份销售工作，甚至干完就跳槽到另一家收入更高的公司，甚至有更糟的情况，他会违反公司的纪律，以不正当的手段谋取更高的收入。这时管理者可以通过说服教育及相应的激励措施来杜绝其不良动机，从而引导其动机导向对组织目标有利的行为上来。

案例

善用激励的妈妈

第一次参加家长会，幼儿园的老师说："你的儿子有多动症，在板凳上连三分钟都坐不了，你最好带他去医院看一看。"

回家的路上，儿子问妈妈老师都说了些什么，她鼻子一酸，差点流下泪来。因为全班30位小朋友，唯有他表现最差；唯有对他，老师表现出不屑。然而妈妈还是告诉她的儿子："老师表扬你了，说宝宝原来在板凳上坐不了一分钟，现在能坐三分钟。其他妈妈都非常羡慕妈妈，因为全班只有宝宝进步了。"

那天晚上，她儿子破天荒地吃了两碗米饭，并且没让她喂。

（三）提供行动条件

要鼓励人行动就应该为他们的行动提供条件，帮助他们实现目标。例如，要让一名销售员提高其销售业绩，就应该为他提供各种产品和客户信息，通过激励措施，让其他有关部门配合他的工作，这样为其实现目标提供良好条件，从而提高他的工作积极性，提高销售业绩。可见为人们提供行动条件也是激励工作的重要作用。

第二节 主要激励理论

有关激励的理论成果十分丰富，按其所研究的激励侧重点的不同及其与行为的关系不同，主要可分为三大类。

一是内容型激励理论，着重研究激励的起点和基础——需要的内容、结构特征及其激励作用等；二是过程型激励理论，主要研究激励的过程——动机的形成、行为目标的选择等；三是行为改造型激励理论，主要研究的是在一定的环境中行为的结果对以后行为的影响。激励的目的正是为了维持、改造和修正员工的行为，产生管理者所期望的行为。下面将详细介绍这三种主要的激励理论类型。

一、内容型激励理论

内容型激励理论基本上是围绕如何满足员工的需要进而调动其工作积极性开展研究。该理论认为，人的积极性和受激励的程度，主要取决于人的需要满足程度。内容型激励理论主要包括马斯洛的需要层次理论、阿尔德弗的ERG理论、赫茨伯格的双因素理论和麦克利兰的成就需要理论。

（一）马斯洛的需要层次理论

案例

某民营企业的老板通过学习有关激励理论，受到很大启发，并着手付诸实践。他赋予下属员工更多的工作和责任，并通过赞扬和赏识来激励下属员工。结果事与愿违，员工的积极性非但没有提高，反而对老板的做法强烈不满，认为他是在利用诡计来剥削员工。

试结合马斯洛的需要层次理论，分析该民营企业老板做法失败的原因。

1. 需要层次

需要层次理论是由美国心理学家亚伯拉罕·马斯洛（Abraham Maslow）教授在1943年出版的《人类的动机理论》一书中提出的，是目前流行最广的激励理论。他将人的最基本需要由低到高依次划分为生理需要、安全需要、社交需要、尊重需要和自我实现需要五种。这五种需要排列的层次结构如图7-2所示，它们是有序地纵向排列，并依次被满足。

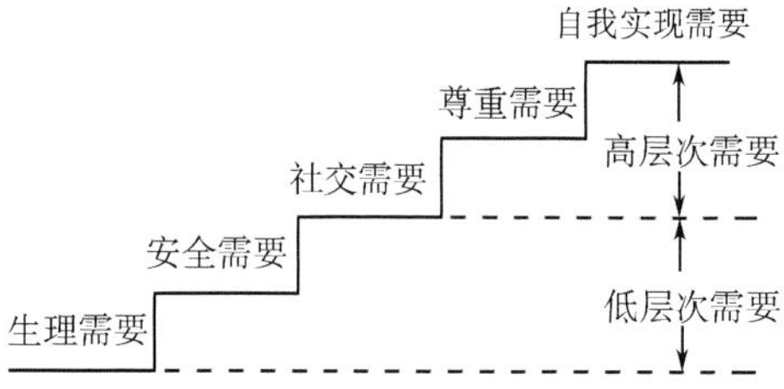

图7-2　马斯洛的需要层次结构图

1）生理需要

生理需要是人类最原始的基本需要，指衣、食、住、行、性等方面的生理机能需要。因此，这些需要是人类最强烈、最迫切、不可回避的需要，由此而产生的动力和效力也是最强大的。但是，生理需要也是有限的，如果这种基本需要得到相应的满足，则其推动力就会相应地减少，它的激励作用也会相对降低。

2）安全需要

当一个人的生理需要得到一定满足后，就自然而然地会有安全需要。安全需要包括四个方面：经济上的安全、心理上的安全、劳动上的安全、环境上的安全。强调安全需要，是因为它直接影响到人们的工作情绪和态度。安全需要作为一种工作背景，它会影响到人们对工作的选择。安全可靠的单位，员工的情绪稳定，工作热情高，无后顾之忧，人们就会有较高的工作热情。但是一个人过分强调安全性，他的进取心、创造性就可能被抑制。

3）社交需要

当生理需要和安全需要得到相应满足后，就会产生社交需要。社交需要包括社交欲和归属感。社交欲说明人需要获得别人的支持、安慰和同情，需要获得伙伴、友谊和爱情，孤家寡人、离群索居是痛苦的，人们总是希望与别人保持友爱的关系，渴望相互信任和帮助。

4）尊重需要

前三个层次的需要属于一种低级的、生存的需要，而第四、五层次的需要是属于随着生物进化而逐渐显现的潜能或需要，即一种高级的、发展的需要。当前三个层次的需要得到一定程度的满足后，尊重需要就显得很重要了。尊重需要可分为自尊需要和他尊需要。自尊需要的表现是自信心、自豪感，如要求独立工作、自我成长、自我实现，人们都有一种表现自己重要性的需要。他尊需要的表现是希望获得他人的承诺和尊敬，向往荣誉和地位，扩大自己的威望、权利和影响。

5）自我实现需要

这是一种最高级的需要，是指人们希望完成与自己的能力相当的工作，使自己的潜在能力得到最充分的发挥，成为自己所期望的人，我们把这种需要叫做自我实现需要。这就是平时人们所说的一个人有理想、有进取心和创造性，其表现为有出色完成任务的欲望，希望承担有挑战性的工作，把工作当做一种创造活动，有胜任感。同时，又希望通过努力工作取得成就，有成就感。

相对而言，自我实现需要是最难满足的。它既是一个不断变化的过程，也会在人们慢慢满足它的过程中不断升级。对于组织中存在的有着自我实现需要的员工来说，若工作中能充分让其发挥积极性，能有所作为的话，于他们而言则是一种最有效的激励。因而，管理者应当针对富有自我实现需要的员工，在设计工作时考虑运用一些适用于复杂情况的策略，让他们去施展自己的才华。

2. 基本观点

1）需要的普遍性

每个人都有需要，这些需要均包含在马斯洛所概括的生理需要、安全需要、社交需要、尊重需要和自我实现需要五类需要之中。人们为了满足需要便会产生动机并引起行为。

2）需要的层次性

需要的实现和满足具有顺序性，即由低到高逐级实现，但次序并非完全固定，可以变化，也有种种例外情况。一般来说，某一层次的需要相对满足之后，就会向高层次发展，追求更高层次的需要就成为驱使行为的动力，只有尚未满足的需求才能影响人的行为，已满足的需求不构成激励因素，只能提供满意感。较高层次需要的满足途径要多于较低层次需要的满足途径，较高层次需要的满足难度要大于较低层次需要的满足难度。

3）需要的主导性

同一时期，一个人可能有几种需要，但每一时期总有一种需要占支配地位，对行为起决定作用。任何一种需要都不会因为更高层次需要的发展而消失。各层次的需要相互依赖和重叠，高层次的需要发展后，低层次的需要仍然存在，只是对行为影响的程度大大减小。

4）影响需要层次结构的因素

马斯洛和其他的行为心理学家都认为，一个国家多数人的需要层次结构，是同这个国家的经济发展水平、科技发展水平、文化和人民受教育的程度直接相关的。在不发达国家，生理需要和安全需要占主导的人数比例较大，而高级需要占主导的人数比例较小；在发达国家，则刚好相反。

3. 理论评价

关于马斯洛的需要层次理论的价值，目前国内外尚有各种不同的说法。我们认为，绝对肯定或绝对否定都是不恰当的，因为这个理论既有其积极因素，也有其消极因素。

1）积极因素

第一，马斯洛提出人的需要有一个从低级向高级发展的过程，这在某种程度上是符合人类需要发展的一般规律的。一个人从出生到成年，其需要的发展过程，基本上是按照马斯洛提出的需要层次理论进行的。当然，关于自我实现是否能作为每个人的最高需要，目前尚有争议。但他提出的需要是由低级向高级发展，这一点是毋庸置疑的。

第二，马斯洛的需要层次理论指出了人在每一个时期，都有一种需要占主导地位，而其他需要则处于从属地位。这一点对于管理工作具有启发意义。

第三，马斯洛的需要层次理论提供了一个比较科学的理论框架，成为激励理论的基础，同时该理论将自我实现作为人的需求的最高层次对我国的管理者具有积极的意义。

2）消极因素

第一，马斯洛过分地强调了遗传在人的发展中的作用，认为人的价值就是一种先天的潜能，而人的自我实现就是这种先天潜能的自然成熟过程，社会的影响反而束缚了一个人的自我实现。这种观点，过分强调了遗传的影响，忽视了社会生活条件对先天潜能的制约作用。

第二，该理论带有一定的机械主义色彩。一方面，他对需要层次的分析简单、机械。另一方面，他又在一定程度上，把这种需要层次看做固定的程序，看做一种机械的上升运动，忽视了人的主观能动性，忽视了通过思想教育可以改变需要层次的主次关系。

第三，该理论只注意到了一个人各种需要之间存在的纵向联系，忽视了一个人在同一时间内往往存在多种需要，而这些需要又会互相矛盾，进而导致个体动机的斗争。

4. 在管理中的运用

第一，满足不同层次的需要。管理者根据不同层次的需要找出激励因素和采用相应的组织措施满足不同层次的需要，引导和控制人的行为去实现组织目标。

据一些西方管理心理学家宣称，马斯洛的需要层次理论能够帮助企业家管理好员工。根据员工的需要，即员工的追求目标，管理者可以采取相应的管理制度与措施，表明需要层次和管理制度与措施的相互关系（表 7-1）。

表 7-1 需要层次和管理制度与措施的相互关系

需要层次	诱因（追求的目标）	管理制度与措施
生理需要	薪水、健康的工作环境、各种福利	身体保健（医疗设备）、工作时间（休息）、住宅设施、福利设备
安全需要	职位的保障、意外的防止	职务保证、退休金制度、健康保险制度、意外保险制度
社交需要	友谊（良好的人群关系）、团体的接纳、与组织的一致	利润分配制度、团体活动制度、互助金制度、娱乐制度、教育训练制度
尊重需要	地位、名分、自尊、权力、责任、与他人薪水之相对高低	人事考核制度、晋升制度、表彰制度、奖金制度、选拔进修制度、委员会参与制度
自我实现需要	能发展个人特长的组织环境，具有挑战性的工作	决策参与制度、提案制度、研究发展计划、劳资会议

第二，满足不同人的需要。了解个体间的差异性，不同个体在不同情况下的需要不同，并非完全按照顺序由低到高发展，而且经常变化。因此，管理者应该经常性地用各种方式进行调研，弄清员工未能得到满足的需要是什么，然后有针对性地进行激励。

（二）阿尔德弗的 ERG 理论

案例

核心员工跳槽引发经营危机

某知名饭店集团非常重视员工培训，并成立了员工培训中心，新招来的员工一到饭店就被送到培训中心接受长达一年的业务培训，全部费用由饭店承担。至 2012 年，该培训中心已先后培训了 5 届员工。然而，由饭店花大本钱培训的员工，特别是核心员工在近两年先后跳槽。第一届参加培训的 40 人中只有 10 人留在饭店，这并没有引起饭店管理者的关注，他们认为这是偶然现象，以至于第二届、第三届也只剩下 7 人。在问及离职原因时，离职员工大都认为：自身价值得不到体现，缺乏晋升机会，绩效与薪酬不挂钩，工资和福利待遇差，致使员工在工作中常常心不在焉，工作绩效下降，服务态度差等。面对大量的人才流失，饭店现在已无心培训员工，害怕培训后的员工翅膀硬了，饭店留不住，白白地为他人作嫁衣，于是取消了员工培训中心，员工服务水平与技能每况愈下，饭店口碑大不如前，致使人才流失更为严重，饭店经营陷入危机。

试结合阿尔德弗的 ERG 理论，分析该饭店员工跳槽的原因。

美国耶鲁大学组织行为学教授克莱顿·阿尔德弗（Clayton Alderfer）重组了马斯洛的需要层次理论，经他修改的需要层次理论称为 ERG 理论。

1. 基本观点

1）三种核心需要

阿尔德弗认为，人的需要不是分为五种，而是分为三种核心需要，即生存需要（existence）、关系需要（relatedness）和成长需要（growth）。

一是生存需要。这是人的基本的物质生存需要，即衣、食、住、行、性等方面的需要，这实际上是相当于马斯洛的需要层次理论中的生理需要和安全需要。

二是关系需要。这是指维持和发展人际关系的需要，这种需要通过工作中的或工作以外与其他人的接触和交往得到满足。它相当于马斯洛的需要层次理论中的社交需要和尊重需要的外在部分。

三是成长需要。这是个人自我发展和自我完善的需要，这种需要通过发展个人的潜力和才能，才能得到满足。这相当于马斯洛的需要层次理论中的自我实现需要和尊重需要的内在部分。

阿尔德弗的 ERG 理论与马斯洛的需要层次理论的比较如表 7-2 所示。

表 7-2 阿尔德弗的 ERG 理论与马斯洛的需要层次理论的比较

阿尔德弗的 ERG 理论	马斯洛的需要层次理论
生存需要	安全需要、生理需要
关系需要	尊重需要的外在部分 社交需要
成长需要	自我实现需要 尊重需要的内在部分

2）主要特点

一是需要并存原则。阿尔德弗的 ERG 理论并不强调需要层次的顺序，认为某种需要在一定时间内对行为起作用，而当这种需要得到满足后，可能就会去追求更高层次的需要，也可能没有这种上升趋势。

二是需要降级原则。阿尔德弗的 ERG 理论认为，当较高级需要受到挫折时，可能会降而求其次。

三是需要加强原则。阿尔德弗的 ERG 理论认为，某种需要在得到基本满足后，其强烈程度不仅不会减弱，还可能会增强，这与马斯洛的观点不一致。

四是挫折倒退原则。马斯洛认为人总是出于一个主导的需要层次，只有前进，没有倒退。与马斯洛的需要层次理论不同，阿尔德弗认为，当高层次需要的满足受到挫折时，人们会将重心向下投放，使较低层次需要得到更好的满足，以补偿心理的挫折感受。

阿尔德弗的ERG理论不仅提出需要层次的“满足—上升”趋势，而且也指出“挫折—倒退”的趋势“挫折—倒退”表示在高层次需要没有得到相应满足或受到挫折时，需要的重点可能会转向较低层次（图7-3）。

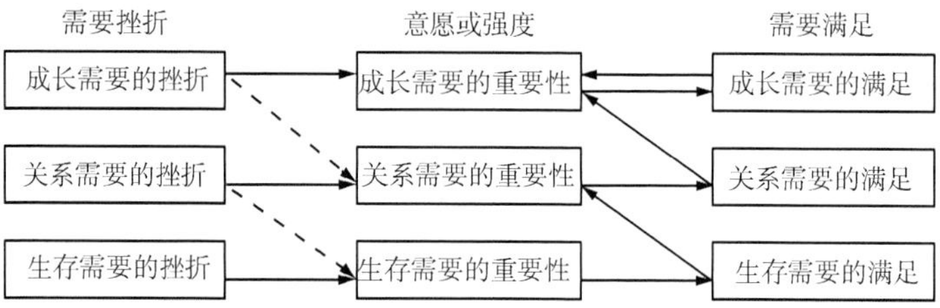

图7-3　“挫折—倒退”方式

2. 阿尔德弗的ERG理论和马斯洛的需要层次理论的联系

1）两者共同点

马斯洛的需要层次理论把人的需求分为五种，且是由低到高上升；阿尔德弗的ERG理论把人的需求分为三种，也是由低到高上升逐层发展，当低层次的需要得到较好的满足时，个体便会增加对较高层次的需要。

2）两者区别

第一，马斯洛的需要层次理论是以“满足—前进”为逻辑基础；而阿尔德弗的ERG理论在此基础上加入了“挫折—倒退”方式。

第二，马斯洛的需要层次理论认为同一时期，只存在一种主导需要；而阿尔德弗的ERG理论认为人们可同时追求一种以上的需要。

第三，马斯洛的需要层次理论认为人的高一层次需要只有在低层次需要获得相对满足之后才能出现；而阿尔德弗的ERG理论认为人的需要可以越级出现。

第四，马斯洛的需要层次理论认为人的需要是生来就有的，是内在的、下意识的；而阿尔德弗的ERG理论认为人的需要并不完全是生来就有的，有的需要是通过后天学习而产生的。

3. 理论评价

阿尔德弗的ERG理论在需要的分类上并不比马斯洛的需要层次理论完善，对需要的解释也并未超出马斯洛的需要层次理论的范围。如果认为马斯洛的需要层次理论是带有普遍意义的一般规律，那么，阿尔德弗的ERG理论则偏重于带有特殊性的个体差异，这表现在阿尔德弗的ERG理论对不同需要之间联系的限制较少。

该理论并不强调需要层次的顺序，认为某种需要在一定时间内对行为起作用，也可能没有这种上升趋势；高级需要受到挫折时，可能会降低其需要层次；某种需要得到满足之后，其对人的行为的激励作用程度不会减弱，尤其是成长需要，不但不会减弱，反而会增强。从这个角度分析，阿尔德弗的ERG理论在今天的企业管理中仍然具有实用价值。

4. 在管理中的运用

阿尔德弗的ERG理论克服了马斯洛的需要层次理论的局限，避免了将各种需要概念化地纳入某个层次系统的缺陷，认为任何一种需要在任何一个时刻获得满足都可以产生积极的作用，该理论更加符合实际。企业管理者应当正确运用阿尔德弗的ERG理论，最大限度地发挥激励作用。

1）重视高层次需要的满足

一般来说，低层次需要容易得到满足，对于大多数人来说，生理需要和安全需要已不成问题。当然，这并不是说可以忽视基础性工作，可以在生活保障、安全措施等方面放松。然而，对高层次需要的满足将会产生持久的激励动力。尤其是在知识经济时代，员工素质提高后，高层次需要更加迫切。作为企业管理者，应尽可能地满足人们交往及成长、发展的需要。要让员工多与外界接触交往，创造活泼和谐的群体气氛，允许某些非正式组织的存在，同员工交朋友，增强员工对企业的归属感。吸收员工参与决策，表彰先进典型，为员工提供进修、培训的机会，给有创造和贡献的员工晋职、晋级、提薪。

2）了解不同人的需要

人们在生存、关系和成长需要上是不相同的，不同文化层次、不同年龄和不同职位层次的人需要的重点不一样。管理者要根据员工需要的内容，设计激励策略，以使员工能满足其最迫切的需要，实现最佳的激励效果。

3）要注意需要的转化

阿尔德弗的 ERG 理论不仅体现了“满足—上升”这一方面，而且还体现了“挫折—倒退”这一方面。人们的需要不仅会由低向高上升，而且会逐层由高向低下降，甚至还会出现跳跃。管理者要防止需要反弹，并依据需要转化原理分析员工行为变化的原因，找到解决员工受挫折的办法，使员工避免挫折和后退性行为。

（三）赫茨伯格的双因素理论

案例

美联航雇员持股计划

美联航董事会提出了一项雇员股票拥有计划。美联航董事会把 55%的股权分给了飞行员、机械师、地勤人员、经理层、雇员，同时还在董事会里面分配两个重要的席位，他们以此来激励员工，让企业产生一种荣辱与共的精神。但出现的结果就是，雇员们利用他们掌握公司超过 55%的股权的权利，大量地向董事会施压，迫使董事会通过对他们毫无理由的加薪要求。2000 年，美联航的劳资纠纷达到白热化，直接令美联航亏损 21.4 亿美元，从而迫使 2002 年 12 月 9 日美联航向法院提出了破产的保护申请令。

资料来源：王伍．美联航复兴之路道阻且长[EB/OL]．http://www.china highway.com/news/2003/32192.php，2003-01-08

请结合赫茨伯格的双因素理论，谈谈你对此的看法。

赫茨伯格的双因素理论又称为激励—保健理论（motivation & hygiene factors），是由美国心理学家弗雷德里克·赫茨伯格（Herzberg）提出的。与马斯洛的需要层次理论相似，该理论也试图说明员工们重视某些与工作绩效有关的因素。赫茨伯格的双因素理论认为，调动人的积极性主要是从内部，从工作本身来调动人的内在积极性，赫茨伯格的双因素理论开创了激励的新观点。

1. 基本观点

赫茨伯格和他的同事对匹兹堡地区十一个工商机构的三百多名工程师和会计人员进行了调查。调查时，他设计了许多问题，如什么时候对工作满意，什么时候不满意等，他将调查结果制成表并加以分类，经过分析，赫茨伯格发现导致满意和不满意的因素是截然不同的。据此，他把影响员工行为的因素划分为两类，即保健因素（hygiene factor）和激励因素

(motivator factor)（表 7-3）。

表 7-3　保健因素与激励因素

保健因素（环境）	激励因素（工作本身）
公司的政策与行政管理	工作成就感
技术监督系统	工作业绩得到认可
与主管的关系	工作本身富有挑战性
工作环境或工作条件	职务上的责任感
薪金	个人发展（成长、晋升）的可能性
与同级的关系	提升
个人生活	—
与下属的关系	—
地位	—
工作安全	—

1）保健因素

赫茨伯格通过对 1 844 人次的调查发现，导致员工极端不满意的因素主要有：①公司的政策与行政管理；②技术监督系统；③与主管的关系；④工作环境或工作条件；⑤薪金；⑥与同级的关系；⑦个人生活；⑧与下属的关系；⑨地位；⑩工作安全。他认为这些工作环境和工作条件不具备时，会使员工感到不满意，从而降低员工工作的积极性和热情。如果具备这些条件，就不会降低其工作热情，换句话说，就是能够维持员工已有的现状，但不会因此而提高其积极性。赫茨伯格把这些影响员工积极性的工作环境条件方面的因素称为保健因素，或称为维持因素。

2）激励因素

赫茨伯格从 1 753 人次的调查中发现，使员工感到极端满意的因素主要有：①工作成就感；②工作业绩得到认可；③工作本身富有挑战性；④职务上的责任感；⑤个人发展（成长、晋升）的可能性；⑥提升。他认为这些工作本身因素的改善，能激发和调动员工的积极性和热情，从而可以经常性地提高员工的工作效率。如果这些因素没有处理好，会引起员工的不满，但影响并不是很大。赫茨伯格把这些影响员工工作积极性的与工作本身有关的因素称为激励因素。

根据以上分析，赫茨伯格认为传统的满意—不满意观点（即满意的对立面是不满意）是不正确的。满意的对立面应该是没有满意，不满意的对立面应该是没有不满意，激励因素和保健因素的满足程度又具有连续性。

如图 7-4 所示，消除工作中的不满意因素并不必然地带来工作满意，导致工作满意的因素和导致工作不满意的因素是相互独立的，而且截然不同。因此，管理者若努力在工作中消除不满意因素，则只能给工作场所带来和平，却未必具有激励作用。

图 7-4　传统观点与赫茨伯格观点的比较

赫茨伯格的双因素理论和马斯洛的需要层次理论是相容并蓄的。只不过马斯洛的需要层次理论是针对需要和动机而言的，而赫茨伯格的双因素理论是针对满足这些需要的目标和诱因而言的，两者的关系如图 7-5 所示。

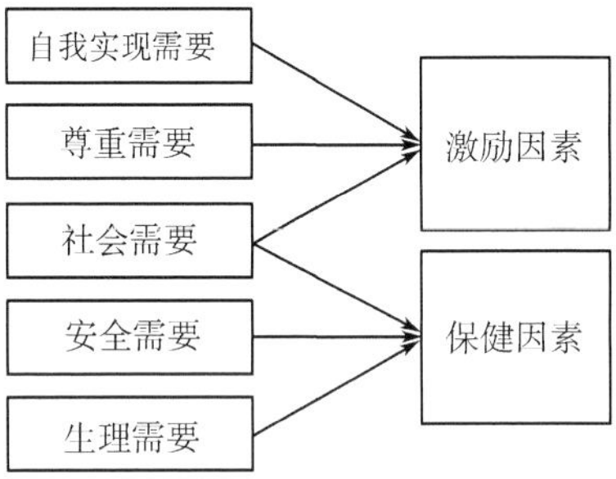

图 7-5　马斯洛的需要层次理论与赫茨伯格的双因素理论关系图

2. 理论评价

1）赫茨伯格的双因素理论的贡献

尽管有些人对赫茨伯格的双因素理论提出了一些不同看法，但赫茨伯格的贡献是显而易见的。

第一，他告诉我们一个事实，采取了某项激励的措施后并不一定就带来满意，更不等于劳动生产率就一定能提高。

第二，满足各种需要所引起的激励深度和效果是不一样的。物质需要的满足是必要的，没有它会导致不满，但是即使获得满足，它的作用往往也是很有限的，不能持久。

第三，要调动人的积极性，不仅要注意物质利益和工作条件等外部因素。更重要的是要注意工作的安排，量才录用，各得其所，注意对人进行精神鼓励，给予表扬和认可，注意给人以成长、发展、晋升的机会。用这些内在因素来调动人的积极性，才能起更大的激励作用并维持更长的时间。

2）对赫茨伯格的双因素理论的批评

赫茨伯格的双因素理论虽然在国内外有很大影响，但也有人对它提出了批评，主要有四点。

第一，赫茨伯格调查取样的数量和对象缺乏代表性，研究方法的可信度值得怀疑。样本数量较少，而且对象是工程师、会计师，他们在工资、安全、工作条件等方面都比较好，因此，这些因素对他们自然不会起激励作用，但不能代表一般员工的情况。

第二，赫茨伯格在调查时，设计问卷的方法和题目有缺陷。首先，根据归因理论，把好的结果归咎于自己的努力，而把不好的结果归咎于客观的条件或他人身上是人们一般的心理状态，个体心理特征无法反映出来。其次，赫茨伯格没有使用满意尺度的概念。人们对任何事物总不是那么绝对，要么满意，要么不满意，一个人很可能对工作一部分满意、一部分不满意，或者比较满意，这在他的问卷中没有反映出来。

第三，赫茨伯格认为，满意和生产率的提高有必然的联系，而实际上满意并不等于劳动生产率的提高，这两者并没有必然的联系。

第四，赫茨伯格将保健因素和激励因素截然分开是不妥的。实际上保健因素和激励因素、外部因素和内部因素都不是绝对的，它们相互联系并可以互相转化。保健因素也能够产生满意，激励因素也能够产生不满意，如奖金既可以成为保健因素，也可以成为激励因素，工作成绩得不到承认也可以使人闹情绪，以至于消极怠工。

3. 在管理中的运用

在管理工作中，需要正确处理激励因素与保健因素的关系，让员工积极主动地为组织利益和个人利益的平衡做出积极的贡献。

第一，在管理实践中，要注意区分员工的满意度。如果员工工作效率低下，工作态度积极，那么管理者应首先从保健因素进行分析，找出员工不满意的原因，然后给予满足，并相应以激励因素对其激励，使之转变工作态度，积极工作。

第二，应将保健因素和激励因素结合起来。激励的确要以满足需要为前提，但并非满足需要就一定能产生激励作用。给予赞赏、责任和发展机会，员工会感到满意；不表扬、不授权，员工也不会感到不满意，而只是没有满意感。工作有报酬，员工不会感到满意，而只是没有不满意感。但若只干活却无报酬，员工就会不满意。保健因素的满足只能防止人们产生不满情绪，消除了工作中的“不满意”因素，并不必然带来工作“满意”。

第三，管理中要注意给予员工激励因素的满足，这样才能真正激发人的积极性。激励因素是以人对工作本身的要求为核心的，若通过激励因素的改善使工作本身富有吸引力，那么往往就能给员工以很大程度的激励。因此，要学会强化成就感、认可、敬业精神、责任心和晋升机会等主要令人“满意”的激励因素，才能有效发挥激励的作用。

第四，为了使员工满意，赫茨伯格的双因素理论提倡工作扩大化和工作丰富化。工作扩大化是指只向工人提供更多的同样的工作。工作丰富化是指通过“垂直”的工作扩展，工人对更大范围工作的控制，意味着更多的技能、更大的自主性和更重要的意义。

（四）麦克利兰的成就需要理论

案例

科技人员小陈

某大型国有企业的科技人员小陈，是公司先进人物的典型代表。他走出校门就进了企业，在企业里他执着追求，用他在学校里面的所学，解决生产的需要。在将近六年的时间里，在研制小组的领导下，他发挥了自己的特长，终于取得了突破性的进展，通过专家鉴定，获得了达到国际先进水平的评价。

在项目研制过程中，公司曾两次给作为项目研制小组成员的小陈调整住房。项目研制成果通过鉴定后，公司又奖励小陈一套两居室，并认为员工的贡献与报酬应该相对应，而且在工作的其他方面，如晋级、职称、工资待遇上，公司对员工也有相应的奖励。这促使小陈认为，不能辜负领导对他的奖励，在工作上应该更努力，为企业做出新的贡献。

试结合麦克利兰的成就需要理论，分析科技人员小陈为何会积极努力工作。

哈佛大学管理学家大卫·麦克利兰（David C. McCelland）研究论述了人的高层次需要，并提出了成就需要理论。麦克利兰的成就需要理论认为，人们被要求成为按高标准工作或者在竞争者取胜的愿望激励者。也即，做出成就的动机存在于每个人的思想深处，但真正受到成就欲强烈激励的人并不多。

1. 三种需要

与马斯洛不同的是，麦克利兰不讨论人的基本生存需要问题，而是研究基本生存需要满足以后，人还有哪些需要。他认为主要有三种需要：权力需要（need of power）、归属需要（need for affiliation）、成就需要（need for achievement），它们之间的区别如表 7-4 所示。

表 7-4 权力需要、归属需要、成就需要的区别

高成就需要者	高权力需要者	高归属需要者
希望将事情做得更完美，更有成绩	希望影响别人	渴望友谊
喜欢能独立负责、可以获得信息反馈和中度冒险的工作环境	喜欢竞争性和地位取向的工作环境	喜欢合作而不是竞争的环境
对应着创业精神	对应着领导	—

权力需要，即影响和控制他人的欲望，具有高权力需要的人喜欢承担责任，努力影响其他人，喜欢处于竞争性的、重视地位的环境中，与有效的绩效相比，他们更关心威望和获得对他人的影响力。

归属需要，即建立友好亲密的人际关系的需要，也称社交需要、友谊需要或合群需要。具有高归属需要的人努力寻求友爱、情谊，喜欢合作性的而非竞争性的环境，渴望有高度的相互理解的关系。

成就需要，即追求卓越，实现目标，争取成功的需要，具有成就需要的人对胜任和成功有强烈的需要，挑战性的工作和成就会引发快感，振奋人的精神。

麦克利兰认为，几乎每个人都认为自己有做出成就的愿望，但只有一小部分人受到成就需要的强烈驱动。对于这部分人来说，成就本身远比成功后所获报酬重要得多。因而，他们总是力求把事情做得更好，具有较强的事业心和进取心；但是，他们同时也比较实际，愿意冒一定的风险，但这并不是盲目地赌博。

相对而言，麦克利兰对归属需要的关注最少。他认为，具有高归属需要的人，总是积极寻求一种和谐融洽的社会关系，希望得到别人的接纳和喜爱，也愿意为他人提供帮助和关爱，渴望相互间的高度理解和充分沟通。因此，他们追求的是一种合作性而非竞争性的工作环境。

2. 基本观点

第一，以上三种需要的排列顺序不是固定的，不同的人往往有不同的排列顺序。倾向于成就需要的人，对胜任和成功有着强烈的要求；具有较高权力需要的人，往往有一定才干，希望担任领导，能够影响和控制其他人；倾向于归属需要的人，则重视从组织、团体和他人那里得到友爱和情谊。

第二，具有强烈成就需要的人，把个人的成就看得比金钱更重要。一个人在工作上取得了成功或攻克了难关，解决了难题，从中得到的乐趣和激奋会大大超过物质的激励。肯定、承认他的进步和成就，是对他最好的奖酬。

第三，具有高度成就需要的人对企业和国家都有重要的作用。一个公司拥有这类人越多，公司发展越快，获利越多。对于组织而言，拥有成就需要的人越多，越有利于组织的进一步发展。

第四，通过想象力的实验，可以发现高成就需要的人。麦克利兰做了一系列心理学实验，如进行想象力实验，让被实验者用很短的时间看一张照片，然后用五分钟的时间对图中所暗示的内容写一个想象出来的故事，故事要反映这样几个问题：图中发生了什么情况？图中是什么？他正在想什么？将会发生什么事情？会产生什么结果？对同一张照片对不同的被试往往会有不同的反应，他们的回答很大程度上反映了他们各自内心的需要，但他们的回答可以用来判断受试者成就需要的强弱。

第五，高度成就需要的人是通过教育培养的。培训人员指导个人根据成就、胜利和成功来思考问题；安排并帮助处于具有个人责任、反馈和适度冒险性的环境并以高成就者的方式行动；提供取得成就的榜样，刺激人们取得成功的愿望和行为。

麦克利兰着重研究了人的成就动机，发现高成就动机者具有如图 7-6 所示的三个主要特点。

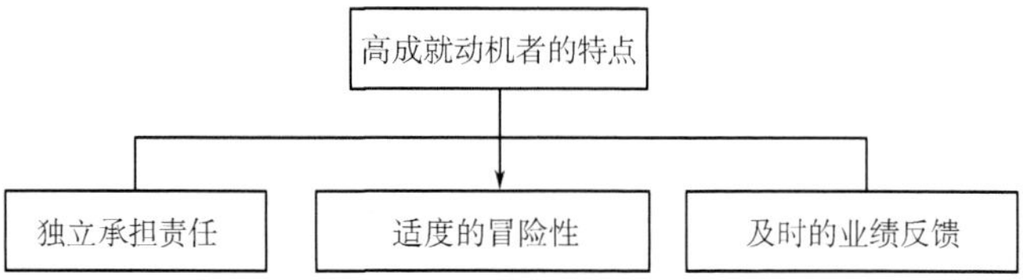

图 7-6　高成就动机者的特点

第一，他们喜欢为自己设置目标，不愿意被动接受目标。他们敢于为实现目标承担全部责任。如果成功，他们希望被承认；如果失败，他们也愿意接受责备。

第二，高成就动机者回避选择过于困难的目标。他们偏爱中等难度的目标，因为目标太困难而无法实现，或目标太容易不能从中获得满足。

第三，高成就动机者渴望得到及时的业绩反馈。由于目标对他们很重要，因此他们希望及时知道自己干得如何。

3. 理论评价

1）麦克利兰的成就需要理论的贡献

第一，麦克利兰对这三种需要，特别是成就需要做了深入的研究。麦克利兰认为，一个社会的发展，政治制度、经济制度和地理资源因素都是次要的，关键在于人们是否具有成就动机。成就感的培养从总体上来看与国家的经济发展同步。

第二，麦克利兰认为，父母在儿童早期的训练和教育方式，对成就感的形成具有决定性作用。其中最重要的莫过于培养孩子的自主意识和独立意识。当然，强调儿童时期的培养，并非放弃成人阶段的后续努力。在认识到成就需要对个人和国家的巨大影响之后，麦克利兰接着对培养成人成就感的方法进行了深入研究。

第三，麦克利兰认为，动机成为不同于以往的激励方式，他强调这种产生激励的需要是可以通过后天习得的，而且是可以改变并加以培养的。

2）对麦克利兰的成就需要理论的批评

第一，在不同国家的不同文化背景下，成就需要的表现形式和特征不尽相同，但麦克利兰对此没有做必要的分析。

第二，研究表明，麦克利兰的成就需要理论对于人们需要成就激励的原因，解释得不够透彻。也就是说，麦克利兰的成就需要理论确实清楚地说明了高成就动机者希望从工作中得到什么类型的相关经验及哪些因素会影响他们对工作经验的需要，然而很难看出如何按马斯洛的需求层次理论的意义把成就视为基本的动力。父母教育孩了的方式、文化背景、组织的习惯做法等环境因素也会影响人们成就动机的发展。

4. 在管理中的运用

麦克利兰的成就需要理论对于企业家与经理人队伍建设、人力资源开发、促使员工做出更大的成绩、提高组织成员的整体绩效，具有重要意义。

第一，在人员的选拔和安置上，通过测量和评价一个人动机体系的特征对于如何分派工作和安排职位有重要的意义。

第二，激励具有成就需要的员工做出更大的贡献。为具有成就需要的员工设置难度适中的目标，训练和提高员工的成就动机，安排具有一定风险的活动和挑战性强的工作，以提高生产率。

第三，确定卓越的品质追求和绩效标准。卓越的品质追求和绩效标准的达成，可以促进具有成就需求员工的挑战精神和增强其成就感。

第四，肯定员工的成就。在组织中形成这样的环境，即成就可以获得承认、成果可以得到鼓励，这样，有高度事业心的人就会乐于承担重任。

以上几种内容型激励理论虽各有自己独特的观点，但相互之间又有联系，它们之间的关系如图 7-7 所示。需要的内容和结构及如何推动人们的行为是内容型激励理论的主要研究任务，本部分重点介绍了四个非常著名且对管理影响深远的内容型激励理论，分别是马斯洛的需要层次理论、阿尔德弗的 ERG 理论、赫茨伯格的双因素理论和麦克利兰的成就需要理论。这些理论都有着其重要的理论和实际价值，但也都有不同程度的局限性。

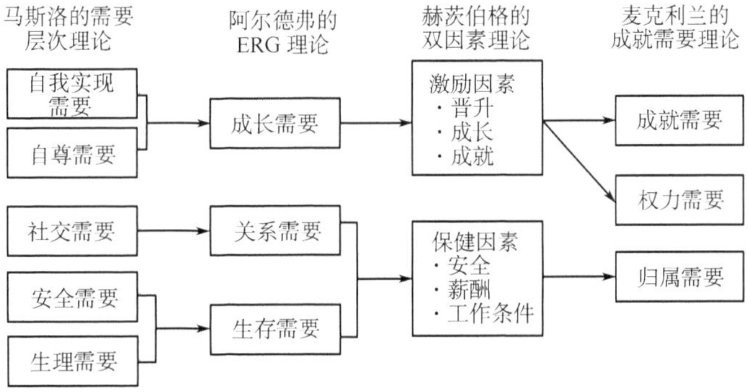

图 7-7 内容型激励理论的联系

二、过程型激励理论

拓展阅读

宋朝时期，某位将军被派驻边地镇守。他到了边地之后发现守城的尽是些老弱残兵，虽然人人都会武艺，但全都是些花拳绣腿，根本无法打仗。用这样的军卒来防守，根本抵挡不了如狼似虎的金兵，怎么办？这位将军计上心头。他颁布了一条命令，就是用一块银子作靶，凡是射中者，银子便归他所有。自此后，边地军民争以习箭为任，箭术均有提高，个个精于箭术。不久，金兵入侵，边地军民同仇敌忾，把金兵打得抱头鼠窜，成功地守住了边地。

正是这位将军把军民期望得到银子的心理运用到训练中，使军民人人习箭，最终达到了守城的目的。

过程型激励理论注重对行为目标的选择，即动机的形成过程进行研究。这类理论试图弄清员工面对奖酬怎样决定付出努力的程度，它涉及员工如何对奖酬进行评估，如何选择自己的行为，如何决定行为的方向，如何通过心理激励使人的行为积极性维持在一个较高的水平上或不断增强的问题。以下将介绍三种重要且被广泛用于指导实践的过程型激励理论，分别弗隆姆的期望理论、洛克的目标设置理论和亚当斯的公平理论。

（一）弗隆姆的期望理论

案例

主管的激励——九寨沟双飞游

为了激励业务员更好地完成销售目标，营销主管发布了这样一项奖励措施：年终销售业绩前两名，奖励九寨沟双飞旅游一次。这项激励政策在小张、小李和老王三个人身上就产生了不同的反应（假定小张、小李和老王都相信主管会兑现诺言）。

小张：刚毕业，没有坐过飞机，没有去过九寨沟。

小李：工作五年，飞过很多地方，没有去过九寨沟。

老王：资历最老，业绩最出色，九寨沟已去过两次。

问题：

主管的激励对谁的影响最大？

期望理论是美国行为科学家维克多·弗隆姆（Victor Vroom）在1964年出版的《工作与激励》一书中提出的。目前，人们已把期望理论作为最主要的激励理论之一。弗隆姆的期望理论的基本内容主要包括弗隆姆的期望公式和期望模式。

1. 主要内容

弗隆姆的期望理论认为，当人们预期到某一行为能给个人带来既定结果，且这种结果对个体具有吸引力时，个体才会采取这一特定行为。人们并非生来就受激励或不受激励，激励取决于人们面临的环境及如何满足人们的需要。期望理论试图回答这样两个问题：其一，什么产生激励；其二，什么产生绩效。

1）期望公式

弗隆姆认为，激励水平是由期望值和目标效价决定的，用公式可以表示为

$M=f(E, V)$，即激励水平（M）＝目标效价（V）×期望值（E）

从这里，可以看出期望理论有以下三个关键变量。

M（motivation）表示激励水平，指调动员工积极性并且激发其潜能的强度。

V（valence）表示目标价值（效价），即个体对于预期的结果或回报在主观上所感觉到的价值的大小。同一目标，由于各人所处的环境不同，需求不同，其需要的目标价值也就不同。同一个目标对每一个人可能有三种效价：正、零、负，目标价值大小直接反映人的需要动机强弱，关键取决于困难出现的后果及人们对此的感觉。效价越高，激励力量就越大。

E（expectance）是期望值，即人们对自己的行为能否达到目标并且导致某种结果的主观概率判断。期望值大部分介于0和1之间。在期望值为0时，表示个体付出特定努力也不一定导致特定的绩效；而期望值为1时，表示个体完全能够确定他所付出的努力必然导致特定的绩效。当然，这种可能性大小的主观判断会因为个体的不同而有差异，趋于冒险的个体的主观概率一般较大，趋于保守的个体的主观概率则相对较小。有了期望值的判断，个体也就会很容易地做出是否从事某项工作的判断。期望概率反映人实现需要和动机的信心强弱。

应当看到，目标价值和期望概率的不同结合，会有不同的激励力量，所以，目标价值和期望概率的不同结合会产生不同的激励作用，其情况有以下几种。

E 高×V 高＝M 高激励；

E 中×V 中＝M 中激励；

E 低 $\times V$ 低 $= M$ 低激励；

E 高 $\times V$ 低 $= M$ 低激励；

E 低 $\times V$ 高 $= M$ 低激励或无激励。

由上可知，期望值和效价决定了激励的强度。如果效价和期望值都等于 0，则激励水平也等于 0。如果效价高而期望值低或效价低而期望值高或两者均低，则取得高绩效的动力也低，只有高效价和高期望值相结合才能取得较高的激励水平。

2）期望模式

如何使激发力量达到最高值，弗隆姆提出了如图 7-8 所示的期望模式。

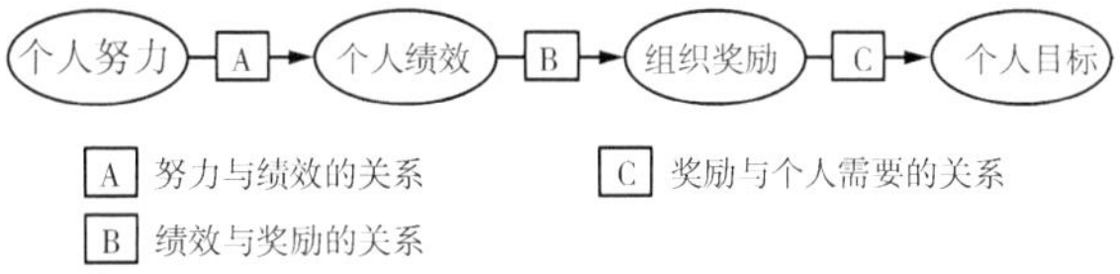

图 7-8　期望模式

期望模式的四个因素中包含了以下三个方面的关系。

一是努力和绩效的关系，即 $E \rightarrow P$ 期望（努力→绩效期望）。如果我付出了最大努力，能否达到组织要求的工作绩效水平、是否会在绩效评估中体现出来？（个人感觉到通过一定程度的努力而达到工作绩效的可能性。）人们总是希望通过一定的努力达到预期的目标，如果个人主观认为达到目标的概率很高，就会有信心，并激发出很强的工作力量，反之如果他认为目标太高，通过努力也不会有很好的绩效时，就失去了内在的动力，导致工作消极。

二是绩效与奖励关系，即 $P \rightarrow O$ 期望（绩效→奖励期望）。（如果达到这一绩效水平，组织会给我什么样的奖赏或报酬?）个人对于达到一定工作绩效后即可获得理想的奖赏结果的信任程度。人们总是期望在达到预期成绩后，能够得到适当的合理奖励，既包括物质上的，也包括精神上的，如奖金、晋升、提级、表扬等。组织的目标，如果没有相应的有效的物质和精神奖励来强化，时间一长，积极性就会消失。

三是奖励与满足个人需要的关系。（这一报酬是否是我所急需的、对我重要吗?）。人们总是希望通过努力获得的绩效能够得到一定的回报或奖励，并且这种奖励能够满足自己某方面的需要。然而由于人们在年龄、性别、资历、社会地位和经济条件等方面都存在着差异，他们对各种需要要求得到满足的程度就不同。因此，对于不同的人，采用同一种奖励办法能满足的需要程度不同，能激发出的工作动力就不同。这种奖励与个人需要的满足之间的关系就是效价。

综上所述，只有考虑以上三种关系，激励措施才会对员工产生一定的作用。但是，对于员工来说，受到激励与产生工作绩效是两个不同的概念。受到激励代表员工对绩效的渴望或努力的程度，而绩效是个体在完成一项任务或目标时所能达到的程度。激励是影响绩效的重要因素，但是绩效并不是只受到激励的影响。

2. 理论评价

1）弗隆姆的期望理论的贡献

第一，该理论建立在“人善论”的人性假设基础上，把人看做有思想、理性的人，强调目标设置与个人需要相统一。

第二，该理论认为，激励人的关键是了解个人目标和努力与绩效、绩效与奖励、奖励与个人目标的满足之间的关系，该理论认为不存在一种普遍的原则能够解释所有人的激励机制。

第三，该理论提出了目标设置与个人需求相统一的理论。弗隆姆的期望理论假定，个体是有思想、有理性的人。对于他们生活和事业的发展，他们有既定的信仰和基本的预测。因此，在分析激励雇员的因素时，我们必须考察人们希望从组织中获得什么及他们如何实现自己的愿望。

第四，该理论也是激励理论中为数极少的量化分析理论。这一理论并不满足于对问题的定性说明，还非常重视定量分析。它通过对各种权变因素的分析，正确说明了人们在多种可能性中所做出的选择，也就是说人们的行为选择通常是效用最大的，或者说人们的现实行为是其激励力量最大的行为选择。这不仅是激励理论的重要发展，同时在实践中也更具操作性。

2）对弗隆姆的期望理论的批评

第一，期望值与效价概念混淆。期望值是指人们判断自己达到某一目标及这一目标满足需求的可能性的概率，也就是说“期望值＝目标实现的可能性＋目标满足需要的可能性”；而效价是指达到目标对于满足个人需要的价值，也就是说追求一个目标值不值得，而追求一个目标值不值得应包括两个方面的评价标准：一是追求目标付出的代价是否值得；二是目标满足需求的程度是否值得，即目标满足需求的判断评价。“效价＝目标满足需求的程度＋目标满足需要的可能性”，由此可以看出期望值与效价相互间在“目标满足需要的可能性”评价判断上是相互重叠的。概念不清与混淆必然带来理论在实际运用中的混乱，如这样的叙述，“升职、加薪等与个人利益直接相关联的事情，就容易使人产生较高的期望值。因为受工资、奖励总额与比例的限制，人们的高期望值是不可能都实现的。对于未能实现者，就会期望越高，失望越大，挫折感也会越强烈”。这里所叙述的期望既有“目标满足需要的可能性”评价，但也含有“目标满足需求的程度”的判断，所以很难说这一叙述中的期望是指“期望”还是指“效价”，归根究底还是其概念的混淆造成的。

第二，缺乏对行为意志过程的考量。用人讲究能、责、权、利的统一，由此才能最大限度地激发人们的潜能并发挥人们的积极主动精神，这一论点早已成为人们的共识并推之于运用。但是在期望理论中只进行了对人们工作能力等人们工作期望值的考量，以及对由工作所获利益等方面的工作效价的考量。由此可见，期望理论在关注了人们行为的可能性和必要性对工作积极主动性的影响外，却忽视了人们的责权意识、规则意识、义务意识、优越意识等意志过程对人们工作积极主动性激发的关键作用。

第三，适用范围具有局限性。期望理论是目标确定下的激励理论，由此很多需求与目标难以确定的状况就无法实施。例如，在工作奖金奖酬等方面运用期望理论也许是有效的，但将之运用于具有升职愿望而上级又不可能给予预先肯定答复的状况则难以实施。

3. 在管理中的运用

第一，设置合理的目标，引导员工建立良好的价值观。企业管理者要引导员工形成一种良好的价值判断，就必须设置一个合理的目标体系，这些目标的实现有助于满足员工某种客观而且正当的需要，这样员工就会形成一种评价比较高的价值判断，即良好的价值观：设置合理目标→满足员工需要→形成良好的价值判断。

第二，设置合适的目标，引导员工形成良好的期望概率。要形成良好的价值评判，就必须设置合理的目标以引起员工的需要，能满足员工需要的目标才会形成一定的价值评判。对于期望理论来说，这仅仅是问题的一个方面，要激发员工的工作动力，还必须使目标的实现有比较高的概率，这取决于员工主观的估计及目标设置的适当。员工主观的估计建立在两个条件上：其一是个人的能力、水平，当然也包括信心和决心；其二是目标实现的可能性，也就是设置的目标是否适当。

第三，建立完善的奖酬制度，使员工得到及时合理的奖酬。一般说来，员工取得了一定的成绩，总希望获得相应的报酬或奖酬，适当合理并且及时的奖酬或报酬，能使员工更加热情地投入工作中；反之，如果员工为企业做出了贡献，而没有获得有效及时的物质或精神奖励来强化，久而久之，那些被激发出来的工作积极性就会被抑制。

第四，奖酬必须最大限度地满足员工个人的需要。奖酬的合理性不仅体现在奖酬的公平性和及时性上，而且还体现在奖酬必须与被奖励者个人需要的满足相适应上。员工总希望通过奖励或报酬来满足自身的需要，而人与人的需要存在差异。同一种奖酬，对于不同员工而言，效价不同、吸引力不同，对员工的激励作用也就不同。所以，为了满足不同员工对奖酬内容的不同需要，企业主管可以列出奖酬内容的菜单，让员工自己选择。

第五，管理者应为员工提供表现的机会。如果员工处于一项不可能完成的工作中，或者他认为这项工作成功的可能性很小的时候，他们往往会认为缺乏自我表现的机会，也很难产生激发力量。因此，管理者对每个员工都应该有大概的了解，让每个员工都处于一个有可能产生较好表现的工作中，才能让每个员工都有所表现。

总之，期望理论提出了作为管理者如何产生激励、提高绩效的几点意见。这些意见主要是用来改善员工处境的并非是让管理者操纵员工的，是一种把员工的需要和目标与组织的需要及目标相结合的措施。

案例

和员工签订“期望协议”

某酒店效益连续三年跃升，人员流动率低，并创造了以人为本的管理文化。张经理认为，这主要归功于与员工签订了“期望协议”。

协议的价值在于“换位思考”。在此过程中，每一方都说出自己的目标，然后由他人再次重复目标。酒店鼓励新员工提出所有的期望。张经理认为，这个过程让员工说出他们心目中最重要的东西。例如，人们想灵活地处理家庭事务，照顾上了年纪的父母或者需要特殊照顾的孩子。

在这家酒店，“期望协议”是一个双向的，随员工的职业发展不断改进的文案，大约每六个月就要对它进行一次回顾，并进行修改。人们有较清晰的使命感，“公司知道你想去的地方，你也知道公司发展的方向”。

（二）洛克的目标设置理论

案例

分 组 行 军

三组人行军到 5 千米外的一个小村庄。

第一组：只告知行军到一个小村庄。

第二组：告知行军到 5 千米外的一个小村庄。

第三组：告知行军到 5 千米外的一个小村庄，并在行军途中每走完 1 千米要告诉行军者。

结果：

第一组：1 小时 30 分，怨声载道；

第二组：1 小时，先兴致勃勃，后无精打采；

第三组：45 分钟，一路上精神百倍，心情愉快。

试结合洛克的目标设置理论，分析三组人为何有不同的心理感受。

洛克的目标设置理论是从行为的目的性的角度对行为动机进行研究，它与目标管理有着密切的联系。目标设置理论是美国马里兰大学管理学兼心理学教授爱德温·洛克（Edwin Lock）于 1968 年提出的。他认为，在一个组织内，对于具有一定难度且具体的目标，一旦被接受，将会比容易的目标更能激发高水平的工作绩效。员工的绩效目标是工作行为最直接的推动力，目标设置是管理领域中最有效的激励方式之一。

1. 目标设置的意义

第一，目标引导行为。通过努力使注意力集中到特定的方向，可以提高任务的明确性，从而降低日常决策的不确定性。

第二，目标可以提供任务的挑战性，并且可以作为对个体、团体、部门和组织的业绩进行评价的标准。

第三，组织可以根据目标对各项任务的完成情况及资源利用情况，对员工进行公正而合理的评估。

第四，目标是组织设计的基础。目标所反映的都是员工和管理者认为很重要的事情，因此它可以提供一个对活动进行计划和控制的框架。

第五，目标具有组织功能。它是组织设计的基础，它在某种程度上决定了组织的沟通方式、权威关系、权力关系及劳动力的分配。

2. 主要内容

该理论认为设置工作目标是一种强有力的激励，是完成工作的最直接的动机，也是提高激励水平的重要过程。

目标能把人的需要转变为动机，使人们的行为朝着一定的方向努力，并将自己的行为结果与既定的目标相对照，及时进行调整和修正，从而实现目标。这种使需要转化为动机，再由动机支配行动以达成目标的过程就是目标激励。激励的效果受目标本身的性质和周围变量的影响。

洛克的目标设置理论模型主要由实现目标所做的努力、实现工作绩效和最后的满意感三部分构成（图 7-9）。

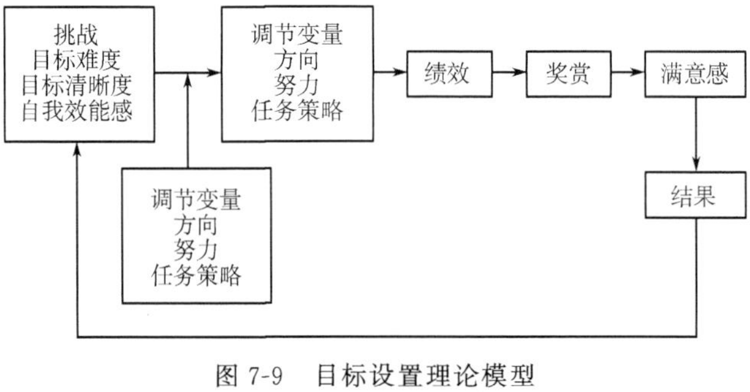

图 7-9　目标设置理论模型

在目标设置模型中有几个因素特别重要。

1）目标难度

目标越具挑战性，绩效水平越高。洛克的目标设置理论认为如果能力和目标的可接受性因素不变，目标越困难，绩效水平越高，一旦员工接受了一项艰巨的任务，他就会投入更多的努力，直到目标实现。

2）目标清晰度

明确的目标能提高员工的工作绩效。目标设置的具体明确要比笼统的目标“尽最大的努力”效果更好，具体的目标规定了员工努力的方向和强度，如一个销售人员在一个月内要销售 5 000 件产品，这个目标给他设置了一个要达到的具体目标，要比只有笼统目标“尽最大的努力”的销售员做得更好。也就是说目标的具体性本身就是一种内部激励因素。

3）目标接受度

设置的目标必须为个人所接受，被个人内在化。要使个人感到参与了目标制定的过程，感到目标是个人的投资和占有，鼓励下属为自己设置目标，把管理者的目标变成下属自己的目标，让下属关心和认同他。

4）自我效能感

自我效能感是指一个人对他能胜任一项工作的信心。自我效能感越高，对自己获得成功的能力就越有信心。事实情况是：在困难的情况下，具有高自我效能感的人会努力把握挑战，而自我效能感低的人则会降低努力或放弃目标；此外，高自我效能感的人面对消极反馈的反应是更加努力，而自我效能感低的人面对消极的反馈则可能是降低努力程度。

5）目标反馈

目标反馈能带来更高的绩效。如果人们在朝向目标的过程中能得到及时的反馈，人们会做得更好，因为反馈能帮助人们了解他们已做的和要做的之间的差距，也就是反馈引导行为。

6）目标参与性

洛克的目标设置理论认为在某些情况下，参与式的目标设置能带来更高的绩效。在一些情况下，上级指定目标时绩效更高，也就是参与目标不一定比指定目标更有效。但是，参与的一个主要优势在于提高了目标本身作为工作努力方向的可接受性，目标越困难阻力越大，如果人们参与目标设置，即使是一个困难的目标相对来说也更容易被员工接受。因此，尽管参与目标不一定比指定目标更有效，但参与使困难的目标更容易被接受。

要使目标能够影响组织成员的行为，目标应至少满足前三项重要标准。

3. 理论评价

1）理论贡献

洛克的目标设置理论注意研究和揭示人实现目标的生产、工作积极性与各种相关因素之间的规律性联系。因而，它对目标管理工作中如何设置高效的目标，具有很强的理论指导意义。

2）理论局限

自洛克于 1968 年提出目标设置理论以来，有力地证明了从目标设置的观点来研究激励是有效的。在这个领域已经取得了很多有意义的成果，这些理论成果也已应用到实际管理工作中，给实际工作带来了很大帮助。但是，在目标设置理论中还存在很多问题需要进一步的研究。

一是目标设定与内部动机之间的关系。一般认为，设定掌握目标比绩效目标更能激起内部动机，但这个过程也受到很多其他因素的影响，如被试成就动机的高低等。

二是目标设定与满意感的关系。如前所述，目标设定与满意感之间呈现一种复杂的关系。困难目标比容易目标激起更高的绩效，但它却可能导致更低的满意感。

三是一般认为反馈可以促进绩效的提高，但不同的反馈方式对绩效的作用也不一样。因此需要研究清楚如何进行反馈是最有效的。

四是目标设置难度大的副作用。按照理论来讲，目标设置的难度应该与职员的实际能力相适应，既不要过低又要有挑战性，但在实际运用中设定实施的往往都是难度较大的目标，而这会造成单位内部的弄虚作假、恶性竞争、内部凝聚力的涣散等弊病。实践证明，这往往是目标设置与绩效考核过程中需要关注且极难解决的问题。

五是目标设置困难。组织内许多目标难以定量化、具体化；许多团队工作在技术上不可分解；组织环境的可变因素越来越多、变化越来越快、组织的内部活动日益复杂，使组织活动的不确定性越来越大，这些都使组织的许多活动制定数量化目标是很困难的。

六是偏重短期目标。在目标管理方式的实施中，组织似乎常常强调短期目标的实现而对长期目标不关心。这种观念若深入所有组织成员的人心，对组织的长远发展是有害的。

4. 在管理中的运用

1）设置清晰、明确的目标

洛克的目标设置理论的研究表明，明确的目标比模糊的目标具有更大的激励作用，因此管理者或教师在给下属或学生布置任务时，应尽可能将目标明确化，以便使个体清楚地知道自己要做什么及做到什么程度。例如，语文教师在给学生布置预习作业时，如果简单地说“回去预习第五课的内容”，目标要求就太模糊了，学生根本不清楚在预习时要注意什么，是生字、段落、故事情节还是修辞技巧？因此，许多学生常常是将课文通读一遍了事，预习的效果可想而知。一个比较明确的预习目标可能是，“请大家回去以后，结合黑板上所列的问题预习第五课的内容，希望大家在书上找出这些问题的答案，明天上课时讨论”。

2）设置具有适当挑战性的目标

管理者应帮助下属设立具体的、有相当难度的目标，使下属认同并内化为自己的目标，变成员工行动的方向和动力。研究表明，困难的目标比容易的目标更有可能带来好的成绩。这是因为在人们看来，挑战性目标不仅给人们提出了较高的要求，而且也具有更大的争取价值，它促使人们付出更大的努力和坚持，进而取得较高的成绩水平。

不过，在设置挑战性目标时，应注意目标的难度要适宜，所设置的目标水平应该是个体经过一定的努力可以达到的。如果目标水平远远超出了个人实际能力的范围，那目标就设置的太难了。研究表明，过于困难的目标会降低个体完成任务的信心和对目标的承诺，不利于激发个体活动的积极性。

3）短期目标与长远目标相结合

在那些需要通过一系列活动才能完成的复杂任务中，除了整体的长远目标之外，还应给每一个系列的活动设置一个明确的近期目标，这样可以有效地提高个体的自我效能感和工作成绩。例如，一位主管让下属撰写一份较难的项目可行性报告，这是一项比较困难而且复杂的任务，如果直接要求下属一个月后交报告，那么肯定会发现许多下属的报告是仓促拼凑的。若将这个任务分解，用一系列近期目标的设置来引导下属的工作，如先让下属交一份报告的提纲，然后交一份写作的细纲，列出报告的要点……那么最后下属提交的研究报告的质量会基本达到要求，同时也增强了下属以后完成此类报告的信心。

4）提供及时的反馈信息

信息反馈是管理中的重要环节，运用目标理论，通过设置、核查目标，使员工了解组织和个人的目标，并随目标的实现进程不断予以反馈，实施反馈控制。在提供反馈和奖励时，应当突出反馈的信息功能，强调提供反馈的目的是为了让个体了解自己所取得的成绩和工作的进展情况，为下一步的活动内容和方向提供一个参照，而不应过多强调外界的要求和期望，使个体产生一种被操纵和控制的感觉，降低个体从事活动的积极性和主动性。

5）要求个体做出目标承诺

在设置目标激励个体活动积极性的过程中，仅仅确立目标和提供反馈是不够的，如果个体没有承诺要完成该目标，那么上述策略就无法取得良好的激励效果。只有当个体看中一个目标，决心要实现一个目标时，才会在活动中有较大的投入。因此做出目标承诺是保证目标激励作用的一个必要条件。

一般来说，个体对那些有价值的、可能实现的和权威认可的目标有较高的承诺。另外，如果个体参与了目标设置的过程，并且公开声明了自己所要达到的目标水平，那么个体对目标的承诺水平也会提高。因此，一些公司往往在年初的时候，要求员工自己决定年度工作目标并签字确认，然后在年终时对照所定的目标实施奖励，这样做可以取得很好的激励效果。

（三）亚当斯的公平理论

公平理论是美国心理学家斯戴西·亚当斯（J. Stacy Adams）于1956年提出的，是一种关于社会比较的激励理论，目前已成为一种重要的过程型激励理论。它重点研究当某一个体与他人比较时，他对自己得到的待遇所感受到的公平程度。公平理论认为，人与人之间客观上存在着相互比较和社会比较，其结果必然在人们心理上产生公平或不公平的问题。

在亚当斯之前，赫茨伯格也曾经发现这样一个现实：在引起人们工作不满意感的因素之中，提到最多的就是不公平的感觉。但是，赫茨伯格对这种发现的关注很少，而亚当斯却把这种对合理、公正、公平的渴望作为研究的重点。

案例

愤怒的小李

小李当年从重点财经大学毕业，获得会计学位。在参加了许多招聘单位的面试后，她选择了全国最大的一家会计公司中的一个职位，并被派到驻广州办事处。小李对她所得到的一切很满意：名声显赫的大公司中的一份具有挑战性的工作，获得重要经验的良好机会，会计专业毕业生所能得到的最高工资，当年月薪3 500元。小李是班上成绩最好的学生，获得相应的高工资是预料之内的事。

小李已经工作了一年，工作是令她满意的，公司对她的表现也极其满意，而且她最近得到了每月500元的加薪，但小李的工作积极性却在最近几周急速下降，为什么呢？她的公司刚刚雇用了一个普通大学的毕业生，此人缺少一年的工作经验，工资却是每月4 100元，比小李还多100元。

除了愤怒，用其他任何语言都无法描述小李现在的状态，小李甚至说要另找一份工作。

试结合亚当斯的公平理论，分析小李为何会有愤怒的心理感受。

1. 主要内容

1）公平是激励的动力

亚当斯的公平理论认为，人能否受到激励，不仅由他们得到了什么而定，还与他们所得与别人所得是否公平而定。

2）公平理论方程式

一个人对他所得的报酬是否满意不仅看其绝对值，还会进行比较，看其相对值。每个人都会把个人的报酬与贡献率同他人的比率进行比较，若比率相等，则认为公平，感到满意，从而心情舒畅，努力工作；否则就会感到不公平、不合理，从而影响工作情绪。这种比较还包括与自己过去的报酬与贡献率做比较。

亚当斯用一个公平理论方程式来说明他的理论。设当事人 A 和被比较对象 B，则当 A 感觉到公平时有下式成立，如下所示：

$$\frac{O_{\mathrm{A}}}{I_{\mathrm{A}}}=\frac{O_{\mathrm{B}}}{I_{\mathrm{B}}}$$

其中，O（output）为产出（报酬），包括工资、资金、晋升、津贴和地位等；I（input）为投入（贡献），包括工作时间、数量与质量、技术水平和努力程度等；O_{A} 为 A 对所获报酬的感觉；O_{B} 为 B 对他人所获报酬的感觉；I_{A} 为 A 对个人所做投入的感觉；I_{B} 为 B 对他人所做投入的感觉。

当上式为不等式时，可能出现以下两种情况。

（1）当 $O_{\mathrm{A}}/I_{\mathrm{A}} < O_{\mathrm{B}}/I_{\mathrm{B}}$ 时，产生不公平感（愤怒感）——行为改变。

在此情况下，他可能会要求增加自己的收入或减小自己今后的努力程度，以便使左方增大，趋于相等；第二种方法是他可能会要求组织减少比较对象的收入或者让其今后增大努力程度以便使右方减小，趋于相等。此外，他还可能另外找人作为比较对象，以便达到心理上的平衡。

（2）当 $O_{\mathrm{A}}/I_{\mathrm{A}} > O_{\mathrm{B}}/I_{\mathrm{B}}$ 时，产生不公平感（负疚感）——行为改变。

在此情况下，他可能会要求减少自己的报酬或在开始时自动多做些工作，但久而久之，他会重新估计自己的技术和工作情况，终于觉得他确实应当得到那么高的待遇，于是产量便又会回到过去的水平了。

除了横向比较之外，人们也经常做纵向比较，即把自己目前投入的努力与目前所获得报偿的比值，同自己过去投入的努力与过去所获报偿的比值进行比较。只有相等时他才认为公平，如下式所示：

$$\frac{O_P}{I_P}=\frac{O_H}{I_H}$$

其中，O_P 为自己对现在所获报酬的感觉；O_H 为自己对过去所获报酬的感觉；I_P 为自己对个人现在投入的感觉；I_H 为自己对个人过去投入的感觉。

当上式为不等式时，也可能出现以下两种情况。

（1）当 $O_P/I_P < O_H/I_H$ 时，产生不公平感 —— 行为改变。当出现此种情况时，人也会有不公平的感觉，这可能会导致工作积极性下降。

（2）当 $O_P/I_P > O_H/I_H$ 时，不会产生不公平感——认为是理所当然。当出现此种情况时，人不会因此产生不公平的感觉，但也不会觉得自己多拿了报偿，就会主动多做些工作。

调查和试验的结果表明，不公平感的产生，绝大多数是由于经过比较认为自己目前的报酬过低而产生的；但在少数情况下，也会由于经过比较认为自己的报酬过高而产生。

3）不公平时采取的措施

当人们受到不公平待遇时，在心里会苦恼，呈现出紧张不安，导致行为动机下降，工作效率下降，甚至出现逆反行为。因此，个体可能会采取以下措施。

一是改变自己的投入。员工通过增加或减少其投入以达到其所认为的公平水平（如不再那么努力）。

二是改变自己的产出。员工通过增加薪水或提高身份的方式，试着改变产出，从而恢复公平感（如降低质量只单纯增加产量）。

三是调整自我认知。通过调整自我认知，自圆其说，达到自我心理平衡（如原来发现自己做得比其他人努力多了）。

四是改变他人的投入或产出。说服他人（“参照人”）减少投入以达到心理平衡。

五是改变“参照人”。通过选择一个新的参照对象，来减少产生不公平感觉的根源，包括提高或降低“参照人”的参照标准，选择投入成果比率比“参照人”高或低的人作为“参照人”（如比上不足，比下有余）。

六是离开工作场所。员工可能离开现有环境，寻找新的更公平的环境（如辞职，掉换工作）。

4）公平理论的结论

一是具有激励作用的报酬包括绝对数量和相对数量，一旦有了不公平感，前者乃至它的存在本身对满意与激励已不起作用，起作用的是对比中的后者。

二是对大多数人而言，公平与不公平是当事人的主观臆断，而不是依靠客观标准。

三是亚当斯认为恢复公平感的途径有改变投入与产出、改变参照对象、改变认知等。

2. 与弗隆姆的期望理论的联系

弗隆姆的期望理论与亚当斯的公平理论各自强调激励的不同方面。

第一，弗隆姆的期望理论认为员工是理性的，他们在从事工作之前会对报酬的意义进行估价，员工们的工作业绩好坏将部分取决于其期望值。

第二，亚当斯的公平理论认为个体是通过将自己与类似情境中的他人进行比较以判定是否公平。

上述两种理论都强调了报酬的作用及个体的决策形成过程。

3. 理论评价

1）理论贡献

亚当斯的公平理论的有效性，曾为许多研究所验证。该理论在西方企业界流传较广，这说明它有科学性的一面。

第一，亚当斯的公平理论指出一个重要现象：人与人之间客观上存在着社会比较和历史比较，人们心理上必然会产生公平与不公平的问题，这种客观存在的心理现象，应引起每个企业管理者的高度重视。

第二，亚当斯的公平理论假设的是分配上的公正性，是以人们的贡献多少与其所获得的报酬相当为基础的，这种假设采用的是贡献率，是符合实际的，值得每个企业管理者在处理分配问题时借鉴。

2）理论局限

第一，亚当斯的公平理论关于员工对报酬过高所做出的反应等观点是有争议的。此外在实验室条件下的研究结果与实际工作环境中能否取得一致，有待做更多的研究。

第二，在西方资本主义条件下，衡量公平还是不公平，是以个人得失、金钱关系为标准的。在社会主义条件下，则提倡先公后己，为人民服务，所以存在着不同的比较基础，这说明该理论还不具有普遍性。

第三，亚当斯的公平理论认为，公平与不公平往往来源于个人的感觉，而人们在心理上又往往产生过高估计别人的报酬，过低估计别人的贡献量的倾向，容易出现感觉上的误差，对企业和个人都会带来不利的影响。

4. 在管理中的运用

第一，重视员工的公平感。亚当斯的公平理论强调公平对激励效果及人们行为的重大影响，要求组织以尽可能公平的方式对待每一个员工，并且让每一个员工感受到组织对他们的真正公平。对组织内的所有员工都应一视同仁，给予他们公正的报酬和待遇，按劳付酬，按贡献和业绩进行奖励和评价。

第二，引导员工正确地认识和对待公平。在组织内，公平是有效率的公平，是激发人们努力向上的公平，不是相互攀比、相互拉扯的公平，不是绝对的简单的公平。要在组织内建立比能力、比贡献、比绩效、比投入的积极向上的风气，把公平建立在促进组织发展上。同时，要引导员工正确选定“参照人”，确定合理的参照标准和系数。

第三，要从组织的全局来给予员工报酬，激励员工。公平和不公平的感觉来自社会的比较过程，管理人员对某成员的待遇，不但会影响特定的成员，而且也会影响组织内与该成员有接触的其他人。因此，管理者在设计奖励方案和报酬待遇时，要通盘考虑组织内各岗位的所有成员的状况，考虑每个人的投入、岗位特点及相关职位和岗位人员的情况，并把每个人的投入情况进行量化、公开，便于员工正确比较。

第四，公平理论对报酬分配的建议。

一是按时间付酬时，收入超过应得报酬的员工的生产率水平，将高于收入公平的员工。按时间付酬能够使员工生产出高质量与高产量的产品，以增加自己收入—付出比率中的付出额，保持公平感。

二是按产量付酬，将使员工为实现公平感而加倍努力，这将促使产品的质量或数量得到提高。然而，数量上的提高只能导致更高的不公平，因为每增加一个单位的产品导致了未来的付酬更多，因此，理想的努力方向是指向提高质量而不是数量。

三是按时间付酬，对于收入低于应得报酬的员工来说，将降低他们的生产数量或质量。他们的工作努力程度也将降低，而且相比收入公平的员工来说，他们将减少产出数量或降低产出质量。

四是按产量付酬时，收入低于应得报酬的员工与收入公平的员工相比，他们的产量高而质量低。在计件付酬时，应对那些只讲产品数量而不管质量好坏的员工，不实施任何奖励，这种方式能够产生公平性。

拓展阅读

公平不是绝对的

每个人都有自己的感受，有自己的喜好，因此，就不能保证一个人对其他任何人都公平对待。

如果有绝对的公平，那就很难解释：为什么地球上的土地有贫瘠与肥沃之别；为什么非洲人民生下来要面对干旱、饥饿，而美国人民则享受文明、自由？面对生来就不公平的环境来讨要所谓的“公平”本身就不现实。

人们因出身背景不同，生长环境不同，受教育程度不同，对公平的理解会千差万别，公平只是相对的概念。例如，在计划经济体制下，大家认为平均就是公平，但结果如何呢？员工缺乏积极性，企业亏损，因为“平均主义”的所谓公平就是对工作积极员工的最大不公平。

人的十个指头都不一样长，又怎能要求在复杂的社会中，处事待人的绝对公平呢？

三、行为改造型激励理论

行为改造型激励理论着重研究外在的行为结果对人的行为的影响，即人的行为是否受到激励而得到矫正与改造，认为受到激励的行为就会倾向于反复出现。这种类型的理论在实际中应用简便，又行之有效。通过对下面两个理论的学习，不仅有利于管理者更好地激励员工，也有利于个人更好地从挫折中学习和成长，并使自己的行为更加完善。

（一）亚当斯的挫折理论

挫折理论是由美国心理学家斯戴西·亚当斯（J. Stacy Adams）提出的。该理论主要研究阻碍人们发挥积极性的各种因素挫折产生的原因、表现及应对的方法。亚当斯的挫折理论主要揭示人的动机行为受阻而未能满足需要时的心理状态，并由此而导致的行为表现，力求采取措施将消极性行为转化为积极性、建设性行为。

案例

小张的变化

青年小张平时工作热情比较高，工作也较有成效。但有一次她骑自行车带母亲外出办事时，发生了车祸，母亲不幸死亡，这使她精神上受到严重打击，和以前判若两人。事情虽已过去了半年，但她的情绪总是很低沉，工作提不起精神，经常出差错。

单位领导通过调查发现，小张这半年来情绪一直很沮丧。除了由于意外事故引起的悲痛外，还有其他原因。她家住农村，奶奶和邻居都很迷信，说她是“丧门星”；另外，她每天上下班都要路过出事地点，等于天天受刺激，事过境未迁。

针对这种情况，单位领导在集体宿舍为她安排了床位，并经常与她谈心并开导她；业余时间还有意识地让她参加一些集体活动，多与其他年轻同事接触。这样，她基本上摆脱了过去的情绪环境，置身于一个温暖的集体中，脸上渐渐又有了笑容，精神又开朗了，工作干劲也恢复了。

试结合亚当斯的挫折理论，谈谈你对小张变化前后的感受。

1. 挫折内涵

1）挫折的定义

挫折是个含糊的概念，可以看成外部的条件，也可以看成人们对各种条件的反应。挫折是指人类个体在从事有目的的活动过程中，指向目标的行为受到障碍或干扰，致使其动机无法实现、需要无法满足时所产生的情绪状态。个人的心理发展层次、认识问题的方法、成功的标准是不同的，对挫折的感受也不同。

如果人们在通向目标的道路上遇到了障碍，那么就会产生以下三种情况。

第一种情况：改变行为，绕过障碍，达到目的。

第二种情况：如果障碍不可逾越，可以改变目标，从而改变行为的方向。

第三种情况：在障碍面前无路可走，不能达到目标，正是在这种情况下，人们才会产生挫折感。

2）挫折的特征

一是客观性。挫折是普遍存在的一种社会心理现象，任何人的一生都不可能是一帆风顺的。因为客观事物不仅纷繁复杂，而且在不断地发展变化着，人们对它的认识需要有一个不断深化的过程；同时，要达到目标也要有一个积聚力量、创造条件的过程，所以在这些过程中碰钉子是在所难免的，总会遇到一些障碍和干扰。

二是双重性。挫折既是坏事，也是好事。挫折一方面使人失望、痛苦；使某些人消极、颓废，从此一蹶不振；或引起粗暴的消极对抗行为，导致矛盾激化；另一方面，挫折又给人以教益，它能使犯错误者觉醒，认识错误，接受教训；它能砥砺人的意志，激励人发奋努力，从逆境中奋起。

挫折的上述两重性是对立统一的，共存于挫折的统一体之中，又能在一定条件下相互转化。我们经过主观努力，吸取教训，可以把坏事这一面转化为好事，化消极因素为积极因素；反之，好事也难以办成，积极因素也可能变成消极因素。

三是差异性。因主观的心理感受、人的心理发展层次、认识方法不同，对挫折的感受程度也不一样。一方面，面临同样的挫折和考验，不同的人有不同的挫折感受，会做出不同的反应；另一方面，对同一个人，在不同的时间，对不同的事，构成的挫折的因素不同，挫折的容忍力也不一样。

2. 挫折的形成原因

形成挫折的原因是多方面的，有的是由外因引起的，有的是由内因引起的，有的由内外因共同作用造成的。但总的来说，不外乎客观因素和主观因素。

客观因素引起的挫折，也称为环境起因挫折，是指受自然环境和社会环境的影响而产生的挫折。自然环境主要是指个人能力无法克服的自然因素，如天灾、人祸、衰老、病死等。人和自然的关系是适应和改造的关系，人一方面适应自然环境，另一方面改造环境。随着人们对自然认识的不断深化和改造自然能力的不断加强，在挫折中自然环境的因素会越来越少。社会环境因素主要是指个人在社会生活中所遭到的政治、经济、道德、宗教、风俗习惯、人际关系等人为因素的限制，由此造成的挫折情况比较复杂，挫折造成的影响也比自然因素大。例如，人际关系不太协调、工作岗位不能使人们充分发挥才能、教育方法不当、管理方法不妥、具体政策失误、不良的物理环境等，都可能成为挫折的原因。

主观因素引起的挫折，称为个人起因的挫折。这里又可分为个人生理和心理上的条件与需要发生冲突的两种情况。个人生理因素是指个人具有的智力、能力、容貌、身材及某些生理上的缺陷所带来的限制，这种缺陷导致个人不能胜任某种工作、工作中遭到失败等。心理上的原因更为复杂，如需要的冲突因素也是造成挫折的原因。这是指个人在日常生活中，经常产生两个或两个以上的，这时又很难决定哪一个需要是最强烈的，因而产生难以决策的心理状态。同样，当个人欲望和集体需要发生冲突、理想和现实发生冲突、集体中的相互协作与竞争发生冲突时，都可能造成挫折。一个人在心理上是否体验到挫折，是同他的抱负水平密切相关的。抱负水平是指一个人对自己所需达到的目标规定的标准，一个人的自我估计、期望水平常常是造成挫折的重要原因。如果一个人的自我评价太高，期望水平常常超出个人的实际水平，就会目空一切，自不量力，追求一些根本无法实现的目标，这就必然会造成挫折。

3. 个人对挫折的容忍力

人经常会遇到挫折。人们对挫折的反应往往不同，这是由于不同的人对挫折的适应能力不同，这种对挫折的适应能力称为挫折容忍力。

不仅每人的容忍力有所不同，而且对同一个人来说，对待不同问题的容忍力也不相同。挫折容忍力的强弱，与以下因素有关。

第一，生理因素。一个身体健康、发育正常、意志坚强的人比一个体弱多病，生理上有缺陷而意志又比较薄弱的人的容忍力强。

第二，具有正确的人生观、远大的理想、坚强的意志的人对挫折的容忍力强。

第三，社会经验多、阅历丰富、生活中历尽艰辛的人比一帆风顺、缺乏锻炼的人容忍力强。容忍力是可以通过锻炼和学习获得的，一个从小娇生惯养的人，很少遇到挫折，或遇到挫折就回避，这种人的挫折容忍力必然很弱。

第四，对挫折的知觉判断。由于每个人的思想境界不同、经验不同，即使客观的挫折相同，挫折对个人的影响或造成的结果也不同。

第五，对预见中的挫折与对未预见的挫折的容忍力不一样。对预见中的挫折，人有思想准备，比较容易对待；对突发的、随机的挫折，人往往缺乏思想准备，其容忍力就可能较弱。

4. 挫折的行为表现

个体遭受挫折后必然会有所表现，以解脱挫折对自己带来的心理烦恼，减少内心的冲突与不安，主要有积极的、消极的与妥协的三种行为表现形式。

首先是积极的行为。这类行为是对挫折的理智性对抗行为，它是在理智的指导下采取的行为，具体表现形式有以下几种。

（1）增强努力。其是指个体在追求某一目标受挫时，不放弃原有目标，而是更加努力，尝试通过其他方法和途径，最终达到既定目标。

（2）升华。它常见于个体遇到挫折后，将敌对、愤懑等消极情绪转化为前进的动力，从而取得更高的成就。

（3）补偿作用。当个体所追求的目标受到挫折时，或因个人的缺陷而遭受失败时，则改变方向，以其他能获得成功的活动代替，弥补因失败而丧失的自尊和自信，统称为补偿作用。

（4）改变策略再作尝试。当发现目标无法实现时，个体或者降低目标或者重新选择达到目标的方法。

其次是消极的行为。这是一类非理智的对抗行为，有以下几种形式。

（1）攻击。人们受到挫折后，某些人往往在思想上产生强烈的“委屈感”。受挫者对阻碍达到目标的人或物采取一种非理智的、消极的、带有破坏性的公开对抗行为。

（2）倒退。其是指人们受到挫折时会表现出与自己的年龄不相称的幼稚行为。倒退的一种表现形式是受暗示性。受暗示性最经常的表现是人们受挫折后会盲目地相信别人、盲从地执行某个人的指示。在日常工作中，倒退现象表现为不能控制自己的情绪，盲目地追随某个领导人，缺乏责任心，无理取闹，毫无由来的担心，轻信谣言等。

（3）固执。个体遇到挫折时，需要有一种随机应变的能力，才能解决所遇到的问题。所谓固执，通常是指被迫重复某种无效的动作。尽管反复进行某种动作并无任何结果，但仍继续这种动作，而且不容易被改变。从表面上看，固执与正常的习惯非常相似，但当设法改变固执和正常的习惯时，会看出它们之间的明显区别。如果习惯的行为不能满足人的需要，或受到惩罚时，会改变习惯的行为。相反，在这种情况下，固执行为不仅不会改变，而且会更加激烈。因此，惩罚对人可能有两种完全不同的效果，它可能成为挫折的起因，从而产生固执的行为，也可能是改变不良习惯的手段。正因为惩罚有两种效果，所以，在使用惩罚手段时要特别谨慎，否则会产生事与愿违的结果。

（4）冷漠。当一个人受到挫折后，压力过大，无法攻击或攻击无效，或因攻击而导致更大的痛苦时，于是压制自己的愤怒情绪，采取冷漠行为。从表面上看，似乎对挫折情境漠不关心，表现出冷淡退让，但实际上内心可能更加痛苦，严重者将变成抑郁型精神病人。

（5）厌世情绪。个体遭到严重的挫折后，其容忍力极小，在未得到周围人们的帮助时，就会产生厌世轻生的念头，有的人甚至会自杀。在 20 世纪 80 年代，我国有少数炒股票的商人，就因为承受不了股票大跌带来的巨大经济损失，而选择跳楼自杀。

最后是妥协的行为表现。这类行为既不具有积极意义，也不具有消极意义，而是采取一种折衷的办法来对待所遇到的挫折，以消除心理上的不平衡。妥协的行为表现有以下几种形式。

（1）自我安慰。人们在受到挫折后会想出各种理由原谅自己或者为自己的失败辩解，此方法类似于我们平常所说的“阿 Q 精神”，即精神胜利法。

（2）投射作用。一个人把自己身上存在的不良品质强加于别人身上就是投射作用的表现。把自己的不良品质投射到别人身上，会减轻自己的内疚、不安和焦虑，投射作用有时是一种无根据的反应。

（3）替代作用。当个人所确定的目标与社会的要求相矛盾时，或者受到条件的限制而无法达到时，他会设法制定另一个目标取代原来的目标，这就是替代作用，也叫替代反应。替代作用又称为“补偿作用”，即一个人在一种活动范围中遭受了挫折，就在另一种活动范围中谋求成功，以求得补偿。补偿作用具有积极性，使受挫者在困境中修改目标。

（4）表同作用。表同作用与投射作用完全相反，投射作用是把自己的不良品质强加给别人，而表同作用是指把别人具有的，使自己感到羡慕的品质加到自己身上。这往往表现为模仿别人的言行举止，以别人的姿态风度自居，从而求得一些间接的光荣，借此以减少挫折的影响。显然，人们受挫折后所产生的表同行为并不是坏事，可以成为战胜挫折的有效措施。

（5）压抑作用。当一个人受到挫折之后，用意志力量压抑住愤怒、焦虑的情绪反应，表现出正常的谈笑自若的情绪状态，这种做法虽然可以减轻焦虑，获得暂时的安静，但并不能解决根本问题。同时，情绪长期受到压抑，对人的身心健康会带来很大危害。

5. 消除员工挫折感的方法

人们受到挫折后，会产生上述反应中的一种或几种，不管哪一种反应都不能从根本上消灭挫折。但是，了解受挫折后可能出现的行为表现，可以帮助我们有效地预测行为，进一步控制行为。

（1）提高人们对挫折性质的认识，增强挫折容忍力。挫折是一种社会现象，它具有客观性和两重性。个体面对挫折时要冷静地分析原因，总结经验教训，正确地对待，要有百折不挠的精神，锻炼自己顽强克服困难，战胜挫折的意志力。

（2）对受挫折者的攻击行为应采取宽容的态度。一般不应采取针锋相对的反击措施，要把受挫折者看做一个需要帮助的人，这样才能创造一种良好的解决问题的氛围。

（3）改变引起挫折的情境。这是应付挫折的有效方法之一。对于犯错误的人要创造一种情境，使他们感到集体的温暖，感到自己不会受到集体的排斥，是集体的一个成员。还要把受挫折者调离造成他不幸的环境，免得他触景生悲。在企业中，要对管理人员进行处理人际关系的训练，这样也可以避免造成使职工受挫折的情境。

（4）采取精神发泄方法。管理者设法创造一种情境，使受挫折者自由地表达他们内心压抑的情感。因为受挫折者处于挫折情境中往往以紧张的情绪反应代替理智的行为，只有当这种紧张的情绪发泄出来，才能慢慢地恢复理智的状态。

（二）斯金纳的强化理论

案例

让员工敲锣

台湾有一家公司，在公司的大厅里，装置了一个大铜锣，只要业绩突破 100 万新台币的人，就可以去敲它一响，突破 200 万则敲它两响，依次类推去。

该公司的办公室，紧临着大厅，所以，只要这个铜锣被敲，它的声音马上会传入办公室内，也等于是告知全办公室内的人，有人业绩突破了百万大关了，当这位敲锣的同仁步入办公室的同时，所有的人又都会起立鼓掌，给予他英雄式的欢呼。

据该公司管理部门有关人员表示，这种被大家鼓掌欢呼的场面，是很有面子的一件事，当然，谁都希望自己是下一个敲锣者，可以接受大家的欢呼，不过，想要敲响它，首先是要把业绩给做好，这正是该公司装置这个大铜锣的目的。

企业的激励手法，是没有一定的标准模式可寻的，只要它能发挥鼓舞士气的作用，就是一种好的激励手法。

试结合斯金纳的强化理论，分析台湾公司敲锣激励法的创意。

1. 主要内容

1）强化的概念

强化的概念最早是由俄罗斯生理学家巴甫洛夫在研究条件反射时提出的。在条件反射形成以后，为了防止条件反射消退，必须随时伴以无条件刺激物（食物），这就是强化。但是在巴甫洛夫古典条件反射学说中，强化仅仅是巩固条件反射的一种手段。美国心理学家斯金纳（B. F. Skinner）对强化的概念做了系统的论述。他完全抛弃了内驱力、需要、本能、期望等主观概念，仅仅从外部、外显行为和环境等方面提出了强化理论，也称操作性条件反射论。

强化是指随着人的行为发生的某种结果会使以后这种行为发生的可能性增大。也就是说，无论是人或者动物都会采取一定的行动，当行动的结果对他有利时，他就会趋向于重复这样的行为；当行为的结果对他不利时，这种行为就会趋向于减弱或者消失。

强化理论只讨论刺激和行为的关系。斯金纳认为人类的行为可以用过去的经验来解释，人们会通过对过去的行为和行为结果的学习，来影响将来的行为。因此，人们会凭借以往的经验来“趋利避害”，这种情形在心理学中被称为“强化”，因此该理论被称为强化理论。它对人的行为的影响，是通过行为的后果反馈给行为主体这种间接的方式来实现的。人们可根据反馈的信息，主动适应环境刺激，不断地调整自己的行为。

2）强化的类型

在管理中，强化有四种不同的形式，如表7-5所示。

表7-5　四种不同的强化形式

事件	令人愉快或所希望的事件	令人不愉快或不希望的事件
事件的出现	正强化 （行为变得更加可能发生）	惩罚 （行为变得更不可能发生）
事件的取消	消退 （行为变得更不可能发生）	负强化 （行为变得更加可能发生）

（1）正强化。其是指用某种有吸引力的结果，使员工好的行为重复出现。这些行为一般都是管理者所期盼的，符合组织目标的行为。正强化的刺激物不仅仅是金钱和物质，表扬、改善工作条件、提升、安排承担挑战性工作、给予学习提高的机会等都能给个人提供某种满足，因此这些都可能成为正强化的刺激物。正强化可以是连续的、固定的，也可以是间断的、时间和数量不确定的。

（2）负强化。通过预先告知什么行为将引起不良后果，让员工避免它的发生。例如，一个对工作感到厌烦的工人会在车间主任巡视车间时努力工作，他之所以努力工作是为了避免受到车间主任的批评。

（3）消退。对员工的某种行为不予理睬，表示否定的态度，从而减少这种行为的发生。

（4）惩罚。用带有强制性和威胁性的结果，如批评、降薪、罚款、开除等对待那些不符合组织目标实现的行为，以使这些行为削弱直至消失。惩罚一般采用连续的方式。

3）强化程序

强化的程序有连续强化和间断强化两类。连续强化是指每一次理想行为出现时都给予强化；间断强化是指并非对每一次的理想行为都给予强化。间断强化可分为固定间隔强化、固定比率强化、可变间隔强化和可变比率强化四种（表7-6）。

表7-6　间断强化程序的比较

程序	报酬形式	绩效影响	行为影响
固定间隔强化	根据固定时间付酬，如月薪、年薪	导致平均绩效	行为迅速消退
固定比率强化	根据具体反应数量付酬，如计件工资	导致很高稳定绩效	行为中速消退
可变间隔强化	多种时间段后付酬，如不定期发奖	导致中高稳定绩效	行为缓慢消退
可变比率强化	仅给某些反应付酬，如销售某物的不定数量发奖	导致很高绩效	行为极慢消退

2. 理论评价

1）理论贡献

第一，为预知与控制人类行为提供了一个操作性的角度。斯金纳之前的心理学理论皆关注心理现象的内在方面，将心理现象看做一个“暗箱”，都认为心理现象是不可预知或难以预知的；而斯金纳的强化理论描述了行为的可操纵性，从而极大地提高了人们预测和控制有机体（从老鼠到人）的能力。

第二，为社会及工作行为的培训、教育及人类社会化因素的培养形成，提供了心理学理论上的依据。例如，新加坡的社会治理效果、儒家思想文化在中国人性格上的传承、印度种姓制度的顽固等，都是强化理论在社会制度实践中的实证。

第三，斯金纳的强化理论有助于对人们行为的理解和引导。因为，一种行为必然会产生一种后果，而这些后果在一定程度上会决定这种行为在将来是否重复发生。那么，与其对这种行为和后果的关系采取一种碰运气的态度，倒不如加以分析和控制，使大家都知道应该有什么后果更好，这并不是对职工进行操纵，而是使职工有一个最好的机会在各种明确规定的备择方案中进行选择。因而，斯金纳的强化理论能被广泛地应用在激励和人的行为的改造上。

2）理论局限

斯金纳的强化理论将凡有结果的行为，都归之于强化的作用，即使找不出直接的强化作用，也可以用间接的、二级的甚至更高级的、继发性的强化作用来解释，但即使如此其理论往往也难以尽然解释很多心理现象。特别是强化理论认为人们的工作行为都是通过各种直接或间接奖惩措施而学习、训练与社会经验的结果，因而其也就难以解释以下问题。

第一，人们某些天生的行为能力，如婴儿天生会吮吸母乳、简单的逻辑推理能力（如婴儿能通过自动和人动等去推理出动物和其他事物的区别）、在言语技能上超过其他动物的学习掌控能力、天生的美感追求等近乎本能的行为都是怎么来的？

第二，人们为什么既会有一些对真理的坚持（如布鲁诺对日心学说的坚持）、自我实现（如司马迁作史记）、坚守信念（如红军长征）、追求公正公平、对科学真理的探求研究（如爱迪生对灯泡的研究过程）等不计代价、百折不挠的行为，又会有一些赌博、吸毒、网瘾等屡教不改的恶习？

第三，为什么有些人在某种状况下会有一些以抑制克服自我心理冲动为特征的、计较得失的、非习惯性的，甚至违背其日常性格行为特点的纯理智性的行为。而相反另外一些人会有一些不计利害得失的、具有性格色彩的非理智性行为。在我们肯定了理智行为和非理智行为这两种相互矛盾状况不可能都是强化结果的前提下，那么到底理智性的行为和非理智性的行为哪一个才是强化的结果呢？

斯金纳的强化理论只讨论外部因素或环境刺激对行为的影响，忽略人的内在因素和主观能动性对环境的反作用，如果我们不加批判地将其奉为真理，那就等于承认“守株待兔”精神的正确性，将某些偶然性当做必然性来对待；否定“失败乃成功之母”的训诫，将磨难不是当做财富而是作为负担来看，而实践也表明：斯金纳的强化理论对某些简单的操作反应，如在驯化动物、知识学习、儿童行为教育、弱智及在特定的条件下的行为矫正中，可以得到相当的效果；当应用到常态的成年人行为干涉中，当人们思维中的对成败因素的主观思维判断、预期期望意识、本能欲望倾向等占了上风时，斯金纳的强化理论往往就不适用了。

3. 在管理中的运用

对斯金纳的强化理论的应用，要考虑强化的模式，并采用一整套的强化体制。强化模式主要由“前因”、“行为”和“后果”三个部分组成。“前因”是指在行为产生之前确定一个具有刺激作用的客观目标，并指明哪些行为将得到强化，如企业规定车间安全生产中每月的安全操作无事故定额。“行为”是指为了达到目标的工作行为。“后果”是指当行为达到了目标时，则给予肯定和奖励；当行为未达到目标时，则不给予肯定和奖励，甚至给予否定或惩罚，以求控制员工的安全行为。

在实际应用中，关键在于如何使强化机制协调运转并产生整体效应，为此，应注意以下五个方面。

第一，应以正强化方式为主。在企业中设置鼓舞人心的安全生产目标，是一种正强化方法，但要注意将企业的整体目标和员工个人目标、最终目标和阶段目标等相结合，并对在完成个人目标或阶段目标中做出明显绩效或贡献者，给予及时的物质和精神奖励（强化物），以求充分发挥强化作用。

第二，采用负强化（尤其是惩罚）手段要慎重。负强化应用得当会促进安全生产，应用不当则会带来一些消极影响，可能使人由于不愉快的感受而出现悲观、恐惧等心理反应，甚至发生对抗性消极行为。因此，在运用负强化时，应尊重事实，讲究方式方法，处罚依据准确公正，这样可尽量消除其副作用，将负强化与正强化结合应用一般能取得更好的效果。

第三，注意强化的时效性。采用强化的时间对于强化的效果有较大的影响。一般而言，强化应及时，及时强化可提高安全行为的强化反应程度，但须注意及时强化并不意味着随时都要进行强化。不定期的非预料的间断性强化，往往可取得更好的效果。

第四，因人制宜，采用不同的强化方式。由于人的个性特征及其需要层次不尽相同，不同的强化机制和强化物所产生的效应会因人而异。因此，在运用强化手段时，应采用有效的强化方式，并随对象和环境的变化做相应调整。

第五，利用信息反馈增强强化的效果。信息反馈是强化人的行为的一种重要手段，尤其是在应用安全目标进行强化时，定期反馈可使员工了解自己参加安全生产活动的绩效及其结果，既可使员工得到鼓励，增强信心，又有利于及时发现问题，分析原因，修正所为。

各种激励理论的比较总结如表 7-7 所示。

表 7-7 激励理论类型总结

激励理论类型	侧重点	代表理论
内容型激励理论	激励的起点	马斯洛的需要层次理论、阿尔德弗的 ERG 理论、赫茨伯格的双因素理论、麦克利兰的成就需要理论
过程型激励理论	激励的过程	弗隆姆的期望理论、洛克的目标设置理论、亚当斯的公平理论
行为改造型激励理论	激励的结果	亚当斯的挫折理论、斯金纳的强化理论

第三节 激励理论的实践

第二节介绍了各种的激励理论，但了解、把握理论还只是最基本的环节，如何能够把理论应用于管理工作的实践才是关键。从工作激励理论到实践应用可以划分为三个不同的层次或水平。第一个层次是各种工作激励本身，它们是对激励问题的分析和概括，但它们为制定影响组织行为的一般实际激励措施奠定了基础；第二个层次是一般的实际激励措施，这些一般措施适用于各种类型的组织，但必须与各种组织的实际情况相结合；第三个层次则是某一具体组织根据这些一般措施制订的本组织特有的实施计划和方案。本节主要讲述员工激励的种类、一般原则和激励员工的高级原则，以及激励理论在企业中的具体应用。

一、激励的种类

（一）物质激励与精神激励

物质激励是指运用物质的手段使受激励者得到物质上的满足，从而进一步调动其积极性、主动性和创造性。物质激励有资金、奖品等，通过满足其物质性要求，激发其努力生产、工作的动机。它的出发点是关心群众的切身利益，不断满足人们日益增长的物质文化生活的需要。

精神激励即内在激励，是指精神方面的无形激励，包括向员工授权，对他们的工作绩效的认可，公平、公开的晋升制度，提供学习、发展、进一步提升自己的机会，实行灵活多样的弹性工作时间制度及制定适合每个人特点的职业生涯发展道路等。精神激励是一项深入细致、复杂多变、应用广泛，影响深远的工作，它是管理者运用思想教育的手段倡导企业精神，调动员工积极性、主动性和创造性的有效方式。

(二) 正激励与负激励

正激励特指对激励对象的肯定、承认、赞扬、奖赏、信任等具有正面意义的激励艺术。

负激励特指对激励对象的否定、约束、冷落、批评、惩罚等具有负面意义的激励艺术。

二者关系：作为两种相辅相成的激励类型，它们是从不同的侧面对人的行为起强化作用。正激励是主动性的激励，负激励是被动性的激励，它是通过对人的错误动机和行为进行压抑和制止，促使其幡然悔悟、改弦更张。正激励与负激励都是必要而有效的，因为这两种方式的激励效果不仅会直接作用于个人，而且也会间接地影响周围的个体与群体。

正、负激励的基本要点：一是只对成绩突出者予以奖赏，如果见者有份，既助长了落后者的懒惰情绪，又伤害了先进者的努力动机，从而失去了激励的意义。二是重奖重罚，对克服重重困难取得成功者，要“奖如山”，对于玩忽职守、造成重大损失者，要“罚如溪”；三是奖励向累、苦、难等岗位倾斜，肯定他们的劳动价值，真正调动他们的工作积极性。

(三) 内激励与外激励

内激励是指由内酬引发的、源自于工作人员内心的激励。内酬是指工作任务本身的刺激，即在工作进行过程中所获得的满足感，它与工作任务是同步的。

外激励是工作本身和完成工作任务无内在联系的各种外在奖酬所引起的激励作用之和，如提高工资、增加奖金、提升职务等。外酬是指工作任务完成之后或在工作场所之外所获得的满足感。

二、激励的基本原则

(一) 员工激励的一般原则

1. 激励要因人而异

1) 基本原理

根据人本管理的基本原理，不同人的需求是不一样的，同一个人在不同时期的需求也是不一样的。所以相同的激励措施对不同的人起到的效果是不同的。管理者在制定和实施激励措施时，首先要调查清楚每个员工的真正需求，将这些需求合理地整理归纳，然后再制定相应的激励措施。

案例

某企业高峰会上邀请了一个画家为老总们画像。每个老总拿到画像都觉得画的不像自己。张老板拿过李老板的画像看了看：“咦，给你画的很像嘛！给我画的就不像啊！”李老板说：“我看看你的，哪里啊，我觉得你这个比较像，我的这个不像！”

贯彻到企业管理实践中更应当如此，只要管理者下功夫，用心思去了解员工的真实需求，就没有做不好的事情。

2）针对不同员工的激励

一是年龄较大，收入较高者。这类员工一般是公司里的老资格员工。老资格员工多是基层的小主管，生活相对比较舒适，需求往往是工作上的安全性、成就感和被下属尊重。相应的激励因素就是分配挑战性的工作，让其指导比这类人水平低的员工，或者参与更高一级经理的工作目标的设计，甚至参加一些高层的决策会议。

二是追求机会者。这类人收入比较低，属于外来打工者，主要追求机会。因为收入不高，首先是提高收入的需求，另外是经理人对他能力认可的需求，还要满足工作的安全性等。首先最主要的激励因素就是满足第一需求，提高薪金待遇，鼓励努力工作。第二需求就要进行有效的沟通，这类员工需要克服自己的孤独感，沟通对他们是一个很好的激励。另外通过劳动竞赛，可以使员工的技能得到提高，还能多得奖金。

三是追求发展者。这类员工一般年纪较轻，受过良好的教育，收入能够维持在一定的水准。但是因为年纪较轻，这一类人的最主要需求不是得到更高的工资，而是个人的发展，想学到更多的东西，以满足将来更好的发展。对这类员工的激励因素最主要的就是良好的培训。建立一种完全适应这类人的良好的培训机制，是对这类人最大的激励。当然，对这些人的下一步激励，除了良好培训以外，也同样需要使用提高薪金待遇等方法。

三类员工的需要与激励因素如表 7-8 所示。

表 7-8　三类员工的需要与激励因素

员工类型	主要需要	激励因素
老资格员工	安全性、成就感、被下属尊重	挑战性工作、参与高层管理
追求机会者	提高收入、能力认可	薪金待遇、有效沟通
追求发展者	个人发展	良好培训

2. 奖惩适度

部分管理者在奖惩员工的时候不按照规章制度办事，奖的过多、罚的过重，或者奖的过少、罚的也轻，都达不到真正的激励效果。

1）奖励适度

奖励对激励效果会产生重大影响。如果奖励过重，会使员工飘飘然，失去进一步提高自己的动力；反之，奖励过轻起不到激励的作用，甚至还不如不奖励。

案例

35 岁的小潘是某国有企业的工程师，他在搞科研方面很投入，喜欢自己的工作环境，觉得能让他搞科研就满足了他最大的心愿，从来也不介意收入低的问题。后来他的科研成果得了大奖，上级嘉奖一笔奖金，原本的 50 000 元经过很多中间环节，到小潘手上只剩下 5 000 元。事隔不久，小潘参加同学聚会，发现其他同学挣的钱都挺多。谈到这次奖金的事情，他的同学都说："要是在我们公司，你得几十万都有可能的……" 大家七嘴八舌把小潘嘲笑了一顿。小潘的自尊心受到了伤害，越来越想不通，结果就跳槽了。

2）惩罚适度

惩罚过重，员工就会失去对公司的认同；但是如果惩罚过轻，员工又会轻视公司的规章制度，轻视领导人的管理的威严性，导致重复犯同样的错误，起不到警戒的作用。

案例

某民营企业招收了一批新员工，集中进行岗前培训，其中一项是为期一个星期的军训，并规定，谁在军训中违反了规则，就罚款 50 元。一天早上小王因为迟到被罚了 50 元，下午小张忘记佩戴军训的统一标志，也被罚了 50 元，可是小王和小张的经济状况都不怎么样，一天就被罚了 50 元，对罚款金额非常在乎。军训时晚上还要开总结会，弄得大家没法休息。军训结束后，小王竟然被罚了 300 元，培训结束以后的一个星期之内，小王和小张都不在这家公司干了。

3. 激励的公正性

1）忌待遇不公

待遇不公，极易引起员工的不满，造成员工对公司的不信任，并且这种情绪很容易在企业中扩散，造成整体工作积极性的低落及工作效率的低下。

案例

某保险公司的业务员小刘，为客户填写的保单不规范，内勤人员小赵就不给他办理。当客户催问起保单，小刘就当着客户的面打电话问内勤小赵，两人发生了争执。客户觉得这家公司的管理不好，就撤保了。

内勤小赵：你填的保单不规范，我这儿没法给你办理。

小刘：当初小齐不是跟我填的一样吗，你们怎么就给办了？到我这儿，怎么就不给办了呢？

内勤小赵：你是你，他是他，反正你填的不规范，不符合制度我就不能给你办。

小刘：我要求见领导！这也太不公平了！

王经理：这种事情有什么可吵的！都去工作去！

小刘感到很不公平，于是就在业务员队伍里扩散这种不满情绪，极大地影响了整个团队。

2）同等成绩同等奖励

取得同等成绩的员工一定要获得同等的奖励。同理，犯了同等错误的员工也应当受到同等层次上的处罚。管理者就是宁可不奖励、宁可不处罚，也不要一碗水端不平。

案例

某企业的人情风很重，在具体实施规章制度的时候总是大打折扣，尤其是在奖惩和有效激励方面，总是一碗水端不平。有裙带关系的，犯了同样的错误得到的惩罚很轻，而普通的员工则惩罚很重；奖励也是这样。导致有限的人才纷纷离职，企业也做不大，这是中国民营企业的通病。

管理者在处理员工问题时，一定要有一种公平的心态，公平的心态取决于职业的素养。每个职业经理人一定要锤炼自己，做到对员工真正一视同仁，不抱偏见，不能用不公的言语对待员工。职业化塑造，对管理者仍是一个很重要的课题。

4. 奖励正确的事

管理者往往会奖励错误的行为，忽视一些正确的行为。奖励不合理的工作行为，比不奖励的危害还大，相当于变相地鼓励了那些不合理的行为，合理的行为反而被抑制了。

自我测验

请在你认为是正确的奖励后面画“√”。

（1）小李把销售额的5%送给中间人，以确保公司产品在该单位的垄断地位，经理奖励小李一台电视。（　　）

（2）小张资助失学儿童，经理在大会上点名表扬。（　　）

（3）小王通过熟人淘汰了其他参加竞标的单位，经理很高兴，奖励他一辆奥迪汽车。（　　）

（4）小孙放弃了假期帮助公司拿下了新项目，于是，他得到了两倍假期的奖励。（　　）

（二）员工激励的高级原则

1. 激励要从结果均等变为创造机会均等

激励要从结果均等变为创造机会均等，创造公平合理的竞争环境。这一原则对管理者是极具挑战性的，因为它涉及整体的企业文化。

案例

张先生是国内著名的职业经理人。他原来是IBM公司的一个普通职员，由于有天赋，也肯学习，后来成了该企业的业务员，随之又升为业务经理，把团队领导得很好。随后又做到了该企业的大区总经理，继而被猎头公司挖走，出任微软公司中国总经理一职和TCL集团的副总裁一职。他的成长正是IBM公司的公平竞争环境造就的。他的经历映衬了IBM是一家很讲企业文化的公司，它能把真正有能力的人培养成一位尖端人才。

2. 激励要把握最佳时机

管理者在激励员工的时候，如果错过了时机，即使花同样的代价也达不到同样的效果。管理者在分配任务之前，需要先激励员工，把员工的斗志激发出来，在执行任务的过程中效果就会非常好。有的员工在遇到困难的时候，管理者要及时地帮助他，给予他关怀。这样在以后的工作中，员工会怀着更加感恩的心来努力工作。

案例

某民营企业老板王先生很讲究八小时之外的关怀。从日常的小事上关心员工，给予他们激励。牢记每个员工的家庭情况并帮助解决日常生活的问题。结果他的员工工作状态都非常好，非常感谢王先生，都怀着感恩的心来为他工作。

3. 激励要有足够的力度

对做出突出贡献的员工要予以重奖，对造成巨大损失的员工要予以重罚。奖励不到位，力度不够还不如不奖励，惩罚也是一样。

4. 激励要讲求民主、赏罚分明

首先要健全完善的绩效考评体系，做到考核尺度相宜，公平合理。克服有亲有疏的人情风，切实关怀关系到员工切身利益的方方面面。例如，涨工资、发奖金、给员工提级、评优等方面，要力求民主，这样才能做到公平，才能使员工没有意见。

5. 物质激励和精神激励相结合，正负激励相结合

物质激励和精神激励相结合。员工首先需要的是物质利益，如果管理者擅长使用精神激励，也会带来意想不到的效果。

案例

因为小王工作业绩突出，L经理亲自把一份奖状送到小王家里，小王的妈妈乐得合不拢嘴，回家一个劲地表扬小王，小王工作更卖力了。

小王最近做项目加了很多班，L经理在他的办公桌里放了一封信，感谢小王的辛勤工作并提醒他注意身体，小王很感动。

员工表现好要奖励，员工表现不好要惩罚。聪明的管理者要培养员工正确的价值观，使员工从自我上升到具有超我的价值观，变成对社会有用的合格人才。

6. 构造员工分配格局的合理落差

这一原则对于我国的国有企业非常重要。我国的国有企业最大的弊端是吃大锅饭，分配差距拉不开。所以管理者一定要鼓励一部分人先富起来，使员工在反差对比中建立持久的推动力。要探索出好的分配机制，总结出适合企业自身发展特点的分配机制和绩效考评机制。对高素质、表现好的员工不断地正激励，对低素质、表现差的员工不断地负激励，这样对于中间的员工也就进行了激励。

三、激励理论的应用

激励的原则虽然是固定的，但激励的形式和方法却千变万化，任何企业都可以结合经营管理的实际需要和特点，采取独具特色的激励办法，提升员工的积极性。推荐以下几种激励方法和措施。

（一）提升绩效管理水平

年初定义员工的工作绩效目标、度量标准、预期价值，增强其工作动机，平时提供资源，减少障碍，年终进行评估。一个振奋人心、切实可行的目标可以鼓舞士气，激励员工去努力拼搏；一个期望值低（可望而不可即）的目标，只会适得其反。人只有了解自己努力达到的目标是什么，并且真正愿意实现它，才有可能受到激励。在绩效考评水平提升的情况下，可以对关键的中高层管理岗位实行与企业效益部分相关的年薪制。

可以说，绩效管理是纲，纲举目张，科学公正的绩效管理可以为薪酬激励、职业生涯规划、岗位轮换、岗位晋升、继任计划、末位淘汰、奖励等激励措施打下良好的基础，否则很多激励措施都难以实施。所以绩效考核力量要加强，彻底解决目前“多做多错、完不成的任务越多，工资也扣得越多”的问题。

（二）薪酬激励

这是企业激励机制中最易采用也最重要的激励手段，也较容易控制，但操作技巧很有讲究，薪酬总额相同，支付方式不同，激励效果也就截然不同，并不是越多越好。收入越多，边际效用越低，工作越多，边际成本越高。也就是说，工资水平必须随着工作量的增加而递增，收入越高激励成本越高；确定的收入和不确定的风险收入不是等价的，承担风险越大的人需要的补偿越多；应该把害怕风险的人放在薪水固定的位置，把愿意承担风险的人放在收入波动大的位置，这样可以使平均工资水平下降。但目前我们国家的企业几乎没有高风险的岗位，而且企业比较成熟，风险更小，这种几乎没有风险的年薪制对销售经理有一定激励作用，但对其他非相关的管理人员则会抵消其积极性，这可能也是我们国家的企业目前管理思想和管理水平落后的一个重要原因。

薪酬既是对员工过去工作的肯定和补偿，也是员工对未来工作得到报酬的预期，不仅仅是劳动所得，也代表着员工自身价值、企业的认同，所以在薪酬设计上既要具有市场竞争力，又要确定内部岗位价值的相对公平，还必须与工作绩效挂钩，同时与职位等级设计相配套，多设计一些层次，让员工在努力工作中得到薪酬层次的提升，体验到薪酬层次的提升所带来的自我价值实现感和被尊重、被认可的喜悦，从而激发创造性。给予每年根据绩效评出20％的优秀员工加薪，10％的员工予以淘汰、减薪或换岗，70％的员工在普遍加薪的情况下给予考虑。加薪和高薪要谨慎，因为人们最在乎自己已经得到的东西，而且占有时间越长，失去的痛苦越大，所以在加薪时可以使用浮动工资。

（三）推出持股计划

让技术、经营、管理的关键骨干认购股票期权，也可以让技术、管理成果入股，增强员工对企业的忠诚度，调动积极性。这样做既可以长期保留和吸引优秀人才，为他们提供比较优惠的税率积累资本，同时也可以将企业支付给高级人才的现金水平控制在最低水平。股票的期权性质，使企业牢牢控制高级人才日益积累的庞大资产，使其在“金手铐”下努力工作。反之，年薪支付现金越多，企业长久安全性越受威胁，长期奖励占报酬比重越高，高级人才自身跳槽的风险越高。

（四）“因人设岗”巧中取胜

基于能者多劳也多得的人力资源高效配置观点，将合适的人放到（或兼职）合适的位置，既可以实现人力资源利用的最大化，降低人力资源成本，也有利于充分发挥员工的能力，实现工作内容丰富化、工作范围扩大化的激励效应，也有利于人力资源的积累与发展。当然，“因人设岗”并不是在没有工作内容的情况下人为照顾所设计的空闲岗位，而是必须以“因事设岗”为前提。同时在布置任务时尽量让某个部门或人担任整个任务，并给予充分信任和授权，这样可以提高效率，增强工作动机。还可以通过内部跳槽制度，实行岗位轮换，丰富工作内容，防止职业疲劳和怠惰，也有利于培养综合型人才。在此过程中要注意任人唯贤，用对一人，鼓舞一片，用错一人，冷落一片。

（五）建立企业共同愿景与个人目标

让全体员工共同参与和提议，全方位建立完善企业共同愿景，并在建立共同愿景的过程中找到自身发展的目标，从而实现企业大我与员工小我的统一。在此基础上抓好职业管理，打造两条晋升通道，让每个员工行有方向，干有盼头。例如，管理类分七个级别：初级职员、中级职员、高级职员、主任职员（主管）、三级经理、二级经理、一级经理；专业类分七个级别：初级工程师、助理工程师、三级工程师、二级工程师、一级工程师、高级工程师、专家。每一职位等级享受相应待遇，每年年终考核后，根据企业总体战略和一定条件，确定晋升比例和名额。同时，帮助员工进行职业生涯规划，每季与部属开展一次职业发展对话，为部属提供指导和建议，进行赞扬和批评，开展针对性培训，及时有效输送高素质人才。

同时，在各级管理岗位推行继任计划，要求各级主管都要做好接班人的培训，作为关键绩效指标纳入年度绩效考核，事实上，一个不能培养接班人而使部门永远离不开他的经理，绝对不是一个称职的经理（而传统观点恰恰相反，认为部门离不开的经理才是优秀的）。通过推行继任计划，既可以培养人才，让员工看到成长的希望，保证人力资源素质的持续提升，同时也可以增强在岗人员的危机感，并保证在关键岗位人员突然离职的情况下工作不受影响。

（六）根据活力曲线进行末位淘汰

根据活力曲线原理，一个组织总有20%的人是优秀的，70%的人是基本称职的，10%的人是应该淘汰的。淘汰比例是对优秀员工的激励，年初要在全体人员大会上宣布这个规定，并通过各种载体让所有员工清楚了解，这是为了企业的生存与发展，可以增强企业的竞争力，这一做法可以使员工明白企业不是养人的地方，也可以在每年裁掉一些能力差、责任心不强的员工，还可以避免因裁员而引起与员工之间的矛盾，因为这是制度裁人，而且早已有言在先，为了不被裁掉，员工们会暗暗努力，设法提高自己的能力和工作质量，最差的人努力了，中间那部分人就会有压力，行动起来，中间的人行动了，最前面的人也会有触动，他们也不能坐以待毙，这样一来，整个企业就会活起来。

具体如何操作？一是通过绩效考核结果，排出比例；二是规定20条违规条件，违反18条以上的，自动进入辞退行列；违反12～17条的，进入待辞退行列。

（七）奖励激励

除每年年底的表彰外，不定期地开展一事一奖，这样可以保证奖励的及时性、针对性和多样性，根据事情的大小，经自我申报、部门审核、总经理审批等程序，设鼓励、记功、记大功、嘉奖、特别嘉奖等，并给予相应物质奖励。具体奖励名称可以多样化，如销售特别奖、培养人才奖、装修奖、管理成果奖、技术成果奖，最好能创新奖励名称项目，保证奖励的新颖性，奖励方法也要不断创新，可以制作奖励菜单，让受奖者自己点菜，奖励时间也不要固定。同时要注意，奖励过频，刺激作用也会减少。

（八）知识员工激励

知识员工激励的四个主要因素为职业发展与个体成长、工作独立自主性、工作成就、利润分享。他们希望以自己认为有效的方式开展工作，企业应提供施展才华的舞台，提供宽松的工作环境，不指手画脚，同时善于倾听他们的心声，一般应以长期激励为主。

（九）参与激励

创造各种机会与员工沟通，让员工发表意见，增进了解，让员工感受到关怀。平时注意情绪调节，学习和运用一些心理暗示技巧来影响员工，如果管理者情绪低落，下属也会受到影响变得缺乏动力，相反如果管理者满腔热情，下属也必然会充满活力。

要善于支持创造性建议，充分挖掘员工的聪明才智，使大家都想干事，都创新，放手让其大胆工作。不要轻易否定员工的建议，一旦受到否定，员工可能再也不敢提意见了，而且积极性也会受到损害。

（十）开展满意度调查

“激励从不满意开始。”只有了解员工不满意什么，才知道员工需要什么，激励措施才能有的放矢，同时通过满意度调查也可以表明企业关心员工的需求和意见。同时管理者最好能对员工做到“9个了解”（姓名、生日、籍贯、出身、家庭、经历、特长、个性、表现）和

“9个有数”（工作状况、住房条件、身体状况、学习情况、思想品德、经济状况、家庭成员、兴趣爱好、社会交往），关心员工家属，解决后顾之忧。还可通过建立各类兴趣小组和体育娱乐活动，提高组织和谐度与凝聚力，增加社交的机会，满足其追求快乐和社交的需求。

法无定法，万法归宗。激励方法千姿百态，能否奏效，在于管理者如何在平时的工作与生活中点点滴滴地运用起来，既要注意针对性、实效性，又要注意多样性、经常性和突然性。管理就是借力，希望通过各种激励举措，团结一切可以团结的力量，让所有人愿意把力量借给企业，使企业发展波澜壮阔，无往不胜。

第四节 本章小结

本章共分四节，主要介绍了激励思想的发展阶段、激励的内涵和过程、激励的作用，内容型激励理论、过程型激励理论和行为改造型激励理论及激励理论的实践。内容结构如图7-10所示。

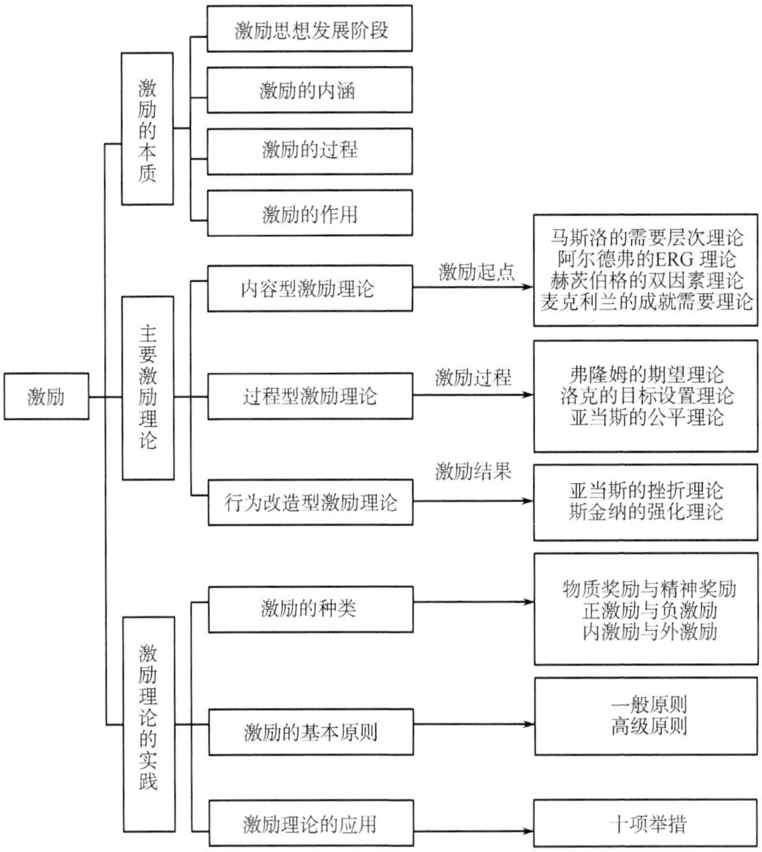

图7-10 本章内容结构图

激励是指通过精神或物质的某些刺激，激发人的行为动机，以促使人朝着组织所期望的目标前进的过程。管理中的“激励”，就是通常所说的调动人的积极性的问题。经典的激励理论大致可以归纳为三类，即内容型激励理论、过程型激励理论、行为改造型激励理论。

内容型激励理论探讨激励的起点，即“什么”需要能够调动人的积极性，主要包括马斯洛的需要层次理论、阿尔德弗的ERG理论、赫茨伯格的双因素理论、麦克利兰的成就需要理论四种；过程型激励理论探讨激励的过程，即分析在满足的需要过程中应当如何引导员工，发挥其最大的效用，主要包括弗隆姆的期望理论、洛克的目标设置理论、亚当斯的公平理论三种；行为改造型激励理论探讨激励的结果，即怎样调整和转化人的行为使之努力工作，从而提高员工的积极性的具体方法，主要包括亚当斯的挫折理论、斯金纳的强化理论两种。

如何将激励理论应用于管理实际，可采取的激励技术和方法是多种多样的，重要的是要在理解理论的基础上根据员工的特点和能力，因地制宜，因人制宜，制定出符合自己组织特点的激励技术和方法。该部分内容对管理者的提高有更大的作用，与企业联系紧密，而且与管理者自身素质的提高密切相关。这就需要管理者在实践当中不断地总结，不断地进步，以提高实战水平。

请回顾一下自己曾有过的最糟糕的工作，可以是一份假期实习或勤工俭学，也可以是一份长期而稳定的工作，雇用单位采取了什么激励措施？请再回顾一下自己曾有过的最佳工作，是什么激励措施让你做到了最佳？

案例1：小赵为什么会走

助理工程师小赵，一个名牌大学高材生，毕业后工作已八年，于四年前应聘到一家大厂工程部负责技术工作，工作诚恳负责，技术能力强，很快就成为厂里有口皆碑的“四大金刚”之一，名字仅排在厂技术部主管陈工之后。然而，工资却同仓管人员不相上下，夫妻小孩三口尚住在来时住的那间平房。对此，他心中时常有些不平。

厂长张三，一个有名的识才的老厂长，“人能尽其才，物能尽其用，货能畅其流”的孙中山先生名言，在各种公开场合不知被他引述了多少遍，实际上他也是这样做了。四年前，小赵刚来报到时，门口用红纸写的“热烈欢迎小赵工程师到我厂工作”几个不凡的颜体大字，是张厂长亲自吩咐人落实的，并且交代要把“助理工程师”的“助理”两字去掉，这确实使小赵当时工作更卖力。

两年前，厂里有指标申报工程师，小赵属于有条件申报之列，但名额却让给一个没有文凭、工作平平的王同志。他想问一下厂长，谁知，他未去找厂长，厂长却先来找他了：“赵工，你年轻，机会有的是。”他想反映一下工资问题，这个问题确实很重要，来这里其中一个目的不就是想提高一点工资，提高一下生活待遇吗？但是几次想开口，都没有勇气讲出来。因为厂长不仅在生产会上大夸他的成绩，而且，曾记得，有几次外地人来取经，张厂长当着客人的面赞扬他：“赵工是我们厂的技术骨干，是一个有创新的……”哪怕厂长再忙，路上相见时，总会拍拍赵工的肩膀说两句，诸如“赵工，干得不错”，“赵工，你很有前途”。这的确让小赵兴奋，“张厂长确实是一个伯乐”。此言不假，前段时间，他还把一项开发新产品的重任交给他呢，大胆起用年轻人，然而……

最近，厂里新建好了一批职工宿舍，听说数量比较多，小赵决心要反映一下住房问题，谁知这次张厂长又先找他，还是像以前一样，笑着拍拍他的肩膀：“赵工，厂里有意培养你入党，我当你的介绍人。”他又不好开口了，结果家又没有搬成。

深夜，小赵对着一张报纸的招聘栏出神。第二天一早，张厂长办公桌上放着一张小纸条。

张厂长：

您是一个懂得使用人才的好领导，我十分敬佩您，但我决定走了。

问题：

小赵为什么会走？张厂长他采取的激励措施主要是哪方面的？有什么需要改进的地方？

案例 2：罗伟的困惑

罗伟已经在某计算机公司工作了五年。在这期间，他从普通编程员升到了资深的程序编制分析员。他对自己所服务的这家公司相当满意，被关注中的创造性要求深深激励着。

一个周末的下午，罗伟和他的朋友及同事周安一起打保龄球。他了解到他所在的部门新雇用了一位刚从大学毕业的程序编制分析员。尽管罗伟是个好脾气的人，但当他听说这位新来的程序编制分析员起薪仅比他现在的工资少 30 元时，不禁发火了。罗伟迷惑不解，他感到这里一定有问题。

下周一的早上，罗伟找到了人力资源部王主任，问他自己听说的事是不是真的？王主任带有歉意地说，确有这么回事。但他试图解释公司的处境："罗伟，编程分析员的市场相当紧俏。为使公司能吸引合格的人员，我们不得不提供较高的起薪。我们非常需要增加 1 名编程分析员，因此我们只能这么做。"

罗伟问能否相应调高他的工资。王主任回答说："你的工资需按照正常的绩效评估时间评定后再调。你干得非常不错！我相信经理到时会给你提薪的。"罗伟在向主任道了声"打扰了！"便离开了他的办公室，边走边不停地摇头，对自己在公司的前途感到疑虑。

问题：

1. 本案例描述的事件对罗伟的工作动力会产生什么样的影响？哪一种激励理论可以更好地解释罗伟的困惑？为什么？
2. 你觉得人力资源部王主任的解释会让罗伟感到满意吗？请说明理由。
3. 你认为该公司应当对罗伟采取些什么措施？为什么？

案例 3：解决迟到问题

某公司对迟到问题采用扣奖金的方式，效果不太理想，后来采用全勤奖的方式，每个月全勤奖金 50 元，收到了比较好的效果。最近，公司迟到的现象又开始严重起来，一调查才发现大家的工资都涨了，50 元的激励效果就不明显了，公司决定采用年终抽奖的方式，所有全勤的员工可以参加抽奖，特等奖是 iPhone 手机。

问题：

请评价该公司采用的几种激励措施，最后一种方法会取得好的效果吗？

参 考 文 献

阿弗利 G. 2005. 领导学:模式与案例[M]. 邹琪译. 上海:上海财经大学出版社.

阿吉里斯 C. 2007. 个性与组织[M]. 郭旭李,鲜红霞译. 北京:中国人民大学出版社.

彼德 G,诺斯豪斯 P G. 2012. 领导学:理论与实践[M]. 北京:中国人民大学出版社.

陈国海. 2006. 组织行为学[M]. 第2版. 北京:清华大学出版社.

陈立. 1983. 工业心理学简述[M]. 杭州:浙江人民出版社.

陈同扬. 2006. 领导—成员交换理论研究探析[J]. 江海学刊,(2):222-226.

程志超. 2013. 组织行为学[M]. 北京:清华大学出版社.

达夫特 R L. 2011. 领导学[M]. 杨斌,等译. 北京:电子工业出版社.

达夫特 R L,诺伊 R A. 2008. 组织行为学[M]. 杨宇,闫鲜宁,等译. 北京:机械工业出版社.

戴馨霆. 2014. 浅谈麦格雷戈"XY理论"思想[J]. 学理论,(6):58-59.

董临萍,张文贤. 2006. 国外组织情境下魅力型领导理论研究探析[J]. 外国经济与管理,(11),28:20-27.

窦胜功. 2009. 组织行为学教程[M]. 北京:清华大学出版社.

段万春. 2006. 组织行为学[M]. 重庆:重庆大学出版社.

段雨澜. 2008. 经济人假设反思·发展[M]. 昆明:云南民族出版社.

方振邦. 2008. 管理学基础[M]. 北京:中国人民大学出版社.

高国伟. 2011. 不可不知的1000个管理常识[M]. 北京:中国法制出版社.

高建国. 2008. 人性经济学[M]. 郑州:河南大学出版社.

格里芬 R W. 2008. 管理学[M]. 刘伟译. 北京:中国市场出版社.

格里芬 R W. 2010. 组织行为学[M]. 第八版. 刘伟译. 北京:中国市场出版社.

耿晓伟,郑全全. 2009. 领导替代理论[J]. 人类工效学,(9):70-71.

郭念锋. 2011. 国家职业资格培训教程——心理咨询师(基础知识)[M]. 北京:民族出版社.

海尔 G,等. 2003. 以人为本——管理学大师麦格雷戈论人事[M]. 王继平译. 海口:海南出版社.

荷尔瑞格 T,斯劳卡姆 J W,渥德曼 R W. 2006. 组织行为学[M]. 第八版. 胡英坤,车丽,等译. 大连:东北财经大学出版社.

贺宝成. 2004. 3M公司创新管理及启示[J]. 郑州航空工业管理学院学报(社会科学版),12(6):144-145.

赫尔雷格尔 D,斯洛克姆 J W. 2005. 组织行为学[M]. 第九版. 俞文钊,丁彪译. 上海:华东师范大学出版社,汤姆森学习出版集团.

侯玉莲. 2005. 行为科学的奠基人——乔治·埃尔顿·梅奥[M]. 保定:河北大学出版社.

金润生. 2008. 管理学[M]. 上海:华东师范大学出版社.

坎贝尔 D E. 2013. 激励理论:动机与信息经济学[M]. 第二版. 王新荣译. 北京:中国人民大学出版社.

柯艺高. 2006. 组织行为学研究[M]. 贵阳:贵州人民出版社.

科特 J. 1998. 变革的力量领导与管理的差异[M]. 方云军,张小强译. 北京:华夏出版社.

孔茨 H,奥唐奈 C. 1982. 管理学[M]. 中国人民大学工业经济系外国工业管理教研室译. 贵阳:贵州人民出版社.

孔茨 H,等. 2005. 管理学精要[M]. 第六版. 韦福祥,等译. 北京:机械工业出版社.

李红. 2012. 人员素质测评实验[M]. 北京:经济科学出版社.

李晓青. 2012. 领导替代及其与变革型领导的关系[J]. 厦门理工学院学报,(9):86-90.

李永瑞. 2008. 组织行为学[M]. 北京:高等教育出版社.

李子明. 2013. 管理者有效激励与高效管理的艺术[M]. 北京:海潮出版社.

廉茵 . 2013. 管理心理学[M]. 第二版 . 北京:对外贸易大学出版社 .
列宁 . 1972. 列宁选集(第 3 卷)[M]. 北京:人民出版社 .
凌定胜,郭鑫 . 2013. 卓越管理者的激励技巧[M]. 北京:人民邮电出版社 .
刘江鹰 . 2010. 企业员工的自我激励与管理[M]. 北京:中国计量出版社 .
刘敬鲁,等 . 2010. 西方管理哲学[M]. 北京:人民出版社 .
刘伟,刘国宁,章银武 . 2004. 经济管理新思想解读与应用[M]. 北京:中国言实出版社 .
刘延平,杜英歌 . 2011. 组织领导学[M]. 北京:北京交通大学出版社 .
刘远我 . 2011. 人才测评——方法与运用[M]. 北京:电子工业出版社 .
刘志光 . 2004. "创新人"假设与"创新人"塑造[J]. 学术研究,(2):65.
鲁森斯 F. 2009. 组织行为学[M]. 第 11 版 . 王磊,姚翔,童佳瑾,等译 . 北京:人民邮电出版社 .
罗宾斯 S P,贾奇 T A. 2014. 组织行为学精要[M]. 郑晓明译 . 北京:机械工业出版社 .
罗宾斯 S P,勒温 K,等 . 2008. 管理学[M]. 第 9 版 . 孙健敏,等译 . 北京:中国人民大学出版社 .
罗哲 . 2010. 管理学[M]. 成都:电子工业出版社 .
马建堂 . 2002. 马斯洛人性管理经典[M]. 北京:北京工业大学出版社 .
马克思 . 1974. 马克思恩格斯全集(第 42 卷)[M]. 北京:人民出版社 .
麦格雷戈 D. 1987. 企业的人事方面[M]. 北京:中国社会科学出版社 .
麦克沙恩 S L,格里诺 M A V. 2008. 麦克沙恩组织行为学[M]. 第 10 版 . 汤超颖译 . 北京:中国人民大学出版社 .
戚振江,张小林 . 2001. 领导行为理论:交换型和变革型领导行为[J]. 经济管理 · 新管理,(12):33-37.
乔治 J M,琼斯 G R. 2010. 组织行为学[M]. 第 5 版 . 北京:北京大学出版社 .
芮明杰 . 2005. 管理学[M]. 第二版 . 北京:高等教育出版社 .
沈跃春 . 2010. 西方经济学"经济人"假设及其方法思考[J]. 学术界,12(151):55-56.
孙蕾 . 2001. "目标人"的人性假设与成就激励[J]. 商业研究,(4):42.
万君宝 . 2005. 知识经济时代的领导——仆从领导的特征、模型及其在组织中的应用[J]. 外国经济与管理,(1):7-14.
王卓 . 2004. 虚拟团队管理理论与创新[D]. 天津大学博士学位论文 .
吴维库 . 2006. 领导学[M]. 北京:高等教育出版社 .
吴维库,富萍萍,刘军 . 2002. 基于价值观的领导[M]. 北京:经济科学出版社 .
希尔 C W L,麦克沙恩 S L. 2009. 管理学[M]. 李维安,周建译 . 北京:机械工业出版社 .
席酉民,井润田,秦令华 . 2009. 领导科学与艺术[M]. 北京:北京大学出版社 .
肖霞 . 2013. 组织行为学学科前沿研究报告[M]. 北京:经济管理出版社 .
肖兴政,陈一君 . 2013. 管理学[M]. 成都:电子科技大学出版社 .
肖兴政,谭征 . 2009. 组织行为学[M]. 成都:西南财经大学出版社 .
邢以群 . 2012. 管理学[M]. 第三版 . 杭州:浙江大学出版社 .
徐芳 . 2003. 研发团队胜任力模型的构建及对团队绩效的影响[J]. 管理现代,(2):43-46.
许小东,王晓燕 . 2008. 领导替代:领导效用研究的新视角[J]. 中国人力资源开发,(9):10-13.
严进 . 2012. 组织行为学[M]. 北京:北京大学出版社 .
杨东 . 2010. 员工激励[M]. 北京:中国轻工业出版社 .
杨廷钫,凌文辁 . 2008. 服务型领导理论综述[J]. 科技管理研究,(3):205-207.
杨忠 . 2006. 组织行为学:中国文化视角[M]. 南京:南京大学出版社 .
郁阳刚 . 2010. 组织行为学[M]. 北京:清华大学出版社 .
张爱卿 . 2006. 当代组织行为学理论与实践[M]. 北京:人民邮电出版社 .
张爱卿 . 2011. 人才测评[M]. 第二版 . 北京:中国人民大学出版社 .
张德 . 2011. 组织行为学[M]. 第四版 . 北京:高等教育出版社 .

张阳，安立仁，杨超明．2012. 领导—成员交换理论的研究现状与展望[J]. 企业研究，(8)：21-23.
张杨．2005. 基于价值观的领导理论在教育组织中的应用研究[D]. 哈尔滨师范大学硕士学位论文．
赵继新．2008. 人本管理[M]. 北京：经济管理出版社．
赵莉琴，郭跃显，李英．2005. 组织行为学理论与案例[M]. 北京：中国铁道出版社．
赵应文，邵继红，冯亚明．2005. 组织行为学[M]. 武汉：武汉理工大学出版社．
钟贞山．2011. 人性假设的理论发展与时代价值[J]. 云南社会科学，(6)：38.
周敦耀．2000. 论人性假设[J]. 广西大学学报(哲学社会科学版)，(6)：1-8.
周菲．2010. 组织行为学[M]. 北京：机械工业出版社．
周三多，陈传明，鲁明泓．2009. 管理学——原理与方法[M]. 第5版．上海：复旦大学出版社．
周文霞．1999. 人力资源管理的理念基础——人性假设[J]. 南开管理评论，(5)：14-16.
朱雪芹．2011. 管理学原理[M]. 北京：清华大学出版社．
竺乾威，邱柏生，顾丽梅．2005. 组织行为学[M]. 上海：复旦大学出版社．